I0605886

LE MULTICULTURALISME
À L'ÉPREUVE DU FÉMINISME

DANS LA MÊME COLLECTION

Magali Bessone, *Faire justice de l'irréparable. Esclavage colonial et responsabilités contemporaines*, 2019.

Charles Girard, *Délibérer entre égaux. Enquête sur l'idéal démocratique*, 2019.

Pierre-Étienne Vandamme, *Démocratie et justice sociale*, 2021.

Isabelle Delpla, *Du pays vide. Réfuter le solipsisme politique*, 2023.

Bruce Ackerman, James S. Fishkin, *Éveiller la raison publique. Pour une journée de la délibération*, 2024.

L'ESPRIT DES LOIS
Directeurs : Stéphane CHAUVIER et Céline SPECTOR

Sophie GUÉRARD DE LATOUR

LE MULTICULTURALISME À L'ÉPREUVE DU FÉMINISME

Ouvrage publié avec le concours du Laboratoire Triangle.
Action, discours, pensée politique et économique
(UMR 5206)

PARIS
LIBRAIRIE PHILOSOPHIQUE J. VRIN
6 place de la Sorbonne, V[e]

2025

Imprimé en France

ISSN 2682-1699

ISBN 978-2-7116-3202-2

www.vrin.fr

Pour Ève et Elsa

INTRODUCTION

La tension normative entre le féminisme et le multiculturalisme

En 1985, dans l'État de Californie, Kong Phen Moua, un immigré originaire du Laos fut accusé par sa petite amie, membre comme lui de la communauté Hmong, de l'avoir conduite de force chez lui puis de l'avoir violée[1]. Pour justifier son comportement, Moua fit valoir qu'il estimait la jeune fille consentante, malgré ses refus appuyés, en raison de la tradition hmong du « mariage par enlèvement » à laquelle il disait s'être conformé. D'après cette tradition, il est d'usage, lorsqu'un jeune homme souhaite officialiser son union avec une jeune femme, qu'il prouve sa virilité en l'enlevant à sa famille et que la fiancée donne des gages de sa vertu en lui résistant ostensiblement. Cet argument culturel, invoqué par la défense, conduisit le tribunal à rejeter les inculpations de viol et d'enlèvement pour ne retenir que celle de la séquestration, ce qui permit à l'accusé d'être condamné à la peine réduite de cent vingt jours de prison et à mille dollars d'amende. Trois ans plus tard, dans l'État de New York, un immigré chinois récemment installé aux États-Unis, Dong-Lu Chen, fut jugé pour avoir battu sa femme à mort après avoir découvert qu'elle le trompait[2]. À nouveau, l'accusé invoqua la culture pour justifier son acte, en arguant du caractère infamant de l'adultère dans la culture chinoise traditionnelle et du devoir qui incombe au mari trompé de laver son honneur. Cet argument culturel, appuyé au cours du procès par l'expertise d'un sinologue, joua un rôle décisif dans la décision des juges qui reconnurent Chen coupable d'homicide au second degré et le condamnèrent à cinq ans de liberté

1. *People of the State of California v. Kong Pheng Moua, Fresno County Superior Court*, 7 février 1985.

2. *People v. Chen, Supreme Court, New York County*, 2 décembre 1988.

surveillée sans détention, « une peine d'une légèreté inaccoutumée au regard de la qualification retenue »[1].

Les jugements *Moua* et *Chen* offrent deux cas célèbres de « défense culturelle » (*cultural defense*), abondamment analysés et débattus en droit et en théorie politique[2]. La « défense culturelle » renvoie à une pratique judiciaire en vigueur dans les procès civils ou pénaux aux États-Unis qui consiste à invoquer les croyances ou les pratiques culturelles des accusés afin d'alléger les charges retenues contre eux et/ou les sanctions imposées. Une telle pratique présente l'intérêt de rendre manifestes les tensions qui se nouent, au sein des démocraties libérales, entre le féminisme et le multiculturalisme. D'un côté, les jugements rendus à l'issue des procès *Moua* et *Chen* ont suscité l'indignation des féministes qui y ont vu la preuve éclatante des dangers que la tolérance à l'égard des cultures minoritaires fait peser sur les femmes, quand elle est invoquée pour justifier la complaisance des juges à l'égard de traditions patriarcales et excuser la violence masculine. D'un autre côté, loin d'être arbitraire, la décision des juges répondait à une exigence légitime de traitement équitable, puisque l'évaluation adéquate du comportement de l'accusé supposait que ses motivations fussent prises en compte. Traiter équitablement les accusés issus de cultures minoritaires oblige en effet les juges à prendre en considération les normes culturelles qui permettent d'interpréter le comportement de ces personnes et d'apprécier correctement leurs intentions (le cas échéant, en examinant sérieusement l'hypothèse selon laquelle Moua avait pris le refus de sa fiancée pour un consentement ou en tenant compte du fait que le crime commis par Chen avait été commis sous l'effet d'une émotion extrême). Les difficultés soulevées par la pratique judiciaire de la défense culturelle mettent ainsi en évidence la contradiction apparente qui existe entre deux normes égalitaires, une norme féministe et une norme multiculturaliste. La première exige que les femmes soient traitées avec le même respect que les hommes, c'est-à-dire qu'elles soient également protégées par la loi, que le fait d'être femme ne les expose pas à la violence ou à la discrimination. La seconde prescrit que

1. S. Song, « La défense par la culture », *Critique internationale*, n° 28, juillet-septembre 2005, p. 62.

2. Voir les travaux récents sur cette question et sur la façon dont elle se pose dans les cultures juridiques française, belge et suisse, A. Wyvekens et C. Cardi « Justice et diversité culturelle. Rapport de recherche », Mission de recherche Droit et Justice, Convention n° 29.10.06.07 ; Anne Wyvekens « La justice pénale face à la "diversité culturelle" : la défense culturelle en question », *Revue de droit pénal et de criminologie*, n° 11, 2017, p. 887-906 ; J. Vuille, A. Kuhn, « L'expertise culturelle : une nécessité dans une procédure pénale moderne ? », *Revue pénale suisse*, n° 137, p. 167-198, février 2020.

les membres des cultures minoritaires soient traités avec le même respect que les membres de la culture majoritaire, c'est-à-dire qu'ils ne soient pas lésés par les biais culturels des institutions, que le fait d'être issu d'une autre culture ne se traduise pas par des comportements discriminatoires à leur égard. Autrement dit, bien que ces normes soient toutes deux motivées par un principe d'égal respect qui proscrit la discrimination (sexuelle ou ethnique), elles n'en tirent pas moins dans des directions opposées, dans la mesure où la prise en considération des différences culturelles, au lieu de promouvoir l'égalité entre les hommes et les femmes, semble encourager la complaisance des majoritaires à l'égard du sexisme des minoritaires.

Les cas de défense culturelle ne sont qu'un exemple parmi d'autres des nombreuses controverses qui ont cristallisé cette tension normative dans les démocraties libérales depuis la fin du XXe siècle, telles que l'affaire du foulard islamique en France[1], la lutte menée par le gouvernement britannique contre les mariages forcés[2] ou encore, au Canada, les débats sur l'application de la *sharia* dans les instances de médiation juridique en Ontario[3]. Ces controverses, en dépit de la diversité des contextes où elles ont émergé et des pratiques incriminées, expriment une préoccupation similaire : une société démocratique culturellement diverse, qui s'ouvre de plus en plus à la diversité des croyances et des traditions de ses membres, ne renonce-t-elle pas aux principes égalitaires qui la fondent à partir du moment où les pratiques qu'elle tolère sont sexuellement discriminantes et manifestement dommageables aux femmes ? Cette question, qui se pose de façon récurrente dans de nombreuses démocraties, souligne le caractère nettement genré des débats publics sur le multiculturalisme. On y observe en effet une surreprésentation des traditions associées aux cultures minoritaires que les opinions publiques condamnent parce qu'elles portent atteinte aux droits des femmes. La polygamie, la répudiation, l'excision, les opérations de reconstruction de l'hymen ou les crimes d'honneur, ces pratiques sont régulièrement condamnées comme autant de dérives présumées de la tolérance à l'égard des minorités ethniques, à tel point que les femmes semblent avoir été investies de la fonction de groupe-test à partir duquel les limites de cette tolérance devaient être fixées.

1. C. Laborde, *Critical Republicanism. The Hijab Controversy and Political Theory*, Oxford, Oxford University Press, 2008.

2. A. Phillips, M. Dustin, « UK Initiatives on Forced Marriage : Regulation, Dialogue and Exit », *Political Studies*, vol. 52, n° 3, p. 531-551.

3. A. Eisenberg, *Reasons of Identity. A Normative Guide to the Political and Legal Assessment of Identity Claims*, Oxford, Oxford University Press, 2009, p. 45-58.

La question du caractère nocif du multiculturalisme pour les femmes a été posée avec vigueur dès la fin des années 1990 dans les cercles académiques par la philosophe féministe néo-zélandaise Susan Moller Okin [1], en réaction à l'essor des philosophies du multiculturalisme [2]. Alors que le langage ordinaire emploie le terme « multiculturalisme » pour désigner tour à tour le fait sociologique de la diversité ethnique et le principe moral du droit à la différence culturelle, la philosophie politique contemporaine réserve ce terme à la justification d'un modèle inédit d'intégration politique. Les philosophies du multiculturalisme marquent en effet un point de bascule vers la fin des années 1990 en formalisant, sur le plan des principes, l'obsolescence des conceptions assimilationnistes de la citoyenneté démocratique qui s'observait déjà, sur le plan des pratiques, dans l'émergence de nouvelles politiques publiques davantage ouvertes à l'expression des différences culturelles. Ces politiques, mises en place à partir des années 1970 dans des pays comme le Canada, l'Australie, la Grande-Bretagne ou les États-Unis, s'inscrivaient dans la dynamique de contestation de l'ethnocentrisme et du racisme qui domina l'après seconde guerre mondiale, à la faveur du mouvement des droits civiques aux États-Unis, des luttes de libération nationale dans les colonies et des nouveaux mouvements sociaux mobilisant le registre de l'ethnicité [3]. Les politiques multiculturelles se traduisirent, sur le plan institutionnel, par l'attribution de divers types de garanties juridiques ou de prérogatives destinés à favoriser la préservation de langues, de modes de vie ou de traditions minoritaires. Elles comportaient par exemple l'octroi de droit d'autogouvernement aux peuples autochtones, la délégation de compétences élargies aux minorités nationales (telles que celles formées par les Québécois, les Catalans, les Écossais) ou des politiques inédites d'intégration des populations issues de l'immigration (combinant des programmes de luttes contre les discriminations avec des exemptions juridiques autorisant les minoritaires à préserver certaines de leurs coutumes, à condition qu'elles n'enfreignissent pas les principes politiques de la société d'accueil).

Les philosophies du multiculturalisme soutiennent que de telles politiques se fondent sur un principe de justice non encore explicité,

1. S. Moller Okin, « Is Multiculturalism Bad for Women ? », *Boston Review*, 1er octobre 1997.

2. P. May, *Philosophies du multiculturalisme*, Paris, Presses de Science Po, 2016.

3. W. Kymlicka, « La critique essentialiste du multiculturalisme. Théorie, politique et *ethos* », dans S. Guérard de Latour (dir.), *Le multiculturalisme a-t-il un avenir ?*, Paris, Hermann, 2013, p. 34-36.

qui prend acte de la valeur morale de l'identité culturelle des personnes et qui requiert des formes de protection spécifiques. Se donnant pour objectif de formuler un tel principe, ces philosophies promeuvent une conception de la tolérance multiculturelle qui se distingue à la fois des conceptions classiques de la tolérance libérale et des interprétations de l'égalité démocratique centrées sur la non-discrimination. À la différence des premières, elles vont au-delà du cadre d'un régime de droits fondé sur la protection des libertés individuelles (de conscience, de culte, d'expression et d'association, etc.), estimant que le droit à la différence culturelle ne repose pas seulement sur le principe négatif de ne pas être empêché, en tant qu'individu, de cultiver ses particularismes ethniques, mais qu'il implique le principe positif d'une reconnaissance publique des différences collectives, c'est-à-dire d'un engagement officiel de l'État à donner aux groupes concernés les moyens de préserver les pratiques culturelles auxquelles leurs membres sont attachés. En outre, la valeur morale que ces philosophies accordent aux identités de type ethnique rend insuffisantes les politiques d'intégration se limitant à la lutte contre les discriminations ethno-raciales et privilégiant la déconstruction des préjugés ethnocentriques et/ou racistes pour promouvoir l'égal respect entre citoyens d'origines différentes. Sans négliger l'illégitimité de tels préjugés, ni leur nocivité sociale, les philosophes multiculturalistes n'en considèrent pas moins que leur éradication ne suffit pas à honorer les promesses de l'égalité démocratique, dans la mesure où celle-ci exige aussi la reconnaissance publique de la diversité des cultures au travers desquelles les personnes s'humanisent. Dans leur perspective, le « droit à la différence » requiert donc plus que le seul « droit à l'indifférence ». Ces philosophes en concluent que les politiques multiculturelles conduites par l'État doivent aller au-delà de mesures temporaires destinées à corriger des préjugés sociaux ; elles ont pour ambition d'accorder aux groupes ethniques minoritaires des formes de protection *sine die*.

Or, ce sont précisément ces traits distinctifs des philosophies du multiculturalisme qui motivent la suspicion des philosophes et théoriciennes féministes. En effet, la reconnaissance de « droits culturels » censés corriger les insuffisances des libertés individuelles semble vouée à octroyer aux groupes concernés un pouvoir collectif qui soulève le problème des « minorités dans la minorité »[1] : dans la mesure où la

1. L. Green « Internal Minorities and their Rights », *in* J. Baker (dir.), *Group Rights*, Toronto, Toronto University Press, 1994, p. 101-117 ; A. Eisenberg, J. Spinner-Halev (dir.), *Minorities Within Minorities : Equality, Rights, and Diversity*, Cambridge, Cambridge University Press, 2005.

protection d'une culture exige que le groupe s'identifiant à celle-ci dispose des moyens effectifs et durables de la protéger, comment s'assurer qu'un tel pouvoir ne s'exercera pas au détriment des membres dont la position sociale est la moins avantageuse au sein du groupe? Comment garantir que les mesures anti-assimilationnistes, adoptées pour rétablir une certaine égalité entre les groupes culturels d'une société démocratique, ne menaceront pas les libertés des membres du groupe ainsi « protégé »?

À première vue, le problème du caractère potentiellement dangereux des politiques multiculturelles pour les libertés individuelles ne concerne pas uniquement les femmes, puisqu'il peut toucher toute personne dont les droits seraient menacés par la façon dont les élites du groupe exploitent la marge de manœuvre politique que leur concède l'État multiculturel. Pourtant, la situation des femmes rend un tel problème particulièrement saillant. D'abord, sur le plan factuel, on constate une forte concentration des demandes d'accommodement culturel dans le domaine des affaires familiales, motivées par la volonté de préserver des traditions à caractère patriarcal. Les femmes, à cet égard, paieraient plus lourdement que les hommes le prix des politiques multiculturelles. Ensuite, elles offrent un cas paradigmatique de « minorité dans la minorité », dans la mesure où leur oppression ne relève pas seulement de la divergence d'opinions entre ceux qui, au sein du groupe, bénéficient ou pâtissent des normes culturelles en vigueur, mais où elle s'ancre plus profondément dans des schémas pratiques, intériorisés dès l'enfance, qui poussent les dominés à se conformer spontanément à la morale des dominants. La situation des femmes révèle ainsi le caractère éminemment ambigu de la notion de « culture », puisque celle-ci se présente à la fois comme la source de la différence collective qu'il s'agit de protéger contre l'assimilation et comme le vecteur privilégié des rôles sociaux qui entretiennent la subordination des minorités au sein de la minorité – des femmes au premier chef. Il existerait par conséquent une tension structurelle entre les dynamiques politiques respectives du multiculturalisme et du féminisme au sens où, comme l'affirme Katha Pollitt, « le multiculturalisme exige le respect de toute tradition culturelle, tandis que le féminisme questionne et remet en cause toutes les traditions »[1*]. Même si ce jugement tranché caricature la position des philosophes multiculturalistes qui fixent chacun à leur manière des limites à la tolérance, il repère malgré tout une difficulté bien

1. K. Pollitt, « Whose Cultures? », *in* J. Cohen, M. Howard, M. C. Nussbaum (dir.), *Is Multiculturalism Bad for Women?*, *op. cit.*, p. 27.

* Toutes les citations extraites de textes en langue anglaise sont traduites par nous.

réelle qui tient à l'opposition profonde entre la tendance conservatrice des politiques de la reconnaissance multiculturelle, liée à la défense de modes de vie ou de pratiques menacés d'assimilation, et l'orientation critique des politiques féministes, indissociable de la contestation de l'ordre établi. Derrière cette tension entre conservatisme et progressisme, c'est aussi celle du différentialisme et de l'universalisme qui est en jeu, puisqu'en défendant la diversité des cultures, le multiculturalisme invite à prendre en considération la diversité des rapports sociaux et symboliques que celles-ci établissent entre les hommes et les femmes, ce qui conduit tendanciellement à relativiser l'engagement démocratique universel en faveur de l'égalité des deux sexes.

Crise du multiculturalisme et crise du féminisme

Depuis le milieu des années 2000, le moment que la théorie politique désigne comme celui de la « crise du multiculturalisme »[1] a donné un relief sans précédent aux critiques féministes de ce modèle d'intégration. Bien que la référence à la « crise » suggère à tort que les politiques multiculturelles auraient connu un âge d'or dans l'ensemble des démocraties libérales avant son déclenchement, elle n'en traduit pas moins une évolution politique tangible, à savoir la réactivation puissante des tensions identitaires et religieuses dans les démocraties occidentales à la suite des attentats du 11 septembre 2001, sous la pression d'un contexte international surdéterminé par la menace du terrorisme djihadiste et par les effets géopolitiques de la « guerre contre la terreur »[2]. Ces troubles politiques ont alimenté le succès des partis nationalistes xénophobes dans les démocraties libérales et renforcé la popularité des discours anti-immigrés, plus particulièrement antimusulmans. Au niveau des politiques publiques, plusieurs États démocratiques, en Europe notamment, ont réagi à cette évolution en déclarant que le multiculturalisme avait échoué et en opérant un « tournant civique »[3], motivé par la volonté politique de

1. C. Joppke, « The Retreat of Multiculturalism in the Liberal State : Theory and Policy », *The British Journal of Sociology*, vol. 55, n° 2, juin 2004, p. 237-257.

2. Slogan lancé par le président américain George W. Bush à la suite des attentats terroristes du 11 septembre 2001 pour désigner l'ensemble des opérations militaires menées par les États-Unis dans les pays liés à Al-Qaida.

3. P. Mouritsen, K. Jensen, Stephen J. Larin (dir.), Dossier spécial « Theorizing the civic turn in European integration policies », *Ethnicities*, vol. 19, n° 4, 2019, p. 595-613.

réaffirmer leurs « valeurs communes », afin de parer aux dérives anti-démocratiques d'une tolérance jugée trop permissive[1].

La cause des femmes a joué un rôle moteur dans la justification de cette évolution politique. Sur la scène internationale, elle a par exemple servi de caution à l'interventionnisme militaire et politique des États-Unis, lorsque la première dame Laura Bush invoqua le devoir de libérer les femmes afghanes de l'oppression des Talibans[2]. Sur la scène intérieure des démocraties européennes, la méfiance, voire l'hostilité, à l'égard des populations musulmanes s'est largement cristallisée sur la condition des femmes, comme en atteste le traitement médiatique obsessionnel dont les multiples déclinaisons du « voile islamique » ont fait l'objet. *Hijab, niqab, burqa*, burkini ont été tour à tour érigés par les discours publics en symboles des menaces que le fondamentalisme musulman ferait peser sur le droit des femmes à disposer librement de leur corps[3]. Quant aux discours relatifs aux « valeurs communes » censées former le credo politique des démocraties européennes, ils se sont également inspirés de cette nouvelle sensibilité féministe. C'est ce qu'illustrent les divers « tests » ou « contrats de citoyenneté » que certains gouvernements ont adoptés dans l'intention explicite d'évaluer l'adhésion des immigrés désireux d'être naturalisés aux principes politiques de leur pays d'accueil. Dans le « contrat d'accueil et d'insertion » mis en place par la France à partir de 2004, comme dans d'autres versions européennes d'un tel dispositif, l'égalité entre hommes et femmes a ainsi occupé une place de choix parmi les « valeurs » à partir desquelles mesurer la conformité des croyances ou des comportements des immigrés aux normes nationales[4]. Dans la même logique, l'argument

1. Voir les déclarations de plusieurs dirigeants européens en 2010 sur « l'échec du multiculturalisme » (« Merkel admet l'échec du multiculturalisme allemand », *Le Figaro*, 17/10/2010 ; « Cameron reconnaît l'échec du multiculturalisme en Grande-Bretagne », *Libération*, 5/02/2011 ; « Le multiculturalisme est un échec, affirme Nicolas Sarkozy », *Le Point*, 10/02/2011 ; sur la position de Mark Rutte, premier ministre néerlandais, voir Jan Herman Brinks, « Les Pays Bas et la crise du multiculturalisme », *Politique étrangère*, N°4, hiver 2014, p. 183-195). Ce constat d'échec a été suivi par l'appel de David Cameron à défendre un « libéralisme musclé » (*muscular liberalism*) ou d'Angela Merkel à revaloriser la *Leitkultur* (culture de référence) allemande.

2. Discours prononcé par Laura Bush le 17 novembre 2001.

3. Sur ce nouveau « sens commun » féministe anti-musulman, voir Lila Abu-Lughod *Do Muslim Women Need Saving ?*, Cambridge, Harvard University Press, 2013, chapitre III.

4. A. Hajjat, « Port du *hijab* et "défaut d'assimilation". Étude d'un cas problématique pour l'acquisition de la nationale française », *Sociologie*, Paris, Puf, vol. 1, n° 4, 2010, p. 439-456. M. Hachimi Alaoui, J. Pélabay, « Contrats d'intégration et "valeurs de la République" : un "tournant civique" à la française ? », *Revue Européenne des Migrations Internationales*, vol. 36, n° 4, 2020, p. 13-33.

impeccablement démocratique aux « droits relatifs des femmes » a pu servir d'alibi au durcissement des politiques concernant les populations immigrées ou issues de l'immigration, que ce soit dans les lois répressives concernant le port des signes religieux, dans les dérives autoritaires des politiques de contrôle migratoire et dans la popularisation du thème de « l'assimilation » au-delà des cercles politiques de l'extrême-droite[1].

La surenchère publique à propos des droits des femmes qui a alimenté la crise du multiculturalisme est lourde d'ambiguïtés. D'un côté, elle a accompagné la libération d'une parole raciste et xénophobe, encouragée par les partis conservateurs et nationalistes, en lui offrant un habillage rhétorique démocratiquement acceptable, car si l'égalité civique interdit de se référer à l'« origine » ou à la « race » supposée des personnes issues de l'immigration, elle autorise en revanche à critiquer leurs croyances ou leurs comportements religieux, en vertu des libertés d'expression et de conscience[2]. Ce que Sara Farris a nommé le « fémonationalisme »[3] se présente à cet égard comme l'une des manifestations privilégiées de la politisation des questions sexuelles dans les démocraties actuelles et de la récupération des valeurs démocratiques par les forces conservatrices[4], l'argument des droits des femmes – tout comme celui des droits des personnes homosexuelles – les autorisant en quelque sorte à stigmatiser des minorités ethno-religieuses censément plus sexistes et homophobes que la majorité. D'un autre côté, l'instrumentalisation de la cause des femmes a provoqué le brouillage des marqueurs politiques, à partir du moment où des partis traditionnellement hostiles aux revendications féministes[5] se sont rangés à cette occasion du côté de militantes féministes sincèrement engagées dans la lutte contre les fondamentalismes religieux et les formes de tolérance culturelle susceptibles d'encourager les idéologies patriarcales.

1. François Fillon, en prévision de sa candidature aux élections présidentielles de 2017 pour le parti Les Républicains, fit valoir son souhait de remplacer la politique d'intégration par une politique d'assimilation. Voir « Intégration, assimilation, à droite le clivage inattendu », *L'Express*, 4/11/2014.

2. Éléonore Lépinard, « From Immigrants to Muslims : Shifting Categories of the French Model of Integration », *in* A. Eisenberg, W. Kymlicka (dir.), *Identity Politics in the Public Realm. Bringing Institutions Back*, Vancouver, University of British Columbia Press, 2011.

3. S. Farris, *In the Name of Women's Rights : The Rise of Femonationalism*, Durham, Duke University Press, 2017.

4. É. Fassin, « La démocratie sexuelle et le conflit des civilisations », *Multitudes*, n° 3, 2006, p. 123-131.

5. Tel que le droit à l'avortement fortement contesté aux États-Unis chez les Républicains ou en France au Rassemblement National.

C'est en ce point que la crise du multiculturalisme se conjugue avec celle du féminisme contemporain, dont il reflète et renforce les tensions[1]. Les mouvements de lutte pour l'émancipation des femmes opposent d'un côté la position des féministes universalistes à celle des féministes intersectionnelles[2], postcoloniales[3] ou décoloniales[4], souvent identifiées au féminisme « de la troisième vague »[5]. Les premières se caractérisent par leur attachement à la portée universelle des principes fondateurs des démocraties libérales dont elles valorisent la puissance émancipatrice. Le caractère abstrait de la citoyenneté moderne, qui sépare clairement le sujet de droit de la personne empirique, constitue à leurs yeux un levier politique efficace pour garantir l'égal respect des personnes, et tout particulièrement pour condamner toute forme de discrimination à caractère sexuel. Les féministes universalistes jugent ainsi que l'égalité de genre a plus de valeur que le droit à la différence et en déduisent que l'intégration des membres féminins des minorités à la culture libérale et démocratique de la majorité est préférable à la tolérance multiculturelle, quand les normes traditionnelles de leur communauté d'origine sont manifestement sexistes. Les féministes de la troisième vague contestent la légitimité d'un tel universalisme qui réhabilite d'après elles l'assimilationnisme culturel sous couvert de promouvoir l'égalité de genre. Elles dénoncent les biais ethnocentriques et racistes qui motivent les femmes « blanches » et occidentales à attribuer spontanément une supériorité morale à la culture majoritaire, censément plus féministe que les cultures minoritaires. Elles reprochent au féminisme universaliste de conforter ainsi les préjugés de classe et de race qui invisibilisent les femmes au sein des groupes sociaux marginalisés et aggravent les oppressions qu'elles subissent au lieu d'œuvrer à leur émancipation. Cela explique pourquoi, aux yeux des féministes de la troisième vague, la convergence des discours portés par les nationalistes conservateurs et par les féministes universalistes n'est pas le résultat d'un hasard malheureux ; loin de se réduire à la récupération électoraliste par les premiers des arguments avancés de bonne foi par les secondes, cette liaison dangereuse trahit à leurs yeux la représentation

1. Voir É. Lépinard, *Feminist Trouble. Intersectional Politics in Postsecular Times*, New York, NY, Oxford University Press, 2020.

2. K. Crenshaw, P. Hill Collins. Voir E. Dorlin, *Sur l'intersectionnalité*, Paris, Zones, 2020.

3. Gayatri Spivak, Chandra Talpade Mohanty.

4. Maria Lugones, Gloria Anzaldua.

5. Pour une présentation critique de cette troisième vague du féminisme, voir N. Fraser, *Le féminisme en mouvements. Des années 1960 à l'ère néo-libérale*, Paris, La Découverte, 2012.

racialisée des immigrés non-occidentaux qui les inspire communément, une vision déterminée par les biais cognitifs et émotionnels que les politiques coloniales des anciennes puissances impériales ont instillés dans l'imaginaire et dans les *habitus* des populations européennes. Se présentant comme descendantes d'esclaves ou d'indigènes et s'emparant, en tant que citoyennes, de la voix politique dont leurs ancêtres avaient été privées, les féministes *black*, *chicana*, indigènes, etc. se désolidarisent pour cette raison des féministes « blanches » et impérialistes dont elles dénoncent la conception paternaliste, raciste et en définitive exclusive de l'émancipation féminine[1].

Au regard de ces tensions, on constate que la crise du multiculturalisme, si elle a été puissamment alimentée par le nouveau sens commun féministe qui s'est imposé depuis les années 2000, en a simultanément révélé les zones d'ombre et la pente assimilationniste.

Le féminisme multiculturel

C'est de la confrontation entre le féminisme universaliste et les féminismes de la troisième vague qu'a émergé le courant du « féminisme multiculturel ». Nous empruntons cette expression à la politiste israëlo-canadienne Ayelet Shachar pour désigner les travaux qui, en théorie politique, défendent la compatibilité de l'égalité de genre et de la reconnaissance multiculturelle. Si l'on trouve une première élaboration philosophique de cette perspective dès 1990 dans la « politique de la différence » de la philosophe américaine Iris Marion Young, elle s'est surtout affirmée depuis la fin des années 1990, avec les travaux d'Ayelet Shachar, de Monique Deveaux, d'Anne Phillips et de Sarah Song. Dans ce livre, nous nous proposons d'analyser ce courant sous un angle normatif et non pas généalogique. Il ne s'agira pas d'en retracer les modalités d'émergence, ni le type de relations que ses principales représentantes entretiennent avec les autres mouvements féministes, mais de saisir les raisons qui justifient le bien-fondé de ce type de position et d'en analyser les principales déclinaisons théoriques.

1. V. Amos, P. Parmar, « Challenging Imperial Feminism », *Feminist Review*, n° 17, 1984, p. 3-19. Pour un prolongement de cette critique dans les débats français et francophones, voir H. Bentouhami, *Race, cultures, identités. Une approche féministe et postcoloniale*, Paris, Puf, 2015 ; S. Mestiri, *Décoloniser le féminisme. Une approche transculturelle*, Paris, Vrin, 2016 ; R. Sénac, *Les non-frères au pays de l'égalité*, Paris, Presses de Science Po, 2017.

Pourquoi s'intéresser à ce courant du féminisme? La première raison tient aux lacunes de l'état de l'art à son propos qu'on observe dans la littérature académique francophone et, dans une moindre mesure, anglophone. Bien que les féministes multiculturelles aient joué un rôle important dans les débats philosophiques sur l'intégration démocratique des minorités, leurs travaux restent encore mal connus des cercles philosophiques français et peu relayés dans les publications francophones de philosophie politique. Aucune de leurs monographies et presqu'aucun de leurs articles ne sont accessibles en français[1]. En France, ces lacunes tiennent en partie à l'absence de toute politique officielle du multiculturalisme. La défense d'un modèle d'intégration universaliste, qui interdit par principe de reconnaître publiquement l'existence de minorités ethniques ou raciales, prive d'une certaine façon la recherche d'un terrain français à partir duquel les tensions entre la promotion de l'égalité de genre et la reconnaissance des cultures minoritaires pourraient être examinées[2]; cet écart entre les contextes nationaux explique que les cas pratiques sur lesquels raisonnent les féministes multiculturelles puissent paraître exotiques au public français, car ils prennent sens dans des espaces juridiques et politiques très différents. Le désintérêt relatif pour les travaux des féministes multiculturelles s'explique également par la distance qui les sépare des courants dominants au sein des recherches féministes françaises, notamment ceux des féminismes intersectionnel, *queer* et matérialiste. L'ambition normative qui caractérise le féminisme multiculturel, propre à la méthode analytique de la philosophie politique anglophone contemporaine, est en effet souvent jugée avec suspicion par les théoricien.nes qui privilégient la perspective de la philosophie sociale[3]. Or, il nous semble qu'en dépit de ces deux obstacles, contextuel et théorique, la position du féminisme multiculturel mérite d'être mieux connue et davantage prise au sérieux dans les débats français. D'une part, la France reste concernée, à l'instar de toute démocratie libérale, par la gestion de la diversité ethnoculturelle que ses institutions engendrent par le simple jeu des libertés individuelles, si bien que les difficultés examinées par ce

1. L'article de Sarah Song, cité en ouverture de cette introduction, fait exception.

2. Pour une défense institutionnelle de ce modèle, voir le rapport de 2011 du Haut Conseil à l'Intégration, *La France sait-elle encore intégrer ses immigrés?*. Pour une justification sociologique de ce modèle, voir D. Schnapper « La République face aux communautarismes », *Études*, février 2004, p. 177-188. Sur le plan politique, le président français Emmanuel Macron n'a pas dérogé à la position anti-multiculturaliste des dirigeants de la France : « la nation n'a jamais été et ne sera jamais une nation multiculturelle. », Entretien dans *Causeur*, 13 avril 2017.

3. F. Fischbach, *Manifeste pour une philosophie sociale*, Paris, La Découverte, 2009.

type de théorie féministe sont susceptibles d'intéresser les démocraties « faiblement »[1] multiculturelles comme la nôtre. D'autre part, bien que ces théoriciennes élaborent des argumentations normatives, elles le font en des termes qui n'excluent pas ceux de la philosophie sociale féministe, puisqu'elles s'efforcent au contraire, comme nous le montrerons, d'affiner la compréhension de la justice féministe sur la base d'un dialogue avec les critiques féministes postcoloniales. Enfin, examiner de près les travaux de ces théoriciennes se justifie aussi pour combler une certaine lacune dans les publications académiques en langue anglaise, car même si la notoriété de celles-ci y est clairement établie et leurs textes régulièrement discutés, il n'existe pas, à notre connaissance, d'étude systématique consacrée à la position normative qu'elles ont cherché à défendre.

La seconde raison de s'intéresser à ce courant du féminisme tient à la contribution qu'il apporte à la compréhension du multiculturalisme lui-même, dans la mesure où il offre une perspective fructueuse pour en approfondir les bases conceptuelles et surmonter certaines de ses ambiguïtés. Il importe ici de rappeler que les premiers théoriciens de ce modèle d'intégration commencèrent par envisager le multiculturalisme et le féminisme comme des alliés naturels, l'un et l'autre exprimant à leurs yeux un besoin légitime de reconnaissance, motivé dans les deux cas par la dénonciation du faux universalisme[2]. Or, c'est ce présupposé initial d'une convergence heureuse entre la cause des minorités ethniques et celle des femmes que les critiques féministes ont obligé à questionner, en signalant qu'une fois traduite dans les faits, la tolérance multiculturelle soulevait des

1. Sur la distinction entre un État faiblement multiculturel et un État fortement multiculturel, voir D. Weinstock, « Le paradoxe du multiculturalisme libéral », dans S. Guérard de Latour (dir.), *Le multiculturalisme a-t-il un avenir ?*, Paris, Hermann, 2013, p. 77-104.

2. James Tully associe étroitement anticolonialisme et féminisme lorsqu'il analyse la façon dont les cadres de la pensée politique moderne ont tout à la fois desservi les peuples « inférieurs » et le sexe « faible » (*Étrange multiplicité. Le constitutionnalisme à une époque de diversité*, Bordeaux, Presses Universitaires de Bordeaux, 1999). Dans le même esprit, Charles Taylor ouvre son article célèbre sur « La politique de la reconnaissance » par une série d'exemples de mouvements politiques qui met sur le même plan les mobilisations féministes et les nationalismes minoritaires, comme le nationalisme québécois (article publié en français dans *Multiculturalisme. Différence et démocratie*, Paris, Aubier, 2009 [éd. Originale 1993]). Will Kymlicka, enfin, établit un lien historique et conceptuel entre le multiculturalisme et le féminisme à partir d'une critique interne du libéralisme, en soulignant que ces deux mouvements sociaux ont contribué à révéler les injustices engendrées par la position traditionnelle du libéralisme qui consiste à reléguer les relations familiales ou les identités culturelles dans le domaine des affaires privées (« Liberal Complacencies », *in* Susan M. Okin, *Is Multiculturalism Bad for Women ?*, Princeton, Princeton University Press, 1999, p. 31-34). Voir le chapitre I.

problèmes qui touchaient tout particulièrement les femmes[1]. Elles ont ainsi provoqué, au début des années 2000, un tournant pragmatique au sein des débats philosophiques sur le multiculturalisme qui a conduit à déplacer l'attention du niveau de la justification des principes normatifs vers celui de l'évaluation de leurs effets institutionnels, sociaux et politiques. Le féminisme multiculturel nous intéresse donc dans la mesure où il s'est construit en mettant les principes de la citoyenneté multiculturelle à l'épreuve des faits, en affrontant les difficultés liées à la mise en œuvre des politiques de reconnaissance[2].

C'est à partir de la crise des années 2000 que cette contribution théorique est devenue manifeste. Alors que l'inflation massive des critiques féministes contre le multiculturalisme aurait pu précipiter la disgrâce de ce modèle d'intégration, ce n'est pas la conclusion à laquelle sont parvenues les féministes multiculturelles qui en ont tiré parti, au contraire, pour le refonder sur des bases plus solides en puisant dans le féminisme des raisons politiques et philosophiques de résister au *backlash*.

Politiquement, l'inspiration commune que les revendications féministes et multiculturalistes tirent de la critique du faux universalisme motive la méfiance de ces théoriciennes à l'égard des discours qui préconisent la privatisation des affaires domestiques et des identités culturelles, délégitimant ainsi leur articulation aux enjeux de justice sociale. Leur conscience aiguë du fait que « le personnel est politique » les prédispose mieux que d'autres à voir que les identités culturelles le sont également.

1. Voir la liste établie par Amy Gutmann dans « The Challenge of Multiculturalism in Political Ethics », *Philosophy and Public Affairs*, vol.22, n° 3, 1993, p. 171-204.

2. À ce titre, la formation interdisciplinaire des féministes multiculturelles, ainsi que leur familiarité avec des contextes nationaux ouverts aux expériences politiques multiculturelles, apportent à ces enjeux théoriques un éclairage empirique tout à fait précieux. Ayelet Shachar, formée au droit et à la théorie politique à l'université de Tel Aviv avant de poursuivre sa carrière académique comme professeur de sciences juridiques et politiques à l'université de Toronto, puis comme directrice de l'Institut Max Planck de recherche sur les sociétés multireligieuses et multiethniques, a nourri ses travaux de ses analyses pratiques, notamment sur la délégation des affaires familiales aux tribunaux religieux en Israël. Monique Deveaux, professeure titulaire de la chaire « *Ethics and Global Social Change* » à l'université de Guelph en Ontario aborde les grandes questions de la philosophie sociale et politique contemporaine et de l'éthique normative, à travers une approche concrète et appliquée, éclairée par l'expérience du multiculturalisme canadien et des mouvements féministes transnationaux. Anne Phillips, professeure de science politique à la *London School of Economics*, s'est distinguée par ses travaux sur la représentation politique des minorités (de genre, de race, de cultures) qui l'ont, tout au long de sa carrière, conduit à affiner l'analyse de leur intégration démocratique à la lumière des cas pratiques discutés en Grande-Bretagne, notamment celui des mariages forcés. Sarah Song, professeure de droit, de philosophie et de science politique au département de droit de l'université de Berkeley, associe étroitement ses travaux sur la citoyenneté multiculturelle et les migrations à l'étude des lois et de la jurisprudence américaines.

Ce regard féministe explique qu'elles ne soient pas dupes des motivations réelles qui animent les détracteurs des politiques multiculturelles, lorsque ceux-ci agitent les menaces du communautarisme et de la balkanisation politique. Derrière l'invocation de l'intérêt général ou de la cohésion nationale, ces féministes identifient clairement le risque de réaction conservatrice qui trouve dans la rhétorique anti-multiculturaliste le moyen de flatter l'arrogance ethnocentrique de la majorité. De plus, l'histoire des luttes féministes les incite à prendre leurs distances vis-à-vis des positions stratégiques qui hiérarchisent les priorités politiques. Dans les années 1970, les mouvements féministes durent en effet s'imposer face aux marxistes qui les accusaient de diviser le front de la lutte anticapitaliste en poursuivant un objectif politique que ceux-ci jugeaient secondaire, au sens où l'éradication de l'oppression de classe devait saper à terme les causes sociales de l'oppression de genre. Considérant que ce marxisme orthodoxe revenait à conforter, au sein des luttes ouvrières, la position dominée qu'occupaient les femmes dans la société, certaines féministes firent valoir la nécessité de combattre de front les deux systèmes d'oppression que forment le capitalisme *et* le patriarcat. Dans une logique similaire, les féministes multiculturelles s'opposent aux féministes universalistes qui estiment que l'éradication de la discrimination sexuelle doit passer avant la reconnaissance des minorités culturelles ; pour éviter que la priorité ainsi accordée à la cause féministe ne cautionne le durcissement de l'assimilationnisme, elles s'efforcent au contraire d'intégrer dans une même exigence politique l'égal respect qui est dû aux femmes et celui qui est dû aux membres des minorités culturelles.

Philosophiquement, la résistance de ces féministes au *backlash* anti-multiculturaliste se manifeste dans leur refus de compter parmi les « sceptiques de l'identité » (*identity sceptics*). Avec cette expression, la politiste canadienne Avigael Eisenberg désigne l'ensemble des théoriciens qui émirent, à la faveur de la crise du multiculturalisme, « de profondes réserves sur les formes que prend la politique quand elle intègre la reconnaissance de revendications identitaires »[1], estimant que de telles revendications « ne peuvent pas être évaluées équitablement et que le multiculturalisme repose, de ce fait, sur des bases fragiles »[2]. À bien des égards, il semble que les critiques féministes des droits culturels confirment les doutes des sceptiques de l'identité[3]. Ceux-ci font valoir par exemple

1. A. Eisenberg, *Reasons of Identity*, *op. cit.*, p. 44.

2. *Ibid.*, p. 58-59.

3. Eisenberg a proposé une analyse éclairante des quatre principales objections qui fondent le scepticisme de l'identité, celles de l'incommensurabilité, de l'authenticité, de l'essentialisme et de la domestication.

que la notion d'identité « engendre des revendications incompatibles et qu'à cause de son caractère vague et de sa profonde complexité, elle offre peu, voire pas, de critère fiable sur la base duquel trancher entre demandes concurrentes »[1]. Or, c'est précisément ce qui advient quand une demande d'accommodement contredit l'égalité de genre, parce qu'elle réclame, en vertu de l'attachement à une identité prétendument « culturelle », d'être autorisée à préserver une tradition sexuellement discriminante. De même, les analyses féministes relatives aux phénomènes de fausse conscience ou de « préférences adaptatives »[2], qui poussent les femmes à adhérer spontanément aux normes sexistes dans lesquelles elles ont été socialisées, invitent à douter de la pertinence du critère d'authenticité – c'est-à-dire d'adhésion sincère et profonde à une croyance culturelle – qui est régulièrement mobilisé pour justifier le bien-fondé d'une demande d'accommodement, notamment dans le cas des demandes d'exemption religieuse. Enfin, les représentations stéréotypées et simplificatrices des femmes issues des minorités ethniques accentuent le problème de l'essentialisme – c'est-à-dire d'une vision homogène et simplifiée des cultures, réduites à des croyances et traditions jugées constitutives de l'identité culturelle – que les sceptiques de l'identité voient à l'œuvre dans les revendications identitaires. Les femmes non-occidentales, parce qu'elles sont souvent perçues comme les victimes de cultures intrinsèquement patriarcales ont en effet constitué un support privilégié de cristallisation des préjugés ethnocentriques et racistes de la majorité.

Pourtant, les féministes multiculturelles ne concluent pas de toutes ces objections à l'illégitimité des revendications identitaires dans les démocraties multiculturelles. Elles restent convaincues que les identités culturelles comptent, parce que ces identités expriment la valeur d'une appartenance collective, constitutive de la personne humaine. Là encore, leur féminisme opère comme une grille d'interprétation de leur multiculturalisme, dans la mesure où il les conduit à prendre acte du caractère differencié de la subjectivation humaine. Même si les théories féministes divergent sur la signification et la valeur qu'il convient d'accorder à la différence de sexe, aucune ne considère que celle-ci doive être mise de côté, la plupart estimant au contraire que les sujets de sexe féminin doivent pouvoir se réapproprier et réinvestir positivement

1. A. Eisenberg, *Reasons of Identity*, *op. cit.*, p. 60.

2. M.-P. Lemay, « Erreur de diagnostic : préférences adaptatives et impérialisme », *Philosophiques*, vol. 47, n° 1, 2020, p. 139-164. Voir le chapitre I.

cette différence. Le féminisme multiculturel assume cette dimension différentialiste de l'émancipation des femmes.

Porter un regard féministe sur la reconnaissance des cultures minoritaires ouvre ainsi une voie prometteuse pour refonder la citoyenneté multiculturelle, notamment grâce à deux contributions majeures que ce livre s'emploiera à mettre en lumière. La première contribution est d'ordre conceptuel et ontologique. La controverse entre les féministes et les multiculturalistes a en effet conduit à préciser la signification et la nature des « minorités » que forment les femmes d'un côté et les communautés de type ethnique de l'autre. Dans quelle mesure la qualification de « minorités » justifie-t-elle que l'on rapproche des groupes sociaux aussi différents ? En quels sens la « culture » intervient-elle dans leur condition de « minoritaires » ? Quelle est la nature respective de ces groupes et des identités, de genre et/ou de culture, qui les caractérisent ? Susan M. Okin reproche aux premiers penseurs du multiculturalisme d'avoir négligé de telles questions. En inscrivant les demandes de reconnaissance des minorités ethniques dans le sillage des mobilisations féministes, ceux-ci n'auraient pas suffisamment tenu compte de la distance qui sépare les femmes, en tant que groupe socialement opprimé à cause d'une culture sexiste, des communautés dotées de leur propre culture. Okin préconise *a contrario* de distinguer clairement ces deux acceptions de la « culture » pour ne pas confondre la cause féministe avec celle, politiquement douteuse à ses yeux, de la reconnaissance multiculturelle. Nous tâcherons de montrer que, sur ce point, la contribution du féminisme multiculturel a été de mettre en évidence, contre cette compréhension clivée des revendications minoritaires, les similitudes qui justifient leur rapprochement, tant en ce qui concerne leurs modalités sociales de formation qu'en ce qui touche à la nature des identités qui leur sont associées.

La seconde contribution est d'ordre normatif. Le féminisme multiculturel trouve dans la critique féministe des ressources pour réhabiliter le projet politique du multiculturalisme, ce en quoi il se distingue des approches qui accordent la priorité à la lutte contre le racisme et les discriminations ethniques et qui jugent les politiques multiculturelles inefficaces ou contre-productives en matière de lutte contre les inégalités raciales. Des philosophes comme Charles W. Mills[1], Nancy Fraser[2] ou

1. C. W. Mills, *Le Contrat racial*, Montréal, Mémoire d'encrier, 2023.

2. N. Fraser, *Qu'est-ce que la justice sociale ? Reconnaissance et redistribution*, Paris, La Découverte, 2011.

Magali Bessone[1] estiment en effet qu'en revalorisant publiquement les identités culturelles sans s'attaquer sérieusement aux causes sociales de la racialisation des personnes identifiées comme non-« blanches » ou non-occidentales, ces politiques ne font qu'inverser le stigmate dont elles souffrent; le multiculturalisme se priverait ainsi des moyens de déconstruire les préjugés ethnocentriques ou racistes qui assignent les minoritaires à leur « différence » et contribuerait plutôt à les aggraver en appliquant à ces derniers des mesures qui réactivent les causes de leur stigmatisation. A rebours de cette position critique, centrée sur l'anti-discrimination, le féminisme multiculturel invite à comprendre pourquoi l'intégration démocratique des minorités de type ethnique ne passe pas uniquement par la déconstruction des identités sociales discriminantes qui pèsent sur leurs membres, mais exige aussi la reconnaissance de la valeur des identités collectives auxquelles ils sont légitimement attachés.

Ce livre s'organise en deux parties. La première partie délimite l'espace théorique qui justifie la position du féminisme multiculturel en tant que tel. Avant de montrer comment le féminisme peut être multiculturel, il convient en effet d'expliquer pourquoi il doit l'être. Cette justification préalable suppose trois étapes. D'abord, il s'agit de poser les termes du problème en examinant les raisons pour lesquelles certaines féministes jugent le multiculturalisme nuisible pour les femmes. Le premier chapitre part ainsi de la controverse qui a émergé au sein du courant philosophique du libéralisme politique contemporain entre la féministe Susan M. Okin et les théoriciens du multiculturalisme Will Kymlicka et Chandran Kukathas, afin de détailler les objections que la première a adressées aux seconds. Cet examen permettra de comprendre le rôle clé que joue, dans la critique d'Okin, la distinction forte qu'elle établit entre les deux types de minorités formées par les femmes et les groupes ethniques. Le deuxième chapitre s'emploie à montrer que la critique du féminisme libéral échoue, à cause de cette distinction, à saisir les raisons qui fondent les philosophies du multiculturalisme et opère, pour y remédier, un retour sur leurs fondements normatifs et ontologiques; en revenant sur les deux grands moments qui ont marqué la justification d'une citoyenneté respectueuse des différences, ce chapitre fait valoir que la protection des minorités de type ethnique dépend d'une ontologie sociale de type holiste, étrangère au féminisme libéral, qui justifie qu'on articule la cause des femmes et celles des minorités

1. M. Bessone, « (How) Can Multiculturalism Face Racial Injustices? », *in* P. Balint, S. Guérard de Latour (dir.), *Liberal Multiculturalism and the Fair Terms of Integration*, Basingstoke, Palgrave McMillan, 2013, p. 177-193.

ethniques, au lieu de les disjoindre. Le troisième chapitre mobilise les critiques postconiales du féminisme libéral et universaliste afin de mettre en lumière ses failles normatives, en montrant que ce type de féminisme se condamne à être injuste quand sa vision essentialiste et dépolitisée de la différence ethnoculturelle en vient à conforter des comportements ethnocentriques et à cautionner des politiques assimilationnistes. Tout en saluant la contribution majeure de ces critiques à la controverse entre les féministes et les multiculturalistes, ce chapitre identifie les ambiguïtés normatives qui grèvent les féminismes d'inspiration postcoloniale. Ce sont elles précisément que le féminisme multiculturel prétend lever en proposant une synthèse normative entre l'égal respect dû aux femmes et l'égal respect dû aux membres des cultures minoritaires.

La seconde partie examine alors les diverses tentatives qui ont été menées pour élaborer une telle synthèse. Elle s'organise autour de trois chapitres qui analysent tour à tour les voies *institutionnelle*, *conceptuelle* et *délibérative* que les féministes multiculturelles ont suivies pour y parvenir. Elle montre que, si chacune de ces synthèses aide à corriger la vision dépolitisée des minorités ethniques qui domine le féminisme libéral/universaliste, les deux premières, théorisées respectivement par Ayelet Shachar et Anne Phillips, s'avèrent insatisfaisantes parce qu'elles restent en partie redevables d'une ontologie sociale de type atomiste. La voie délibérative, défendue par Sarah Song et Monique Deveaux, offre en revanche une perspective plus convaincante que les deux précédentes, en raison de sa capacité à prendre acte de la valeur démocratique des identités culturelles sans renoncer à la cause féministe.

PREMIÈRE PARTIE

POURQUOI LE FÉMINISME DOIT-IL ÊTRE MULTICULTUREL ?

CHAPITRE PREMIER

LA CRITIQUE FÉMINISTE LIBÉRALE DES DROITS CULTURELS

It is by no means clear, [...] from a feminist point of view, that minority group rights are « part of the solution ». They may well exacerbate the problem[1].

Si la tolérance multiculturelle se présente à première vue comme un progrès démocratique, en ce qu'elle exige l'extension de la norme d'égal respect à tous les citoyens quelle que soit leur culture d'origine, ne correspond-elle pas à une dangereuse régression d'un point de vue féministe ? L'égalité de genre n'est-elle pas profondément mise en cause quand les politiques multiculturelles autorisent certaines minorités à préserver des traditions à caractère patriarcal, tels que les mariages arrangés, le recours à l'arbitrage religieux en matière de droit familial, ou encore en atténuant la sévérité des juges face à de telles coutumes dans les tribunaux ? Il revient à la philosophe néo-zélandaise, féministe et libérale, Susan Moller Okin d'avoir soulevé ce problème au sein de la philosophie politique contemporaine en appelant les théoriciens du multiculturalisme à envisager sérieusement qu'un tel idéal puisse être nuisible aux femmes. Saisir les termes du débat académique qui a opposé les féministes et les multiculturalistes suppose par conséquent de revenir aux objections d'Okin, qui en constituent le point de départ. Ce retour en arrière permet de souligner deux aspects importants : premièrement, ces débats se sont d'abord déroulés au sein de la philosophie libérale

1. S. M. Okin, *in* J. Cohen, Howard, M. C. Nussbaum, (dir.) *Is Multiculturalism Bad for Women ?*, Princeton, Princeton University Press, 1999, p. 22.

contemporaine, puisque c'est dans ce cadre normatif que le problème des « minorités dans la minorité » se pose avec acuité. C'est à ce niveau, en effet, qu'apparaissent les contradictions éventuelles de politiques qui, tout en faisant valoir le droit des minorités culturelles à ne pas être assimilées, exposent les personnes les plus vulnérables au sein de ces groupes, et tout particulièrement les femmes, à des violations de droits. Un tel problème disparaît dans les conceptions communautariennes du multiculturalisme, où la supériorité morale du groupe culturel sur ses membres est admise par avance. La première critique féministe du multiculturalisme qu'a porté Okin se présente à cet égard comme un correctif libéral des biais sexistes de la tolérance multiculturelle. Deuxièmement, la position d'Okin montre que, dès le départ, la controverse entre féministes et multiculturalistes a été déterminée par l'enjeu de la définition des groupes sociaux qui sont concernés par l'inclusion démocratique des minorités. D'un côté, en effet, Okin admet, avec les libéraux multiculturalistes, que les minorités de type ethnique ne doivent pas être mises sur le même plan que les autres minorités, notamment sexuelles, parce que dans le cas des premières la notion de « culture » revêt une signification spécifique, d'ordre ethno-anthropologique. De l'autre, Okin tire de cette prémisse commune une conclusion opposée à celle des multiculturalistes, puisqu'elle insiste sur la spécificité de la culture ainsi entendue pour contester la légitimité de la norme multiculturaliste : dans une perspective féministe, c'est précisément à cause du rôle privilégié que jouent les cultures humaines dans la perpétuation de préjugés sexistes et de comportements patriarcaux que la tolérance à leur égard s'avère éminemment contestable.

Dans ce premier chapitre, nous nous emploierons à restituer la critique okinienne en prêtant attention à ces deux aspects, afin de montrer qu'elle contribue à la clarification simultanée des principes du libéralisme contemporain et du concept de « culture » dans les justifications libérales du multiculturalisme. La première section revient sur la publication de l'article célèbre par lequel Okin a ouvert les débats, afin de corriger la réception réductrice qui en a été faite. La position d'Okin ne se limite pas, en effet, au choix politique d'un féminisme assimilationniste; elle repose sur des analyses philosophiques plus subtiles qu'il importe de restituer. C'est ce que nous proposons de faire dans les deux sections suivantes en examinant les deux variantes de multiculturalisme libéral auxquelles Okin adresse ses principales objections, d'un côté l'approche rawlsienne qui met l'accent sur les conditions culturelles de l'autonomie et, de l'autre, l'approche pluraliste qui radicalise le modèle de la tolérance religieuse. Il s'agira alors de montrer comment la philosophe mobilise dans les deux cas l'acception ethno-anthropologique de la « culture » en vue de démontrer l'incapacité de ces deux approches à protéger efficacement les droits des femmes de cultures minoritaires. Une fois la démarche critique d'Okin restituée, nous en soulignerons les limites en dégageant la conception réductrice de la subjectivité qui inspire le féminisme libéral dont elle se réclame et qui fonde sa condamnation du multiculturalisme.

« LE MULTICULTURALISME NUIT-IL AUX FEMMES ? »

Un article inaugural et polémique

L'acte qui ouvre le débat entre féministes et multiculturalistes se joue à l'automne 1997 avec la parution du célèbre article de la philosophe féministe libérale Susan Moller Okin « Is Multiculturalism Bad for Women ? » dans la *Boston Review*[1]. Cet article a eu un écho considérable tant dans le monde académique qu'auprès de l'opinion publique, comme en attestent les réactions vives et contrastées qu'il suscita. Le caractère polémique de cette intervention publique tient au trouble que la philosophe vint jeter au sein de la gauche nord-américaine en reprochant aux théoriciens de la tolérance multiculturelle qui se jugeaient « politiquement progressistes et opposés à toute forme d'oppression [d'] accepter trop facilement de considérer aussi bien le féminisme que le multiculturalisme comme de bonnes choses, qui seraient aisément conciliables »[2].

Contre leur optimisme naïf, Okin soutient que le multiculturalisme, lorsqu'il passe par l'octroi de droits collectifs aux groupes minoritaires pour leur donner les moyens de résister à la pression assimilatrice de la culture majoritaire, entre inévitablement en tension avec le principe fondamental du féminisme selon lequel « les femmes ne doivent pas être désavantagées par leur sexe, [et doivent se voir] reconnaître une dignité humaine égale à celle des hommes, ainsi que la possibilité de vivre des vies aussi épanouissantes et librement choisies que les hommes »[3]. Il n'est pas anodin, fait-elle observer, que la tolérance juridique réclamée par les minoritaires concerne surtout le domaine du droit personnel (*personal*

1. S. M. Okin, « Is Multiculturalism Bad for Women ? », *Boston Review*, 1er octobre 1997 (http://bostonreview.net/forum/susan-moller-okin-multiculturalism-bad-women). L'article a été publié avec une série de commentaires critiques dans J. Cohen, Howard, M. C. Nussbaum, (dir.) *Is Multiculturalism Bad for Women ?*, *op. cit.* Une version française, « Le multiculturalisme nuit-il aux femmes », traduite par S. Chavel est accessible sur le site de la revue *Raison Publique*.
2. S. M. Okin, *Is Multiculturalism Bad for Women ?*, *op. cit.*, p. 10.
3. *Ibid.*

law) à savoir l'ensemble des lois relatives au mariage, au divorce, à la garde des enfants, à la division et au contrôle de la propriété familiale ou à l'héritage qui, dans la plupart des traditions culturelles et religieuses, s'avèrent défavorables aux femmes. Cette observation oblige à reconnaître que la volonté, à première vue légitime, de protéger une culture minoritaire risque de faire le jeu d'élites conservatrices désireuses de maintenir un ordre patriarcal au sein de leur communauté, puisqu'elle conduit à leur donner les moyens institutionnels de contrôler ses membres. Ce risque n'est pas simplement conjoncturel mais s'explique, selon Okin, par le rôle essentiel que jouent les femmes dans les processus de reproduction et de transmission culturelles. Parce que les femmes enfantent les futurs membres de la communauté culturelle et qu'elles sont les premières à leur transmettre ses usages et ses croyances, elles semblent être investies d'une responsabilité spécifique dans la perpétuation des liens culturels. Un point de vue féministe oblige dès lors à admettre que les droits culturels pèsent bien plus lourdement sur le destin des femmes que sur celui des hommes. Car, même si ces droits sont en principe encadrés par les contraintes constitutionnelles de l'État de droit et même si, de ce fait, ils respectent formellement l'égalité juridique entre hommes et femmes, ils n'en confortent pas moins les préjugés selon lesquels les femmes, en tant que gardiennes de la tradition, ne sont pas destinées au même rôle social que les hommes. En participant ainsi au renforcement des représentations sexistes, ils apportent *in fine* une caution morale à la position des minoritaires qui défendent le maintien de traditions patriarcales extrêmement dommageables pour les femmes, telles que l'excision, la polygamie ou les mariages forcés. En outre, sous couvert de promouvoir une plus grande égalité entre les groupes culturels, ils aboutissent de fait à une rupture d'égalité de droits pour les femmes de cultures minoritaires, comme l'illustrent clairement les cas de défense culturelle en droit pénal américain : lorsque les hommes d'une minorité culturelle ayant commis des violences contre des femmes de leur groupe voient leur peine être allégée sur la base d'arguments culturels, ces femmes s'en trouvent inévitablement moins protégées contre les atteintes faites à leur personne que celles de la culture majoritaire.

Okin en conclut que :

> D'un point de vue féministe, il n'est donc pas clair du tout que les droits collectifs pour les groupes minoritaires soient « une partie de la solution ». Ils pourraient bien exacerber le problème. Dans le cas d'une culture minoritaire plus patriarcale au sein d'une culture majoritaire moins patriarcale, aucun argument ne peut se fonder sur le respect de soi ou sur

> la liberté pour montrer que les membres féminins d'une culture ont un clair intérêt à sa préservation. En effet, elles pourraient bien voir leur sort amélioré si la culture dans laquelle elles sont nées soit *vient à s'éteindre* (si bien que ses membres s'intègrent dans la culture environnante moins sexiste) soit, mieux, est encouragée à évoluer pour renforcer l'égalité des femmes – au moins au degré permis par la culture majoritaire [1].

C'est cette conclusion qui a largement contribué à populariser l'article d'Okin et à lui conférer le statut de point de départ incontournable du débat « *Feminism Vs. Multiculturalism* » [2]. La réception de l'article s'est en effet focalisée sur l'évocation de « l'extinction culturelle » du groupe minoritaire, un passage souvent cité de façon tronquée, sans mention faite à la seconde partie de l'alternative où la philosophe envisage la possibilité d'une évolution de la culture minoritaire vers des normes moins patriarcales. Cette réception partielle a conduit à interpréter la position d'Okin comme une réhabilitation du principe de l'assimilation culturelle au nom de ses vertus émancipatrices pour les femmes minoritaires. En opposant de façon frontale le féminisme au multiculturalisme, Okin aurait ainsi participé à la formulation du dilemme moral devant lequel ces femmes semblent être placées, sommées en quelque sorte de choisir entre « leurs droits ou leur culture » : d'un côté, ces femmes, si elles veulent être protégées dans leurs intérêts fondamentaux, doivent accepter de s'assimiler à la culture moderne et démocratique de la majorité, où l'égalité jouit désormais du statut de norme officielle, ce qui les oblige à rompre avec leurs traditions culturelles ; de l'autre, si elles souhaitent se conformer à ces traditions, afin de cultiver les liens privilégiés qui les unissent aux membres de leur communauté culturelle, elles s'exposent elles-mêmes au risque de voir leurs droits bafoués.

La lecture assimilationniste du féminisme d'Okin mérite toutefois d'être nuancée au regard des modalités de diffusion de son article qui illustrent le brouillage des frontières entre la position discursive de l'universitaire et celle de l'intellectuel public, un phénomène assez courant dans les questions aussi médiatisées que les questions multiculturelles. Dans le cas présent, il faut rappeler qu'Okin s'est exprimée aux deux titres. L'article de la *Boston Review* mobilise, dans une version destinée au grand public, des arguments que la philosophe précise dans une de ses publications académiques, « *Feminism and Multiculturalism : Some Tensions* », parue

1. *Ibid.*, p. 22-23.

2. L. Volpp, « Feminism versus Multiculturalism », *Columbia Law Review*, vol. 101, n° 5, 2001, p. 1181-1218 ; A. Shachar, « Feminism and Multiculturalism : Mapping the Terrain », *in* A. S. Laden, D. Owen (dir.), *Multiculturalism and Political Theory*, Cambridge, Cambridge University Press, 2007, p. 115-147.

en 1999 dans la prestigieuse revue *Ethics*[1]. Or le texte scientifique indique que l'opposition d'Okin au multiculturalisme n'est pas aussi radicale que ne le suggérait le premier article : elle n'y soutient aucunement que ce modèle d'intégration politique mérite d'être rejeté à cause de son incompatibilité radicale avec le féminisme ; elle prétend plus modestement dégager les « tensions » qu'engendre l'articulation de l'égalité entre groupes culturels et de l'égalité de genre, ce qu'elle s'emploie à faire en repérant les lacunes et les incohérences des justifications libérales des droits culturels.

Si ces nuances ont pu échapper aux lecteurs de la version publiée dans la *Boston Review*, cela tient d'une part à la tournure accusatoire du titre que la forme interrogative souligne plus qu'elle n'atténue. Cela s'explique d'autre part par les libertés qu'Okin y prend à l'égard des règles de méthode et d'argumentation afin d'accentuer la charge contre le multiculturalisme : ses sources y sont discutables, puisque pour traiter des problèmes complexes comme l'excision, la polygamie ou les mariages forcés, la philosophe cite surtout des articles de journaux grand public qui en donnent une vision simpliste et elle mobilise une série de faits divers qui privilégient le registre émotionnel ; sa démonstration manque en outre de rigueur argumentative à cause du caractère mal défini de son objet : Okin ne se limite pas à la discussion des justifications philosophiques du multiculturalisme, comme elle le fait dans l'article d'*Ethics*, mais elle brouille les contours de sa réflexion en s'appuyant sur des cas empiriques sans rapport avec ces théories, par exemple en mobilisant dans l'ouverture de l'article l'exemple du mariage polygame en France, à qui elle reproche une tolérance complaisante, alors que ce pays est réputé pour son rejet catégorique des politiques multiculturelles jugées attentatoires au modèle d'intégration républicain.

Il n'est donc pas étonnant que l'article « Le multiculturalisme nuit-il aux femmes ? » ait été reçu comme un réquisitoire contre le multiculturalisme, ni qu'il ait contribué à alimenter la nouvelle sensibilité féministe qui s'est progressivement construite en réaction à lui. Toutefois, la contribution d'Okin à ces débats ne se réduit pas à ce texte incisif. Elle doit être appréciée à la lumière des analyses que la philosophe a consacrées aux justifications libérales de multiculturalisme et qui présentent l'intérêt de procéder à une critique interne de ces théories normatives. Se réclamant de la tradition libérale, Okin prend au sérieux la démarche des théoriciens qui se méfient autant qu'elle des abus de pouvoir et de la tyrannie de la majorité. Par conséquent, c'est en se confrontant à eux sur leur propre

1. S. M. Okin, « Feminism and Multiculturalism : Some Tensions », *Ethics*, vol. 108, n° 4, juillet 1998, p. 661-684.

terrain qu'elle prétend mettre en évidence l'insuffisance de leurs arguments en faveur d'une tolérance accrue à l'égard des minorités culturelles. Il s'agit pour elle de démontrer, à partir de la perspective féministe, que le multiculturalisme dit « libéral » n'est pas à la hauteur de ses propres principes.

Changer de regard sur la « culture » : la thèse discontinuiste d'Okin

La contribution essentielle de cette critique interne tient à l'éclairage qu'elle apporte à la notion de « culture », grâce à la combinaison de la composante libérale et de la composante féministe qui caractérise la position d'Okin. La composante libérale conduit cette dernière à suivre les multiculturalistes libéraux lorsqu'ils insistent, à partir du milieu des années 1990, sur la spécificité des minorités de type ethnique[1]. Les groupes tels que les peuples autochtones, les minorités nationales ou les minorités issues de l'immigration partagent en effet des liens de type ethnique qui les amènent à s'identifier à un héritage commun et à se reconnaître dans des pratiques sociales distinctives (de type linguistique, religieux ou coutumier). À ce titre, ces minorités diffèrent d'autres groupes minoritaires dont les membres sont dispersés dans l'ensemble de la société et qui ne s'identifient pas à un mode de vie spécifique. Dans l'introduction de l'article « *Feminism and Multiculturalism : Some Tensions* », Okin critique ainsi la tendance à confondre deux formes de multiculturalisme en mettant sur le même plan les demandes de reconnaissance portées par les femmes, les gays et lesbiennes et les revendications de droits collectifs que réclament certaines minorités ethnoculturelles[2]. Cela la conduit à clarifier les implications sociologiques et normatives de la spécificité que les multiculturalistes libéraux accordent aux minorités ethniques, en soutenant une thèse que je propose de nommer *discontinuiste.* La thèse discontinuiste consiste, d'une part, à mettre en avant la différence de nature qui sépare ces deux types de groupes sociaux. Les premiers forment des *minorités sociales* constituées par les discriminations que leurs membres subissent dans un environnement social hétérosexiste, tandis que les seconds forment des *communautés ethniques* qui cherchent à défendre un héritage culturel auquel leurs membres s'identifient. Cette discontinuité sociologique se manifeste, d'autre part, dans la divergence de leurs objectifs politiques, puisque « ceux qui ont été discriminés sur la base de leur sexe ou de leur

1. W. Kymlicka, *La citoyenneté multiculturelle. Une théorie libérale du droit des minorités*, Paris, La Découverte, 2001.
2. S. M. Okin, « Feminism and Multiculturalism », *op. cit.*, p. 662.

orientation sexuelle, bien qu'ils cherchent à être reconnus, ne réclament pas normalement de droits culturels pour leur groupe »[1]. L'exigence de non-discrimination reste à cet égard inscrite dans la logique individualiste de la citoyenneté moderne et libérale, puisqu'elle requiert de rétablir l'égalité de traitement entre citoyens, tandis que les droits culturels sont attribués à des personnes en tant qu'elles appartiennent à des communautés culturelles. En soulignant ces écarts sociologiques et politiques, Okin insiste donc, à l'instar des multiculturalistes libéraux, sur l'attention spécifique qu'il importe de prêter à l'acception ethno-anthropologique de la « culture ».

La focalisation des libéraux sur cette acception de la notion se traduit, sur le plan normatif, par l'importance qu'ils accordent au modèle de la tolérance religieuse[2]. Dans leur perspective, l'assimilation culturelle pose problème du fait de sa ressemblance avec le prosélytisme religieux, parce qu'elle semble reproduire le geste illégitime de la conversion forcée en imposant aux membres des minorités une culture à laquelle ils ne s'identifient pas. Porter atteinte à leur authenticité culturelle représenterait un tort moral équivalent à celui qui consiste à nier les convictions profondes. La diversité culturelle tend alors à être envisagée dans le prolongement du pluralisme des valeurs et la culture comprise par analogie avec la religion comme un système de représentations, de croyances et de pratiques. Or, dans le cas de la culture comme dans celui de la religion, le concept de tolérance requiert de fixer des limites à ce qui est tolérable. Le propre du modèle libéral consiste à exclure toute forme de tolérance qui contredirait le respect des droits individuels. C'est ce qu'on observe dans la forme moderne de la tolérance qui repose sur le respect des libertés de conscience, de culte et d'association à la différence, par exemple, des formes pré-modernes qui, comme le système des millets[3], consacraient le pouvoir de chaque communauté religieuse sur ses membres, en interdisant par exemple l'apostasie. Ce modèle normatif permet aux multiculturalistes libéraux d'éviter l'accusation de relativisme : en enjoignant aux États démocratiques de se montrer plus tolérants à l'égard des minorités ethnoculturelles, ils n'exigent pas une acceptation sans limite de leurs pratiques mais une tolérance à l'égard de celles qui sont compatibles avec les libertés de leurs membres. Ils prétendent ainsi

1. S. M. Okin, « Feminism and Multiculturalism », *op. cit.*, p. 662.

2. S. Guérard de Latour, « Justice et multiculturalisme libéral. Ambiguïtés et écueil du modèle de la tolérance religieuse », *Éthique, politique et religions*, vol. 2, n° 11, 2017, p. 35-51.

3. Le système des millets désigne la forme de tolérance religieuse institutionnalisée sous l'Empire ottoman par les Musulmans à l'égard des minorités chrétiennes et juives dont ils avaient conquis le territoire. Le statut légal qui leur était accordé autorisait leurs membres à pratiquer leur religion et à diriger leurs affaires internes. Voir W. Kymlicka, *La citoyenneté multiculturelle*, *op. cit.*, chap. 8.

concilier les deux exigences de la tolérance culturelle et du respect de la personne par l'édiction de clauses censées garantir le caractère libéral des politiques multiculturelles.

Or ce sont précisément ces clauses qu'Okin soumet à la critique en mobilisant la composante féministe de son libéralisme. Si elle insiste avec les multiculturalistes libéraux sur la spécificité de la différence ethnoculturelle, elle leur reproche d'avoir négligé les liens étroits que la culture ainsi entendue entretient avec le problème de la domination masculine. D'un point de vue féministe, les cultures, au sens ethno-anthropologique du terme, constituent les racines du mal puisque c'est au travers d'elles que se transmettent les schémas patriarcaux et que s'intériorisent les comportements sexistes. La perspective féministe met ainsi en évidence la nécessité pour les théories du multiculturalisme de ne pas s'en tenir aux rapports entre groupes ethnoculturels mais de s'intéresser aussi aux inégalités de pouvoir qui existent en leur sein et à leur mode de production. Elle invite en définitive à ne pas s'enfermer dans le prisme réducteur du pluralisme des valeurs, qui se focalise sur l'enjeu de la liberté d'expression culturelle, afin d'intégrer à la réflexion sur le multiculturalisme l'enjeu de l'égalité de statut qu'il importe de promouvoir entre les membres des minorités.

Le féminisme d'Okin se présente dès lors comme une critique des insuffisances et des incohérences des clauses qui prétendent garantir le caractère libéral du multiculturalisme. Cette critique se déploie dans deux directions principales, d'un côté contre la clause des « restrictions internes » édictée par Will Kymlicka dans sa théorie de la citoyenneté multiculturelle et, de l'autre, contre la clause des « droits de sortie » mise en avant par les libéraux pluralistes – comme William Galston – ou libertariens – comme Chandran Kukathas.

« L'ÉGALITÉ ENTRE LES GROUPES, LA LIBERTÉ AU SEIN DES GROUPES »[1], UNE ÉQUATION IMPOSSIBLE POUR LES FEMMES ?

Féminisme libéral et multiculturalisme libéral, l'inspiration rawlsienne

Dans l'article de la *Boston Review*, le philosophe canadien Will Kymlicka apparaît comme la cible privilégiée d'Okin, puisqu'il est la seule figure philosophique retenue parmi les quatre qu'elle examine dans la version académique de l'article (à savoir Moshe Halbertal, Avishai

1. « *equality within groups and freedom within groups* » selon la formule employée par Will Kymlicka dans *La Citoyenneté multiculturelle*.

Margalit, Joseph Raz et Will Kymlicka). Ce choix tient à deux raisons principales, d'abord à la proximité théorique entre Okin et Kymlicka au sein des courants du libéralisme contemporain, ensuite au fait que le philosophe canadien est celui qui a le plus explicitement défendu la légitimité de « droits dépendant de l'appartenance à un groupe » (*group-differentiated rights*), soulevant ainsi le problème de l'articulation entre droits collectifs et droits individuels.

En ce qui concerne le premier point, il faut rappeler qu'Okin et Kymlicka se réclament tous deux du libéralisme égalitariste de John Rawls et que leurs théories, féministe pour la première, multiculturaliste pour le second, se présentent comme des extensions de la procédure de justification du philosophe américain. Les travaux d'Okin sur la place de la famille dans la tradition du contractualisme libéral ont mis en lumière le « paradoxe interne » de la théorie de la justice, à savoir qu'« en raison de ses préjugés au sujet du genre, Rawls n'a pas appliqué les principes de justice au domaine de l'éducation humaine, un domaine qui est pourtant essentiel pour la réalisation et pour le maintien de la justice »[1]. Au chapitre VIII de *Théorie de la justice*, Rawls décrit en effet les trois stades du développement du « sens de la justice », qu'il définit comme « le désir profond et normalement efficace d'agir conformément aux principes de la justice »[2], sous la forme d'un élargissement progressif des obligations réciproque qui se mettent en place au travers de la morale de l'autorité, puis de la morale de groupe et enfin de la morale des principes. D'après cette psychologie morale, la motivation à se sentir moralement obligé à l'égard de tout être humain tire sa force morale des stades précédents où, dans la famille d'abord, l'enfant accepte d'obéir à ses parents pour ne pas perdre leur affection et où, dans la vie sociale ensuite, la personne se conforme spontanément aux rôles qui sont attendus d'elle pour ne pas perdre l'estime et la confiance des autres[3]. Dès lors, puisque Rawls place la famille à l'origine du développement moral, il aurait dû être davantage attentif aux inégalités qui grèvent la sphère domestique dans une société historiquement structurée par le genre, où la majorité des femmes sont assignées aux travaux ménagers, reléguées à des tâches subalternes et socialement déconsidérées. Dans un tel système « fondé sur le genre, lequel, enraciné dans les rôles sexuels propres à la famille et se ramifiant

1. S. M. Okin, *Justice, genre et famille*, Paris, Champs-Flammarion, 2008, p. 236.

2. J. Rawls, *Théorie de la justice*, *op. cit.*, p. 496.

3. Voir S. Guérard de Latour, G. Radica, C. Spector (dir.), *Le Sens de la justice, une « utopie réaliste » ? Rawls et ses critiques*, Paris, Classiques-Garnier, 2015.

jusque dans presque tous les recoins de nos vies, est l'une des structures fondamentales de la société »[1], il y a de bonnes raisons de douter que les femmes soient en capacité de développer leur sens moral dans les mêmes conditions que les hommes. Or, si Okin conteste la psychologie morale de Rawls, elle salue la portée réformatrice de la fiction de la position originelle, à condition de l'appliquer plus scrupuleusement qu'il ne l'a fait à l'évaluation critique des inégalités structurelles entre hommes et femmes :

> Si [...] nous lisons Rawls de manière à prendre au sérieux à la fois l'idée que ceux qui sont derrière le voile d'ignorance ne connaissent pas leur sexe et l'exigence selon laquelle la famille et le système fondé sur le genre, en tant qu'institutions sociales de base, doivent être soumis à un examen scrupuleux, il s'ensuit une critique féministe constructive de ces institutions contemporaines[2].

L'interprétation féministe de la position originelle conduit ainsi à ne pas limiter les questions de justice à la seule sphère publique, mais oblige à les poser également au sein de la sphère domestique, dans la mesure où c'est à cette échelle que se mettent en place les rôles genrés qui empêchent les femmes de bénéficier pleinement de l'égalité démocratique.

Le multiculturalisme de Kymlicka prolonge explicitement le féminisme libéral et rawlsien d'Okin. Il établit en effet un parallèle entre les inégalités de genre et les inégalités entre groupes culturels, arguant du fait qu'elles « constituent de graves injustices et [que] l'incapacité historique du libéralisme à les reconnaître procède d'erreurs théoriques similaires »[3]. L'erreur tient au caractère contestable de la distinction des sphères publique et privée qu'on observe dans les deux cas. Dans celui des femmes, cette distinction s'ancrait dans une vision naturalisée des rôles d'épouse et de mère et de l'autorité paternelle qui motiva les libéraux à exclure la sphère domestique des considérations de justice. Dans le cas des minorités ethnoculturelles, la distinction procède de l'analogie inadéquate que les libéraux font traditionnellement entre la tolérance religieuse et la tolérance multiculturelle[4]. Estimant que les identités culturelles sont des affaires privées au même titre que les convictions religieuses, les libéraux en concluent que le régime des libertés individuelles (notamment les

1. S. M. Okin, *Justice, genre et famille*, *op. cit.*
2. *Ibid.*
3. W. Kymlicka, « Liberal Complacencies », *in* Susan M. Okin, *Is Multiculturalism Bad for Women*, *op. cit.*, p. 34.
4. W. Kymlicka, *La citoyenneté multiculturelle*, *op. cit.*

libertés de conscience, d'expression et d'association) suffit à leur apporter des garanties contre l'intolérance. Kymlicka conteste cette analogie en soulignant que les libertés privées ne protègent pas suffisamment les groupes culturels qui, en raison de leur position minoritaire, sont fragilisés par la position privilégiée dont jouissent les groupes culturels dominants dans l'organisation de la vie publique. À la différence des croyances religieuses, les identités culturelles ne peuvent pas être complètement privatisées, puisque tout État promeut inévitablement une culture officielle par le choix d'une ou de plusieurs langues, de jours fériés ou de symboles identitaires qui avantagent certains groupes culturels au détriment des autres.

Si le problème de la tolérance culturelle ne peut pas être résolu par la stratégie de privatisation qui prévaut dans le cas de la tolérance religieuse, c'est que les identités ethnoculturelles ne se réduisent pas à la dimension cognitive et axiologique des représentations collectives (au sens où une culture renvoie à des croyances, à une mémoire ou à des valeurs partagées) mais qu'elles dépendent également des institutions et des pratiques qui tissent les liens sociaux au sein d'une collectivité historique. En resserrant l'enjeu du multiculturalisme autour des groupes ethnoculturels, Kymlicka montre que la spécificité de leur différence par rapport à d'autres groupes minoritaires tient à la notion de « culture sociétale », c'est-à-dire au fait qu'ils possèdent un « ensemble d'institutions, couvrant à la fois la vie publique et la vie privée, établi dans une langue commune, qui s'est développé au cours de l'histoire sur un territoire donné et qui offre à ses membres une large gamme de choix sur la façon de conduire leur vie »[1]. Cette définition de la culture sociétale, qui renvoie à la définition sociologique des « nations » ou des « peuples », permet de mettre en évidence les limites du modèle libéral de la tolérance religieuse pour penser la tolérance multiculturelle et la nécessité d'accorder des protections au groupe culturel en tant que tel. En s'appuyant sur l'exemple canadien, Kymlicka souligne l'incapacité des libertés individuelles (notamment d'expression, d'association, de conscience, de culte) à protéger les petites nations à l'intérieur d'un État libéral et démocratique. Il ne suffit pas en effet d'autoriser les Québécois à former des clubs de promotion de la langue française pour éviter à celle-ci d'être marginalisée dans un pays où l'usage de la langue anglaise domine largement ; de même, les libertés de culte et d'association ne protègeront pas efficacement le mode

1. W. Kymlicka, *Politics in the Vernacular. Nationalism, Multiculturalism, and Citizenship*, Oxford, Oxford University Press, 1998, p. 53.

de vie des autochtones canadiens contre l'appropriation de leurs terres ancestrales par des entrepreneurs désireux d'en exploiter les ressources minières ou agricoles. Les premiers comme les seconds revendiquent le droit de préserver leur culture sociétale, ce qui suppose un certain degré d'autonomie politique pour pouvoir s'opposer collectivement aux processus qui menacent leurs formes de vie culturelles, ce que permet partiellement la structure fédérale de l'État canadien. Kymlicka en conclut qu'« une démocratie libérale et multiculturelle se distingue des autres formes de démocratie libérale en allant au-delà [des] garanties génériques pour adopter aussi des lois et des politiques spécifiquement destinées aux groupes minoritaires qui reconnaissent et accommodent les différents types de diversité »[1]. La tolérance multiculturelle ajoute ainsi à la tolérance religieuse un principe normatif inédit, celui de droits dits « culturels » au sens où ils sont accordés aux individus en vertu de leur appartenance à un groupe ethnique, à la différence des droits qui donnent accès à la culture (droit à l'éducation, à l'accès aux biens culturels), lesquels sont accordés aux individus indépendamment de leur appartenance ethnique.

C'est pour démontrer que les droits culturels sont non seulement compatibles mais plus encore requis par les principes du libéralisme que Kymlicka, se réclamant de la démarche suivie par Okin, mobilise et prolonge la procédure de justification rawlsienne. Son argumentation consiste d'abord à établir la valeur morale de l'appartenance à la culture d'origine, en soulignant que cette appartenance possède les caractéristiques d'un « bien social premier » que Rawls définit comme le type de bien que tout être rationnel désirera, quels que soient par ailleurs ses autres désirs[2]. Elle s'attache ensuite à justifier l'octroi des droits culturels au nom du partage équitable de ce bien social premier.

L'expression d'« appartenance culturelle » (*cultural membership*) renvoie chez lui à la culture sociétale dans laquelle une personne a vécu sa socialisation primaire et poursuit généralement son existence si elle n'émigre pas ou si son groupe culturel n'est pas assimilé par un autre. Kymlicka rappelle que Rawls, comme d'autres libéraux avant lui[3], avait reconnu la valeur des cultures nationales : dans la mesure où la culture

1. W. Kymlicka, « La critique essentialiste du multiculturalisme : théorie, politiques et *ethos* », dans S. Guérard de Latour (dir.), *Le multiculturalisme a-t-il un avenir ?*, Paris, Hermann, 2013, p. 33.

2. Les biens sociaux premiers incluent les droits, les libertés, les opportunités, les revenus, la richesse et le sens que quelqu'un a de sa propre valeur. J. Rawls, *Théorie de la justice*, *op. cit.*, § 15.

3. J. Stuart Mill, T. H. Green, L. Hobbhouse. Voir W. Kymlicka, *La citoyenneté multiculturelle*, *op. cit.*, chap. 4.

d'origine contribue à façonner durablement nos perspectives de vie, elle relève en effet de la structure de base d'une société qui est l'objet de la théorie de la justice. Le multiculturalisme de Kymlicka ne fait dès lors que dérouler le fil logique du « nationalisme libéral »[1] de Rawls. Personne ne souhaiterait être privé contre son gré de sa culture sociétale d'origine car celle-ci constitue l'une des conditions de possibilité du jugement pratique. En termes rawlsiens, elle conditionne la faculté morale qui consiste à pouvoir former une conception du bien.

Cela tient d'une part au rapport de l'appartenance culturelle avec l'autre bien premier que constituent « les bases sociales du respect de soi » : une personne dont la culture est publiquement déconsidérée et socialement méprisée ne parviendra pas à envisager les modes de vie que celle-ci lui offre comme étant dignes d'être vécus et sera privée, à cause de la pression assimilationniste, de la possibilité d'exercer sa capacité de choix au même titre que les autres. D'autre part, la culture d'origine fournit le « contexte de choix » qui rend possible l'exercice de l'autonomie personnelle. Reprenant les formules de Ronald Dworkin, Kymlicka la décrit comme « un vocabulaire partagé de traditions et de conventions »[2] qu'il faut avoir acquis pour comprendre le sens des pratiques sociales, comme « les lunettes au travers desquelles nous identifions la valeur des expériences rencontrées »[3] et conclut que « pour être en mesure de juger intelligemment de la manière de conduire notre vie, il faut que nous comprenions ces récits culturels »[4]. Même si « la gamme de choix » qu'offre la culture d'origine « ne peut être choisie »[5], elle n'en reste pas moins un contexte ouvert de significations. Kymlicka, bien qu'il relativise l'accent traditionnellement mis par les libéraux sur le choix individuel, en insistant sur les conditions culturelles de sa formation, n'en affirme pas moins le principe que tout choix individuel doit pouvoir être révisé. Les cadres existentiels qu'offre la culture d'origine ne sont pas des normes impératives. Pourvoyeurs de sens, ils sont malgré tout susceptibles d'être

1. L'expression renvoie aux penseurs libéraux et républicains égalitariens qui valorisent le rôle des cultures nationales dans la formation et le maintien des liens de solidarité indispensables à la promotion de la justice sociale. Voir Y. Tamir, *Liberal Nationalism*, Princeton, Princeton University Press, 1995. D. Miller, *On Nationality*, Oxford, Oxford University Press, 1997.

2. R. Dworkin, *A Matter of Principles*, Harvard, Harvard University Press, 1985, p. 231.

3. *Ibid.*, p. 228.

4. W. Kymlicka, *La citoyenneté multiculturelle*, *op. cit.*, p. 124.

5. W. Kymlicka, *Liberalism, Community and Culture*, Oxford, Oxford University Press, 1989, p. 164.

critiqués, modifiés ou rejetés au gré de l'évolution personnelle, en fonction du retour réflexif que chacun peut faire sur ses propres choix de vie.

Une fois que la qualité de bien social premier a été reconnue à la culture d'origine, la procédure de la position originelle permet d'en justifier la distribution équitable. Placés sous le voile d'ignorance, les sociétaires chercheraient à neutraliser les inégalités entre majorité et minorités culturelles : il est en effet illégitime que les membres de la majorité bénéficient automatiquement de l'accès à leur contexte de choix culturel, en raison des biais institutionnels hérités de l'histoire qui les favorisent, tandis que les membres des minorités doivent assumer seuls les coûts liés à la préservation de leur culture. La procédure de la position originelle permet de révéler le caractère arbitraire des circonstances dans lesquelles les minorités ethnoculturelles sont placées. D'une part, celles qui, à l'instar des minorités nationales et des peuples autochtones, ont été réduites à la condition minoritaire contre leur gré, à la suite de conquêtes, de colonisations, d'annexions, doivent pouvoir bénéficier des pouvoirs et des ressources nécessaires au rétablissement de relations égalitaires entre les petites et la grande nations, ce qui suppose l'octroi de « droits d'autogouvernement » redonnant à la minorité nationale un contrôle collectif sur le devenir de sa culture sociétale. D'autre part, celles qui sont issues de l'immigration et qui, à ce titre, ne cherchent pas à reformer leur société d'origine mais souhaitent s'intégrer à leur société d'accueil, doivent être protégées par des « droits polyethniques » qui leur garantissent la possibilité de conserver certains traits de leur culture d'origine. Moins robustes que les droits d'autogouvernement, les droits polyethniques procèdent malgré tout de la même intuition morale, celle qui consiste à dissocier l'intégration politique des citoyens de leur assimilation complète à la culture nationale majoritaire.

En s'inscrivant dans les pas de Rawls pour justifier les droits culturels, Kymlicka prétend défendre le caractère authentiquement démocratique et libéral de la citoyenneté multiculturelle, comme le résume sa formule promettant de concilier « l'égalité entre les groupes et la liberté au sein des groupes » (« *equality between groups, freedom within groups* »). Ce sont bien les principes de liberté et d'égalité qui fondent le respect des différences culturelles et non la valeur intrinsèque des cultures : l'argument de la liberté établit la valeur instrumentale de l'appartenance culturelle qui est justifiée comme le contexte de choix conditionnant l'exercice de l'autonomie individuelle; l'argument de l'égalité tire sa force normative du caractère arbitraire de la situation minoritaire qui lèse les membres des minorités dans l'accès à leurs ressources culturelles. Ancré sur ces deux piliers du libéralisme égalitariste, le multiculturalisme de Kymlicka exclut donc par principe tout type de revendication conservatrice ou réactionnaire qui invoquerait la culture, sa valeur ancestrale ou son caractère sacré, pour justifier la restriction des libertés individuelles.

Afin de préciser le caractère libéral des droits accordés aux minorités culturelles, Kymlicka distingue deux fonctions qu'ils peuvent remplir, d'une part celle de leur fournir des « protections externes » et d'autre part celle de leur permettre d'opérer des « restrictions internes ». Dans le premier cas, la minorité utilise les pouvoirs légaux et politiques qui lui sont octroyés pour résister à la pression assimilatrice de la majorité, par exemple en décidant du type de langue qui sera employé dans les administrations de son territoire ; dans le second, elle s'en sert pour limiter les libertés de ces membres, par exemple en imposant une religion officielle ou des règles d'appartenance sexistes. Kymlicka, tout en admettant que ces deux fonctions sont parfois liées, insiste sur le caractère contingent de leur rapport. Si ce rapport était nécessaire, toutes les pratiques d'accommodement culturel se traduiraient par des politiques conservatrices et autoritaires ; or, c'est ce que démentent les expériences démocratiques du multiculturalisme qui sont encadrées par les normes constitutionnelles : par exemple, au Canada, les politiques migratoires, bien qu'elles accordent à la province du Québec des pouvoirs importants en matière d'immigration et l'autorisent en particulier à privilégier les immigrés francophones pour promouvoir l'usage du français, n'en interdisent pas moins toute discrimination fondée sur la religion ou la race. La pratique des « accommodements raisonnables » qui consiste à adapter les lois aux spécificités des minorités culturelles (par exemple au travers d'exemptions juridiques autorisant les minoritaires à respecter leur calendrier religieux, leurs coutumes vestimentaires et alimentaires) est elle aussi justifiée et contrainte par le respect des libertés fondamentales, puisqu'elle trouve son fondement juridique dans la Charte des libertés canadienne[1].

Prendre au sérieux les racines culturelles de la discrimination sexiste

Dans la théorie de Kymlicka, la clause de l'interdiction des restrictions internes se présente par conséquent comme la caution libérale des droits culturels. Elle garantit que la protection des minorités culturelles contre les pressions assimilationnistes ne se fera pas au détriment de

1. Article 27 de la Charte.

la liberté de leurs membres, mais plutôt que, dans un esprit rawlsien, toute limitation d'une liberté individuelle ne pourra être justifiée qu'au nom de la liberté elle-même. Or c'est précisément sur ce point qu'Okin attaque le raisonnement de Kymlicka en montrant qu'une telle clause peut difficilement être respectée dans le cas des femmes. Sa critique reconduit, à propos du multiculturalisme libéral, les objections déjà adressées au libéralisme rawlsien : Okin reproche à Kymlicka comme à Rawls de ne pas avoir prêté suffisamment attention aux difficultés que soulèvent les inégalités structurelles de genre pour les théories libérales de la justice et au rôle clé que joue la famille dans la formation de ces inégalités.

Le premier problème tient au fait que Kymlicka, comme d'autres penseurs du multiculturalisme, privilégie la question des rapports interculturels – entre majorité et minorités – sur celle des rapports intraculturels, ce qui le conduit à envisager les groupes culturels comme « des blocs » et à négliger de la sorte leur caractère profondément « genré »[1]. *A contrario*, prendre en compte les différences de genre qui existent au sein d'une minorité culturelle révèle à quel point les positions sociales des hommes et des femmes y sont inégales, dans la mesure où les traditions culturelles auxquelles les minorités sont attachées réservent souvent aux premiers des pouvoirs et des privilèges qui placent les secondes dans une situation de dépendance et d'infériorité à leur égard. Il ne suffit donc pas de défendre l'accès à un contexte culturel viable au nom de l'estime de soi ou de la liberté de choix, encore faut-il se pencher sur le contenu d'une culture pour examiner si les différents rôles qu'elle prescrit aux hommes et aux femmes remplissent effectivement la même fonction pour les deux sexes. À partir du moment où un contexte culturel impose des rôles sociaux très limités aux femmes, en les confortant dans une image dégradée d'elles-mêmes, ce contexte ne remplit plus, en ce qui les concerne, le rôle de bien social premier que Kymlicka lui attribue, puisqu'il ne leur procure ni l'assurance psychologique ni la gamme de choix suffisante pour conduire leur vie de façon autonome. Si l'on adopte le point de vue des femmes membres de minorités traditionnelles, « ce sont des contraintes sévères, plutôt que la liberté personnelle et la capacité de faire des choix signifiants, qui forment la part essentielle de leur héritage culturel »[2].

1. S. M. Okin, « Feminism and Multiculturalism : Some Tensions », *op. cit.*, p. 664.
2. *Ibid.*, p. 683.

Le deuxième problème tient au fait que le multiculturalisme de Kymlicka reproduit la tendance des libéraux à écarter la sphère domestique des considérations de justice, une tendance motivée par leurs réticences à s'immiscer dans la vie privée des individus. Cette négligence pose problème dans la mesure où « dans bien des cultures, un strict contrôle des femmes est exercé dans la sphère privée à travers l'autorité de pères réels ou symboliques, qui agissent souvent grâce à, ou avec la complicité des femmes plus âgées. »[1] Ce contrôle patriarcal est difficilement repérable, soit parce que la contrainte se déroule à l'abri des regards étrangers, au sein de l'intimité du foyer (comme dans le cas des mutilations génitales pratiquées sur les petites filles ou des mariages forcés qui échappent dans la plupart des cas à l'attention des pouvoirs publics), soit parce qu'elle opère sur le mode de l'intériorisation, selon le processus psychologique des « préférences adaptatives » qui conduit les jeunes filles à se conformer spontanément aux attentes de leurs parents et à se plier aux normes culturelles qui contraignent leurs choix de vie (ce qui explique que nombre de mariages arrangés n'ait pas besoin de recourir à la force pour être imposés). Ces difficultés obligent à douter du caractère protecteur pour les femmes de l'interdiction des restrictions internes. En tant que norme publique et formelle, qui exige que les mêmes droits soient reconnus aux hommes et aux femmes, cette clause passe à côté « des formes de discrimination très privées, et culturellement enracinées »[2] qui sont les causes profondes de la discrimination sexuelle. Elle s'avère dès lors incapable de prévenir les injustices qui adviennent à l'écart de la sphère publique, soit parce qu'elles n'aboutissent pas à un traitement judiciaire, soit parce qu'elles n'accèdent même pas à la conscience des victimes.

En ne prêtant pas suffisamment attention aux injustices au sein de la sphère domestique, Kymlicka tombe donc, aux yeux d'Okin, dans la même impasse que Rawls : de même que celui-ci considère la famille comme l'école du développement moral sans voir que sa structuration patriarcale l'empêche de remplir cette fonction, Kymlicka attribue une valeur morale à l'appartenance culturelle sans tenir compte du fait qu'elle est l'une des causes privilégiées de la discrimination sexuelle.

Or c'est précisément le point de vue des femmes qui permet à Okin de mettre en évidence « deux articulations essentielles entre genre et culture »[3]. Premièrement, « la sphère de la vie personnelle, sexuelle et reproductrice est un noyau essentiel pour beaucoup de cultures, un

1. S. M. Okin, *Le multiculturalisme nuit-il aux femmes ?*, *op. cit.*, p. 21-22.
2. *Ibid.*, p. 22.
3. *Ibid.*, p. 12.

thème dominant des pratiques et des règles culturelles »[1]. Même si la vie familiale n'est pas le tout d'une culture, elle est perçue comme le centre névralgique de sa transmission, puisque c'est dans le foyer qu'une grande partie de la culture, au sens anthropologique du terme, est transmise et intériorisée, qu'il s'agisse des rapports de filiation, des rites religieux, des pratiques alimentaires, des goûts esthétiques. Or, le lien étroit entre la vie familiale et la transmission culturelle a des répercussions inégales sur les deux sexes, puisqu'il pèse bien plus lourdement sur la vie des femmes qui sont celles qui mettent au monde les enfants et qui sont traditionnellement davantage chargées que les hommes d'assumer les tâches domestiques. Ce n'est donc pas un hasard si les mouvements fondamentalistes de tous bords les érigent en gardiennes de la tradition.

Deuxièmement, Okin insiste sur le caractère transculturel de la domination patriarcale, constatant que « bien des cultures ont parmi leurs buts principaux d'assurer le contrôle des femmes par les hommes »[2]. Elle observe en effet que la domination sexuelle plonge ses racines dans les mythes fondateurs des grandes civilisations humaines et des différentes religions, ce qui en suggère le caractère profondément ancré dans les représentations collectives. Elle mobilise à ce sujet les explications anthropologiques – qui attribuent la hiérarchie des sexes à l'incertitude de la paternité biologique et au besoin de contrôler la fécondité des femmes[3] – et psychologiques – qui insistent sur le rôle privilégié des mères dans le soin porté aux enfants. Ces racines infra-politiques de la domination patriarcale conduisent nombre de traditions oppressives pour les femmes à être défendues au nom du respect de la diversité culturelle. Dans les sociétés multiculturelles, cela s'observe dans l'importance particulière que prennent les questions familiales dans les demandes d'accommodement juridique.

1. *Ibid.*, p. 12-13.

2. *Ibid.*, p. 13.

3. L'anthropologue Françoise Héritier soutient que les femmes ne forment pas une minorité équivalente aux autres minorités sociales, en raison du caractère anthropologiquement structurel de la différence de sexe. La différence anatomique entre les sexes, « butoir ultime de la pensée » est, en effet, à la base des grandes oppositions symboliques que l'on retrouve à l'œuvre dans l'ensemble des systèmes culturels humains. Observant en particulier que dans tous les systèmes de parenté connus, la valence des sexes est défavorable aux femmes et qu'elle ajoute de façon contingente un élément de hiérarchie à la différence symbolique entre le féminin et le masculin, Héritier émet l'hypothèse que cet élément a été introduit, dans les premières sociétés humaines, afin de renverser sur le plan symbolique le privilège exorbitant de pouvoir d'enfanter que possèdent les femmes, en les plaçant sous le contrôle des hommes. F. Héritier, *Masculin/Féminin I : La pensée de la différence*, Paris, Odile Jacob, 2012.

Ces deux observations – l'importance de la sphère domestique dans la transmission culturelle et le caractère patriarcal de la plupart des cultures – permettent de comprendre pourquoi il est illusoire de se fier à la seule égalité de droits pour protéger les femmes des minorités culturelles contre la discrimination sexuelle. Interdire les restrictions internes ne permet pas de prévenir les effets antiféministes des politiques multiculturelles, puisqu'en encourageant officiellement la préservation de traditions minoritaires, ces politiques renforcent les pressions patriarcales qui se déploient à l'échelle de la sphère domestique et qui échappent de ce fait au contrôle des pouvoirs publics. Okin en conclut que pour être véritablement libéral, l'argument multiculturaliste de Kymlicka ne peut pas se contenter de défendre la culture d'un groupe comme un contexte de choix indispensable à l'exercice de l'autonomie et compatible avec elle pour autant que les choix prescrits restent susceptibles de révision, dans la mesure où de tels arguments s'avèrent éminemment fragiles dans le cas des femmes :

> Ce n'est certainement pas assez de voir sa culture défendue pour qu'un individu puisse « remettre en question les rôles sociaux hérités » et puisse choisir la vie qu'il souhaite mener. Au moins aussi important pour le développement du respect et de l'estime de soi est la place que nous occupons au sein de notre culture. Et au moins aussi important pour notre capacité à questionner nos rôles sociaux est le fait que notre culture nous inculque ou nous assigne des rôles sociaux particuliers. Dans la mesure où une culture est patriarcale, le bon développement des filles est menacé sous ces deux aspects [1].

Adopter une perspective féministe oblige à admettre que la valeur morale de la culture d'appartenance peut considérablement varier en fonction du sexe de l'agent. Quand les traditions culturelles assignent aux femmes un statut inférieur aux hommes et qu'elles les conduisent insidieusement à se conformer à des choix de vie restreints, celles-ci sont *de facto* privées de la capacité à critiquer, réviser, ou rejeter les rôles qui leur sont culturellement prescrits. Si Kymlicka prend au sérieux la valeur de l'autonomie personnelle, comme il prétend le faire, il ne peut donc pas se contenter d'invoquer une garantie formelle et publique pour protéger celle des femmes. Il doit prendre acte du caractère privé des inégalités de genre et en tirer les conséquences politiques en matière de droits culturels, à savoir qu'ils sont davantage nuisibles que bénéfiques pour les femmes.

1. S. M. Okin, *Le multiculturalisme nuit-il aux femmes ?*, *op. cit.*, p. 22.

LES DROITS DE SORTIE, LA FAUSSE PROMESSE DES LIBÉRAUX PLURALISTES

Droits de sortie et libéralisme pluraliste

Dans ce qui précède, nous avons examiné les raisons qui amènent à douter du caractère progressiste du multiculturalisme en ce qui concerne les femmes, en montrant qu'il pouvait empêcher ou limiter sévèrement le développement de leur autonomie individuelle, en dépit des contraintes constitutionnelles qui encadrent les droits culturels. Dans ce qui suit, nous verrons qu'Okin reproche également à ce type de politiques de menacer la liberté des femmes entendue en un sens moins substantiel, non pas comme faculté de réflexion critique et d'auto-détermination, mais comme simple capacité à quitter son groupe d'origine. Les droits de sortie (*exit rights*) se présentent à ce titre comme un second type de garantie qu'avancent les partisans de la tolérance multiculturelle pour en défendre le caractère libéral[1]. Comme le souligne Okin, « toute défense cohérente des droits ou des exemptions accordés aux groupes qui est déduite de prémisses libérales doit garantir qu'au moins un droit individuel – celui de quitter son groupe d'origine – l'emporte sur tout droit collectif »[2]. Empêcher une personne de quitter la communauté dans laquelle elle a été élevée constitue en effet « une violation grave du type de liberté qui est à la base du libéralisme »[3]. Sans droit de sortie, le multiculturalisme verserait dans une politique communautarienne qui consacrerait la supériorité morale du groupe sur ses membres. Si les droits de sortie fondent la possibilité même d'un multiculturalisme libéral, « il semble en outre que tout avocat libéral des droits collectifs devrait reconnaître que les individus doivent être libres non seulement formellement mais aussi substantiellement, et dans des conditions à peu près égales, de quitter leur religion et leur culture d'origine; ils doivent posséder des droits de sortie réalistes »[4]. Or, si l'on admet ces deux conditions, on ne peut que s'étonner du peu d'attention accordée par les libéraux aux capacités très inégales que les membres d'un groupe ont d'exercer leur droit de sortie. La situation des femmes, tout particulièrement, permet de dénoncer le caractère irréaliste de cette clause pour les personnes vulnérables. Ici encore, la perspective

1. S. M. Okin, « Mistresses of their Own Destiny, Group Rights, Gender and Realistic Rights of Exit », *Ethics*, vol. 112, n° 2, 2002, p. 205-230.
2. *Ibid.*, p. 205.
3. *Ibid.*, p. 206.
4. *Ibid.*

féministe contribue à faire sauter les verrous dont les libéraux entourent l'idéal multiculturaliste, en contestant l'efficacité protectrice de droits pour lesquels force est de constater que « les personnes qui en ont le plus besoin sont celles qui sont les moins capables d'y recourir »[1].

Il importe de préciser ici qu'en remettant en cause la pertinence des droits de sortie, Okin élargit sa critique à un courant du multiculturalisme libéral qui diffère sensiblement de la « citoyenneté multiculturelle ». La clause des droits de sortie se distingue en effet de l'interdiction des restrictions internes, dans la mesure où la seconde met l'accent sur l'intervention de l'État dans les affaires de la minorité culturelle – qu'elle justifie pour prévenir les atteintes faites à l'autonomie individuelle – tandis que la première adopte la politique du « laisser-faire » en déléguant aux individus la responsabilité de quitter leur groupe s'ils en refusent l'autorité. Or l'écart entre ces deux lignes politiques, interventionniste ou non-interventionniste, reflète une divergence philosophique importante au sein du libéralisme contemporain.

Kymlicka, comme Okin, se situe du côté des libéraux qui, à la suite de Kant et de John Stuart Mill, ne dissocient pas la valeur publique et la valeur privée de l'autonomie individuelle et que nous désignerons pour cette raison par l'expression de « libéraux de l'autonomie »[2]. Si les citoyens, en tant que sujets politiques, sont capables de s'entendre sur des principes de justice en dépit des divergences de leurs convictions religieuses, morales et philosophiques, c'est que leur raison pratique leur permet, en tant que sujet moral, de garder une distance critique par rapport à leurs conceptions respectives de la vie bonne et de prendre conscience, pour le dire en termes rawlsiens, que le sujet précède ses fins. Leur sens de la justice s'ancre ainsi dans des compétences réflexives et critiques qui supposent que la liberté de choix soit considérée comme une valeur morale importante dans la vie privée des individus, même si le libéralisme de l'autonomie chez Kymlicka ne repose pas sur une conception aussi robuste de la liberté que chez John Stuart Mill. Chez ce dernier, la défense de la

1. S. M. Okin, « Mistresses of their Own Destiny, Group Rights, Gender and Realistic Rights of Exit », art. cit., p. 207.

2. Ce courant est souvent désigné dans la littérature académique anglophone par l'expression de « *comprehensive liberalism* ». L'adjectif renvoie à l'usage que Rawls fait du terme dans l'expression « doctrine compréhensive » (*comprehensive doctrine*) dans *Libéralisme politique* pour désigner le type de compréhension du monde qui engage des évaluations morales sur la façon dont il convient de mener sa vie. À partir de ce texte, Rawls défend un libéralisme neutre sur le plan des valeurs morales, et fondé exclusivement sur des principes politiques, distinguant ainsi le libéralisme politique (*political liberalism)* du libéralisme de type « compréhensif » (*comprehensive liberalism*).

liberté de choix se décline sous la forme d'un éloge des libertés de pensée et d'opinion qui encourage l'anticonformisme et valorise l'excentricité. La liberté de choix y acquiert un rôle déterminant dans le perfectionnement de la nature humaine. Kymlicka n'endosse pas un tel perfectionnisme moral : la possibilité toujours ouverte de revenir sur ses choix, si elle reste au cœur de sa conception de l'autonomie, n'est ni associée à une théorie de la nature humaine, ni corrélée à l'impératif éthique de l'anti-traditionalisme. Il n'en demeure pas moins que cette perspective libérale permet de justifier l'intervention de l'État dans la vie des futurs citoyens qu'il s'agit de former à l'autonomie[1], ou dans celles des citoyens adultes quand leur autonomie est menacée. C'est la raison pour laquelle Kymlicka, en réponse aux objections d'Okin, n'exclut pas d'intervenir dans les affaires domestiques des minorités culturelles davantage qu'il ne l'avait initialement pensé et accueille sa critique comme une occasion de renforcer l'alliance entre féminisme et multiculturalisme[2].

Les libéraux qui mettent l'accent sur les droits de sortie, comme William Galston et Chandran Kukathas[3], s'opposent pour leur part à l'interventionnisme politique, arguant qu'il exprime surtout « l'attention

1. W. Kymlicka, *Politics in the Vernacular*, *op. cit.*, « Education for Citizenship », p. 291-316.

2. « Je considère ainsi le multiculturalisme et le féminisme comme des alliés engagés dans des luttes convergentes en faveur d'une conception plus inclusive de la justice » » (W. Kymlicka, « Liberal Complacencies », *op. cit.*, p. 34).

3. Okin discute la position de ces deux auteurs dans son article « Mistresses of their own destiny ». Elle y traite aussi de la position de Joseph Raz qui, comme Kymlicka, est un libéral de l'autonomie quoique dans une version plus perfectionniste que ce dernier (Raz prônant la maximisation de la liberté de choix, tandis que Kymlicka se contente de défendre la possibilité de réviser ses choix). Nous avons choisi de ne pas traiter de la position de Raz dans notre analyse de la critique okinienne des droits de sortie, dans la mesure où, dans le cadre du libéralisme perfectionniste, la liberté d'association ne fonde pas le caractère libéral du multiculturalisme : si Raz mise sur les vertus de la libre association pour libéraliser les mœurs, il n'exclut pas de faire intervenir l'État pour promouvoir la liberté de choix, qui est à ses yeux le principe normatif fondateur du libéralisme. Les libéraux pluralistes accordent, quant à eux, une valeur principielle à la liberté d'association ; Raz, de son côté, ne lui reconnaît qu'une valeur instrumentale, comme moyen de respecter les choix des personnes, et il mise sur les droits de sortie pour libéraliser les groupes conservateurs sans recourir à la force, puisqu'on peut supposer que l'attractivité des modes de vie libéralisés provoquera la disparition progressive des modes de vie traditionnels, jugés trop contraignants par les individus. Pour Galston et Kukathas, la liberté d'association constitue un droit fondamental qui se présente à l'inverse comme une garantie contre l'injonction à se libéraliser. Une telle garantie fonctionne si, contrairement à ce que soutiennent les libéraux de l'autonomie, l'État cesse d'intervenir dans les affaires internes des groupes sociaux au nom de principes normatifs qui leur sont étrangers. Les droits de sortie, qui sont consubstantiels à la liberté d'association, possèdent donc la même valeur fondamentale.

accordée à la perpétuation ou à la reproduction d'un ordre social libéral, au risque de verser dans l'intolérance et le dogmatisme moral »[1]. Pour ces libéraux, la tolérance multiculturelle verse paradoxalement dans l'intolérance si elle est réservée aux groupes ayant adopté le mode de vie libéral de la majorité, alors que les demandes d'accommodement proviennent aussi des minorités traditionnelles et conservatrices. Refuser ces demandes au motif qu'elles compromettraient l'autonomie individuelle n'est pas une raison recevable pour ces minorités, dans la mesure où celle-ci dépend d'une vérité morale à laquelle leurs membres n'adhèrent pas. Pour éviter au libéralisme de devenir, selon la formule de Rawls, une nouvelle « doctrine sectaire »[2], des libéraux comme Galston et Kukathas prolongent le geste théorique de ce dernier en renouant avec les origines historiques du libéralisme. À leurs yeux, c'est le « projet de la Réforme » qui permet de saisir que « le libéralisme correctement entendu, consiste à protéger la diversité et non à valoriser le choix »[3]. La diversité dont il s'agit est la diversité profonde (*deep diversity*) qu'engendre la pluralité des conceptions de la vie bonne, lesquelles puisent leur force normative dans des convictions religieuses, morales ou philosophiques divergentes et parfois contradictoires. Ainsi entendue, la diversité renvoie au « fait du pluralisme », c'est-à-dire au caractère irréductible de la diversité axiologique, dont les sociétés européennes auraient pris conscience à la suite des guerres de religion, face à l'impuissance des monarchies à restaurer l'unité religieuse[4].

La tolérance qui en découle va toutefois plus loin que Rawls ne le suggère dans sa réinterprétation politique du libéralisme. La tolérance s'avère encore trop restrictive si elle reste limitée, comme il l'affirme, au pluralisme « raisonnable » et si elle continue de dépendre de l'adhésion des citoyens à une conception de l'autonomie, fût-elle strictement politique. Dans *Libéralisme politique*, Rawls élabore en effet une conception strictement « politique » de l'autonomie afin de rendre sa théorie de la

1. C. Kukathas, *The Liberal Archipelago. A Theory of Diversity and Freedom*, Oxford, Oxford University Press, 2003, p. 126.

2. J. Rawls, « Justice as Fairness : Political Not Metaphysical », *Philosophy and Public Affairs*, vol. 14, n° 3, été 1985, p. 246.

3. W. Galston, « Two Concepts of Liberalism », *Ethics*, vol. 105, n° 3, avril 1995, p. 523.

4. Galston distingue la diversité « profonde » de la diversité statistique qu'on observe dans une société qui valorise la liberté de choix. Dans le cas de la seconde, la grande quantité d'options disponibles destinées à satisfaire la variété des goûts personnels n'a pas d'épaisseur morale à partir du moment où la diversité des choix possibles reste ancrée dans une culture individualiste.

justice compatible avec « le fait du pluralisme ». Comme cela s'avère impossible tant que l'autonomie individuelle est pensée de façon robuste, en ce qu'elle renvoie à un ensemble de qualités intellectuelles (réflexion et sens critique) et de vertus morales (confiance en sa propre valeur, goût de l'indépendance, ouverture d'esprit) auxquelles les citoyens n'accordent pas tous la même valeur, le libéralisme politique doit se contenter d'appliquer la norme d'autonomie à la sphère publique. Rawls l'envisage alors comme la qualité qui motive l'attachement aux principes politiques de citoyens compris comme « personnes libres et égales » sans préjuger des valeurs qui les animent dans leur vie privée.

Prenant ses distances avec cette réinterprétation politique de l'autonomie, Kukathas soutient que « le cœur du libéralisme réside dans l'appréciation du caractère sacré du désaccord »[1]. La tolérance libérale exige d'admettre l'impossibilité de réduire un tel désaccord en se référant à une valeur morale commune, justifiée par la raison publique, que l'État pourrait légitimement imposer à tous. Dans cette perspective, le pire tort qu'un individu puisse subir est de se voir contraint de déroger aux préceptes de sa conscience. Il en résulte que « la tolérance essentielle dont a besoin une société libérale réside dans le refus d'utiliser le pouvoir étatique pour imposer son propre mode de vie aux autres »[2]. Les qualités de comportement que les libéraux associent à l'autonomie, qu'ils en aient une conception éthique comme Kymlicka ou strictement politique comme Rawls, ne sont pas requises pour instaurer une société tolérante de ce type ; elles tendent même à la rendre impossible en exerçant une pression à la conformité libérale sur les groupes non libéraux. Autrement dit, alors que pour les libéraux kantiens et milliens, la tolérance et l'autonomie sont les « deux faces d'une même pièce »[3], les libéraux qui se réclament la Réforme insistent de leur côté sur la valeur indépendante de la tolérance[4] ; tandis que les premiers jugent une société d'autant plus tolérante qu'elle accueille et respecte la diversité des modes de vie librement choisis, les seconds jugent une société d'autant plus tolérante qu'elle se montre capable d'accepter des modes de vie qui ne valorisent pas, voire qui condamnent,

1. C. Kukathas, *The Liberal Archipelago*, *op. cit.*, p. 99.
2. W. Galston, « Two Concepts of Liberalism », *op. cit.*, p. 524.
3. W. Kymlicka, *La citoyenneté multiculturelle*, *op. cit.*
4. D'où parfois l'usage de l'expression de « libéraux de la tolérance » pour les distinguer des « libéraux de l'autonomie ».

la liberté de choix, et qui à ce titre sont susceptibles de générer de fortes désapprobations chez les citoyens libéralisés[1].

Rapportée au débat sur le multiculturalisme, cette seconde conception de la tolérance implique deux choses. D'abord, elle accentue la tendance générale des libéraux à penser la tolérance multiculturelle dans le sillage de la tolérance religieuse. Pour les libéraux pluralistes, le traitement légitime des minorités ethnoculturelles se présente comme un cas parmi d'autres du traitement légitime qu'il convient d'accorder à la diversité religieuse. C'est manifeste chez Galston qui n'aborde qu'à la marge la situation des minorités ethnoculturelles, soit parce que certains groupes religieux en sont venus à former des communautés ethniques en se transmettant, de génération en génération, un mode de vie en marge de la société majoritaire, soit parce que certains groupes ethniques partagent des caractéristiques religieuses qu'ils souhaitent préserver. C'est encore plus évident chez Kukathas qui se fixe explicitement comme objectif, dans *The Liberal Archipelago*, de refonder la théorie du multiculturalisme sur le seul principe de la tolérance religieuse.

Ensuite, le prisme religieux amène ces libéraux à adapter le modèle lockéen à la tolérance des minorités à l'époque contemporaine. Dans leur compréhension de ce modèle, l'État doit respecter les normes libérales (d'autonomie, de non-discrimination) parce qu'il est doté, en tant qu'autorité souveraine, d'un pouvoir légitime de coercition physique sur les personnes. Or ce n'est pas le cas des groupes religieux que les libéraux pluralistes, comme Locke, envisagent sous une forme associative[2] et qui naissent du seul exercice des libertés privées (de conscience et de culte). Dans une société libérale, même si les groupes religieux les moins libéraux peuvent exercer de fortes pressions psychologiques et sociales sur leurs membres, ils ne sont autorisés ni à porter atteinte à leur intégrité corporelle, ni à les retenir contre leur gré, ni à les priver de leurs biens. Cela tient à la stricte correspondance que Locke établissait entre les fonctions respectives

1. « La tolérance telle qu'elle est entendue ici est une vertu peu exigeante [...] elle n'exige pas de respect ni d'empathie ni d'admiration ni même de considération pour les autres [...] elle est tout à fait compatible avec le fait de mépriser ce à quoi les autres sont attachés, aussi bien qu'avec l'absence de volonté d'engager avec eux un débat critique. Ceux qui tolèrent ne s'assoiront pas à côté de ceux qu'ils tolèrent ; ils devront les supporter. » (C. Kukathas, *The Liberal Archipelago*, *op. cit.*, p. 23). Voir M.-A. Dilhac, *La tolérance, un risque pour la démocratie ?*, Paris, Vrin, 2014.

2. Locke définit l'« Église » (*i.e.* tout groupe religieux) comme « une société d'hommes qui se joignent volontairement ensemble pour servir Dieu en public, et lui rendre un culte qu'ils jugent lui être agréable, et propre à leur faire obtenir le salut » (J. Locke, *Lettre sur la tolérance*, Paris, GF-Flammarion, 1992, p. 171).

de l'État et des Églises d'une part et la nature de leurs moyens d'action d'autre part. Seul le contrat politique a vocation à défendre les intérêts civils des citoyens, à savoir protéger leur vie, leur sécurité et leurs biens, ce qui réserve à l'État le droit, en tant que pouvoir temporel, de contraindre les corps. Les Églises, quant à elles, peuvent suivre leurs propres règles de vie, tant qu'elles n'outrepassent pas les limites du pouvoir spirituel qui leur est dévolu et qu'elles ne misent que sur l'exhortation, l'admonestation ou l'excommunication pour agir sur leurs membres. Toutefois, à la différence de Locke qui limitait la tolérance religieuse aux sectes protestantes, à l'exclusion des catholiques et des athées, les libéraux pluralistes appliquent la différence de nature entre le pouvoir temporel et le pouvoir spirituel à toutes les minorités et en déduisent qu'elle justifie la tolérance politique des valeurs et des pratiques non libérales en vigueur dans certains groupes sociaux : pour eux, tant que les membres d'un groupe sont libres de le quitter, on peut considérer qu'ils en acceptent les règles, fussent-elles extrêmement autoritaires et inégalitaires. Les droits de sortie, qui sont consubstantiels à cette justification associative de l'autorité religieuse, permettent de pallier à leurs yeux l'absence de principe de justice commun dans les sociétés pluralistes. Il revient dès lors à chacun de décider des règles morales auxquelles il accepte de se soumettre, le rôle de l'État se limitant à rendre ce type de décisions possible, en instituant l'espace de liberté dans lequel les groupes sociaux peuvent cultiver leurs différences profondes.

Ce modèle change la perspective que ce courant du libéralisme adopte sur la question des droits culturels. Contrairement à Kymlicka, ces libéraux ne pensent pas que la tolérance multiculturelle exige d'aller au-delà du régime des libertés individuelles, notamment en accordant aux minorités nationales le pouvoir politique de préserver leur culture sociétale. Leur prisme religieux les conduit à se focaliser sur le cas des minorités qui réclament des exemptions ou des accommodements pour préserver leurs traditions et leur mode de vie, généralement à caractère religieux. Or ce type de demande n'implique pas, en théorie, de droit collectif. Il reste intégré à la logique des droits individuels qu'il s'agit juste d'adapter quand la législation en vigueur fait obstacle, en raison de biais culturels, à l'exercice des libertés de conscience et de culte. Les adaptations consistent soit à accorder aux minoritaires les mêmes autorisations qu'aux membres de la culture majoritaire (par exemple en les autorisant à ne pas travailler le jour d'une fête religieuse), soit à exempter les minoritaires de certaines règlementations quand elles contreviennent à l'exercice de la liberté de religion (par exemple, en autorisant les Sikhs à porter le *kirpan*, un poignard traditionnel, dans les lieux publics et le turban traditionnel au lieu du casque à moto). Si les libéraux pluralistes défendent le principe d'un droit à la différence, ce principe ne se traduit pas dans leur cas par l'octroi d'un pouvoir légal du groupe culturel sur ses membres, puisque ces derniers sont libres de ne pas profiter des autorisations ou des exemptions concédées par l'État. Autrement dit, les politiques multiculturelles que prônent ces libéraux visent à renforcer le choix politique du « laisser-faire » (de façon plus ou moins poussée comme nous le verrons), non pour augmenter le pouvoir du groupe sur ses membres, mais pour lui permettre de conserver des règles et des pratiques qui diffèrent des normes libérales.

Okin, lorsqu'elle critique les droits de sortie, ne s'attarde pas sur la divergence entre ces deux conceptions libérales du multiculturalisme, et semble considérer que les deux posent problème parce qu'elles consacrent l'une et l'autre le regain d'autorité des groupes sur leurs membres, notamment féminins. Cette absence de distinction s'explique en partie par le regard féministe qu'Okin porte sur ces questions et qui la conduit à relativiser le parti-pris non-interventionniste du libéralisme pluraliste. Les analyses féministes ont montré en effet que la non-intervention des pouvoirs publics dans la sphère domestique reste une façon d'intervenir – par défaut – sur les relations privées entre individus et de cautionner institutionnellement les inégalités de pouvoir au sein de la famille[1]. Il est donc naturel de soupçonner le « laisser-faire » de la tolérance pluraliste de produire les mêmes effets oppressifs que l'interventionnisme de la tolérance perfectionniste et de lui reprocher, bien qu'il se réclame du modèle associatif, de contribuer au renforcement de la contrainte exercée par les membres dominants d'un groupe sur ses membres les plus vulnérables.

Le sexisme, chose tolérable pour les libéraux pluralistes

Les tendances oppressives du « laisser-faire » multiculturel se révèlent dans la grande tolérance que les libéraux pluralistes manifestent à l'égard des torts faits aux femmes, qu'ils acceptent au nom du respect de la diversité profonde.

Chez Galston, on l'observe dans l'évaluation contrastée qu'il porte sur la discrimination raciste et la discrimination sexiste dans ses commentaires sur les jugements *Bob Jones University v. United States* et *Ohio Civil Rights Commission v. Dayton Schools*. Dans le premier

1. S. M. Okin, « Le genre, le public et le privé », *Genre et politique. Débats et perspectives*, Paris, Folio-Gallimard, 2000, p. 345-396.

cas, Galston approuve la décision de la Cour suprême de suspendre les exemptions fiscales de l'université Bob Jones qui interdisait les mariages interraciaux à ses étudiants et salariés pour des raisons religieuses. En accord avec les juges, il considère que le libre exercice d'une religion, protégé par le Premier amendement de la Constitution américaine, ne s'étend pas « aux associations qui conduisent leurs affaires internes d'une façon contraire aux principes publics fondamentaux », ce qui inclut « l'intérêt fondamental et souverain du gouvernement à éradiquer la discrimination raciale »[1]. Dans le second cas, Galston désapprouve les décisions successives de la commission des droits civils de l'Ohio et de la Cour suprême[2] qui imposèrent à l'université religieuse fondamentaliste de Dayton de réintégrer une enseignante licenciée à l'annonce de sa grossesse, au motif que son travail l'aurait empêché de remplir dûment ses devoirs de mère au foyer. Même s'il reconnaît que l'enseignante a subi un préjudice en perdant son emploi pour des raisons religieuses, Galston ne mentionne pas l'argument de la discrimination sexiste invoqué par les juges de la Cour suprême, estimant pour sa part qu'« on peut dans ce cas raisonnablement plaider en faveur de la priorité des demandes en faveur de l'exercice libre de sa foi »[3] puisque l'université est fondée, en tant qu'association religieuse, à défendre une conception de la famille en accord avec ses croyances. Okin souligne qu'il s'agit pourtant, comme dans le cas *Bob Jones*, d'un traitement discriminatoire puisque les enseignants, à la différence des enseignantes, peuvent continuer d'exercer leurs fonctions quand ils fondent une famille. L'argument de Galston selon lequel la femme licenciée reste libre de retrouver un emploi ailleurs, dans un contexte qui correspond à son choix de concilier vie de famille et vie professionnelle, n'est pas recevable dans la mesure où il vaut également dans le cas *Bob Jones*, les époux de « races » différentes pouvant eux aussi poursuivre leurs études dans un établissement qui acceptent les mariages interraciaux. Autrement dit, en dissociant les deux cas, Galston suggère qu'il est légitime d'intervenir dans les affaires d'une université lorsqu'il s'agit de lutter contre les préjugés racistes en obligeant les établissements à pratiquer la mixité mais qu'il est illégitime de contraindre une université à employer une enseignante qui souhaiterait faire évoluer les pratiques

1. W. Galston cité par Susan M. Okin, « Mistresses of their Own Destiny », *op. cit.*, p. 212.

2. Après que la cour de l'Ohio eut rejeté le jugement de la Commission pour les droits civils.

3. W. Galston cité par Susan M. Okin, « Mistresses of their Own Destiny », *op. cit.*, p. 212-213.

et les mentalités en matière de rôles féminins et masculins. Prôner la non-intervention dans le cas *Dayton* revient en définitive à consacrer le pouvoir des autorités conservatrices et à réduire au silence les membres qui contestent les règles en vigueur dans leur communauté[1].

Chez Kukathas, la tolérance libérale à l'égard du sexisme prend une forme plus radicale, du fait de son rejet explicite des « droits culturels »[2] à la fois comme principe de justice et comme disposition légale. Il est illégitime à ses yeux d'accorder une valeur morale à la culture en tant que telle, dans la mesure où les cultures sont des entités mouvantes, hétérogènes, sans contours précis, qui n'ont aucune réalité ni valeur en dehors de celles que leur confèrent leurs membres. L'État n'a donc pas à défendre les cultures minoritaires en leur accordant des protections spécifiques dont le seul effet sera d'attiser leurs rivalités politiques. Tout ce qu'il doit faire est, paradoxalement, « de ne rien faire »[3], c'est-à-dire de laisser chacun décider du type de liens culturels qu'il souhaite cultiver, de rejoindre les communautés qui partagent ses convictions profondes et d'en adopter le mode de vie, l'État ayant pour seul rôle de garantir cette liberté individuelle. Il en résulte une forme de société où le respect de la diversité culturelle tient uniquement aux deux principes politiques que sont la liberté de conscience et la liberté d'association. Cette interprétation libertarienne de la tolérance religieuse justifie des formes de communautarismes très conservatrices et autoritaires qui posent tout particulièrement problème dans le cas des femmes. Okin relève en effet le « double standard » que Kukathas applique aux torts physiques en général et à ceux que subissent les femmes en particulier. Alors qu'il juge l'intervention de l'État justifiée lorsqu'un groupe fait subir des formes de violence extrêmes à ces membres, en pratiquant le meurtre, la torture ou le viol[4], il prône la non-intervention politique dans les affaires des communautés traditionalistes, en dépit des

1. Le cas *Dayton* rappelle que la question du « droit de sortie » se pose souvent dans les termes du « droit de rester ». La sortie involontaire (*unvoluntary exit*) est une déclinaison du pouvoir d'excommunication que le modèle lockéen concède aux associations religieuses. Ce type de contrainte y est justifié, dans la mesure où l'association avec d'autres groupes reste possible, mais elle révèle le statut qu'y acquièrent les inégalités entre hommes et femmes, à savoir celui d'une hiérarchie qui n'est pas condamnable en vertu de l'individualisme moral de la citoyenneté moderne mais que justifient les convictions profondes des membres d'une communauté.

2. C. Kukathas, « Are there any Cultural Rights ? », *Political Theory*, vol. 20, n° 1, février 1992, p. 105-139.

3. C. Kukathas, « Liberalism and Multiculturalism : The Politics of Indifference », *Political Theory*, vol. 26, n° 5, octobre 1998, p. 687.

4. *Ibid.*, p. 128.

coutumes patriarcales qui y sont pratiquées[1]. Or une telle position laisse les filles et les femmes de ces communautés sans protection face à des torts physiques telles que les mutilations génitales qui relèvent pourtant d'une forme de torture, ou tels que le mariage forcé ou précoce qui cautionnent des viols, parfois infligés à des personnes mineures.

Les biais sexistes que trahit cette variante de la tolérance multiculturelle incitent à se méfier des vertus politiques du modèle associatif pour les femmes. Afin d'en contester la légitimité, Okin procède comme dans sa discussion des positions de Rawls et de Kymlicka. Elle s'efforce de mettre les libéraux face à leurs contradictions en partant de la situation spécifique des femmes afin de montrer que les principes qu'ils défendent dans la sphère publique sont invalidés par les formes de domination qui se mettent en place en amont, au sein de la sphère domestique, du fait de la prégnance des normes patriarcales dans la plupart des cultures humaines. De même qu'elle a montré, contre le multiculturalisme de Kymlicka, que la culture offre rarement aux femmes un contexte de choix ouvert, elle objecte au multiculturalisme de Galston et Kukathas que les femmes ne sont pas des croyantes comme les autres. Ici encore, la perspective féministe invite à se départir du biais qui consiste à penser la politique à partir d'agents moraux déjà formés et mûrs, pour prendre au sérieux les effets sur les femmes d'une socialisation dominée par des schémas sexistes. Contre la tendance des libéraux pluralistes à envisager les membres des groupes sociaux sur un pied d'égalité, comme des personnes également dotées de convictions profondes, qu'elles soient religieuses ou culturelles, elle vient rappeler les contraintes spécifiques que ces convictions font peser sur les femmes, dans la mesure où ces convictions sont le véhicule privilégié de la domination patriarcale.

Des droits de sortie irréalistes

Okin fait ainsi remarquer qu'« à cause de la tendance générale de la plupart des cultures à exercer davantage de contrôle sur la vie des filles et des femmes que sur celle des garçons et des hommes, la capacité des femmes à quitter leur culture d'origine est d'ordinaire bien plus limitée que celle des hommes »[2]. Pour être effective, cette capacité exige en effet des compétences cognitives et réflexives, des conditions matérielles et économiques et des dispositions psychologiques dont les femmes

1. C. Kukathas cité par Susan M. Okin, « Mistresses of their Own Destiny », *op. cit.*, p. 215.
2. S. M. Okin, « Mistresses of their Own Destiny », *op. cit.*, p. 216.

tendent à être privées ou dont elles disposent moins que les hommes. Cela tient notamment à trois facteurs, étroitement corrélés, qui renvoient à l'éducation, aux pratiques sociales concernant le mariage et le divorce et aux normes sociales relatives à la hiérarchisation des rôles féminins et masculins.

Le premier facteur porte sur le moindre accès des femmes à l'éducation. D'abord, les statistiques internationales, notamment celles fournies par la Banque mondiale, indiquent que le taux d'analphabétisme touche les femmes de façon disproportionnée. L'écart entre le taux d'alphabétisation des hommes et celui des femmes est particulièrement élevé dans les pays sous-développés notamment, où le manque de moyens et de services publics conduit les familles à privilégier la scolarisation des garçons et à compter sur les filles pour la prise en charge du travail domestique. Mais il tient également à des raisons culturelles puisqu'on observe un écart semblable dans certains pays riches où les traditions patriarcales cantonnent les femmes dans leurs rôles d'épouse et de mère. Qu'elle soit d'origine économique ou culturelle, la sous-scolarisation des femmes prive celles-ci des compétences de base nécessaires à une forme d'indépendance, fût-elle minimale : sans savoir lire, écrire ou compter, une femme peut difficilement s'informer de l'existence de modes de vie alternatifs qui s'offrent à elles ou s'en sortir seule si elle décide de quitter sa famille. Ensuite, l'accès des femmes à l'éducation n'est pas seulement compromis par leur manque de scolarisation, mais aussi par la qualité de l'enseignement qui leur est dispensé. Ainsi, dans les sociétés démocratiques où le droit des femmes à l'éducation est juridiquement acquis, on peut encore observer le risque que fait peser sur elles l'enseignement religieux fondamentaliste, un problème rendu particulièrement sensible dans le contexte états-unien par l'influence des mouvements chrétiens fondamentalistes. Il y a en effet de fortes raisons de douter que les femmes parviennent à acquérir le sens critique et la confiance intellectuelle nécessaires à l'exercice de leur liberté dans des écoles religieuses dont l'enseignement nie les règles de l'esprit scientifique et sacralise la soumission des femmes à leur père et à leur mari.

Le deuxième facteur tient à la pratique du mariage précoce qui affecte principalement les jeunes filles pour des raisons à la fois culturelles, psychologiques et biologiques : une telle pratique augmente la probabilité de se conformer à la norme de la virginité qui domine les cultures patriarcales ; elle facilite l'obéissance de la jeune fille aux décisions prises par ses parents, ainsi que son adaptation aux règles de sa belle-famille ; elle allonge la période au cours de laquelle elle peut avoir des enfants. Ce type de pratique constitue un facteur aggravant de la sous-scolarisation des femmes, il contribue à leur épuisement physique en cas de grossesses répétées, auxquelles s'ajoute le poids des tâches domestiques. Le mariage précoce cumule ainsi les obstacles qui rendent pour les femmes la perspective d'un changement de vie irréaliste : refuser les coutumes patriarcales qui sont fortement ancrées dans un mode de vie communautaire implique, dans leur cas, soit d'abandonner leurs enfants soit de les assumer seules, et de façon générale de subir le rejet de leur famille et l'ostracisme de leur groupe d'origine.

Enfin, Okin souligne que « la façon globale dont les filles sont socialisées et les attentes que de nombreuses cultures ont à leur égard tendent à miner l'estime qu'elles ont d'elles-mêmes – une qualité personnelle indispensable pour décider comment conduire sa propre vie et pour s'y tenir, ce qui inclut, si elles le souhaitent, la possibilité de choisir un autre mode de vie que celui qu'elles ont connu depuis leur naissance »[1] La mésestime de soi témoigne du processus d'intériorisation qui conduit les femmes à accepter le statut subordonné qui leur est assigné dans les sociétés structurées par les inégalités de genre. Elle se traduit par des comportements de déférence, d'auto-dénigrement, voire d'autodestruction qui n'épargnent pas les sociétés libéralisées, comme en témoigne le fait que les troubles alimentaires y touchent principalement les femmes, à cause des normes esthétiques qui pèsent sur elles. Ce dernier facteur permet de mettre clairement en évidence la dimension psychologique des obstacles qui se dressent devant les femmes désireuses de renoncer à des modes de vie patriarcaux : celles-ci ne sont pas seulement confrontées à des contraintes qui rendent la sortie du groupe *difficile*, parce qu'une telle décision implique un « coût » élevé, qu'il soit matériel (manque d'indépendance financière), social (exclusion du groupe d'origine) ou moral (sentiment de trahison à l'égard de la famille) ; l'image dépréciée d'elles-mêmes que leur environnement leur a fait intérioriser tend également à rendre une telle décision *inenvisageable*, tout simplement parce qu'elles ne se sont pas disposées psychologiquement à se projeter dans une telle perspective[2].

On notera qu'Okin appuie sa démonstration sur des données empiriques tirées de statistiques mondiales qui portent sur des contextes nationaux très différents du point de vue de leur niveau de développement, de leurs institutions politiques et de leur aire culturelle. Une telle hétérogénéité des

1. S. M. Okin, « Mistresses of their Own Destiny », *op. cit.*, p. 219.
2. *Ibid.*, p. 220. Nous soulignons.

sources peut surprendre, puisqu'elle fonde l'argumentation sur des faits empiriques souvent étrangers au type de société à partir duquel raisonnent les théoriciens du multiculturalisme libéral. On pourrait objecter en effet que, dans les démocraties libérales et post-industrielles, les droits civils et politiques dont jouissent les femmes et le niveau de développement dont elles bénéficient les protègent désormais contre de nombreuses coutumes patriarcales qui restent en vigueur dans les pays non démocratiques et sous-développés. L'hétérogénéité des cas qu'Okin mobilise se justifie pourtant à ses yeux en raison du constat selon lequel « quasiment toutes les cultures sont patriarcales à un certain degré »[1], constat qui incite à repérer les effets persistants du patriarcat jusque dans les sociétés modernes et libérales, notamment dans l'institution du mariage qu'Okin analyse comme l'une des causes structurelles de la vulnérabilité des femmes[2]. Ensuite, les phénomènes migratoires font communiquer les sociétés entre elles, ce qui produit, au sein des démocraties multiculturelles, un décalage entre des majorités libéralisées et des minorités issues de pays traditionnels, aux mœurs plus patriarcales que la société d'accueil. Or ce décalage produit des contraintes qui touchent particulièrement les jeunes filles issues de l'immigration, comme l'illustre l'enquête de Laurie Olson, citée par Okin, sur des adolescentes immigrées de première génération, scolarisées dans les lycées californiens[3]. Bien que celles-ci soient confrontées aux mêmes difficultés que les garçons face à l'apprentissage de la langue et aux problèmes de racisme et de discrimination, leur expérience diffère beaucoup en ce qui concerne la marge de manœuvre dont elles disposent pour s'adapter à la culture du pays d'accueil. Plus que les garçons, les filles sont soumises à l'injonction de perpétuer les traditions de leur pays d'origine et subissent des pressions familiales sur leurs comportements, sur leurs activités scolaires et extra-scolaires et surtout sur le choix de leur conjoint. L'analyse de leur situation révèle les tensions psychologiques dans lesquelles ces jeunes filles sont prises, bien conscientes du souhait de leurs parents d'arranger un mariage traditionnel et inévitablement tiraillées entre le désir de leur faire plaisir et celui de vivre leur vie comme elles l'entendent. Olson montre qu'un grand nombre de ces jeunes filles finit par consentir à la décision de leurs parents, multipliant ainsi les obstacles qui limitent leurs possibilités de changer de mode de vie (enfants à charge,

1. S. M. Okin, « Mistresses of their Own Destiny », *op. cit.*, p. 209.
2. S. M. Okin, *Justice, genre et famille*, *op. cit.*
3. L. Olsen, *Made in America : Immigrant Students in Our Public Schools*, New York, New Press, 1997.

sous-qualification liée à l'interruption des études, dépendance financière à l'égard du mari). Okin fait remarquer que, dans le cas de ces immigrées, de telles pressions s'exercent en l'absence de droits culturels. Toutefois, renforcer l'autorité de la minorité en lui reconnaissant le droit de perpétuer ses traditions, c'est-à-dire en lui donnant les moyens légaux de le faire, risque d'accroître le poids des contraintes spécifiques qui pèsent sur ces jeunes femmes.

Les libéraux, parce qu'ils négligent le poids de ces facteurs culturels, ne voient pas que la clause des droits de sortie ne protège aucunement les femmes minoritaires contre les tendances patriarcales de leur groupe d'origine. Chez Galston, cette négligence aboutit à une contradiction interne : d'un côté, « ce dernier reconnaît qu'un droit de sortie "significatif" semble exiger certaines conditions : la connaissance de modes de vie alternatifs, la possibilité d'évaluer ces alternatives à son gré, le droit de ne pas subir de lavage de cerveau ou d'autres formes de contrainte, et la capacité à participer effectivement à quelque autre mode de vie »[1]. Il admet ainsi que la garantie d'un droit de sortie « significatif » aboutit à des politiques qui ressemblent à celles que préconisent les libéraux de l'autonomie. De l'autre, en fondant la tolérance sur l'acceptation de la diversité profonde, sa théorie empêche de satisfaire ces conditions dans le cas des femmes, puisqu'elle autorise des communautés religieuses ultra-conservatrices à perpétuer un mode de socialisation sexiste qui inculque la soumission aux filles et à exclure celles qui refusent de s'y plier.

Chez Kukathas, la contradiction est moins flagrante, dans la mesure où sa conception libertarienne de la tolérance multiculturelle épargne à l'État d'avoir à se préoccuper des conditions de possibilité psychologique du droit de sortie. Dans la version radicale du « laisser-faire » multiculturel qu'il défend, la capacité à quitter le groupe est réduite à la seule liberté de mouvement[2]. À ce titre, elle est parfaitement compatible avec le fait de ne pas se projeter dans un autre mode de vie et d'avoir été éduqué de telle sorte à éviter de le faire. Dans *The Liberal Archipelago*, il convoque ainsi l'exemple fictif de Fatima, femme d'un pêcheur malais, qui n'aurait jamais connu autre chose que sa vie de musulmane pieuse, profondément attachée à sa communauté villageoise et aux rôles d'épouse et de mère

1. S. M. Okin, « Mistresses of their Own Destiny », *op. cit.*, p. 226.

2. Voir D. Weinstock « Beyond exit rights », *in* A. Eisenberg, J. Spiner-Halev (dir.), *Minorities Within Minorities*, *op. cit.*, p. 232. La liberté de mouvement correspond à la condition subjective du droit de sortie. Kukathas y ajoute une condition objective qui consiste à vivre dans un environnement socialement varié qui offre à celui qui décide de quitter son groupe la possibilité d'en rejoindre d'autres.

desquels elle tire la reconnaissance des siens. Cette personne, qui ne ressentirait pas le désir de vivre autrement et qui, si elle ressentait un tel désir, devrait probablement quitter les siens, resterait libre selon Kukathas, non pas en ce qu'elle serait heureuse ou autonome, mais simplement parce qu'elle n'aurait pas rejeté son mode de vie[1]. Il admet que cette version minimale du consentement n'a pas de sens dans le cas des enfants, par exemple de ceux auxquels les parents refusent certains soins médicaux pour motif religieux ou des petites filles qui subissent des mutilations génitales aux effets irréversibles. Mais tant que les adultes, en particulier les femmes, continuent de vivre sans y être physiquement contraintes, dans les communautés où ces pratiques sont en vigueur, on doit supposer qu'elles le font librement et tolérer leur choix, même si celui-ci contredit les principes féministes.

Dans l'article où il répond aux objections d'Okin[2], Kukathas en vient à assumer explicitement la tension que la philosophe observe entre le multiculturalisme et le féminisme. Il admet avec elle qu'à cause de l'inégale distribution du pouvoir social au sein des groupes culturels, il est inévitable que la tolérance multiculturelle renforce la position des élites sur les membres les plus vulnérables, et notamment sur les femmes. À la différence d'Okin, il estime toutefois qu'une intervention de l'État destinée à corriger ces inégalités est à la fois inefficace et illégitime. D'abord, l'intervention politique risque de confirmer la position de force des élites, puisque « si [celles-ci] peuvent s'accaparer le pouvoir au sein de leur groupe et de leur communauté, elles sont également mieux placées que les membres les plus faibles pour le faire à un niveau institutionnel supérieur »[3]. Ensuite, dans la mesure où la conscience morale individuelle est, pour Kukathas, l'unique source de légitimation du recours à la contrainte politique, l'État ne dispose d'aucun critère normatif acceptable par tous les citoyens, sur la base duquel justifier l'interdiction légale des traditions qu'il juge condamnables. L'argument de la protection des membres vulnérables s'en trouve inévitablement grevé de biais ethnocentriques ou racistes, comme l'a prouvé la situation dramatique des *Stolen generations*, ces milliers d'enfants d'Aborigènes retirés de force à leurs familles par l'État australien sous prétexte de les protéger des carences éducatives dont ils étaient censés souffrir dans leur

1. C. Kukathas, *The Liberal Archipelago*, *op. cit.*, p. 113.

2. C. Kukathas « Is Feminism Bad for Multiculturalism ? », *Public Affairs Quaterly*, vol. 15, n° 2, avril 2001, p. 83-98.

3. *Ibid.*, p. 94.

milieu d'origine[1]. Autrement dit, en cas de conflit entre le féminisme et le multiculturalisme, Kukathas tranche en faveur du second afin d'éviter que le libéralisme ne justifie l'intervention croissante de l'État dans la vie des citoyens, fût-ce au nom de principes féministes. Or, en assumant pleinement la tension entre multiculturalisme et féminisme et en accordant la priorité au premier sur le second, Kukathas confirme à sa manière le diagnostic d'Okin : les droits de sortie, pas plus que l'interdiction des restrictions internes, ne constituent une clause de protection efficace pour les femmes. Aucune des deux variantes libérales du multiculturalisme, ni celle de l'autonomie ni celle de la tolérance pluraliste, ne parvient à concilier le respect de la diversité ethnoculturelle avec l'égalité entre hommes et femmes.

La subjectivité libérale au prisme de la thèse discontinuiste

Séparer le principe féministe du principe multiculturaliste pour trancher en faveur du premier

Au terme de cette analyse, il apparaît que les objections d'Okin tire leur force critique de sa thèse discontinuiste. Celle-ci consiste, comme nous l'avions indiqué en début de chapitre, à contester la convergence du multiculturalisme et du féminisme sur la base de deux arguments : le premier, d'ordre sociologique, affirme qu'il existe une différence de nature entre les groupes sociaux que forment les femmes d'un côté et les minorités ethniques de l'autre : les femmes constituent un groupe dont l'unité découle du caractère structurellement genré des rapports sociaux, tandis que les minorités ethniques forgent leur sens communautaire sur la base de représentations, de valeurs ou de pratiques communes. Le second argument, d'ordre politique, met en avant la divergence des objectifs pratiques qui découlent d'une telle discontinuité sociologique : là où les féministes cherchent à déconstruire les normes qui motivent les comportements discriminants afin de garantir aux femmes que leur liberté et leur épanouissement personnels n'y seront pas entravés par leur identité sexuelle, les multiculturalistes promeuvent la protection des croyances ou

1. L'expression désigne les enfants d'Aborigènes australiens et d'Indigènes du Détroit de Torrès retirés de leur famille par l'État australien entre 1869 et 1969. Il s'agissait principalement de métis de mère aborigène et de père non aborigène. D'après le rapport *Bring them home. The "Stolen Generation" Report* (1997), 100 000 enfants auraient été ainsi privés de leur famille. Pour un cas similaire en France, voir I. Jablonka, *Enfants en exil. Transfert de pupilles réunionnais en métropole, 1963-1982*, Paris, Seuil, 2007.

des pratiques auxquels les membres d'un groupe ethnique s'identifient. La norme de la non-discrimination défendue par les premières diffère donc de la norme de la reconnaissance des identités culturelles prônée par les seconds.

Cette discontinuité permet à Okin de mettre en évidence l'ambiguïté conceptuelle que les libéraux multiculturalistes ont négligée. Au sein des revendications portées par les « minorités », de genre ou ethnique, se mêlent en effet deux concepts distincts de culture : les luttes féministes reposent sur un travail de *critique culturelle*, exercé en l'occurrence sur une « culture sexiste », laquelle renvoie aux normes sociales qui expliquent la persistance de comportements sexuellement discriminants en dépit de l'égalité juridique acquise par les femmes. Les demandes de reconnaissance multiculturelle, quant à elles, mettent en avant la valeur de *communautés* qui renvoient à l'acception ethno-anthropologique de la culture, c'est-à-dire à la diversité des formes de vie observable dans les sociétés humaines. S'il importe de souligner la distance conceptuelle qui sépare la critique culturelle de la culture communautaire, c'est précisément parce que la seconde est la cible de la première, au sens où elle est l'objet de la déconstruction qu'il s'agit d'opérer. Les inégalités de traitement entre hommes et femmes trouvent en effet leur justification dans la façon dont chaque culture construit le genre et forge des représentations collectives qui rendent socialement acceptables les inégalités entre hommes et femmes.

Autrement dit, si la culture au sens ethno-anthropologique est à la base du problème, elle ne saurait être la solution puisqu'en la protégeant, les multiculturalistes préservent les racines du mal que combattent les féministes. Prendre au sérieux la distinction entre les deux concepts de culture permet donc de révéler la tension normative fondamentale qui rend le multiculturalisme et le féminisme difficilement conciliables : le premier, parce qu'il exige de respecter la diversité des croyances et des coutumes, semble être en son fonds traditionaliste, tandis que le féminisme est par destination irrespectueux des préjugés patriarcaux et des biais sexistes qu'on observe dans la plupart des cultures.

Avoir mis en évidence ce conflit de principes permet à Okin de trancher en faveur des droits des femmes au nom de la cohérence normative du libéralisme : à cause de leur pente traditionaliste, les droits culturels compromettent les droits des femmes, soit ouvertement chez les libéraux pluralistes, parce que leur conception maximaliste de la liberté d'association livre les femmes au pouvoir des élites conservatrices de leur communauté, soit insidieusement chez les libéraux de l'autonomie, parce que l'interdiction légale des restrictions internes ne protège pas efficacement les membres féminins des groupes minoritaires contre l'intériorisation des normes traditionnelles sexistes. De la sorte, les deux courants du multiculturalisme inscrits dans la tradition de pensée libérale vident la liberté des femmes de toute effectivité, en contredisant directement ou indirectement le principe de la non-discrimination sexuelle ; la perspective féministe permet ainsi d'établir qu'en dépit de leur justification libérale, ils s'avèrent l'un et l'autre incompatibles avec l'individualisme moral qui fonde le libéralisme, puisqu'ils assujettissent les femmes au pouvoir de leur communauté. Si l'on admet la thèse discontinuiste d'Okin, il devient évident que le principe de justice féministe doive l'emporter sur le principe de justice multiculturelle, puisque le premier ne fait que réaffirmer les droits de l'individu, là où le second introduit une tension problématique entre un principe moral individualiste (légitime) et un principe moral communautaire (illégitime).

C'est également la thèse discontinuiste qui motive les féministes libérales à privilégier une politique interventionniste en matière de relations interculturelles et à réactiver ainsi les tendances assimilationnistes de la citoyenneté moderne : aucun principe de tolérance multiculturelle ne peut justifier, d'un point de vue libéral, que l'égalité entre hommes et femmes soit négligée ou sacrifiée au nom du respect de traditions ; il relève au contraire de la responsabilité de l'État d'intervenir dans la vie des groupes culturels pour éradiquer les traditions à caractère patriarcal, que ce soit par la voie de l'interdiction légale, par l'usage de la pression politique ou par la mise en œuvre de programmes éducatifs de lutte contre les préjugés sexistes. Sans promouvoir explicitement une politique assimilationniste, Okin n'en juge pas moins que la disparition des cultures traditionnelles, ou du moins leur libéralisation imposée par l'État, sont des conséquences prévisibles de l'application stricte des principes du libéralisme qu'il n'y a nullement à déplorer d'un point de vue féministe.

Le sujet contre le groupe, ou la relativisation morale et ontologique des appartenances collectives

En définitive, la thèse discontinuiste que défend Okin présente l'intérêt de clarifier les termes du débat en évitant les confusions qui entourent la notion de « culture » et les pièges tendus par une tolérance multiculturelle faussement progressiste. Toutefois, cette thèse dépend largement d'une conception très spécifique de la subjectivité libérale qu'il convient de dégager au terme de ce premier chapitre. En effet, si Okin doute de la compatibilité du féminisme et du multiculturalisme, c'est parce qu'elle n'admet pas le rôle constitutif que joue l'appartenance de la personne à des groupes sociaux (qu'ils soient liés au genre ou à l'ethnicité) dans la formation de sa subjectivité et qu'elle refuse par conséquent d'en reconnaître publiquement l'existence et la valeur. Sa conception de la subjectivité repose au contraire sur le présupposé d'une indépendance morale radicale du sujet à l'égard de toute appartenance, qu'il s'agisse de l'appartenance communautaire forgée par l'identification à des groupes ethniques ou de celle associée à l'identité minoritaire des « femmes ».

En ce qui concerne l'appartenance ethnique, la position d'Okin procède du caractère anti-communautarien du libéralisme de l'autonomie auquel elle adhère. Considérer, à la suite du premier Rawls, que « le sujet précède ses fins » signifie que sa valeur morale est indépendante des valeurs que cultivent les groupes sociaux auxquels il appartient. Cela implique notamment qu'aucune valeur traditionnellement accordée aux rôles féminins ne puisse légitimement limiter les choix de vie des sujets-« femmes », puisque ces rôles sont transmis par le biais des socialisations primaire (au sein de la famille) et secondaire (au sein d'une société donnée). Affirmer, dans la même perspective rawlsienne, que « le juste précède le bien » signifie l'État doit protéger non pas les choix de vie des citoyens, mais leur capacité à choisir. Cela implique, du point de vue des rapports entre hommes et femmes dans une société multiculturelle, que l'État garantisse aux femmes les mêmes possibilités qu'aux hommes de vivre selon leur propre conception de la vie bonne, quels que soient par ailleurs les modèles de vie que leur prescrit leur culture d'origine. Le féminisme libéral établit ainsi une distance critique entre une femme et ses groupes d'appartenance. Il adhère à l'anti-traditionalisme propre au libéralisme kantien et millien qui inspire Rawls dans *Théorie de la justice.* Chez Kant, l'acquisition de l'autonomie individuelle passe par la formation intellectuelle et morale du sujet qui lui permet de se déprendre de ses anciennes tutelles, de sortir de l'état de minorité pour oser penser par soi-même, atteignant par là sa perfection morale. Un tel perfectionnisme requiert que chaque sujet s'autorise à interroger les idées, croyances et traditions héritées de son milieu, voire à rompre ouvertement avec elles, dans la mesure où le refus de « plier le genou devant la coutume » se présente chez Mill comme le moyen le plus efficace de stimuler le développement personnel. À l'inverse, les politiques multiculturelles qui favorisent la préservation de certaines pratiques culturelles encouragent le conformisme et flattent en quelque sorte la tyrannie de l'opinion qui prévaut au sein de chaque communauté. Dans cette perspective libérale, l'attachement à un héritage culturel se présente dès lors comme un obstacle majeur à l'affirmation de l'autonomie des femmes, puisqu'il constitue la racine même du processus des préférences adaptatives par lequel elles en viennent à se conformer spontanément à la gamme restreinte des choix de vie qu'une éducation traditionnelle et sexiste leur impose. En envisageant le sujet dans un rapport d'opposition avec sa (ou ses) culture(s) d'origine, en l'associant à un processus d'émancipation à l'égard des communautés auxquelles il appartient, Okin délégitime donc puissamment l'idée multiculturaliste selon laquelle il convient de reconnaître publiquement la valeur des identités culturelles minoritaires.

Quant à l'identité associée au groupe des « femmes », sa nature et sa valeur dans le féminisme libéral d'Okin découle de la même position anti-communautarienne. Dans la mesure où cette identité s'enracine dans la façon dont chaque culture rend signifiante la polarité du masculin et du féminin et conforte simultanément l'évidence et l'acceptabilité des rôles attribués aux femmes, la critique inhérente au processus d'acquisition de l'autonomie doit conduire *in fine* à la déconstruction des identités de genre. Dans cette perspective critique, si la catégorie de « femme » doit malgré tout être prise en considération par les pouvoirs publics, ce n'est pas en vertu de la valeur morale qu'elles possèderait aux yeux des personnes qui s'identifient à elle, mais pour des raisons strictement instrumentales, parce que la mise en œuvre de la non-discrimination sexuelle suppose que l'on puisse repérer et mesurer le caractère genré des inégalités qu'il s'agit de corriger. On peut en déduire que l'appartenance au groupe des femmes possède, chez Okin, le statut d'une « identité sociale » au sens nominaliste que lui donne Anthony K. Appiah[1]. Les identités sociales renvoient à des représentations partagées dont la réalité procède des représentations et des croyances individuelles. Ces identités sont *nominales*, en tant qu'elles sont des étiquettes destinées à classer les individus en fonction de leurs points communs (qu'il s'agisse de caractères physiques, de traits comportementaux, d'engagements personnels, d'activités professionnelles, de vocations ou d'affiliations). Ces identités sont *normatives* au sens où elles fixent des normes d'identification et des normes de comportement, en édictant les règles qui permettent d'identifier tel individu à tel type et d'énoncer les attentes sociales à son égard. Ces identités enfin sont *subjectives*, dans la mesure où leur existence tient au rôle qu'elles jouent dans la pensée des agents individuels, à la fois pour ceux qui assignent ces identités comme pour ceux qui se sentent tenus de les endosser. Les identités sociales correspondent ainsi à des classes taxinomiques qui sont des objets abstraits dont la manifestation sociale dépend des croyances et

1. K. A. Appiah, *Lines of Descent : W.E.B. du Bois and the Emergence of Identity*, Cambridge, Harvard University Press, 2014, p. 147-152.

des comportements individuels s'ajustant à ces croyances. Elles désignent à ce titre des « groupes nominaux » et non pas des « groupes réels »[1].

Tel est le statut ontologique du groupe social que forment les femmes dans la pensée d'Okin : celui-ci n'existe qu'en vertu des « étiquettes » sur la différence de genre que les agents individuels ont intériorisées et qu'ils rendent effectives par leurs comportements. L'objectif du féminisme libéral consiste à déconstruire ces catégories qui sont autant d'obstacles à l'émancipation des personnes étiquetées comme « femmes ». On peut l'observer dans le parallèle strict qu'Okin établit entre la discrimination raciale et la discrimination sexuelle dans sa comparaison des cas *Dayton* et *Bob John* discutés plus haut. Un tel parallèle peut surprendre, dans la mesure où la discrimination raciale repose sur la croyance, dénuée de fondement biologique, en l'existence de races inégales, et trouve sa motivation première aux États-Unis dans la disqualification morale des descendants d'esclaves et dans la déshumanisation du « Noir » qui en découle. Or, la différence sexuelle, bien qu'elle soit aussi la cause de discriminations illégitimes, se distingue de la différence raciale à ces deux niveaux : premièrement, elle possède une base biologique qui correspond au caractère sexué de l'espèce humaine ; deuxièmement, les significations variées que le genre confère au sexe dans les diverses grammaires culturelles se distinguent des significations associées à la « race » dans la mesure où elles n'ont pas vocation à exclure du statut d'être humain les personnes identifiées comme « féminines ». Même si la différence entre le féminin et le masculin est interprétée de façon hiérarchisée dans presque toutes les cultures humaines, comme l'a soutenu Françoise Héritier en faisant de la « valence différentielle des sexes » l'un des piliers de la culture (au même titre que la prohibition de l'inceste), cette différence s'interprète avant tout comme un rapport de complémentarité entre deux pôles interdépendants. Cela explique que de nombreuses femmes ne se sentent pas disqualifiées humainement par les rôles féminins qui leur sont socialement prescrits et qu'elles puissent y trouver des formes d'épanouissement, ce qui n'est pas le cas des personnes dont l'identité sociale est racisée.

Malgré ces écarts significatifs, Okin met la discrimination sexuelle sur le même plan que la discrimination raciale, dans la mesure où elle assimile la catégorie de « femmes » aux représentations collectives qui amènent les individus à intérioriser les préjugés genrés faisant obstacle à

1. V. Descombes, « L'identité de groupe : identité sociale, identité collective », *Raisons politiques*, vol. 2, n° 66, 2017, p. 13-28.

leur autonomie personnelle. L'identité du groupe social des « femmes » est équivalente à ses yeux à l'identité du groupe social des « Noirs ». La prise en considération des « femmes » dans les politiques publiques ne doit par conséquent servir qu'à l'avènement d'une société aveugle au genre (*gender blind*), au sens où l'on n'y accorderait pas plus d'importance au sexe des personnes qu'à leur couleur de peau. Une politique féministe ainsi entendue est perfectionniste au sens rawlsien, puisqu'elle exige une certaine formation du caractère des sujets féminins indexé à un idéal d'indépendance morale et qu'elle fait dépendre l'effectivité du principe de non-discrimination sexuelle de leur capacité à se détacher de leur identité de genre. C'est ce perfectionnisme féministe qui doit notamment leur permettre d'échapper à la servitude volontaire dans laquelle les enferme le processus psychologique d'adaptation de leurs préférences aux rôles genrés prescrits par leur culture.

Il en résulte donc, dans le féminisme libéral, une double relativisation, ontologique et morale, de la portée qu'il convient d'accorder aux groupes auxquels le sujet individuel s'identifie. La relativisation ontologique consiste à affirmer que le groupe ne possède ni réalité indépendante, ni valeur propre. Son existence est intégralement dérivée des personnes qui le composent, des croyances individuelles qui le font exister dans les comportements induits. Cela vaut pour les groupes ethniques comme pour le groupe des femmes, qui forment dans les deux cas des identités sociales au sens défini plus haut, lesquelles ne doivent être publiquement prises en considération que pour être vidées des évidences que le sens commun leur attache. La relativisation morale consiste à considérer que l'attachement à un groupe ethnique relève d'une éthique personnelle, d'une conception du bien qui doit être strictement subordonnée aux principes de justice politique et rendus conformes non seulement à la valeur fondamentale de l'autonomie mais aussi au processus d'émancipation individuelle que celle-ci exige. À ce titre, aucune culture qui serait l'expression d'un sens communautaire fort, susceptible de limiter la liberté de choix des membres du groupe s'identifiant à cette culture, ne mérite d'être publiquement reconnue, ni juridiquement protégée en tant que telle. Il convient au contraire d'œuvrer à sa délégitimation pour autant qu'elle participe à la transmission de normes patriarcales.

CHAPITRE II

RETOUR SUR LES FONDEMENTS NORMATIFS ET ONTOLOGIQUES DU MULTICULTURALISME

> *The goal of [measures now urged on the grounds of difference] is not to bring us back to an eventual "difference-blind" social space but, on the contrary, to maintain and cherish distinctness, not just now but forever*[1].

Une fois examinées les objections que le féminisme libéral adresse aux partisans des droits culturels, la cause peut sembler entendue. Les femmes des cultures minoritaires n'ont, semble-t-il, rien à gagner d'une tolérance multiculturelle qui entrave le processus critique dans lequel elles doivent s'engager, puisque leur émancipation suppose au contraire qu'elles se déprennent des schémas patriarcaux de leur groupe d'origine. Dans cette perspective libérale, le féminisme peut et doit se passer du multiculturalisme, fût-il démocratique et libéral. Ce chapitre entend remettre en cause une telle condamnation du multiculturalisme en revenant sur les fondements théoriques de ce courant philosophique. La position d'Okin repose, comme nous l'avons montré à la fin du chapitre précédent, sur une conception spécifique de la subjectivité qui établit une relation d'opposition entre le sujet et ses groupes d'appartenance et qui envisage la subjectivation comme un processus d'émancipation de la personne à l'égard de ses liens communautaires et de ses identités sociales. Or, c'est précisément sur ce point que les théories du multiculturalisme s'écartent fondamentalement du féminisme libéral. En dépit de la diversité de

1. C. Taylor, « The Politics of Recognition », *in* A. Gutman (dir.), *Multiculturalism : Examining "The Politics of Recognition"*, Princeton, Princeton University Press, 1994, p. 40.

leurs approches philosophiques et de leurs arguments normatifs, toutes s'accordent sur le fait que la reconnaissance publique des cultures minoritaires est justifiée par l'idée que la subjectivité individuelle, loin de se constituer *contre* le groupe culturel, se réalise *par* lui. La cohérence normative du multiculturalisme découle *in fine* d'une certaine ontologie sociale, de type holiste, étrangère au féminisme libéral.

Pour être correctement saisie, l'importance que les philosophies du multiculturalisme accordent aux groupes dans la constitution de la subjectivité doit être replacée dans son contexte d'émergence. Elle s'impose à l'occasion du changement de grammaire des conflits sociaux qui, comme l'a analysé Nancy Fraser, a profondément transformé le sujet et compliqué l'objet des luttes pour la justice sociale. À partir des années 1970, en effet, la politisation des identités sexuelles, ethniques, raciales a progressivement articulé la dénonciation de l'exclusion à celle de l'exploitation et déplacé l'attention des « classes » vers les « minorités »[1]. Il en a résulté une prise en considération inédite des injustices socio-culturelles qui, sur le plan analytique, ne sont pas réductibles aux injustices socio-économiques, puisque les secondes sont produites par les inégalités de ressources tandis que les premières procèdent des inégalités de statut qui disqualifient socialement certaines catégories de personnes. Là où les inégalités économiques appellent des politiques de redistribution entre classes sociales, les inégalités culturelles requièrent des politiques de reconnaissance qui visent à réhabiliter socialement les minorités et à les inclure politiquement. C'est dans ce contexte que les questions d'« identité collective » ou d'« appartenance culturelle » sont devenues des enjeux démocratiques majeurs dont les théories du multiculturalisme se sont saisies.

Deux grands moments ont scandé les justifications d'une citoyenneté respectueuse des différences, laquelle a d'abord été envisagée en un sens large puis en un sens restreint. Dans les années 1980-1990, le moment du multiculturalisme *lato sensu* fut associé de façon privilégiée à la cause des groupes marginalisés dont les femmes, les Afro-américains et les homosexuels offrent les exemples paradigmatiques. Largement inspiré par les travaux des études culturelles, féministes et postcoloniales, et par les théories critiques de la « race », ce premier moment se distingua par la mise en cause de *l'impérialisme culturel* institué par les normes hétérosexistes, occidentalo-centrées et racistes qui sont à la racine des diverses formes

1. N. Fraser, *Qu'est-ce que la justice sociale ? Reconnaissance et redistribution*, Paris, La Découverte, 2011, chap. 1.

d'exclusion sociale dans les démocraties contemporaines. Le moment du multiculturalisme *stricto sensu* s'imposa à partir du milieu des années 1990 et se distingua du premier moment à la fois par son objet et par sa perspective théorique : d'un côté, il conduisit à resserrer la réflexion sur un certain type de minorités, à savoir celles possédant des caractéristiques ethniques, telle que les petites nations sans État, les peuples autochtones et les groupes issus de l'immigration ; de l'autre, il se développa dans le cadre des théories de la justice auxquelles les multiculturalistes ajoutèrent un impératif de « reconnaissance » ou de « tolérance » de la diversité ethnoculturelle.

Ce chapitre se propose de revenir sur l'évolution générale dans laquelle s'inscrivent ces deux types d'approches afin de pas céder à la lecture superficielle et réductrice que la critique okinienne est susceptible de conforter. Les écarts qui les séparent semblent en effet, à première vue, confirmer la thèse discontinuiste d'Okin : à la suivre, les premières poursuivraient les mêmes objectifs que le féminisme libéral, dans la mesure où elles œuvrent à la déconstruction des modèles culturels qui motivent les comportements discriminatoires à l'égard des sujets minoritaires, tandis que les secondes auraient détourné ce travail de critique culturelle de son objectif légitime en introduisant une acception ethno-anthropologique de culture, jugée contestable en raison de sa substance trop communautaire et de ses prescriptions tendanciellement conservatrices. Adopter une telle grille de lecture conduit en somme à légitimer le premier moment du multiculturalisme tout en disqualifiant le second. Elle ne rend pourtant justice à aucun des deux. D'abord, elle néglige le fait que le multiculturalisme *lato sensu* ne vise pas seulement à libérer les sujets minoritaires des étiquettes disqualifiantes qui pèsent sur eux, mais qu'il reconnaît la valeur morale de leurs identités collectives dont il préconise la reconnaissance politique. Ensuite, elle ne prend pas suffisamment au sérieux les arguments du multiculturalisme *stricto sensu* quant à l'importance que revêt, pour le sujet moderne, l'identification à sa culture d'origine. Il importe donc de rectifier ces erreurs en procédant à une analyse plus fine des positions adoptées et de rétablir ainsi la continuité entre ces deux moments du multiculturalisme, rompue par la critique féministe libérale. Ce faisant, il ne s'agira pas de nier l'hétérogénéité des usages du concept de « culture » que font les théories représentatives de ces deux moments mais, au contraire, d'en préciser les contours et d'en saisir les raisons afin de montrer qu'une telle hétérogénéité n'invalide ni la cohérence, ni la légitimité du projet de démocratie multiculturelle, lequel se fonde *in fine* sur la prise en considération du caractère constitutif des identités collectives. Dès lors, l'objectif de ce chapitre n'est pas de proposer une présentation exhaustive des théories du multiculturalisme, mais de mettre en lumière l'articulation des arguments normatifs et de l'ontologie sociale holiste qui les sous-tend. C'est cette articulation qui doit permettre de comprendre pourquoi le féminisme devrait tendre vers l'idéal qui inspire ces théories, plutôt que de le disqualifier.

Dans la première section, nous opèrerons un retour à « la politique de la différence » de la philosophe américaine Iris M. Young qui se présente comme la théorie emblématique du premier moment du multiculturalisme, axé sur la critique de l'impérialisme culturel. La politique de la différence youngienne s'avère particulièrement éclairante à deux titres, d'une part en raison du rôle déterminant que joue la phénoménologie féministe dans son élaboration et, d'autre part, en raison de l'ontologie sociale holiste sur laquelle Young fonde son analyse de l'oppression. Dans la seconde section, nous passerons à l'examen du second moment du multiculturalisme en privilégiant les approches de Charles Taylor, Will Kymlicka et Bhikhu Parekh, afin de rappeler les raisons qui justifient le resserrement de leur réflexion sur la cause des minorités de type ethnique et la façon dont ces philosophes réhabilitent la valeur de l'appartenance communautaire dans les théories de la justice d'inspiration libérale. Nous aborderons, pour finir, les objections que Young a adressées aux philosophes du second multiculturalisme sur la fin de sa carrière, en leur reprochant d'avoir négligé le poids des inégalités structurelles dans leurs analyses de la « différence culturelle ». Nous montrerons alors que ces objections ne remettent pas en cause la continuité qui existe entre les deux moments du multiculturalisme mais qu'elles invitent à mieux articuler l'aspiration à la reconnaissance culturelle du second à la critique anti-impérialiste du premier.

LE MULTICULTURALISME *LATO SENSU* OU LA RÉSISTANCE À L'IMPÉRIALISME CULTUREL

Le retour aux sources : la politique de la différence d'Iris Marion Young

Ce premier moment tire sa substance théorique de l'ensemble des travaux conduits dans les nouveaux champs de recherche qu'ont ouvert les départements de *cultural studies*, *postcolonial studies, gender studies* et qui se sont développés au croisement de nombreuses disciplines, telles que l'histoire, la sociologie, la littérature, les sciences de la communication et de l'information. Afin de saisir la signification du concept de « culture » qui caractérise ce moment, nous avons choisi de privilégier la pensée d'Iris Marion Young, dans la mesure où celle-ci en constitue une figure centrale et où elle en a proposé une élaboration philosophique particulièrement éclairante. Dans les débats sur le multiculturalisme, les textes de Young comptent en effet parmi les références pionnières. Publié en 1990, son livre *Justice and the Politics of Difference* fut l'un des premiers à systématiser en philosophie politique la critique d'une citoyenneté aveugle aux différences de groupes[1]. Bien que Young ne se réclamât jamais explicitement du « multiculturalisme », lui préférant l'expression de « politique de la différence », elle n'en contribua pas moins à dégager les deux composantes, *critique* et *réformatrice*, qui s'avèrent distinctives de toute théorie du multiculturalisme, quelle qu'en soit la déclinaison. La composante critique consiste à dénoncer les failles de l'universalisme abstrait et les inégalités de traitement dont pâtissent les membres des minorités culturelles, en dépit de l'égalité formelle dont ils jouissent sur le plan juridique. La composante réformatrice consiste à soutenir que l'égalité démocratique exige de prêter attention à ces différences plutôt que de les ignorer, plaidant ainsi contre l'idéal universaliste de la *colorblindness* en faveur de la reconnaissance publique des minorités[2].

La compréhension large de la « différence » qui conduit Young dans *Justice and the Politics of Difference* à s'intéresser à des minorités aussi différentes que les femmes, les Afro-américains, les immigrés, les gays et lesbiennes, les personnes handicapées ou âgées, s'avère typique du moment critique du multiculturalisme qui a dominé les premiers débats sur l'inclusion démocratique des minorités. S'il importe aujourd'hui de revenir à Young, c'est que ce premier moment a eu tendance à être éclipsé par le second, après que les théoriciens du multiculturalisme ont réduit le périmètre des discussions aux cas des minorités de type ethnique. Même si ces théoriciens reconnaissent leur dette à l'égard de la philosophe américaine, ils ne lui ont pas accordé de place centrale dans leurs discussions et s'en sont d'autant plus facilement écartés que Young mobilise des sources théoriques continentales comme la phénoménologie, le post-structuralisme, la déconstruction et la théorie critique qui sont

1. I. M. Young, *Justice and the Politics of Difference*, Princeton, Princeton University Press, 1990.

2. Le terme de « reconnaissance » désigne largement l'ensemble des mesures juridiques et politiques qui accordent un traitement spécifique aux groupes caractérisés par une différence identitaire. Dans certaines variantes des philosophies multiculturelles, il se charge d'une signification philosophique plus précise, inspirée de la dialectique hégélienne, comme chez Charles Taylor.

étrangères à leur univers intellectuel, lequel est fondé sur la méthode de la philosophie analytique et orienté par l'héritage du libéralisme anglophone.

Revenir à Young offre de la sorte l'occasion de replacer les revendications minoritaires dans une approche qui les appréhende ensemble, sans les opposer, et qui aide ainsi à rétablir, contre les objections d'Okin, une forme de continuité entre féminisme et multiculturalisme. À cet égard, le parcours philosophique de Young s'avère tout particulièrement intéressant dans la mesure où il l'a conduite du féminisme jusqu'au multiculturalisme, ses analyses sur l'oppression des « corps femelles » ayant servi de laboratoire à la théorisation de sa « politique de la différence ». Ce point est généralement négligé par les philosophes politiques, à cause de leur réception partielle du corpus youngien qui privilégie *Justice and the Politics of Difference* et *Inclusion and Democracy*[1], notamment dans les discussions portant sur la démocratie délibérative et sur la représentation politique des minorités. Pour y remédier, il importe de revenir aux études de Young rassemblées en 2005 dans le volume *On Female Body Experience*[2], dont la plupart remontent aux années 1980. Dans ce qui suit, nous nous proposons de réinvestir les liens profonds qui unissent les deux volets de la pensée de Young, féministe *et* multiculturalisme, afin de mettre en évidence ce que la notion d'impérialisme culturel apporte à la compréhension du projet politique de la citoyenneté multiculturelle. Nous commencerons par exposer les bases ontologiques qui fondent chez Young sa conception des minorités et de l'oppression qu'elles subissent, notamment sous la forme de l'impérialisme culturel. Nous montrerons ensuite comment ces mêmes bases lui permettent de justifier la reconnaissance politique des identités collectives.

Ontologie holiste et typologie pluraliste de l'oppression

L'article célèbre « Politics and Group Difference. A Critique of the Ideal of Universal Citizenship »[3] que Young publie en 1989 constitue le point de départ de son approche large des minorités. Elle y procède à une critique des failles de l'universalisme abstrait que trahit l'existence de citoyens de seconde classe, comme les femmes, les minorités racisées ou les pauvres. Loin de transcender les différences identitaires des citoyens, comme il prétend le faire, l'universalisme civique a de fait consacré la

1. I. M. Young, *Inclusion and Democracy*, Oxford, Oxford University Press, 2000.

2. I. M. Young, *On Female Body Experience. "Throwing Like a Girl" and Other Essays*, Oxford, Oxford University Press, 2005.

3. I. M. Young, « Politics and Group Difference : A Critique of the Ideal of Universal Citizenship », *Ethics*, vol. 99, n° 22, 1989, p. 250-274.

supériorité d'un certain groupe social sur les autres qui s'est imposé comme le type normal du citoyen, dévalorisant symétriquement tout écart par rapport à la norme qu'il incarne :

> L'idéal d'une sphère publique exprimant la volonté générale, un point de vue et un intérêt que les citoyens partagent et qui transcende leurs différences, a fonctionné en réalité comme une exigence d'homogénéité en leur sein. L'exclusion des groupes jugés différents était admise de façon explicite au siècle dernier. De nos jours, les effets exclusifs de l'idéal universaliste d'un public incarnant la volonté commune sont plus subtils mais ils se manifestent encore [1].

Les normes culturelles valorisant la figure de l'homme blanc, occidental, rationnel et financièrement indépendant ont justifié, dans les premiers régimes républicains occidentaux, que le statut civique ait été refusé aux femmes, aux indigènes, aux domestiques parce qu'ils étaient jugés respectivement trop émotives, trop primitifs ou trop soumis à leur maître pour pouvoir exercer correctement leur jugement politique. S'il existe encore dans les démocraties actuelles des minorités fondées sur le sexe, l'origine ethnique ou le statut social et si leurs membres peinent toujours à accéder à l'espace public pour y faire entendre leurs voix, c'est en raison de l'influence persistante, au niveau des mœurs, des préjugés ayant motivé autrefois l'exclusion légale de ces groupes. *Justice and the Politics of Difference* développe et systématise la critique du faux universel esquissée dans l'article de 1989 en l'ancrant dans une théorie de l'oppression sociale qui justifie le traitement inclusif des minorités. Celui-ci tient au fait que toutes les personnes marquées par des différences collectives disqualifiantes forment des « groupes sociaux (a) opprimés (b) »

a) La catégorie de « groupe social » tire sa signification de considérations ontologiques que Young développe dans les deux premiers chapitres de son livre. Elle mobilise cette catégorie pour souligner les insuffisances de l'« ontologie sociale [...] méthodologiquement individualiste et atomiste »[2] qui sous-tend les approches libérales. D'un côté, les libéraux tendent à considérer les groupes sociaux comme des « agrégats » (*aggregates*), c'est-à-dire comme « des classifications arbitraires de personnes selon des attributs tels que la couleur de la peau, les organes génitaux ou l'âge »[3]. Or, étant donné qu'un agrégat peut être constitué « à partir d'un nombre indéfini d'attributs »[4], certains libéraux estiment

1. *Ibid.*, p. 252.
2. I. M. Young, *Justice and the Politics of Difference*, *op. cit.*, p. 45.
3. *Ibid.*, p. 43.
4. *Ibid.*, p. 45.

qu'il n'y a pas de raison d'accorder d'attention politique particulière à certains critères d'identification plutôt qu'à d'autres. D'un autre côté, la philosophie politique libérale est dominée par un modèle associatif des relations sociales, une association désignant tout type d'« institution formellement organisée, tel un club, une corporation, un parti politique, une église, une université ou un syndicat »[1]. Si ce modèle prend acte des relations spécifiques qui unissent les membres d'un groupe, il présuppose comme la notion d'agrégat que « l'individu arrive ontologiquement avant le collectif, qu'il est ce qui fait, ce qui constitue le groupe »[2]. De même que l'agrégat « réduit les groupes sociaux à un simple ensemble d'attributs attachés aux individus »[3], l'association n'existe que par la volonté de ses membres d'y entrer ou d'y rester.

Or, Young part du constat que ni la catégorie d'agrégat ni celle d'association ne rendent compte adéquatement de la nature des minorités parce qu'elles négligent le « sens de l'identité »[4] qui constitue ces dernières. « Les groupes de ce type ne sont pas simplement des collections de personnes, car ils sont plus fondamentalement mêlés aux identités de ceux qui sont décrits comme leurs membres »[5]. L'identité d'un groupe social ne se limite pas, en effet, à la classe taxinomique qui regroupe des personnes dotées des mêmes attributs, tels que le sexe, la couleur de peau ou l'origine ethnique, mais procède de « l'identification à un certain statut social, à l'histoire commune qui en résulte et à l'auto-identification qui définit le groupe comme groupe »[6]. Le groupe possède ainsi une réalité qui dépasse ses membres, dans la mesure où le statut auquel ceux-ci s'identifient ne résulte ni d'une classification arbitraire ni d'une adhésion volontaire, mais tient au fait de « se retrouver membre d'un groupe dont on a le sentiment qu'il a toujours existé »[7]. Young en conclut que :

> Les groupes [...] constituent les individus. La façon particulière dont une personne perçoit son histoire, ce qui la rapproche ou la distingue des autres, la façon même dont elle raisonne, évalue et exprime ses sentiments sont partiellement constituées par ses affinités collectives[8].

1. I. M. Young, *Justice and the Politics of Difference*, *op. cit.*, p. 44.
2. *Ibid.*
3. *Ibid.*
4. *Ibid.*
5. *Ibid.*, p. 42-43.
6. *Ibid.*, p. 44.
7. *Ibid.*, p. 46. Young emprunte le concept d'« être-jeté » (*throwness*) à Martin Heidegger pour qualifier cette situation.
8. *Ibid.*, p. 45.

En affirmant l'existence d'un lien constitutif entre groupes et individus, Young se démarque donc de la position d'Appiah[1], dans la mesure où les identités collectives ne se réduisent pas chez elle à des identités sociales, puisque les premières possèdent une réalité propre, irréductible à la simple convergence et addition de croyances individuelles dont les porteurs seraient déjà constitués, c'est-à-dire dont l'identité ne serait pas déterminée dès le départ par l'appartenance à un (ou plusieurs) groupe social. Toutefois, cette conception réaliste et non nominaliste des groupes ne signifie pas que ceux-ci forment des entités indépendantes de leurs membres[2], ni que les normes collectives déterminent intégralement les comportements individuels, puisque les membres d'un groupe peuvent y développer leur style personnel, ou critiquer leur identité collective. Celle-ci, bien que constitutive, n'est pas décrite comme une référence stable et rigide, mais plutôt comme « une affinité spécifique que les membres d'un groupe partagent en raison de la similitude de leur expérience ou de leur mode de vie, qui les conduit à s'associer davantage ou différemment entre eux plutôt qu'avec ceux qui ne sont pas identifiés au groupe »[3]. Le holisme de Young n'aboutit donc ni à un sociologisme ni à un déterminisme, son objectif n'étant pas de nier la subjectivité individuelle mais d'expliciter les conditions sociales de sa formation et de son épanouissement. Il agit dès lors avant tout comme un opérateur critique qui démystifie la fiction selon laquelle « le sujet authentique est autonome, unifié, libre, auto-constitué, détaché de l'histoire et des affiliations, traçant à lui seul son plan de vie »[4]. Young attribue à la philosophie post-structuraliste le mérite d'avoir dissipé le caractère illusoire d'une telle conception de la subjectivité en montrant que « le sujet est un produit des relations sociales, et non leur origine »[5]. Reprenant les termes de Stephen Epstein, elle décrit l'identité comme :

> un sens socialisé de l'individualité, une organisation interne de la perception de soi qui concerne la relation qu'un individu entretient avec les catégories sociales, qui incorpore aussi les opinions supposées des autres à son sujet. L'identité est constituée de façon relationnelle, au travers de l'implication à l'égard d'autrui significatifs – que le sujet incorpore – et de l'intégration à des communautés[6].

1. Voir chapitre I, section IV.
2. *Ibid.*, p. 44.
3. *Ibid.*, p. 43.
4. *Ibid.*, p. 45.
5. *Ibid.*
6. S. Epstein, « Gay Politics, Ethnic Identity : The Limits of Social Consructivism », *Socialist Review*, n° 17 (mai-août) 1987, p. 29. Cité par I. M. Young dans *Justice and the Politics of Difference*, *op. cit.*, p. 45.

Contre la position atomiste, Young réhabilite ainsi la position holiste qui fait des groupes sociaux, et non des individus, la réalité ontologique première. Cette thèse ne la conduit pas à les réifier, dans la mesure où les « groupes sont réels non pas en tant que substances mais en tant que formes prises par les relations sociales »[1]. Les groupes sociaux, tout comme les sujets individuels, n'existent qu'au travers de leurs relations, que Young analyse comme un processus de différenciation réciproque :

> Un groupe social est un ensemble de personnes que ses formes culturelles, ses pratiques, ou son mode de vie différencient au moins d'un autre. [...] Les groupes sont une expression des relations sociales ; un groupe n'existe qu'en relation avec au moins un autre groupe[2].

b) D'après Young, les minorités n'ont pas pour seul point commun de former des groupes sociaux, elles partagent également celui d'être des *groupes sociaux opprimés*. Pour aborder cette réalité, la philosophe rompt avec la conception étroitement politique de l'oppression qui l'envisage comme la relation verticale entre une élite tyrannique et une majorité de personnes soumises à son pouvoir. L'oppression que dénoncent les mobilisations minoritaires renvoie à des injustices plus complexes, qui sont davantage structurelles qu'intentionnelles au sens où elles se déploient de façon diffuse dans la vie quotidienne, au travers des hiérarchies engendrées par le mécanisme du marché, par le biais des catégorisations produites par les routines bureaucratiques, et sous l'influence des stéréotypes véhiculés par les médias et reproduits dans les interactions ordinaires. Dans cette perspective élargie, l'oppression ne se limite donc pas à la privation des libertés individuelles par décision politique mais procède d'une situation sociale, d'un type de relation dégradée qui entrave le développement personnel des membres de certains groupes sociaux, en dépit des droits individuels qui leur sont reconnus :

> Au sens le plus large, toutes les personnes opprimées souffrent d'une inhibition de leur faculté à développer et exercer leurs capacités et à exprimer leurs besoins, leurs pensées et leurs sentiments[3].

C'est à partir de la situation des femmes que Young a analysé et mûri sa conception de l'oppression comme inhibition de la subjectivité. Dans *On Female Body Experience*, Young élabore une phénoménologie féministe qui combine les thèses de Maurice Merleau-Ponty sur le corps vécu aux analyses de Simone de Beauvoir sur la facticité féminine. En

1. *Ibid.*, p. 44.
2. *Ibid.*, p. 43.
3. *Ibid.*, p. 40.

empruntant à la phénoménologie ses outils et ses concepts, elle ne prétend pas dégager les structures de la conscience d'un sujet pur mais établir une conception sociologiquement plausible de la liberté qui tienne compte des déterminations liées à la situation du sujet, tout en faisant droit à la capacité de celui-ci à se donner des mondes[1]. La notion de « corps vécu » empruntée à Merleau-Ponty lui offre ainsi un levier théorique efficace pour souligner la dimension incarnée de toute existence humaine et servir ses objectifs féministes, puisqu'elle invite à décrire ce qu'il advient du processus de subjectivation quand il se réalise dans l'expérience à la fois intime et sociale que vivent les corps « femelles ».

Le vécu corporel offre par conséquent à Young un terrain d'observation privilégié sur les modalités d'élaboration et d'intériorisation des contraintes sociales qui entravent le développement de la subjectivité féminine. Les plus évidentes s'observent au niveau de la motricité des filles que Young analyse dans le chapitre « Throwing Like a Girl ». Le caractère hésitant et inachevé du geste par lequel la plupart des filles lancent un objet met en évidence les effets normalisateurs et aliénants du regard masculin porté sur elles. Loin de relever d'une disposition physiologique, ce type sous-optimal de motricité s'explique par la structuration particulière de leur conscience qui, sous la pression d'un environnement sexiste, prend la forme d'une « transcendance ambiguë », d'une « intentionnalité inhibée » et d'une « unité discontinue »[2]. Young décline dans les chapitres suivants de l'ouvrage les spécificités de l'expérience des femmes en détaillant la façon dont elles vivent les différences corporelles liées aux seins, aux règles, à la grossesse, à la ménopause ou à celles qui touchent de près aux corps féminins, comme les vêtements ou le foyer.

L'enquête phénoménologique restituée dans *On Female Body Experience* a contribué à poser les bases de la théorie youngienne de l'oppression à deux titres. D'abord, elle illustre efficacement la complexité des sources de l'injustice que Young systématise par la suite dans *Justice and the Politics of Difference*. Les obstacles auxquelles les femmes sont confrontées dans leur processus de subjectivation sont en effet multiples et imbriqués. Par exemple, la tendance à médicaliser les grossesses que Young observe aux États-Unis depuis les années 1960 tient à plusieurs facteurs : les stéréotypes sur la faiblesse physique des femmes incitent à interpréter ce phénomène normal comme un état pathologique ; la

1. Sur l'articulation entre la critique sociale féministe et la phénoménologie, voir M. Garrau, « De la possibilité d'une phénoménologie féministe. Retour sur l'approche d'Iris Marion Young », *Revue Philosophique de Louvain*, vol. 116, n° 4, 2018, p. 517-544.

2. I.M. Young, *On Female Body Experience*, *op. cit.*, p. 35-39.

division genrée du travail dans le milieu hospitalier, qu'on observe au travers de la surreprésentation des hommes parmi les obstétriciens et de celle des femmes dans les tâches jugées subalternes d'infirmières et de sages-femmes, tend à invisibiliser l'expérience vécue de la grossesse ; les modes de décision qui président au suivi des femmes enceintes privilégient le savoir des médecins sur l'avis de celles-ci à cause d'une vision technocratique du pouvoir médical.

Ensuite, en détaillant la façon dont de telles pressions s'exercent sur le corps des femmes à partir de leur expérience et en partageant la sienne, Young dégage les potentialités émancipatrices que recèle la conscience des subjectivités entravées. Face aux contraintes que le sexisme fait peser sur elles, les femmes ne restent pas passives mais résistent à l'oppression ; elles trouvent les moyens de s'affirmer et de se réapproprier leurs existences, par exemple en déployant leur créativité dans l'espace domestique ou en conciliant les normes vestimentaires avec le souci de leur bien-être et en s'engageant dans des formes de socialité liées aux pratiques féminines qui leur procurent un confort psychologique et un soutien moral.

Ce sont ces deux idées clés que Young applique à l'ensemble des minorités à partir de *Justice and the Politics of Difference*. La perspective holiste qu'elle y défend la conduit à affiner ses observations sur la pluralité des sources d'oppression. Soutenir que les groupes constituent les individus implique en effet d'examiner de près la complexité des processus de différenciation collective et de ne pas se limiter, à la manière des penseurs libéraux, à la seule considération de la distribution des biens sociaux premiers. L'erreur du paradigme distributif qui s'est imposé avec le libéralisme rawlsien en philosophie politique tient au présupposé atomiste selon lequel les individus qui doivent recevoir leur juste part de biens premiers sont déjà constitués, indépendamment des relations sociales dans lesquelles ils sont situés. Un tel présupposé empêche de saisir les inégalités structurelles qui, en amont de la distribution, déterminent la position relative des groupes sociaux et entravent le processus de subjectivation des membres des groupes opprimés. Afin d'identifier ces causes structurelles, Young dégage les trois facteurs qui conditionnent les inégalités distributives, à savoir les procédures de décision, la division du travail et la culture, à partir desquels elle élabore une liste, non exhaustive, de cinq types de rapports sociaux oppressifs : l'exploitation, la marginalisation, la privation de pouvoir, l'impérialisme culturel et la violence. En combinant les arguments tirés de divers courants de critique sociale issue notamment du marxisme, du féminisme, des études culturelles et postcoloniales, Young s'emploie à pluraliser la catégorie d'oppression, sans établir de hiérarchie entre les différents « visages de l'oppression » (*faces of oppression*) mais en s'efforçant plutôt de décrire avec finesse les diverses façons dont ils se manifestent aux membres des groupes opprimés. Pour chacun de ces visages, les descriptions de Young mettent en avant le caractère pathologique des rapports sociaux qui entravent la subjectivation des membres des groupes privés de ressources économiques, de pouvoir institutionnel, de visibilité sociale et/ou de respectabilité.

Cette typologie pluraliste des rapports d'oppression présente l'intérêt d'invalider l'approche compartimentée des minorités : au lieu de les distinguer à partir de leurs attributs identitaires distinctifs, en séparant chaque groupe sur la base des caractéristiques sexuelles, raciales, ou ethniques de ses membres, elle dégage les similitudes structurelles qui pèsent sur leur existence et qui inhibent leur subjectivité. De la sorte, la perspective holiste prend acte du caractère constitutif des identités collectives sur le processus de subjectivation sans adopter de conception identitaire des minorités, au sens où elle n'envisage pas l'existence minoritaire comme la somme d'attributs psychologiques individuels mais comme le produit des relations sociales au travers desquelles les sujets se constituent. Dans *Justice and the Politics of Difference*, Young applique en outre aux autres minorités le schéma du processus de résistance à l'oppression qu'elle a dégagé à partir du cas des femmes. C'est ce qui apparaît clairement dans l'analyse originale qu'elle propose de « l'impérialisme culturel », le quatrième « visage » de l'injustice que propose sa typologie.

L'impérialisme culturel revisité par la phénoménologie critique de Young

Par analogie avec l'impérialisme politique qui consiste pour le colonisateur à imposer au peuple colonisé une loi et des institutions qui lui sont étrangères, l'impérialisme culturel désigne l'inculcation des manières de sentir, d'agir et de penser de la classe dominante à l'ensemble d'une population du fait de l'accès privilégié des premières aux lieux de pouvoir et tout particulièrement aux espaces de production de la science et de la culture. Young emprunte cette notion aux courants critiques post-marxistes qui s'inscrivent dans le « tournant gramscien marqué par le passage de l'idéologie à l'hégémonie »[1]. Le concept d'« hégémonie », forgé par Antonio Gramsci, rompt avec le réductionnisme et le déterminisme

1. S. Bilge, « Enjeux et défis de l'intersectionnalité. Entretien avec Sirma Bilge ». En ligne : https://www.contretemps.eu/enjeux-et-defis-de-lintersectionnalite-entretien-avec-sirma-bilge/

économique de l'orthodoxie marxiste « où le culturel est pensé comme un simple reflet des faits économiques ou encore comme une activité propagandiste »[1]. Il permet de s'intéresser « à d'autres rapports sociaux structurants, de race et de genre précisément, sans les subsumer a priori sous les rapports de classe »[2]. Dans ce matérialisme renouvelé, les privilèges sociaux possèdent toujours une dimension économique, puisqu'ils tirent leur origine de l'exploitation de certains groupes sociaux – notamment les femmes qui réalisent gratuitement l'essentiel des tâches domestiques, ou les descendants d'esclaves et d'indigènes qui sont surreprésentés dans les emplois sous-qualifiés et mal rémunérés. Toutefois ces privilèges se chargent aussi d'une dimension culturelle que ne tient pas à la seule justification des rapports de production, mais qui possèdent une relative indépendance par rapport à eux. La critique de l'hégémonie culturelle, largement nourrie par les recherches menées au Centre contemporain d'études culturelles de Birmingham et par l'analyse des « nouvelles ethnicités » observables dans la société britannique postcoloniale, a été particulièrement investie par les courants du féminisme postcolonial et du féminisme intersectionnel. Elle a permis à l'un et à l'autre de contester la position privilégiée des femmes occidentales, blanches, bourgeoises et l'invisibilisation symétrique des femmes non-occidentales, racisées et pauvres dans les mobilisations féministes.

Dans le passage que Young consacre à l'impérialisme culturel, elle s'inspire clairement de ce courant de pensée en définissant ce processus social comme « l'universalisation de l'expérience et de la culture du groupe dominant, son établissement comme norme »[3]. La mention faite à « l'expérience » suggère toutefois la spécificité phénoménologique de l'interprétation qu'elle en propose en mettant l'accent sur le paradoxe existentiel que vivent les personnes assignées à leurs différences par les normes hégémoniques :

> Faire l'expérience de l'impérialisme culturel consiste à vivre la façon dont les représentations dominantes d'une société rendent invisible la perspective particulière d'un groupe, tout en le stéréotypant et en le marquant comme Autre[4].

Du point de vue des sujets dont le vécu est colonisé par les normes dominantes, la survalorisation d'un type physique normal – celui de

1. *Ibid.*
2. *Ibid.*
3. I.M. Young, *Justice and the Politics of Difference*, *op. cit.*, p. 59.
4. *Ibid.*, p. 58-59.

l'homme blanc, hétérosexuel, dans la force de l'âge, bien-portant, etc. – engendre des formes de vie spécifiques dans lesquelles l'invisibilité et l'hyper-visibilité sociales se combinent étroitement. Pour éclairer ce paradoxe, Young se réfère à l'expérience des Afro-américains telle que le sociologue afro-américain W. E.B. Du Bois la décrit en se référant à la « double conscience » du minoritaire. La double conscience « émerge quand le sujet opprimé refuse de coller aux images dévalorisantes, réifiées et stéréotypées qui s'imposent à lui ou elle »[1] ; elle conduit le sujet impérialisé à vivre dans deux cultures[2], à savoir dans la culture dominante où il doit composer avec les stigmates qui invisibilisent sa propre expérience et dans la culture subordonnée où il développe un mode de vie propre à ceux qui partagent sa condition sociale et grâce auquel il parvient à restaurer une image positive de lui-même[3]. Les deux facettes de cette conscience clivée, humiliée face aux dominants, réconfortée avec les dominés, font clairement écho à la dualité de la subjectivité féminine que Young analyse dans ses textes phénoménologiques[4]. Ici la notion de « culture » doit être rapportée à son ontologie holiste et relationnelle pour être correctement comprise. La culture subalterne est réactive en ce qu'elle émerge d'un rapport de domination sociale; la culture de la minorité ne constitue donc pas ici une totalité auto-constituée, dont le système de significations et de valeurs serait fixé de manière endogène. Toutefois, dans la mesure où les rapports sociaux oppressifs ne font pas disparaître la subjectivité des minoritaires mais la contraignent à se développer différemment, les groupes opprimés forment des espaces sociaux où

1. *Ibid.*, p. 60.
2. *Ibid.*
3. W.E.B Du Bois, *Les âmes du peuple noir*, Paris, La Découverte, 2007.
4. L'interprétation de la double conscience que Young propose n'est guère fidèle à la position de Du Bois. Les existences ségréguées que menaient les Américains blancs et les Afro-américains, au moment de la publication des *Âmes du peuple noir*, n'offraient pas d'espace véritable à la double expérience décrite par Young. Chez Du Bois, la double conscience avait vocation à décrire l'expérience des rares élites noires vivant au contact des Blancs ; de ce fait, elle renvoyait au déchirement tragique que ressentait le transfuge rejeté aussi bien par les Blancs que par les Noirs plutôt qu'au réconfort que la culture subalterne procure au minoritaire. Je remercie Magali Bessone d'avoir attiré mon attention sur cette lecture biaisée qui fait douter de la pertinence de la notion de double conscience pour formaliser l'expérience minoritaire dans les démocraties contemporaines. Ce biais s'explique, selon nous, par l'inspiration féministe de Young, celle-ci la conduisant à appliquer trop rapidement aux Afro-américains l'expérience des femmes qui, n'étant pas ségréguées, sont amenées à naviguer régulièrement entre le monde masculin et des espaces spécifiquement féminins. Or, dans la mesure où les minorités racisées qui vivent dans les démocraties libérales actuelles ne sont plus formellement ségréguées, comme dans les États-Unis des lois Jim Crow, et qu'elles sont amenées à naviguer entre un monde blanc et des espaces qui leur sont propres, il devient plus pertinent de comparer leur expérience à celle des femmes.

émergent des formes de solidarité et où les identités collectives, quoique surdéterminées par les rapports d'oppression, peuvent être réinvesties de façon positive.

Les valeurs épistémique et morale des cultures minoritaires

Les bases ontologiques de l'oppression minoritaire constituent la clé de compréhension de la politique de la différence youngienne. Elles expliquent pourquoi les différences culturelles qu'incarnent les minorités opprimées possèdent une valeur qui mérite d'être publiquement reconnue. Young soutient que la réponse légitime à l'oppression sociale consiste à encourager l'auto-organisation politique des groupes opprimés et la présence de personnes issues de ces groupes dans les institutions représentatives. L'accent mis sur l'auto-organisation du groupe procède de la prémisse selon laquelle la signification de la différence collective relève d'une connaissance dérivée d'une expérience. Le vécu de l'oppression dote les minoritaires d'un privilège épistémique quant à la compréhension de leur situation. Ce privilège, toutefois, est à comprendre dans une perspective holiste : il ne renvoie pas à un savoir individuellement accessible, au sens où chaque minoritaire pourrait accéder seul à la perception immédiate de sa condition; il désigne plutôt le processus de conscientisation qui s'opère à l'échelle du groupe et qui est médiatisé par la « culture opprimée » : les pratiques collectives propres aux minoritaires, tout en étant le reflet de leur subordination sociale, sont susceptibles de cristalliser un sens commun et de créer de la solidarité entre eux. Young a précisé ce point dans son article célèbre « Le genre comme structure sérielle : penser les femmes comme un groupe ». Dans cet article, elle cherche à justifier l'usage de la catégorie unitaire de « femmes » en la débarrassant de tout présupposé identitaire et psychologisant. Dans la mesure où il est vain et abusif de supposer que toutes les femmes se représentent leur identité de genre de la même façon, il est préférable de l'envisager en recourant au concept sartrien de « série » : l'unité de la catégorie dérive alors des effets de l'environnement practico-inerte sur les sujets. Dans une société où la division du travail et les modèles culturels reflètent des normes hétérosexistes, les sujets de sexe féminin sont soumis à des contraintes structurelles qui les assignent à leur identité de femmes. Elles forment alors une unité de type sérielle, comparable à celle de personnes attendant le bus ou écoutant un programme radiophonique : bien que ces personnes fassent l'expérience d'une même situation, elles restent anonymes les unes à l'égard des autres, elles ne partagent pas le même ressenti, elles forment plutôt une unité en fuite, constituée par la suite indéfinie des nouvelles personnes qui rejoignent la série. L'identification aux autres n'advient qu'à partir du moment où ces personnes sont confrontées à un problème commun qui les amène à prendre conscience du groupe qu'elles forment. C'est ce qui advient quand des usagers des transports en commun contestent les retards chroniques du bus, le manque systématique de places ou le mauvais choix des arrêts. Le groupe naît d'un engagement pratique et collectif qui est susceptible de conférer une valeur à l'identité collective, quand la contestation s'organise et se systématise, comme dans le cas des mobilisations minoritaires.

L'auto-organisation des minoritaires au niveau social doit ensuite être relayée, sur le plan institutionnel, par des mesures incitatives destinées à accroître leur présence dans les instances représentatives. À ce niveau, la position de Young apporte un correctif aux théories de la démocratie délibérative. La philosophe partage les convictions normatives qui fondent ces théories. D'une part, elle adopte comme elles la norme d'inclusion selon laquelle « la légitimité normative d'une décision démocratique dépend du degré auquel ceux qui sont affectés par elle ont été inclus dans les processus de décision et ont eu l'opportunité d'en influencer les résultats »[1]. D'autre part, elle mise sur les vertus de la délibération pour affiner le jugement collectif qui précède tout vote et produire des décisions plus justes que la simple agrégation des avis individuels. Sur la base de ces prémisses communes, Young s'est distinguée par sa volonté de corriger les biais rationalistes des théories de la démocratie délibérative et leurs effets disqualifiants sur les groupes dont les styles discursifs dérogent aux normes de l'argumentation publique. Elle a ainsi défendu un modèle de « démocratie communicationnelle » qui donne aux membres des minorités la possibilité d'exprimer les spécificités de leur expérience sociale.

Ce modèle présente l'intérêt de replacer l'expérience corporelle au cœur des réflexions sur la délibération et sur la représentation politiques, dans le prolongement de la phénoménologie féministe de Young. Afin d'enrichir la discussion des points de vue qui en sont structurellement exclus, il invite à pluraliser les modalités de prise de parole en insistant sur trois dimensions négligées par les approches argumentatives de la délibération : les « salutations » (*greetings*), la « rhétorique » (*rhetoric*) et le « témoignage » (*narrative*)[2]. Les salutations s'avèrent indispensables pour prendre acte de la présence physique des participants dans les débats et exprimer le respect qui est dû aux groupes auparavant exclus des espaces

1. I. M. Young, *Inclusion and Democracy*, *op. cit.*, p. 5-6.
2. *Ibid.*, chapitre II.

de délibération. Le recours à la rhétorique met en évidence les ressorts affectifs qui sont à l'œuvre dans tout type de discours et réhabilite les styles discursifs à forte charge émotive face à la norme faussement neutre du ton calme et dépassionné que les conceptions rationalistes de la délibération ont consacrée. Enfin, l'inclusion des récits personnels dans les échanges délibératifs aide à dissiper l'illusion d'un discours universel, détaché de l'expérience de la personne qui le professe et de celles auxquelles elle s'adresse.

Cette conception enrichie de la délibération se traduit, à l'échelle de la représentation politique, par la création du concept de *perspective sociale* qui justifie la représentation spécifique des minorités. C'est pour remédier à l'exclusion sociale de ces groupes et leur redonner une voix politique que Young se propose de réviser la conception de la représentation politique en ajoutant le concept de *perspective* à ceux d'*intérêt* et d'*opinion*, sur lesquelles les théories mettent traditionnellement l'accent. Les intérêts et les opinions, parce qu'ils sont centrés sur le point de vue d'individu ou d'associations d'individus cherchant à maximiser leurs fins privées ou à faire valoir leurs idées politiques, échouent à rendre compte de la dimension collective des identités que le holisme de Young a vocation à dégager. En montrant que les individus n'existent pas indépendamment des relations sociales au travers desquelles ils développent leur subjectivité, cette approche ontologique oblige à intégrer dans la conception de la représentation le critère des positions sociales engendrées par les processus sociaux de différenciation.

> Suivant la logique de la métaphore selon laquelle les différences de groupe émergent de positions différentes dans les champs sociaux, l'idée de perspective sociale suggère que les agents qui occupent des positions proches dans un champ social adoptent un point de vue similaire sur lui et sur ce qui s'y passe, tandis que des agents socialement éloignés auront tendance à voir les choses différemment [1].

La métaphore spatiale et optique permet de replacer les intérêts et les opinions dans le contexte social dans lequel les individus sont situés et dans les appartenances collectives qui donnent sens à leur vécu. La perspective renvoie ici à la position sociale *à partir de* laquelle les personnes exercent leur jugement sans que ce point de départ de la réflexion ne détermine son *résultat*. Appliquée au cas des groupes sociaux opprimés, cette notion évite le contre-sens qui consiste à les envisager comme des groupes

1. I. M. Young, *Inclusion and Democracy*, *op. cit.*, p. 136.

d'intérêts homogènes ou comme des communautés de valeurs. Au lieu de conceptualiser la diversité sociale en ces termes atomistes[1], elle explicite les conséquences politiques du holisme de Young : admettre qu'il n'y a pas de subjectivité en dehors du rapport social qui la constitue révèle l'asymétrie cognitive des agents sociaux, laquelle est déterminée par leurs groupes sociaux d'appartenance. Ceux dont les existences ont été marquées par l'expérience de l'oppression partagent des affinités culturelles qui les conduisent à percevoir les problèmes politiques sous un angle particulier, auquel les membres des groupes sociaux privilégiés n'ont pas spontanément accès. Par exemple, les divergences d'intérêts et d'opinions qu'on observe chez les femmes ne les empêchent pas d'être plus attentives que les hommes et d'accorder davantage de priorité qu'eux aux questions qui les touchent directement en tant que femmes, comme le harcèlement sexuel, l'avortement ou les techniques de procréation médicalement assistée.

Enfin, il importe de souligner le caractère non exclusif des perspectives sociales : à la différence de la diversité des intérêts et des opinions, qui produisent respectivement de la conflictualité et du désaccord, la diversité des perspectives produit des savoirs qui peuvent être partagés, mutualisés afin de rendre sensibles aux membres des groupes dominants les aspects de la vie sociale qui leur échappaient du fait de leur position privilégiée, par exemple lorsque les hommes prennent conscience des méfaits du harcèlement sexuel sur le quotidien des femmes. Le modèle de la démocratie communicationnelle mise ainsi sur la possibilité pour chacun d'élargir son point de vue, en affinant sa perception des différences sociales et de leurs effets sur l'existence de chacun. Là encore, l'ontologie holiste de Young est à la base de la notion de perspective et permet d'en expliquer le caractère inclusif : dans la mesure où les groupes ne sont pas des substances mais des relations qui, de surcroît, sont multiples et imbriquées, les subjectivités qui se développent en leur sein sont elles-mêmes plurielles et hétérogènes et s'avèrent de ce fait capables d'adopter des perspectives différentes[2]. La similitude structurelle des oppressions vécues par des groupes dont les attributs identitaires sont pourtant distincts

1. Les groupes d'intérêts reposent sur l'agrégation des préférences individuelles et les partis politiques dépendent de l'adhésion personnelle à des opinions.

2. La conception de la subjectivité chez Young est fortement inspirée des critiques foucaldiennes et psychanalytiques (qui minent la vision moderne et occidentale du sujet comme entité auto-suffisante, consciente d'elle-même, autonome) et de la critique derridéenne des dualismes métaphysiques (qui permet de réintroduire la différence dans l'identité subjective). Voir *Justice and the Politics of Difference*, *op. cit.*, p. 231-232.

fonde la possibilité d'échos existentiels entre les victimes de sexisme, de racisme, d'ethnocentrisme, d'homophobie, etc.

Le concept de « perspective sociale » permet de comprendre pourquoi la démocratie communicationnelle de Young accorde une valeur épistémique aux identités collectives des minorités. Si ces identités méritent d'être prises en considération, à travers l'auto-organisation des groupes minoritaires, et publiquement reconnues, par leur inclusion formelle dans les instances représentatives, c'est en raison de la « ressource politique »[1] qu'elles offrent aux délibérations démocratiques : l'expression des différences sociales enrichit le processus délibératif, dans la mesure où elle apporte des savoirs qui lui font défaut tant que l'expérience des groupes opprimés n'est pas prise en considération. Toutefois, la valeur de la différence sociale ne se réduit pas à sa dimension épistémique : elle procède aussi des ressources morales que les minoritaires trouvent dans leurs affinités culturelles pour résister à l'oppression et des liens plus ou moins forts de solidarité qu'ils en retirent. Loin de s'opposer, ces dimensions épistémique et morale sont liées, puisque l'amélioration réflexive que produit l'inclusion des perspectives minoritaires dans la délibération démocratique tient à la revalorisation des identités collectives auxquels les minoritaires sont attachés.

Au terme de cette présentation, il apparaît donc que le premier moment du multiculturalisme, bien que centré sur la critique des normes hégémoniques, ne saurait être réduit à la déconstruction des identités sociales discriminantes, au sens où l'entend Okin. La pensée de Young indique clairement que les identités minoritaires ne sont pas seulement des stigmates dont il faut débarrasser l'individu afin de le traiter à égalité avec les autres, sans distinction de sexe, de race ou de classe ; elles sont aussi vectrices de formes de vie qui comptent pour les minoritaires, dans la mesure où elles leur offrent des ressources morales de subjectivation. Dans cette perspective, la tension identifiée par Okin entre une exigence individuelle de non-discrimination et une demande collective de reconnaissance s'atténue fortement. Chez Young, le féminisme, tout comme les autres revendications minoritaires, s'ancre dans l'existence première de groupes et se nourrit des sentiments d'appartenance qu'ils tissent entre leurs membres. À ce titre, elle ne limite pas l'émancipation des femmes de cultures minoritaires à un processus de détachement du sujet à l'égard de leurs traditions culturelles, comme tend à le faire le féminisme libéral qui semble privilégier les dimensions cognitives et légales de la non-discrimination : chez Okin, la

1. I. M. Young, *Inclusion and Democracy*, « Social Difference as a Political Ressource », *op. cit.*, p. 81 *sq.*

femme devient autonome pour autant qu'elle se libère, par la critique réflexive, des représentations sociales qui limitent ses choix de vie et son autonomie est institutionnellement garantie par le traitement égal que les lois garantissent à chaque individu. Young, quant à elle, théorise l'émancipation des femmes sous la forme d'une *praxis* collective : c'est par leur mobilisation autour d'un problème commun qui les touche en tant que femmes que celles-ci s'attachent à leur identité de groupe ; c'est collectivement qu'elles parviennent à prendre conscience des aspects communs de leur expérience, tant dans sa dimension oppressive que dans sa dimension expressive, la seconde correspondant aux formes de vie spécifiques que les sujets féminins développent pour résister à l'oppression sexiste.

Les luttes contre l'impérialisme culturel ne doivent donc pas être réduites à des exigences individuelles de non-discrimination. Elles engagent une compréhension plus fine des rapports qui se nouent entre le respect des droits individuels et les appartenances collectives. Si la politique de la différence de Young représente une première étape cruciale de cette compréhension, au sein des théories contemporaines de la justice, il revient au multiculturalisme *stricto sensu* de lui avoir donné une portée philosophique d'une ampleur inédite.

LE MULTICULTURALISME *STRICTO SENSU* : DE LA POLITIQUE DE LA DIFFÉRENCE AUX POLITIQUES DE LA RECONNAISSANCE, ET RETOUR

Des groupes marginalisés aux groupes nationaux

Dans le champ de la philosophie politique contemporaine, le terme de « multiculturalisme » est généralement réservé aux théories qui se sont développées à partir de la moitié des années 1990, autour des travaux pionniers des philosophes canadiens James Tully, Charles Taylor et Will Kymlicka[1]. À la différence du premier multiculturalisme qui s'est affirmé au croisement de diverses disciplines, les « théories du multiculturalisme » se sont forgées dans le périmètre relativement circonscrit de la philosophie universitaire anglo-américaine, où elles ont formé un corpus de doctrines structuré par les méthodes et les débats propres à cette discipline. Leur positionnement explicitement normatif tient à la démarche commune de philosophes qui, dans le sillage de John Rawls, cherchent à expliciter et à justifier, sur la base de l'analyse conceptuelle et de l'argumentation logique, les principes d'une société juste. Ce positionnement des théories

1. P. May, *Philosophies du multiculturalisme*, *op. cit.* G. Crowder, *Theories of Mutliculturalism. An Introduction*, Cambridge, Polity Press, 2013.

du multiculturalisme explique en partie l'usage inédit qu'elles font du concept de culture. La spécialisation des débats au sein de la discipline philosophique s'est en effet traduite par la volonté d'en préciser la signification en resserrant l'analyse sur les cultures en tant que « peuple » ou « nation » comprises en un sens sociologique.

Dans *La citoyenneté multiculturelle*, Will Kymlicka justifie ce changement sémantique en affirmant qu'un usage trop large ou trop étroit du concept de culture ne permet pas de saisir correctement les bases ethniques de l'appartenance politique. Dans le premier cas, si l'on affirme que toutes les démocraties occidentales partagent une « culture commune », « parce qu'elles forment une civilisation moderne, urbaine, séculière et industrialisée par opposition au monde féodal, agricole et théocratique de nos ancêtres »[1], on ne parvient plus à rendre compte de l'attachement des citoyens à leur propre culture nationale ; les principes constitutionnels des démocraties actuelles ont beau être très proches, ils ne créent pas pour autant d'identité politique partagée. Dans le second cas, si l'on identifie la culture à l'ensemble des sous-cultures et des modes de vie subalternes adoptés par les personnes marginalisées, le concept ne permet plus de distinguer les revendications portées par les groupes marginalisés, désireux d'être davantage intégrés à la société dominante, et celles des groupes nationaux qui veulent avant tout préserver leur autonomie culturelle. Tel serait l'écueil dans lequel Iris M. Young aurait versé d'après Kymlicka :

> [...] ceux qui défendent le principe d'une « politique de la différence », centrée essentiellement sur les groupes défavorisés, écartent les demandes des groupes nationaux. Je crois que cela est vrai du travail très remarqué d'Iris Young sur la « politique de la différence ». Si elle tient compte des revendications des Amérindiens et des Maoris de Nouvelle-Zélande lorsqu'elle discute de la citoyenneté différenciée en fonction de l'appartenance à des groupes, elle en propose cependant une interprétation fausse puisqu'elle les considère comme des groupes marginalisés plutôt que d'y voir des nations autonomes [...] La meilleure façon de s'assurer qu'aucun de ces groupes ne soit négligé, c'est de les distinguer clairement[2].

Kymlicka reproche ainsi à la « politique de la différence » d'invisibiliser le type spécifique d'injustice que subissent les groupes nationaux minoritaires. Les Indiens d'Amérique ou les Maoris en Nouvelle-Zélande désignent les membres de communautés culturelles qui

1. W. Kymlicka, *La Citoyenneté multiculturelle*, *op. cit.*, p. 282.
2. *Ibid.*

ont perdu leur autonomie politique à la suite d'un processus de conquête, de colonisation ou d'annexion et dont l'existence est menacée par les pressions assimilationnistes de la culture nationale majoritaire. Leurs revendications ne sont donc pas des demandes d'intégration à la culture majoritaire, comme Young le suggère, mais plutôt des demandes de non-intégration à celles-ci ; ces peuples réclament un droit à être reconnus en tant que sociétés distinctes, ce qui implique, si ces groupes ne vont pas jusqu'à faire sécession, que l'État central leur délègue le pouvoir de décision nécessaire à la préservation de leur culture sociétale.

L'accent inédit mis sur les groupes nationaux (qu'ils possèdent ou non la souveraineté territoriale) ne tient pas seulement à des considérations théoriques mais s'explique également par le contexte historique des années 1990, marquées par le retour en force des mouvements nationalistes, en Europe notamment, à la suite du démantèlement du bloc soviétique. Contre toute attente, alors que la fin de la guerre froide semblait annoncer le triomphe définitif de la démocratie libérale, il apparut que l'ère des droits de l'homme n'avait pas mis un terme à l'âge des nations. Le regain d'intérêt pour les nations et les nationalismes trouva un écho particulier au Canada, où les premières théories normatives du multiculturalisme furent formulées. Dans ce pays, le multiculturalisme désigne la politique mise en œuvre à la fin des années 1960 par le premier ministre Pierre-Eliott Trudeau, puis érigée en principe constitutionnel en 1982 à l'occasion du rapatriement de la Constitution depuis le Royaume-Uni, afin d'affirmer publiquement la valeur attachée à la diversité ethnique du pays et d'œuvrer tant à sa protection qu'à sa promotion. La diversité ethnique s'avère particulièrement importante dans la population canadienne en raison de l'histoire du pays avec la colonisation des Premières Nations, la rivalité ayant opposé les deux peuples fondateurs, Anglophones et Francophones, et enfin les vagues successives de migrations ayant contribué au peuplement du pays. Le discours officiel vantant les mérites de la nation mosaïque, sous ses aspects riants, est donc lourd des tensions politiques liées au poids de l'histoire coloniale et à la question québécoise que la célébration de la diversité migratoire a cherché à neutraliser[1].

La spécificité de ce contexte se manifeste par exemple dans l'importance que James Tully accorde aux autochtones canadiens dans sa

1. Pour une confrontation des arguments philosophiques en faveur du multiculturalisme à son contexte historique et politique d'institutionnalisation au Canada, voir S. Choquet, *Identité nationale et multiculturalisme. Deux notions antagonistes ?*, Paris, Classiques Garnier, 2015.

critique du constitutionnalisme libéral[1]. Il reproche à ce modèle politique d'avoir imposé son langage et ses catégories à des peuples organisés selon d'autres modalités. Les notions d'« État », de « nation », de « propriété », sont nées d'une histoire politique particulière qui s'est érigée en norme à partir de laquelle les sociétés autochtones ont été dénigrées, leur autonomie ancestrale niée et leur droit coutumier disqualifié. Chez Taylor et Kymlicka, c'est le nationalisme québécois qui occupe une place privilégiée dans leur réflexion sur la reconnaissance multiculturelle. La Révolution tranquille qu'a connue le Québec dans les années 1960 leur apparaît comme un signe tangible de la résilience des sentiments nationaux : il fut surprenant d'observer le fort regain du nationalisme québécois au moment même où les Québécois connaissaient une libéralisation profonde et extrêmement rapide de leurs mœurs, attestée par la chute du taux de natalité, par le déclin de la pratique du catholicisme et par l'urbanisation du mode de vie. Cette évolution semblait contredire le présupposé selon lequel le nationalisme formait une idéologie rétrograde et mystificatrice, instrumentalisée par les élites et vouée à disparaître face aux progrès de la raison démocratique et des libertés individuelles. Pour ces deux auteurs, l'expérience historique de la Révolution tranquille indique que les sentiments nationaux ne s'opposent pas aux principes politiques de la modernité et invite de ce fait à examiner à nouveaux frais l'articulation normative entre culture nationale et inclusion civique. En cela, leur approche philosophique fait écho aux nombreuses recherches menées sur le processus de construction nationale depuis la fin des années 1980. Dans le sillage des travaux de Benedict Anderson et d'Ernest Gellner, ces recherches ont mis en évidence la diversité des évolutions sociales, économiques et culturelles qui ont contribué à l'émergence des communautés nationales au début de l'époque contemporaine et démontré que le sentiment d'appartenir à une nation, bien qu'il puisse être exploité politiquement, n'en exprime pas moins l'existence d'un type normal de lien anthropologique et une façon inédite de faire société qui s'avère typique de l'époque contemporaine.

Influence de la controverse entre libéraux et communautariens sur les théories du multiculturalisme

Après avoir rappelé les éléments de contexte internationaux et nationaux qui expliquent le resserrement sémantique autour de la culture ethno-nationale, il convient d'entrer davantage dans l'élaboration

1. J. Tully, *Étrange multiplicité*, *op. cit.*

philosophique de ce concept. Celle-ci a été déterminée par l'importance prise par le débat entre *liberals* et *communitarians* en philosophie politique dans les années 1980. Bien qu'il n'existe pas d'école unifiée de la pensée communautarienne et que les philosophes généralement associés à ce terme (Alasdair Mac Intyre, Michael Sandel, Charles Taylor, Michael Walzer[1]) ne s'en réclament pas eux-mêmes, leurs critiques ont malgré tout contribué à mettre en lumière les limites de la conception libérale de la justice, telle que John Rawls en avait formulé les grands principes. Nous ne retiendrons ici que les deux aspects de ces critiques qui ont le plus pesé sur les théories du multiculturalisme. Le premier porte sur les défauts de la conception libérale de la subjectivité et le second sur le caractère illusoire de la neutralité axiologique des principes de la justice libérale. Ces deux aspects ont été magistralement explicités par Michael Sandel dans *Le libéralisme et les limites de la justice*[2]. Sandel soutient d'une part que le raisonnement moral tel que Rawls le construit dans sa fiction de la position originelle prend la forme d'un « sujet sans encombre » irréaliste au regard de l'expérience morale des personnes. Rawls décrit à tort le sujet comme un être capable de mettre entre parenthèses les liens communautaires qui tissent son existence et de percevoir sa propre personne indépendamment d'eux, alors que la vie morale consiste au contraire à découvrir les identités dont chacun hérite et à interpréter sa personnalité à partir de cet héritage. D'autre part, Sandel montre que la fiction du sujet sans encombre ne permet pas de justifier des principes de justice neutres sur le plan axiologique, car elle exprime au contraire une représentation typiquement libérale de la vie bonne, qui place l'autonomie individuelle et la liberté de choix au fondement de toute valeur. Supposer par avance qu'un sujet est capable de mettre sur le même plan les fins communautaires dont il hérite par ses diverses appartenances et les fins individuelles qu'il choisit lui-même consiste en effet à estimer d'emblée que les premières sont tout aussi optionnelles que les secondes et qu'elles ne possèdent donc aucune autorité privilégiée.

Sur le plan philosophique, les théories normatives du multiculturalisme prolongent ces deux types d'objection. Nous commencerons par montrer comment les philosophes canadiens Charles Taylor et Will Kymlicka privilégient celle qui pointe les défauts de la conception libérale du sujet et nous rappellerons ensuite la position du philosophe britannique Bhikhu

1. A. Berten, P. Da Silveira, H. Pourtois (dir.), *Libéraux et communautariens*, Paris, Puf, 1997.

2. M. Sandel, *Le libéralisme et les limites de la justice*, Paris, Seuil, 1999.

Parekh qui envisage le multiculturalisme comme la correction du monisme moral consistant à imposer un mode de vie individualiste aux cultures communautaires, au nom de l'universalisme démocratique.

a) *Corriger la conception atomiste de la subjectivité libérale*

Charles Taylor est la principale figure philosophique que l'on associe tant au communautarianisme qu'au multiculturalisme. Il doit la première étiquette aux objections qu'il a adressées à la conception négative de la liberté et à l'atomisme des libéraux ; il revendique la seconde tout particulièrement dans son célèbre article sur « La politique de la reconnaissance »[1] dans lequel il défend le droit des cultures minoritaires à se préserver et où il prend ouvertement parti en faveur du nationalisme québécois. Le rapport qui unit ces deux positions tient à la conception de la subjectivité dont Taylor a proposé une généalogie dans *Les sources du moi*. Spécialiste de Hegel, il jette une lumière critique sur l'abstraction qui domine la conception libérale de la liberté négative : centrée sur l'individu et sur son pouvoir d'auto-détermination, la liberté négative est une liberté du vide qui ne prend pas assez en considération les horizons de sens sans lesquels une personne s'avère incapable d'orienter son existence. La conception libérale de la liberté repose donc sur une certaine représentation des liens sociaux que Taylor associe, comme Young, à une ontologie sociale atomiste où les sujets individuels sont envisagés comme les entités premières du social, comme des réalités auto-constituées. Contre cette ontologie atomiste, Taylor défend une position holiste qui fait dépendre la formation de la subjectivité individuelle de son ancrage social : « Ce trait essentiel de la nature humaine est son caractère fondamentalement dialogique : nous devenons des agents humains à part entière, capables de nous comprendre nous-mêmes – donc de définir notre identité – grâce à notre acquisition de langages humains riches d'expérience »[2]. Reprenant sur ce point les analyses de George Herbert Mead, il envisage la subjectivation comme un processus intersubjectif au cours duquel la personne reçoit des autres la signification des termes qu'elle emploie, accédant ainsi à la compréhension du monde tout comme à la perception de sa propre individualité.

Cette approche permet de comprendre le lien essentiel qui unit la subjectivité à la reconnaissance et, par voie de conséquence, l'émergence

1. C. Taylor, *Multiculturalisme. Différence et démocratie*, Paris, Champs-Flammarion, 1994.

2. *Ibid.*, p. 49.

des nouveaux mouvements sociaux depuis les années 1970. Le caractère dialogique de l'identité personnelle explique en effet pourquoi « la reconnaissance n'est pas simplement une politesse que l'on fait aux gens »[1] mais « un besoin vital » dont les conditions de satisfaction ont évolué. Avec l'affirmation des droits subjectifs à l'époque moderne, la reconnaissance intersubjective de la personne a progressivement perdu la forme hiérarchisée et socialement déterminée des sociétés aristocratiques où l'honneur se présentait comme le principe structurant de l'ordre social. Dans ce type de société, l'honneur propre à chaque condition prescrivait par avance les codes à respecter pour tenir son rang. Le renversement de cette logique hiérarchique avec la modernité s'opéra d'abord grâce à l'affirmation du principe de dignité qui fit valoir l'égale valeur morale de toute personne et se traduisit politiquement par l'octroi du statut égalitaire du citoyen. Au respect de la dignité humaine, les romantiques ajoutèrent ensuite la reconnaissance de l'authenticité personnelle, qui prit chez Jean-Jacques Rousseau la forme individuelle d'un retour sur le « moi » profond afin d'y retrouver « la voix de la nature en nous » et chez Johann G. Herder la forme collective de l'affirmation du génie des peuples. Tandis que la source kantienne du moi moderne mettait l'accent sur la valeur universelle de la personne, la source romantique insistait sur sa valeur spécifique, sur son ancrage dans des communautés historiques particulières.

Cette généalogie de la subjectivité moderne éclaire, sur le plan politique, l'émergence des demandes de reconnaissance. « Ce qui est apparu », en effet, « avec l'époque moderne, ce n'est pas le besoin de reconnaissance mais les conditions dans lesquelles la tentative pour être reconnu peut échouer »[2]. Dans les sociétés d'ordres, fondées sur la hiérarchie des statuts, la reconnaissance des personnes était médiatisée par « des catégories sociales que chacun considérait comme garanties »[3], « alors qu'une identité originale, intérieure et personnelle ne bénéficie pas de cette reconnaissance *a priori*. Elle doit la gagner par l'échange et la tentative peut échouer »[4]. Le sujet moderne, dont la valeur morale n'est plus indexée sur la condition sociale mais fondée sur la dignité humaine et sur l'authenticité personnelle, ne peut plus accéder à la reconnaissance par la médiation de statuts sociaux préétablis ; la satisfaction de ce besoin anthropologique dépend désormais de la qualité de ses relations interpersonnelles : « c'est la raison pour laquelle le développement d'un

1. *Ibid.*, p. 42.
2. *Ibid.*, p. 53.
3. *Ibid.*
4. *Ibid.*

idéal d'identité engendré intérieurement donne une importance nouvelle à la reconnaissance. Ma propre identité dépend vitalement de mes relations dialogiques avec autrui »[1].

La conception dialogique de la subjectivité justifie, chez Taylor, l'adoption des politiques de la reconnaissance : dans la mesure où « une personne ou un groupe de personnes peut subit un dommage ou une déformation réelle si les gens ou une société qui les entourent leur renvoient une image limitée, avilissante ou méprisable d'eux-mêmes »[2], il est légitime de les protéger contre ces dénis de reconnaissance en réhabilitant publiquement leur identité collective. Sur ce point, Taylor estime que la politique de la reconnaissance s'adresse à tout type de groupe marginalisé, ce qui indique que son multiculturalisme n'est pas étranger à l'inspiration critique du premier moment. Toutefois, l'importance qu'il accorde au courant romantique dans sa généalogie du sujet moderne le conduit à accorder une attention particulière aux cultures entendues en un sens ethno-anthropologique : dans la mesure où les relations dialogiques qui permettent à chacun d'accéder à la reconnaissance s'opèrent dans les cadres culturels d'une collectivité historique, il est légitime de considérer ce type d'identité culturelle comme l'une des sources privilégiée de l'identité morale. La résistance des nations minoritaires à l'assimilation culturelle s'en trouve dès lors justifiée.

Lorsqu'il explicite les conséquences politiques de sa conception de la subjectivité, Taylor prend soin de distinguer les niveaux « ontologique » et « normatif » (*advocacy*) de son analyse, afin d'éviter les quiproquos qui grèvent les débats entre libéraux et communautariens[3]. Sa conception intersubjective de l'identité personnelle s'inscrit dans une ontologie holiste qui fait dépendre l'existence du sujet humain de la communauté culturelle dans laquelle il se forme. Toutefois, la fonction ontologique de la communauté ne prédétermine pas son orientation axiologique en un sens traditionaliste et contraire aux droits de la personne. La position de Taylor consiste au contraire à soutenir qu'une défense conséquente des droits de la personne suppose de prendre acte des sources culturelles de la subjectivation humaine.

En ce sens, bien qu'il ait été qualifié de « communautarien », sa position à l'égard du libéralisme serait plus justement désignée par le qualificatif de « républicain ». Taylor défend en effet le nationalisme

1. C. Taylor, *Multiculturalisme. Différence et démocratie*, *op. cit.*, p. 52.

2. *Ibid.*, p. 41.

3. C. Taylor, « Quiproquos et malentendus : le débat communautariens-libéraux », *in* A. Berten, P. Da Silveira, H. Pourtois (dir.), *Libéraux et communautariens*, *op. cit.*, p. 87-119.

québécois en vertu d'une « politique du bien commun » centrée sur la défense de la culture francophone : là où les libéraux rawlsiens, comme Dworkin, mettent en avant le caractère premier des droits individuels et les envisagent comme des contraintes imprescriptibles au type de biens qu'un État peut légitimement poursuivre, Taylor justifie au contraire les projets politiques qui, à l'instar du nationalisme québécois, font passer la défense du français avant certaines libertés individuelles. Préserver une langue minoritaire, susceptible de disparaître face à la langue majoritaire, exige en effet que l'on limite aujourd'hui les libertés de certains – par exemple celle des immigrés installés au Québec de scolariser leurs enfants dans une école anglophone – pour s'assurer que les générations futures de Québécois continueront de parler français. Bien que contraignante, cette politique du bien commun, centrée sur la défense et la promotion d'une langue, reste compatible avec les principes de l'État de droit, en ce qu'elle ne restreint pas les libertés fondamentales. Elle s'oppose seulement à la conception étroite d'un « libéralisme des droits » qui compromet inévitablement la préservation des contextes culturels de socialisation des sujets humains.

La théorie de Will Kymlicka se présente comme un correctif libéral du multiculturalisme de Charles Taylor. Le premier partage avec le second la conviction que les demandes de reconnaissance, notamment celles portées par les minorités nationales, sont légitimes mais il cherche à les justifier dans le cadre du libéralisme rawlsien. Cet objectif le conduit à revenir en détail sur les objections adressées par les communautariens à la conception libérale du sujet afin de les nuancer. Dans *Liberalism, Community and Culture*, son premier livre, Kymlicka montre le caractère réducteur des arguments qui associent le libéralisme à une sacralisation de la liberté individuelle et à une vision atomiste du sujet, que les libéraux envisageraient comme un être isolé et parfaitement indépendant, détaché de toute influence sociale et indifférent au jugement des autres. Pour nuancer cette vision simplifiée, Kymlicka relativise la valeur de la liberté :

> Les libéraux ne disent pas que nous devrions être libres d'agir comme nous le voulons au nom de la liberté elle-même, parce qu'elle est ce qui compte le plus au monde. Ce qui compte le plus dans nos vies, c'est plutôt ce que nous visons et entreprenons et c'est bien parce que ces choix comptent autant que nous devrions être libres de les critiquer et de les rejeter, si nous venons à ne plus les trouver satisfaisants ou intéressants [1].

1. W. Kymlicka, *Liberalism, Community and Culture*, Oxford, Clarendon Press, 1989, p. 48.

Contrairement à ce qu'affirment les communautariens, les libéraux ne nient pas l'importance des liens communautaires qui forgent l'identité et orientent l'existence d'une personne ; ils affirment seulement que l'autorité collective dont ces horizons de sens sont dotés n'est pas indiscutable. Le sujet est sans aucun doute « encombré » par son bagage culturel mais il n'y est pas totalement « enchâssé ». « La question n'est donc pas de savoir si nous devons juger la valeur de nos actes à partir d'un donné. Il s'agit plutôt de décider si le contenu du donné peut être remis en cause et éventuellement modifié par un individu, ou s'il s'impose à nous au travers des valeurs en vigueur dans la communauté »[1]. Kymlicka redéfinit ainsi la liberté sur la base des deux principes que sont l'intériorité et la possibilité de révision, afin de préciser la façon dont elle s'articule à la culture : la liberté d'une personne n'est pas compromise par les valeurs et les rôles que son environnement culturel lui prescrit, tant qu'elle se les approprie personnellement et qu'elle garde la possibilité de revenir sur ses choix, de les faire évoluer.

Pour déconstruire la représentation schématique de la subjectivité libérale que la critique communautarienne a popularisée, Kymlicka rappelle notamment que certains libéraux ont très tôt valorisé les liens culturels qui, au sein d'une nation libérale, nourrissent l'attachement des citoyens aux principes libéraux : cela se manifeste dans l'importance que John Stuart Mill accorde aux sympathies communes dans les nations libérales, et dans leurs bases socio-culturelles que les fondateurs du *New Liberalism* comme T. Hill Green et Leonard T. Hobhouse ont étudiées. Kymlicka rappelle que Rawls lui-même assume l'héritage de cette tradition de pensée quand il affirme que :

> Normalement, le fait de quitter son pays est une démarche grave ; cela implique de quitter la société et la culture dans lesquelles nous avons été élevés, la société et la culture dont nous utilisons le langage dans nos paroles et nos pensées pour nous exprimer et nous comprendre nous-mêmes, nos objectifs, nos buts et nos valeurs, la société et la culture dont l'histoire, les coutumes et les conventions nous sont nécessaires pour trouver notre place dans le monde social. Dans une large mesure, nous défendons notre société et notre culture et nous en avons une connaissance intime et inexprimable, même si nous mettons en question et même en rejetons de nombreux aspects[2].

1. W. Kymlicka, *Liberalism, Community and Culture*, *op. cit.*, p. 51.
2. J. Rawls, *Libéralisme politique*, Paris, Puf, 1995, p. 270.

Le sujet libéral, loin d'être auto-constitué, se comprend lui-même par le biais de la culture nationale qu'il s'est intimement appropriée depuis son enfance. Sur ce point, Kymlicka rejoint donc Taylor en affirmant que d'un point de vue ontologique, la distance entre les libéraux et les communautariens n'est pas significative, dans la mesure où Rawls comme Taylor admet le caractère constitutif de la culture nationale dans la formation de la subjectivité individuelle, sans la penser comme un obstacle à la liberté mais plutôt comme l'une de ses conditions. L'argument du « contexte de choix » que Kymlicka mobilise pour justifier les droits culturels tire de là son origine. L'appartenance à la culture sociétale d'origine, c'est-à-dire à la culture nationale dans laquelle une personne a vécu sa socialisation primaire, est la condition de possibilité de l'autonomie car elle est le contexte qui rend signifiants les choix de vie qu'une personne peut faire. Le caractère ouvert et libéral d'un tel contexte culturel apparaît clairement, chez Kymlicka, dans la centralité qu'il accorde à la défense des langues minoritaires sur le modèle du nationalisme québécois, à la suite de Taylor. Quand la défense d'une culture minoritaire se concentre sur la préservation de la langue, il est aisé de dissocier le nationalisme de ses dérives conservatrices : sur le plan culturel, les nationalistes québécois ne réclament pas la protection d'un mode de vie traditionnel, caractérisé par exemple par les racines rurales et catholiques de la culture québécoise; leurs revendications culturelles privilégient la protection de leur langue commune. Or la langue offre l'avantage de décrire un lien anthropologique fort, en raison du caractère intime et unique de la langue maternelle, sans présupposer de consensus sur les valeurs : les contraintes structurelles qui procèdent, pour toute langue, de l'existence d'une syntaxe et d'un lexique communs n'empêchent pas les locuteurs de composer librement leurs phrases et leurs discours. Penser la communauté culturelle sur le modèle de la communauté linguistique permet ainsi de prendre au sérieux le caractère constitutif des liens culturels pour le sujet sans compromettre sa liberté, cela permet, en d'autres termes, de concilier le holisme ontologique et la neutralité axiologique.

Le point de départ de la théorie de Kymlicka se trouve ainsi dans la volonté de ce dernier de dépasser l'opposition entre libéraux et communautariens afin de dissocier clairement le libéralisme de toute ontologie atomiste. Cela permet de mieux saisir la signification que prend chez lui l'expression d'« appartenance culturelle ». La culture renvoie à l'ancrage dans une culture sociétale de type national et l'appartenance aux sentiments de solidarité qu'elle forge parmi ses membres. Kymlicka a accentué cette position philosophique dans ses derniers travaux en se réclamant d'une « éthique robuste de l'appartenance »[1] qui le rapproche de l'orientation républicaine. Affirmer que l'exercice de la liberté individuelle est conditionné par l'appartenance à une culture nationale implique, en effet, une certaine vision de la communauté politique. Le libéralisme ne peut pas se satisfaire, selon Kymlicka, d'une conception instrumentale de la citoyenneté. L'appartenance à une communauté politique ne tire pas sa valeur uniquement de ce qu'elle permet de garantir les droits individuels, elle possède sa valeur propre, celle que les personnes accordent à la citoyenneté elle-même, c'est-à-dire au fait de se sentir inclus dans une communauté d'égaux. Dans la mesure où cette appartenance est médiatisée par une culture nationale particulière, l'éthique de l'appartenance comporte inévitablement une coloration ethnique qui favorise les codes culturels de la majorité. Les droits culturels ont précisément pour fonction de tempérer les effets exclusifs qui en résultent pour les membres de cultures nationales minoritaires ou d'immigrés venus de nations étrangères.

b) *Prendre le pluralisme moral au sérieux*

Le contexte dans lequel le philosophe britannique Bhikhu Parekh élabore sa théorie du multiculturalisme l'amène à prêter davantage attention que les philosophes canadiens à la situation des minorités issues de l'immigration, et tout particulièrement de l'immigration postcoloniale[2]. Il n'en partage pas moins avec eux la conviction que la réflexion sur le multiculturalisme doit être resserrée sur les questions liées à la diversité de type ethno-anthropologique. « Le multiculturalisme ne porte pas sur la différence et sur l'identité en tant que telles mais sur celles qui sont enchâssées dans et soutenues par une culture, c'est-à-dire par un corps de croyances et de pratiques grâce auxquels un groupe de personnes comprend le monde et se comprend lui-même et grâce auxquels ces personnes organisent leurs vies individuelles et collectives »[3]. Parmi les trois sources de diversité culturelle que Parekh observe dans les démocraties contemporaines, il propose ainsi d'isoler la « diversité communautaire » (*communal diversity*) des deux autres types que sont la diversité subculturelle (*subcultural diversity*) et la diversité

1. W. Kymlicka, "Nationhood, Multiculturalism and the Ethics of Membership", *in* L. Orgad, R. Koopmans (dir.) *Majorities, Minorities, and the Future of Nationhood*, Cambridge, Cambridge University Press, 2023, p. 87-128.

2. B. Parekh, *Rethinking Multiculturalism. Cultural Diversity and Political Theory*, Basingstoke, Palgrave MacMillan, 2000.

3. *Ibid.*, p. 2-3.

des perspectives (*perspectival diversity*). Seule la première renvoie à la présence dans une même société de « plusieurs communautés conscientes d'elles-mêmes et plus ou moins bien organisées, cultivant leurs propres systèmes de croyances et de pratiques et vivant conformément à lui »[1], alors que les deux autres se jouent au sein d'une même culture : la diversité subculturelle est causée par les modes de vie alternatifs et l'attachement à certaines pratiques sociales qui enrichissent la culture commune sans prétendre s'y substituer (la culture jeune, la culture punk, etc.) ; la diversité des perspectives désigne quant à elle l'ensemble des mouvements sociaux comme le féminisme, l'environnementalisme ou le fondamentalisme, qui s'en prennent aux normes et aux valeurs d'une société, dont ils contestent respectivement les biais patriarcaux, anthropocentrés ou sécularistes ; c'est une même culture que ces mouvements critiquent de l'intérieur pour la refonder selon leur propre idéal.

Cela dit, l'accent mis par Parkeh sur l'acception ethno-anthropologique de la culture s'accompagne chez lui d'une attention à l'égard de la dimension morale de la diversité culturelle plus marquée que chez les philosophes canadiens. Là où ces derniers s'intéressent avant tout au problème politique de la justice au sein d'un État *multinational*, tout en insistant sur le caractère libéral des nationalismes minoritaires, Parekh s'attache davantage au problème du pluralisme des valeurs dans les sociétés *multiethniques*. Son projet multiculturel est ancré dans une vision critique de l'histoire intellectuelle occidentale qui soutient que « la pensée politique occidentale n'accorde pas suffisamment de légitimité à la diversité axiologique, et [qu'] elle tend à considérer qu'il n'existe qu'une seule voie d'accès au bien »[2]. D'après Parekh, les philosophes « naturalistes » ou « monistes » comme Platon, Thomas d'Aquin, John Stuart Mill et Hegel ont commis l'erreur de fonder leur conception des êtres humains sur une théorie de la nature humaine qu'ils jugeaient « non affectée dans ses fondements par la culture et la société, et capable d'indiquer le meilleur genre de vie à adopter ». Il en est résulté que :

> la pensée de ces philosophes accordait peu de rôle créatif à la culture, la considérant pour l'essentiel comme un épiphénomène, confiné aux aires moralement indifférentes de la coutume et du rituel, et n'indiquant guère comment organiser la vie morale et politique[3].

1. *Ibid.*, p. 3.
2. P. May, *Philosophies du multiculturalisme*, *op. cit.*, p. 64.
3. B. Parekh, *Rethinking Multiculturalism*, *op. cit.*, p. 10.

Le naturalisme anthropologique a ainsi conforté le « monisme moral » de ces penseurs. Par ce terme, Parekh désigne « l'idée qu'une seule façon de vivre est pleinement humaine, vraie, ou la meilleure, et que toutes les autres sont défectueuses dans la mesure où elles sont inférieures à la véritable façon de bien vivre » [1]. Même chez les penseurs qu'il qualifie de « culturalistes » ou « pluralistes », tels que Vico ou Montesquieu, lesquels se sont distingués des penseurs naturalistes en prenant au sérieux les facteurs culturels dans l'analyse de la subjectivité et des sociétés humaines, Parekh repère l'influence indirecte du monisme moral. Celle-ci se manifeste dans la tendance de ces philosophes à hiérarchiser les cultures, soit chez Vico dans une perspective téléologique qui envisage chaque culture comme une étape transitoire de l'histoire universelle conduisant l'humanité vers un type parfait, soit chez Montesquieu dans le préjugé ethnocentrique qui identifie les cultures orientales, censément dominées par l'esprit du despotisme, à la forme inférieure de l'organisation politique.

Contre la tradition du monisme moral, Parekh réhabilite l'héritage d'Isaiah Berlin. La pensée du philosophe britannique présente l'intérêt de proposer une défense du pluralisme qui se décline à un double niveau, moral et politique. Au niveau moral, Berlin conteste l'idée que la diversité des valeurs humaines puisse s'organiser en un système harmonieux fondé sur un principe supérieur, tel que l'utilité dans la pensée utilitariste. Cette vision néglige la diversité irréductible des conceptions de la vie bonne et le caractère indépassable des conflits moraux. Des valeurs comme la recherche du bien-être ou le sens du sacrifice, qui inspirent des modes de vie opposés, n'en expriment pas moins des exigences morales légitimes sans qu'aucun critère rationnel ne permette de trancher entre les deux. Le sujet moral, inévitablement tiraillé entre des valeurs diverses et contradictoires, doit assumer le type d'existence qu'il a choisi de mener puisque la finitude de la vie humaine l'oblige à privilégier une voie au détriment des autres, certains choix écartant définitivement les autres possibilités. Au niveau politique, la défense du pluralisme moral conduit Berlin à valoriser une conception négative de la liberté. À partir du moment où il existe une pluralité irréductible de modes de vie qu'une personne est susceptible d'adopter, l'État ne doit pas interférer dans les choix existentiels de ses citoyens. Toute conception positive de la liberté qui prescrit un idéal moral aux individus et fonde l'ordre social sur sa réalisation collective tend au contraire à verser dans un usage totalitaire du pouvoir.

1. B. Parekh, *Rethinking Multiculturalism*, *op. cit.*, p. 17.

Parekh combine la défense berlinienne du pluralisme à la critique postcoloniale de l'impérialisme libéral qui a marqué l'époque moderne. Il rappelle comment le monisme moral des penseurs libéraux, fondé sur la primauté des droits de l'individu, de son bien-être, de sa liberté de pensée ou de son autonomie, a servi de caution aux politiques de conquête coloniale, notamment dans les textes de John Locke disqualifiant les Indiens d'Amérique trop indolents pour mettre en valeur leur territoire ou dans ceux de John Stuart Mill justifiant l'intervention des nations civilisées dans les affaires internes des peuples encore soumis à l'autorité de la coutume et de la religion. Politiquement, le monisme moral a donc encouragé la tendance à « absolutiser le libéralisme » et à juger l'ensemble des conceptions de la vie bonne à partir de lui. Or, estime Parekh, le libéralisme véhicule des valeurs dont certaines cultures peuvent légitimement vouloir se prémunir, telles que « l'individu isolé », « l'affirmation agressive de soi », « la raison scientifique », « l'égalité des sexes » et le « manque de respect envers la religion » ; il existe en effet des cultures où prévaut une conception socio-centrée de la personne, qui ne dissocie pas l'individu de ses liens familiaux et religieux, qui fait passer les devoirs avant les droits et qui diffère à ce titre de la conception égo-centrée de la personne propre à la tradition libérale[1]. Il importe donc, dans les démocraties postcoloniales, de renoncer à imposer politiquement le mode de vie libéral afin de rendre justice à la diversité axiologique qui se manifeste dans les diverses communautés culturelles[2]. Une telle perspective, qui indexe la diversité culturelle sur le pluralisme moral, explique pourquoi Parekh réserve un traitement particulier au multiculturalisme. Celui-ci ne doit pas être réduit, à ses yeux, au problème de minorités racisées dans la mesure où la lutte contre le racisme s'opère au sein d'une culture dominante qu'il s'agit de rendre moins raciste. L'anti-racisme est parfaitement compatible avec une politique monoculturelle qui n'accorde pas de reconnaissance publique à l'existence de plusieurs communautés culturelles. Une politique multiculturelle, en revanche :

> porte sur les termes de la relation qu'il convient d'établir entre des communautés culturelles différentes. Les normes qui orientent leurs revendications respectives, incluant les principes de justice, ne peuvent

1. B. Parekh, « The Cultural Particularity of Liberal Democracy », *Political Studies*, vol. 40, n° 1, 1992, p. 172.

2. Dans une perspective multiculturelle, une bonne société ne véhicule pas une doctrine politique particulière ou une vision de la vie bonne et s'interroge sur la proportion de diversité qui peut être tolérée dans les limites qu'elle fixe. »

> pas être déduites d'une seule culture mais à partir d'un dialogue ouvert et égal entre ces cultures [1].

La justification du multiculturalisme développée par Parekh confirme certains aspects observés chez les auteurs précédents, tout en leur apportant une interprétation inédite. D'un côté, Parekh considère comme Young, Taylor et Kymlicka, que la subjectivité est ontologiquement déterminée par ses groupes d'appartenance et il adhère, comme les philosophes canadiens à la version ethnoculturelle de cette thèse. Contre les naturalistes, Parekh affirme en effet que le sujet ne peut développer ses facultés proprement humaines qu'à travers la médiation d'une culture particulière. Il est donc vain de vouloir isoler ces facultés du milieu qui les conditionne, il importe au contraire d'en reconnaître le caractère constitutif pour le sujet humain. Toutefois, à la différence de Taylor et de Kymlicka, le culturalisme de Parekh n'est pas centré sur le type historiquement situé de cultures que forment les nations modernes ; résolument pluraliste, son culturalisme véhicule une vision plus large de la diversité culturelle, soucieuse de prendre au sérieux tout type de « systèmes de significations et de valeurs » permettant à un groupe d'êtres humains de « comprendre, réguler et de structurer leurs vies individuelles et leur vie collective » [2]. Le multiculturalisme de Parekh ne se limite donc pas à la situation des États multinationaux où, comme au Canada, la majorité anglophone et la minorité francophone, forment deux groupes nationaux libéralisés ; il vise à établir les termes que des communautés culturelles sont susceptibles d'accepter pour vivre ensemble, quand bien même certaines d'entre elles seraient fondées sur un système de croyances et de pratiques éloignées des valeurs libérales.

Les analyses qui précèdent montrent que la diversité théorique des usages du concept de culture qui sont faits par les philosophes du multiculturalisme n'empêche pas ces derniers de s'accorder sur une ontologie sociale holiste qui les conduit à reconnaître la réalité et la valeur spécifiques des appartenances collectives. Malgré tout, cette convergence ne doit pas conduire à minimiser la difficulté majeure introduite par le resserrement sémantique sur la culture ethno-anthropologique, induit par le second moment du multiculturalisme : car à trop vouloir distinguer la cause des communautés culturelles de celle des groupes marginalisés, on risque de négliger ce qui rattache la reconnaissance multiculturelle à la critique de l'impérialisme culturel. Pour clore ce chapitre, nous tâcherons

1. B. Parekh, *Rethinking Multiculturalism*, *op. cit.*, p. 13.
2. *Ibid.*, p. 143.

d'examiner cette difficulté à partir du regard critique que Young a porté sur l'évolution des débats auxquels sa « politique de la différence » avait ouvert la voie. Nous tâcherons de montrer que sa critique, bien qu'elle replace l'accent sur la lutte contre le racisme et les discriminations raciales, reste malgré tout fidèle à la logique multiculturaliste qui fonde la politique de la différence sur la reconnaissance publique de la valeur des appartenances collectives.

Retour à la politique de la différence : penser la différence culturelle comme un handicap

Dans l'article posthume « Structural Injustice and the Politics of Difference »[1], Young adresse une critique sévère aux théoriciens du multiculturalisme à qui elle reproche d'avoir détourné la politique de la différence de son objectif initial qui porte sur la « différence positionnelle » plutôt que sur la « différence culturelle », en raison de leur méprise sur les groupes sociaux à qui cette politique est véritablement destinée. « La politique de la différence positionnelle » s'adresse aux *groupes structurels* que forment les personnes occupant des positions inégales sur « les axes sociaux générant du statut, du pouvoir et des opportunités pour le développement de capacités ou pour l'acquisition de biens »[2]. « La politique de la différence culturelle », quant à elle, envisage la différence comme une propriété endogène, fondatrice de l'identité morale du groupe. Young regrette que le glissement progressif de la différence structurelle vers la différence culturelle ait progressivement limité la réflexion sur le multiculturalisme au seul enjeu de la tolérance, centré sur la liberté d'expression des cultures minoritaires. Le regain des tensions religieuses dans les démocraties libérales initié par le tournant du 11 septembre 2001 n'a fait qu'accentuer la tendance à envisager la tolérance culturelle dans la continuité de la tolérance religeuse et a conduit à obscurcir les enjeux de justice que la politique de la différence positionnelle avait vocation à rendre visibles.

L'une des principales limites de la politique de la différence culturelle tient au fait qu'elle « ne possède pas d'espace conceptuel pour la différence raciale »[3]. En envisageant la *culture* sous l'angle privilégié de

1. I. M. Young, « Structural Injustice and the Politics of Difference », *in* A. S. Laden, D. Owen (dir.), *Multiculturalism and Political Theory*, *op. cit.*, p. 60-88.

2. *Ibid.*, p. 64.

3. I. M. Young, « Structural Injustice and the Politics of Difference », *in* A. S. Laden, D. Owen (dir.), *Multiculturalism and Political Theory*, *op. cit.*, p. 81.

l'ethnicité, la politique de la différence culturelle restreint la réflexion sur les relations interethniques à la concurrence entre des communautés conscientes de partager un héritage culturel et désireuses de le préserver. Elle détourne alors l'attention du processus de racialisation dont sont victimes les membres des minorités ethniques et des injustices spécifiques qui en résultent. D'un point de vue structurel, « les différences de type ethnique ou culturel se transforment en hiérarchie raciale quand les groupes interagissent dans un système social où l'un est capable de tirer des bénéfices de l'autre grâce à la relation hiérarchique qu'il entretient avec lui »[1]. C'est ce rapport social qui se met en place notamment lorsque les minorités ethniques ont été dépossédées de leurs ressources naturelles par les peuples colonisateurs, ségréguées dans des zones dégradées, discriminées professionnellement ou cantonnées dans les métiers non qualifiés qui participent au bien-être des groupes dominants. Or il ne suffit pas, pour corriger ces inégalités structurelles, de promouvoir les libertés d'expression et d'association des cultures minoritaires. Les minorités ethniques ne réclament pas simplement le droit de parler leur langue, de respecter certaines coutumes, voire de s'autogouverner dans le cas des peuples autochtones, mais plus substantiellement la possibilité de développer leurs capacités personnelles et d'avoir un contrôle sur les institutions qui conditionnent leur existence, autant d'opportunités que la structuration raciale de leur existence les empêche de saisir.

Le caractère structurel des positions sociales s'observe en effet, à l'échelle de l'individu, au travers des multiples obstacles qui pèsent sur son développement personnel (en termes d'accès aux soins, à l'éducation, au travail, aux loisirs, à la culture, etc.) et freinent par voie de conséquence sa participation à la vie sociale. La contrainte exercée par ces obstacles se manifeste avec acuité dans la dimension physique et matérielle des différences, dont la race offre un exemple paradigmatique :

> La race naturalise ou "épidermalise" les attributs de la différence. Le racisme rend signifiantes des caractéristiques corporelles – la couleur de la peau, le type de cheveux, certains aspects du visage – et construit des hiérarchies relatives aux types de corps normal ou idéal par rapport auquel les autres apparaissent inférieurs, stigmatisés, déviants ou abjects[2].

Le processus qui grave sur le corps des personnes racisées leur infériorité sociale se prolonge dans la dévalorisation des autres dimensions

1. I. M. Young, « Structural Injustice and the Politics of Difference », *in* A. S. Laden, D. Owen (dir.), *Multiculturalism and Political Theory*, *op. cit.*, p. 81.

2. *Ibid.*, p. 69.

matérielles de leur existence les touchant de près ou de loin, telles que leurs vêtements et le style qui leur est associé, le type de quartiers dans lesquels elles sont ségréguées, les métiers où elles sont surreprésentées. Ces observations sur la contrainte physique et matérielle qu'exerce la différenciation raciale dans la vie des individus racisés conduisent Young à soutenir qu'il est plus éclairant d'analyser la différence raciale en la rapprochant de l'expérience du *handicap* qu'en la rapprochant d'une sorte d'*ethnicité* méconnue ou méprisée. Elle précise alors que, même si certains handicaps, tels que la surdité, ont pu donner lieu à des expressions culturelles particulières comme la langue des signes, on peut considérer qu'« en un sens plus large [...] il n'y a aucune communauté ou culture des personnes handicapées »[1]. Ce qui les relie tient à « l'*absence de conformité* entre les attributs d'une personne et les structures, les pratiques, les normes et les critères esthétiques qui prévalent dans la société »[2]. La conception du handicap que Young mobilise ici est positionnelle : le handicap ne s'y définit pas par la privation de facultés physiques ou mentales – au sens où la personne handicapée serait incomplète au regard du type humain normal – mais par une position sociale dont les difficultés tiennent au décalage entre ses capacités personnelles d'un côté et les possibilités offertes par son environnement et par les normes qui le structurent de l'autre. Young estime que le handicap, ainsi défini, mérite d'être jugé « *paradigmatique* de l'injustice structurelle, plutôt que d'être considéré comme une exception »[3], comme dans les théories de la justice libérale.

Par cette comparaison forte entre la race et le handicap, Young opère manifestement une rupture avec les passages de *Justice and the Politics of Difference* où elle n'hésitait pas à mobiliser le lexique de la culture et de l'ethnicité pour décrire l'expérience spécifique des minoritaires[4]. Cette rupture tend à la rapprocher des positions théoriques qui substituent la lutte contre les injustices raciales aux politiques de reconnaissance multiculturelle. Pourtant, il importe de souligner que l'article de 2007 n'abandonne pas le projet de la « politique de la différence » mais qu'il entend seulement corriger la focalisation des libéraux sur « la différence culturelle » en réorientant leur attention sur les « différences positionnelles ». Repérer les effets d'oppression qu'engendre l'inégalité des positions sociales sur les groupes ethniques n'implique pas de réduire

1. *Ibid.*, p. 68.
2. *Ibid*, p. 65.
3. *Ibid.*
4. I. M. Young, *Justice and the Politics of Difference*, *op. cit.*, p. 60.

leur différence à sa dimension oppressive, ni de renoncer à en reconnaître publiquement la valeur. À cet égard, la référence au handicap fait clairement écho à la phénoménologie féministe de Young qui, dès les années 1980, affirmait que « les femmes dans une société sexiste sont physiquement handicapées »[1]. Elle renvoie ainsi à la double dimension de « l'expérience corporelle femelle », celle d'une inhibition de la subjectivité, causée par les contraintes structurelles de l'environnement sexiste[2], et celle des processus de résistance grâce auxquels le sujet réinvestit positivement sa différence physique. Le glissement du paradigme de l'ethnicité vers celui du handicap n'introduit donc pas de rupture majeure dans les analyses de Young.

Envisager les minorités ethniques en mettant l'accent sur le handicap que produit la racialisation des rapports sociaux reste par conséquent compatible avec les deux éléments clés de l'ontologie sociale youngienne, c'est-à-dire avec le caractère constitutif des identités collectives et avec la valeur qu'elles possèdent pour leurs membres. Le premier élément s'observe dans le fait que ses analyses sur le handicap racial prolongent celles sur la sérialisation des corps femelles : dans les deux cas, Young montre comment des groupes sociaux (racisés ou genrés) émergent à partir de la dévalorisation de certaines différences physiques (phénotypique ou sexuelle) à cause de la structuration matérielle de l'environnement social ; dans la mesure où la sérialisation des corps se traduit par l'incorporation de ces identités positionnelles, celles-ci conservent leur caractère constitutif pour la subjectivité des minoritaires. Le second élément n'est pas explicité dans l'article de 2007, mais peut se déduire de la double valence que Young accorde à la différence corporelle : si celle-ci s'avère handicapante en ce qu'elle catalyse des rapports sociaux oppressifs, elle n'en demeure pas moins dotée d'une valeur propre qui dérive de sa source corporelle. Young a clairement établi cette dualité dans le cadre de sa phénoménologie féministe : en choisissant de mener l'enquête sur le vécu des femmes à partir des « corps femelles », elle a signifié son refus d'assimiler la *différence sexuelle* avec la *différence de genre*. Elle se démarque ainsi des théories féministes exclusivement centrées sur le genre auxquelles elle reproche de négliger la matérialité de la différence sexuelle, dont la signification n'est pas épuisée par les constructions sociales qui l'entourent mais doit être

1. I. M. Young, *On Female Body Experience*, *op. cit.*, p. 42.

2. Dans *On Female Body Experience*, Young envisage déjà le handicap des femmes de façon positionnelle, comme elle préconise de le faire en 2007 dans le cas des groupes racialisés : les attributs négatifs typiquement féminins ne sont pas jugés inhérents à leur sexe, mais sont interprétés comme les effets de leur position sociale et de la non-conformité entre leur constitution physique et les structures de la vie collective.

reconduite à l'expérience corporelle qu'en fait le sujet. Young tient pour sa part à préserver la distinction entre le corps « féminin » (*feminine*) et le corps « femelle » (*female*), car c'est précisément à partir du second que la valeur de la différence se manifeste, au travers des pratiques corporelles qui, bien qu'invisibilisées par les stéréotypes de genre, procurent aux femmes le plaisir physique, le bien-être psychologique et le confort moral grâce auxquels elles parviennent à résister à l'oppression et à développer leur subjectivité.

Même si Young n'a pas appliqué ce type de distinction aux minorités ethnoculturelles, les similarités qu'on observe entre la différence sexuelle et la différence ethnoculturelle invitent à le faire. En effet, de même que la différence anatomique entre les corps mâles et femelles engendre des expériences spécifiques, les corps humains sont matériellement traversés par des différences culturelles, liées aux langues qu'ils parlent et à l'ensemble des habitus collectifs qu'ils incorporent dès leur socialisation primaire. Envisagées sous l'angle des anthropologies de la culture matérielle[1], les différences culturelles se présentent donc sous un jour presque aussi « naturel » que la différence de sexe. Elles reposent en effet sur des processus d'incorporation qui démarrent dès la vie intra-utérine – au cours de laquelle le fœtus s'habitue à certains sons, substances ou types de mouvements – et qui dépendent de développements physiologiques parfois irréversibles, comme en atteste le processus d'acquisition de la parole articulée[2]. Ces différences physiologiques n'en sont pas moins pleinement sociales, dans la mesure où les habitus ethnoculturels sont le fruit de la créativité des membres des sociétés humaines et où elles conservent à ce titre une certaine autonomie à l'égard des déterminants anatomiques. On retrouve cette double dimension de la différence ethnoculturelle dans la façon dont Young envisage la différence de sexe : si

1. Pour une présentation théorique de cette approche, voir J.-P. Warnier, *Construire la culture matérielle. L'homme qui pensait avec ses doigts*, Paris, Puf, 1999. L'anthropologie de la culture matérielle s'élabore dans le sillage de l'anthropologie de Marcel Mauss. Avec le concept de « techniques du corps », Mauss a montré comment la diversité des cultures s'inscrivait jusque dans les usages du corps jugés les plus naturels, tels que le fait de dormir, de courir, de nager, et mis ainsi en évidence le co-développement des fonctions physiologiques et des schémas pratiques d'une culture. Warnier s'appuie sur cette référence pour défendre une conception de la subjectivité ancrée dans le corps et ses prolongements matériels qui fait écho à la position phénoménologique de Young.

2. Les cas d'enfants sauvages ont mis en évidence la corrélation existant entre l'acquisition du langage articulé et la temporalité du développement physiologique. La capacité à articuler des sons complexes est en effet conditionnée par la plasticité du larynx des premières années de vie. De même, la capacité d'entendre et de prononcer certains phonèmes ou tons s'atténue, voire disparaît avec l'âge, ce qui empêche les locuteurs non-natifs d'atteindre la maîtrise parfaite de certaines langues.

celle-ci ne dérive pas intégralement des représentations sociales relatives au genre, la part de « nature » qui la constitue ne renvoie pas pour autant à un déterminisme biologique mais tient à l'interprétation par la conscience humaine de la facticité de l'anatomie. Dans les deux cas, on a donc affaire à des différences corporelles qui engendrent des expériences spécifiques, au travers desquels les êtres humains développent leur subjectivité.

Le rapprochement que venons d'opérer entre la différence sexuelle et la différence ethnoculturelle apporte un éclairage supplémentaire sur la signification de la valeur que les sujets accordent aux identités collectives qui procèdent de telles différences. Dans la mesure où Young a beaucoup insisté sur la fonction émancipatrice que remplit la politisation des différences, on pourrait être tenté de n'accorder à ces différences qu'une valeur instrumentale. La distinction entre la « série » et le « groupe social » peut conforter cette interprétation dans la mesure où elle suggère que les identités minoritaires n'ont pas de valeur au niveau pré-politique, tant que les membres des minorités forment une unité sérielle dont ils n'ont pas conscience, et qu'elles ne prennent de la valeur aux yeux de ces membres qu'à partir du moment où elles les fédèrent dans un groupe grâce auquel ils contestent l'oppression subie.

Or l'accent que nous avons mis sur la matérialité des différences sexuelles et des différences ethnoculturelles suggère que la valeur instrumentale que leur confère la mobilisation politique ne peut pas être dissociée de la valeur constitutive qu'elles possèdent d'un point de vue anthropologique. Cela nous conduit à soutenir que la politique de la différence repose sur des prémisses anthropologiques qui prennent acte du caractère corporellement différencié des processus de subjectivation humaine. Ce sont ces prémisses qui confèrent à la politique de la différence son fondement moral. Les différences corporelles, qu'elles soient relatives au sexe ou à l'appartenance culturelle, sont des constituants élémentaires de l'humanité qui méritent d'être reconnus en tant que tels et intégrés dans la conception de la justice démocratique. Il importe de préciser que la reconnaissance de la valeur anthropologique de ces différences n'implique pas d'en adopter une vision dualiste ou essentialisée : dans le cas de la différence sexuelle, l'approche phénoménologique ne conduit nullement à l'envisager de façon binaire et s'avère parfaitement compatible avec la prise en considération de la variété des types de sexuation et de la diversité des expériences corporelles qui y correspondent ; de façon comparable, dans le cas des différences ethniques, l'inspiration phénoménologique de Young invite à accorder plus d'attention à la pluralité des formes de vie et des habitus culturels au travers desquels les sujets s'humanisent, là encore sans présupposer l'existence de communautés fixes et stables mais en restant sensibles à la multiplicité des configurations des groupes ethniques.

L'évolution des théories du multiculturalisme, telle que nous venons de la restituer, fait apparaître la continuité qui le relie leur premier et leur second moments, sans nier pour autant les tensions qui existent entre la critique de l'impérialisme culturel et la reconnaissance multiculturelle. Il est indéniable que la focalisation des débats sur la reconnaissance des minorités ethniques a encouragé, à partir de la fin des années 1990, la tendance des théoriciens à envisager les identités culturelles en mettant en avant leur valeur endogène et en prêtant de ce fait moins attention à leurs conditions sociales de formation et à l'influence des inégalités structurelles sur les conflits interethniques. Toutefois, il serait erroné d'y voir une rupture majeure. Les philosophies du multiculturalisme, par-delà leurs divergences théoriques, restent ancrées sur des fondements ontologiques et normatifs communs. Toutes admettent le caractère constitutif de certaines identités collectives dans la formation de la subjectivité et en tirent la conclusion politique que ces identités doivent bénéficier de formes de reconnaissance publique. Ce que l'évolution de ces théories met en avant, ce n'est donc pas l'incompatibilité normative des deux moments du multiculturalisme, mais bien plutôt la nécessité d'articuler la perspective critique de l'anti-impérialisme avec la perspective pluraliste de la tolérance culturelle.

CHAPITRE III

LA CRITIQUE POSTCOLONIALE DU FÉMINISME LIBÉRAL

We have become politicized about race and class, but not about culture[1]

Les chapitres précédents ont mis en évidence la distance qui sépare la vision atomiste du sujet que le féminisme libéral cherche à émanciper de ses appartenances culturelles et la perspective holiste à travers laquelle les théories du multiculturalisme réhabilitent leur caractère constitutif. S'il s'agissait, dans le deuxième chapitre, de rappeler les différents arguments mobilisés pour établir la valeur morale et politique de ces appartenances, il importe dans celui-ci, de montrer que l'insensibilité des féministes libérales à leur égard n'est pas dénuée d'effets pratiques. En minimisant la valeur de l'attachement de certaines femmes à leur culture d'origine, les féministes libérales traitent celles-ci avec une arrogance et une intolérance qui s'avèrent particulièrement embarrassantes sur le plan moral et non moins inquiétantes sur le plan politique. Ce chapitre entend procéder à l'examen de ces difficultés afin d'établir que le féminisme libéral est voué à être injuste quand il rompt avec toute ambition multiculturelle. On doit aux approches féministes postcoloniales d'avoir clairement mis en évidence de telles difficultés. Inscrites dans la dynamique de l'anti-impérialisme culturel, typique du premier moment du multiculturalisme, ces études critiques apportent un correctif précieux à la lecture discontinuiste des enjeux minoritaires qui caractérise le féminisme libéral[2]. Contre celui-ci,

1. L. Abu-Lughod, *Do Muslim Women Need Saving?*, Cambridge, Harvard University Press, 2013, p. 47.

2. Les études postcoloniales renvoient au champ de recherches, majoritairement anglophones, qui procèdent à la critique de l'héritage culturel de la colonisation européenne, dans le sillage de la publication en 1978 de l'ouvrage Edward Saïd *L'orientalisme. L'Orient créé par l'Occident.* Ce chapitre ne prétend nullement offrir une présentation exhaustive des déclinaisons féministes des études postcoloniales, mais seulement dégager quelques arguments décisifs pour mettre en lumière les limites de la vision essentialiste et dépolitisée des cultures non-occidentales chez les féministes de type libéral ou universaliste.

elles font valoir que les minorités de type ethnique forment des minorités sociales qui subissent des formes d'oppression et de domination analogues à celles auxquelles les femmes sont exposées. De ce fait, la compréhension de leur « culture » ne peut pas être isolée des normes culturelles hégémoniques qui, depuis l'époque coloniale, tracent les frontières entre le Même et l'Autre. Autrement dit, le « regard occidental »[1] pèse tout autant sur l'existence des femmes « non occidentales » que le regard masculin pèse sur celui des femmes tout court. Il importe par conséquent de s'appuyer sur l'éclairage critique du féminisme postcolonial pour débusquer et déconstruire les préjugés qui rendent la position du féminisme libéral à la fois incohérente et illégitime.

Dans la première section, nous reviendrons sur les origines coloniales de la rhétorique rédemptrice qui semble encore motiver les tendances assimilationnistes du féminisme libéral et conforter sa représentation dépolitisée de la différence ethnoculturelle. Dans la deuxième section, nous dégagerons les causes de cette dépolitisation de la différence ethnoculturelle, en la rattachant à la vision essentialisée des cultures « non occidentales » que construit la focalisation sur les traditions patriarcales particulièrement oppressives pour les femmes. Après avoir signalé la profonde méconnaissance des cultures minoritaires que trahit cette vision, nous préciserons le type d'injustices qui en découlent. Il s'agira alors de mieux cerner les conséquences oppressives de l'essentialisme culturel en identifiant les deux principaux préjugés qu'il conforte chez les féministes libérales, à savoir leur ethnocentrisme et leur sécularisme. Dans la dernière section, nous soutiendrons que les critiques postcoloniales, bien qu'elles contribuent efficacement à dénoncer et à déconstruire de tels préjugés, restent malgré tout grevées par une indétermination normative quand il s'agit de préconiser la voie à suivre pour concilier le féminisme avec le respect de la diversité des appartenances culturelles.

LE FÉMINISME LIBÉRAL, UN AVATAR DU FÉMINISME COLONIAL ?

Le précédent historique du féminisme colonial

Si la conclusion assimilationniste qu'Okin tire de sa critique des droits culturels soulève une suspicion légitime, c'est en raison d'une prudence élémentaire tirée des enseignements de l'histoire. Comme le remarque Bonnie Honnig, le passé des démocraties libérales oblige à douter que

1. C. Mohanty, « Under Western Eyes : Feminist Scholarship and Colonial Discourse », *boundary 2*, vol. 12, n° 3, 1984, p. 333-358.

« l'extinction des cultures [soit] la solution » dans la mesure où « des années d'expériences coloniales et assimilationnistes devraient désormais nous avoir appris que de tels efforts sont à la fois problématiques sur le plan éthique et contre-productifs sur le plan pratique »[1]. En effet, l'opinion généralement reçue selon laquelle l'occidentalisation des femmes minoritaires serait le signe tangible de leur émancipation perd de son évidence quand elle est envisagée depuis le précédent historique du « féminisme colonial »[2]. Celui-ci rappelle que la cause des femmes a été massivement instrumentalisée pour justifier la domination politique des Empires européens sur les populations colonisées. Les travaux sur « l'orientalisme genré »[3] ont documenté la place centrale que les femmes ont occupée dans la construction de l'imaginaire par lequel l'Europe impériale s'est démarquée de ses Autres culturels. Ce précédent historique explique en grande partie pourquoi, dans les controverses sur le multiculturalisme, les opinions publiques occidentales se focalisent sur certaines traditions telles que la polygamie en Afrique, le *sati* en Inde[4] ou le port du foulard islamique dans les pays musulmans, lesquelles sont devenus depuis l'époque coloniale les expressions emblématiques de l'oppression ancestrale subie par les femmes indigènes.

L'imaginaire orientaliste a fourni le terreau dans lequel a germé l'idée défendue par James Mill selon laquelle le traitement réservé aux femmes constituait l'indice privilégié du degré de civilisation d'un peuple et fondait la mission civilisatrice des peuples supérieurs à l'égard des peuples dont le développement était entravé par d'obscures traditions[5]. Ce préjugé, fortement ancré dans l'esprit des élites impériales, apportait une caution morale efficace à la mise sous tutelle politique des populations indigènes ainsi qu'à leur exploitation économique. La figure de Lord Cromer, gouverneur britannique en Égypte, illustre bien les hypocrisies du féminisme colonial : champion de la lutte contre le port du foulard

1. B. Honning, « My culture made me do it ! », *in Is Multiculturalism Good for Women ?*, *op. cit.*, p. 40.

2. L. Ahmed, *Women and Gender in Islam : Historical Roots of a Modern Debate*, Yale University Press, 1993.

3. Voir D. Ahmad, « Not Yet beyond the Veil : Muslim Women in American Popular Literature », *Social Text* 27, n° 99, 2009, p. 105 ; R. Kabbani, *Europe's Myths of Orient*, Bloomington, Indiana University Press, 1986 ; M. Yegenoglu, *Colonial Fantasies : Towards a Feminist Reading of Orientalism*, Cambridge, Cambridge University Press, 1998.

4. Le rite de *sati* désigne le sacrifice qui conduit une veuve à s'immoler par le feu dans le bûcher funéraire de son mari en signe de dévotion.

5. Voir U. Chakravarty, « Whatever Happened to the Vedic *Dasi ?* Orientalism, Nationalism and a Script for the Past », *in* K. Sangari, S. Vaid (dir.), *Recasting Women : Essays in Indian Colonial History*, Rutgers University Press, 1990, p. 27-35.

qu'il érigea en symbole de l'oppression de la femme par l'Islam, il ne mena pourtant aucune politique susceptible de promouvoir l'accès des Égyptiennes à l'éducation, ni d'améliorer leur condition sociale et se distingua à son retour en métropole par son opposition ferme au droit de vote des citoyennes britanniques[1]. L'argument féministe, quand il était brandi par les pouvoirs coloniaux, avait par conséquent une fonction politique claire, celle de prendre l'ascendant sur les hommes colonisés en les humiliant par une manœuvre d'appropriation symbolique de leurs femmes, et non celle de réformer l'ordre sexiste de la métropole[2]. Il s'agissait selon la formule célèbre de Gayatri Spivak de célébrer la figure d'« hommes blancs sauvant les femmes de couleur de l'oppression des hommes de couleur » (*white men saving brown women from brown men*[3]).

Il importe de rappeler que le féminisme colonial ne s'observait pas seulement chez les élites masculines ; il s'exprimait également dans les discours et les actions des femmes, soit dans un registre politique chez les militantes féministes appartenant aux élites coloniales, soit dans un registre moral chez les missionnaires chrétiennes installées dans les colonies. La position des premières illustre les effets produits par les rapports de domination coloniale sur la stratégie féministe. Dans le contexte français, des théoriciennes postcoloniales ont ainsi soutenu que, « dans les années 1890, le suffragisme français comprenait bon nombre de féministes qui voyaient dans le cadre impérial un certain appui pour soutenir leurs revendications »[4]. Le cadre institué par le pouvoir colonial aurait procuré à ces féministes un espace politique où faire valoir leurs compétences en défendant la contribution que les femmes françaises pouvaient apporter au projet impérial. Dès lors, leur indignation devant les mœurs patriarcales des indigènes, quoique semblable à celle des élites masculines, servait leur propre objectif politique :

> Il s'agissait d'attribuer aux hommes arabes la responsabilité du terrible sort des femmes indigènes, tout en prouvant que le colonisateur était

1. Voir L. Ahmed, *Women and Gender in Islam*, *op. cit.*, p. 152-153.

2. Voir la cérémonie du dévoilement forcé des femmes d'Alger, N. MacMaster *Burnig the Veil*, Manchester University Press, 2009, p. 133.

3. G. Spivak, « Can the Subaltern Speak? », *in* P. Williams, L. Chrisman (dir.), *Colonial Discourse and Post-Colonial Theory. A Reader*, Columbia, Columbia University Press, 1994, p. 93.

4. F. Boggio Ewanjé-Epée, S. Belkacem, *Les féministes blanches et l'empire*, Paris, La Fabrique, 2012, p. 18. Les auteurs soulignent à ce propos la place considérable prise par les questions coloniales dans les pages de *La Française*, journal de l'Union française partisan du suffrage des femmes, et la figure centrale d'Hubertine Auclert dans l'émergence du féminisme impérial français.

> incapable de défier l'homme indigène dans la sphère domestique. C'est là précisément que les femmes françaises pouvaient tenir leur rôle : [...] il s'agissait de montrer à la métropole qu'elles étaient plus aptes que les hommes à transmettre l'œuvre civilisatrice. C'est pourquoi la mise en avant d'une toile de fond islamique prenait tout son sens, car elle permettait aux femmes d'apparaître comme le seul groupe potentiellement capable de pénétrer la sphère privée du colonisé, du harem jusqu'aux appartements les plus modestes [1].

Insister sur le caractère privé de l'oppression patriarcale aurait ainsi permis aux féministes coloniales de s'appuyer sur les préjugés sexistes des élites masculines pour en tirer de la reconnaissance politique. En faisant valoir que le foyer était par excellence le domaine des femmes, elles pouvaient se distinguer des hommes par leur accès privilégié à ce lieu de pouvoir et acquérir de la sorte une autorité politique dans le contexte colonial. Cette stratégie se payait toutefois au prix du renforcement du caractère genré des stéréotypes racistes.

Du côté des discours moraux et religieux, la condamnation du patriarcat indigène s'inspira largement de la « rhétorique de la rédemption » élaborée par les discours des missionnaires chrétiennes. L'anthropologue palestinienne Lila Abu Lughod en rappelle la teneur :

> [Après avoir parlé] de l'ignorance, de la réclusion, de la polygamie et de voile qui gâchent la vie des femmes dans l'ensemble du monde musulman, les missionnaires affirment leur responsabilité de faire entendre la voix de ces femmes : “Elles ne pourront jamais se plaindre elles-mêmes, à cause du joug de l'oppression qu'elles subissent depuis des siècles”. “Ce livre”, dit l'introduction, “qui raconte la triste et vieille histoire de l'injustice et de l'oppression est une mise en accusation et un appel. [...] C'est un appel lancé à la communauté des femmes chrétiennes pour qu'elles réparent ces injustices et qu'elles éclairent ces ténèbres par leur sacrifice et leur dévouement” [2]

Exhumer de tels propos fait apparaître la forte convergence, sur le plan thématique et argumentatif, du discours religieux des anciennes missionnaires et du discours actuel des féministes libérales sur le devoir moral de libérer les femmes indigènes ou étrangères du joug patriarcal. « On peut entendre aujourd'hui les échos troublants de [ces] objectifs vertueux, même s'ils sont formulés dans un langage ouvertement laïc et même si

1. *Ibid.*, p. 21.

2. Extrait de l'ouvrage *A Cry of Need from the Lands of Darkness Interpreted by Those Who Heard It*. Cité par L. Abu-Lughod, *Do Muslim Women Need Saving?*, *op. cit.*, p. 47.

les appels lancés se réclament moins de Jésus que des droits de l'homme, de la démocratie libérale et de la civilisation occidentale »[1]. La lecture anthropologique qui inspire le féminisme libéral contemporain et qui justifie une action radicale de l'État, destinée à éradiquer la discrimination sexuelle à la racine en s'attaquant aux formes culturellement intériorisées de la domination patriarcale, réactive en effet la logique rédemptrice des féministes missionnaires, dans la mesure où les unes et les autres confient aux personnes ayant saisi une vérité morale la responsabilité de la révéler, fût-ce par la contrainte, à celles qui n'ont pas spontanément la capacité de comprendre l'oppression qu'elles subissent.

En dépit de la diversité des groupes sociaux qui brandirent la cause des femmes pour masquer ou justifier la violence du système colonial, et quelle que fût l'hétérogénéité de leurs motivations morales ou politiques, leurs discours contribuèrent chacun à leur façon à forger l'image de la femme indigène comme sujet opprimé, incapable de s'exprimer en son nom ou de s'émanciper sans l'intervention des élites coloniales. L'ensemble de ces discours, parce qu'ils participèrent au dévoiement des principes tant démocratiques que féministes, invite donc à se méfier du retour en force de la rhétorique universaliste dans les critiques féministes du multiculturalisme qui, comme chez Okin, ne sont guère troublés par ses effets assimilateurs.

Toutefois, de tels rapprochements historiques ne suffisent pas pour contester le bien-fondé du féminisme libéral. D'abord, que l'argument de l'émancipation des femmes ait été instrumentalisé pour asseoir l'ordre impérial ne remet pas en cause le principe moral qui le fonde – à savoir l'égal respect dû aux personnes quel que soit leur sexe – mais l'usage stratégique et dévoyé qui en a été fait. La condamnation même de ces usages présuppose, pour faire sens, la validité de l'égalité dignité des hommes et des femmes, puisque ce principe affirme que toutes les femmes, indigènes ou non, ont droit à la même considération morale et qu'il condamne à ce titre la violence exercée contre les femmes colonisées. Le retour sur les origines historiques du féminisme libéral et sur ses contradictions ne suffit donc pas à invalider ses fondements normatifs et leur visée universaliste. Ensuite, il importe de souligner que les critiques adressées par Okin au multiculturalisme libéral se situent dans un contexte qui n'est plus colonial. Les femmes minoritaires dont elle défend la cause ne sont plus soumises à un régime juridique discriminatoire comme l'était

1. *A Cry of Need from the Lands of Darkness Interpreted by Those Who Heard It*. Cité par L. Abu-Lughod, *Do Muslim Women Need Saving?*, *op. cit.*, p. 47.

le Code de l'Indigénat à l'époque de l'Algérie française ; elles ne sont plus les sujets d'empire coloniaux, mais les citoyennes (ou les résidentes) d'États-nations dont les principes constitutionnels affirment l'égalité de droit. C'est précisément pour cette raison qu'Okin s'insurge contre les cas de défense culturelle qui incarnent à ses yeux des situations inacceptables de rupture d'égalité dans le traitement judiciaire. Il serait donc malvenu de considérer qu'Okin mobilise l'argument féministe pour cautionner un ordre juridique inégalitaire puisqu'elle défend au contraire l'égalité de droit de toutes les femmes quelle que soit leur culture d'origine. En outre, le contexte démocratique dans lequel se situe le féminisme libéral oblige à affiner l'analyse du problème de la réduction au silence des femmes minoritaires : s'il était possible pour les femmes missionnaires de parler à la place de femmes indigènes légalement privées de toute voix politique, la question de la privation de parole des minoritaires doit être envisagée à nouveaux frais, dans le cadre d'un régime démocratique qui accorde *de jure* à l'ensemble des citoyennes et résidentes d'un État les libertés d'expression et d'association, le droit de manifester, de se syndiquer, voire de s'engager dans la vie politique.

Politisation du genre, dépolitisation de la culture

Qu'y a-t-il dès lors de si troublant dans les similitudes repérables entre le féminisme libéral et le féminisme colonial ? Pourquoi devraient-elles inciter à la méfiance face aux tendances assimilationnistes qu'on peut déceler dans les discours féministes qui affichent leur universalisme ? Pour le comprendre, il ne faut pas envisager les critiques postcoloniales comme un procès d'intention qui consisterait à reprocher aux féministes libérales de notre temps les injustices commises dans le passé au nom du féminisme colonial. L'intérêt d'un tel retour en arrière consiste plutôt à mettre en évidence les incohérences *actuelles* de leur position théorique.

Comme l'a montré Hommi Bhabha, ces incohérences tiennent chez Okin au traitement contrasté qu'elle accorde à la différence de genre et à la différence ethnoculturelle. Alors qu'Okin reproche aux libéraux multiculturalistes d'avoir envisagé les cultures comme des blocs, négligeant ainsi l'inégale position des hommes et des femmes en leur sein, elle s'autorise, « contre son propre avis, à produire des représentations “monolithiques”, quoique sensibles à la différence de genre, de la culture des minorités issues de l'immigration »[1]. Même si Okin estime

1. H. Bhabha, « Liberalism's Sacred Cow », *in* Susan M. Okin, *Is Multiculturalism Bad for Women?*, *op. cit.*, p. 79.

que le sexisme existe aussi bien dans la culture majoritaire que dans les cultures minoritaires, elle n'en traite pas moins les secondes comme un cas à part, en raison des traditions patriarcales qui y prévalent encore. C'est cette observation qui la pousse à tracer une frontière entre ces communautés jugées conservatrices et la majorité censément acquise à la modernité. Or, Bhabha estime qu'en admettant trop rapidement une telle distinction « Okin pose sur les peuples non occidentaux un regard qui vient résolument d'en haut et de nulle part. Sa version du féminisme libéral repose sur une façon d'être paternaliste et sur une manière d'user de stéréotypes qui garde quelque chose des attitudes patriarcales »[1]. La logique dualiste et évolutionniste qui consiste à opposer frontalement une majorité « occidentale » et « moderne » à des minorités « non occidentales » et « traditionnelles » charrie en effet nombre de stéréotypes hérités de l'époque coloniale.

En somme, Bhabha reproche à Okin de tomber dans le même travers que celui qu'elle critique chez les libéraux multiculturalistes : tandis que ces derniers, à cause de leur préjugé patriarcal, négligent l'inégale position des hommes et des femmes au sein des minorités culturelles, Okin, à cause de son préjugé ethnocentrique, efface ce qui hiérarchise les groupes culturels au sein des démocraties occidentales et postcoloniales. Bien qu'elle prenne acte du caractère socialement construit de la différence de genre, elle appréhende la différence ethnoculturelle de façon décontextualisée et anhistorique. Alors qu'elle dénaturalise la relégation des femmes dans leur rôle d'épouse et de mère, en mettant en évidence le caractère politique des affaires domestiques, elle dépolitise les enjeux de la tolérance multiculturelle en ne prêtant pas d'attention spécifique au poids de l'héritage colonial sur la structuration des frontières symboliques entre le « nous » occidental et le « eux » non occidental, négligeant ainsi le rôle que de tels clivages jouent dans la légitimation des inégalités qui existent entre ces groupes. La perspective postcoloniale invite donc à douter de la cohérence d'un féminisme déontologique ayant intégré, de façon sélective, une dose de critique sociale et à retourner contre Okin l'objection qu'elle adresse aux libéraux multiculturalistes : de même que la position de ces derniers s'avère contradictoire sur le plan normatif si les droits culturels compromettent les droits des femmes, le féminisme libéral n'est guère plus convaincant si le projet d'émanciper les femmes conduit à accepter, voire à justifier, les processus de domination culturelle.

1. H. Bhabha, « Liberalism's Sacred Cow », *in* Susan M. Okin, *Is Multiculturalism Bad for Women?*, *op. cit.*, p. 83.

Cette incohérence tient en grande partie à la conception discontinuiste des minorités qu'Okin partage avec les multiculturalistes libéraux. C'est elle en effet qui justifie le traitement différencié des femmes et des minorités ethniques et qui conduit le féminisme libéral à privilégier l'enjeu du pluralisme dans le cas des secondes. L'interprétation moralisée de la différence culturelle qu'encourage le prisme du pluralisme axiologique explique la facilité avec laquelle Okin accepte de séparer les minorités de la majorité sur la base des écarts observables entre leurs modes de vie, implicitement assimilés à des conceptions divergentes de la vie bonne, conservatrices pour les premières et libérales pour la seconde. Or, c'est précisément cette évidence que la perspective postcoloniale invite à déconstruire en montrant qu'elle repose sur une vision excessivement simplifiée des cultures minoritaires qui néglige le poids de l'histoire et des conflits politiques dans la formation de leur identité collective.

Les études postcoloniales se présentent dès lors comme un antidote efficace à la dépolitisation des différences culturelles : elles font valoir que « les cultures ne sont pas des entités individuées de façon prédiscursive auxquelles des “noms” sont ensuite attribués comme de simples “étiquettes”, mais des entités dont l'individuation dépend de processus discursifs complexes, liés à des agendas politiques »[1]. Elles invitent ainsi à ne pas oublier l'objectif politique qui motivait à l'origine l'établissement d'une frontière entre la culture « occidentale » et les cultures « non occidentales » en rappelant que « la “supériorité” de l'Occident a servi à donner au colonialisme sa raison d'être et son autorité »[2]. Cette façon de classer les groupes ethniques est lourde de cet héritage politique et continue de produire des effets performatifs dans la perception des rapports interethniques auxquels il convient de rester attentif. En ce sens, les critiques postcoloniales aident à saisir ce qui se joue dans le passage de l'impérialisme politique à l'impérialisme culturel qui se manifeste, en l'occurrence, dans l'influence persistante du féminisme colonial sur le féminisme libéral.

1. U. Narayan, « Essence of Culture and a Sense of History : A Feminist Critique of Cultural Essentialism », *Hypathia*, vol. 13, n° 2, 1998, p. 9.

2. *Ibid.*, p. 89.

FÉMINISNE LIBÉRAL-UNIVERSALISTE ET ESSENTIALISME CULTUREL

L'obsession des « traditions iconiques », symptôme de l'attitude coloniale

Cette influence persistante se manifeste de façon exemplaire dans l'importance que les féministes libérales accordent dans leur réquisitoire contre le multiculturalisme à certaines pratiques sociales qui, comme l'excision, la polygamie ou les mariages forcés, portent atteinte de façon flagrante aux droits des femmes en ce qu'elles compromettent leur intégrité corporelle, leur bien-être psychologique ou leur autonomie. Okin refuse d'y voir, comme Kymlicka, des cas extrêmes et exceptionnels que des garanties constitutionnelles suffiraient à prévenir ou, comme Kukathas, le prix à payer pour éviter les dérives du paternalisme d'État. Elle juge, au contraire, que ces pratiques sociales sont révélatrices du caractère profondément patriarcal des cultures humaines. Elle envisage chacune d'elles comme une tradition constitutive d'un groupe culturel auxquels ses membres sont attachés même si elle leur est préjudiciable, parce qu'elle serait au cœur de leur mode de vie et qu'elle s'ancrerait dans leur système de valeurs. Or, en se focalisant sur ces cas extrêmes et en les interprétant de la sorte, Okin renforce le « statut iconique ou représentatif »[1] de telles pratiques et réactive par là-même la frontière symbolique, héritée de l'époque coloniale, entre les cultures qui se conformeraient encore à des rites archaïques et celles qui s'en seraient libérées.

On doit l'expression de « tradition iconique » à la philosophe Uma Narayan[2] qui en a proposé une analyse détaillée à partir du contexte postcolonial de l'Inde contemporaine. Cette expression souligne la tendance récurrente qu'on observe chez les féministes « occidentales » à privilégier, dans leur réflexion sur l'oppression des femmes « non occidentales », les formes de violence qui frappent l'imagination en raison de leur caractère étranger, exotique, et à les juger typiques d'une culture ou d'une religion : « l'excision » est ainsi consacrée comme le problème par excellence des femmes d'origine africaine[3] ou le « voile » comme celui des

1. U. Narayan, *Dislocating cultures : Identities, Traditions and Thirld World Feminism*, Londres, Routledge, 1997, p. 100.

2. U. Narayan est une philosophe indo-américaine. Ayant reçu sa formation philosophique en Inde et aux États-Unis, elle est professeure de philosophie au Vassar College, titulaire de la chaire Andrew W. Mellon. Ses travaux portent sur l'épistémologie des inégalités dans la perspective d'un féminisme postcolonial.

3. O. Nnaemeka, « African Women, Colonial Discourses, and Imperialist Interventions : Female Circumcision as Impetus », *in* O. Nnaemeka (dir.), *Female Circumcision and the Politics of Knowledge : African Women and Imperialist Discourses*, Westport, CT, Praeger, 2005, p. 27-46.

femmes musulmanes[1]. Cette tendance s'observe non seulement à l'échelle domestique chez les féministes libérales qui, comme Okin, plaident pour la prohibition de ces traditions, mais aussi à l'échelle internationale, chez les féministes radicales engagées dans leur éradication au nom des droits fondamentaux des femmes[2]. En dépit de leurs différences, ces deux types de féminisme se rejoignent dans leur conception universaliste du principe d'égalité de genre ; tous deux considèrent que les pratiques emblématiques de l'oppression patriarcale méritent d'être dénoncées et combattues, quelles que soient leurs justifications culturelles et leur importance pour une collectivité historique, car la valeur du principe d'égalité entre hommes et femmes est indépendante de cet ancrage empirique[3]. Toutefois, leur focalisation sur des pratiques jugées intolérables paie sa radicalité critique au prix d'une vision réductrice de la situation des femmes qui y sont confrontées.

Pour Uma Narayan, l'indignation des féministes libérales-universalistes est révélatrice de la persistance d'une « attitude coloniale » (*colonialist stance*) qui, faute de « sens historique », envisage les cultures non occidentales comme des totalités stables et homogènes dotées d'une « essence » propre[4]. L'obsession des traditions iconiques nourrit ainsi une tendance à l'essentialisation culturelle qui conduit à négliger la complexité des traditions et à attribuer à la seule « culture » ce qui procède d'une diversité de causes, économiques, sociales et politiques. La pratique funéraire du *sati* en Inde en offre une bonne illustration. En s'appuyant sur l'essai de la féministe radicale américaine Mary Daly[5], consacré à l'oppression des femmes indiennes, Narayan montre comment l'attitude coloniale encourage une triple simplification des faits culturels, d'ordre temporel, spatial et axiologique.

La critique de Daly se caractérise d'abord par un « effacement de l'histoire » (*erasing of history*). Dans sa présentation du *sati*, la féministe

1. H. Bentouhami, « Phénoménologie politique du voile », *Philosophiques*, Société de Philosophie du Québec, vol. 44, n° 2, p. 271-284.

2. Voir, à titre d'exemples, les campagnes internationales de lutte contre l'excision, lancées dans les années 1970 par des militantes comme Fran Hosken (*The Hosken Report : Genital and Sexual mutilation of females*, Women's International Nework News, Lexington, MA, 1994).

3. Okin s'associe ainsi aux mobilisations internationales en faveur de la protection des droits des femmes, notamment celles des menées par les féministes des pays du Sud qui a abouti à la dénonciation officielle des « excuses culturelles », lors du sommet de Beijin en 1995. S. M. Okin, « Feminism, Women's Human Rights and Cultural Differences », *Hypathia*, vol. 13, n° 2, printemps 1998, p. 32-52.

4. U. Narayan, « Essence of Culture and a Sense of History », art. cit.

5. M. Daly, « Indian Suttee : The Ultimate Consummation of Marriage », in *Gyn/Ecology : The Metaethics of Radical Feminism*, Boston, Beacon Press, 1978, p. 113-133.

américaine ne donne en effet aucune indication sur les conditions d'émergence et sur les évolutions de la pratique. Elle omet de préciser que celle-ci n'a jamais été largement répandue dans les communautés hindoues, ni qu'elle avait quasiment disparu au moment de la publication de son livre. Daly néglige ces considérations historiques à cause de sa propension à inclure le *sati* dans l'ensemble indifférencié des mauvais traitements subis par les femmes indiennes (crimes liés à la dot, avortement sélectif et infanticides féminins, paupérisation des veuves) comme si chacun de ces problèmes « existait dans le même cadre temporel que le problème du *sati* ». En affirmant que « la condition des femmes indiennes n'a pas changé substantiellement depuis 1829 »[1], Daly présente le *sati* comme la face émergée d'un ensemble de problèmes « enracinés dans les "anciennes traditions patriarcales indiennes" qui sont parvenues d'une façon ou d'une autre à rester entièrement isolées des grands changements advenus depuis plus de 150 ans »[2]. Son absence totale de sens historique contribue ainsi à construire la tradition incriminée comme une pratique statique, ancrée dans un passé ancestral, ce qui conforte la vision des cultures du Tiers-Monde comme des « *lieux sans histoire* »[3].

Ensuite, les représentations forgées par l'attitude coloniale se distinguent par leur « manque dangereux de détails »[4]. Elles offrent une description simplifiée et décontextualisée de la tradition qui ne précise pas les écarts observables dans la conduite de la pratique, ni les variations liées aux facteurs sociaux, économiques ou régionaux. Daly, par exemple, fait brièvement remarquer que le *sati* était un rite hindou réservé aux femmes de princes et de guerriers avant de se diffuser dans des castes inférieures, suggérant à tort qu'il se serait généralisé à l'ensemble des castes indiennes ; elle oublie ainsi de rappeler que le *sati* était limité à certaines castes et à certaines régions de l'Inde et que cette pratique est restée inconnue dans de nombreuses communautés indiennes. Une attention plus poussée aux détails l'aurait également conduit à douter du caractère traditionnel des rares cas de *sati* observés au XXe siècle puisque la majorité d'entre eux advinrent dans l'État du Rajasthan, où ce rite était très peu implanté avant la colonisation et qui fut l'un des premiers à l'interdire sous la pression conjuguée des Britanniques et des élites locales. L'attitude colonialiste renforce par conséquent la représentation des cultures du Tiers-Monde comme des espaces uniformes et monolithiques. Cette deuxième caractéristique reproduit au niveau géographique les simplifications

1. Date de l'interdiction légale du *sati* en Inde.
2. U. Narayan, *Dislocating Cultures*, *op. cit.*, p. 49.
3. *Ibid*, p. 48.
4. *Ibid.*, p. 49.

temporelles de la première : « les contextes du Tiers-Monde sont dépeints comme des lieux où "le temps est immobile" et où "une seule culture régit tout". L'effacement du *changement culturel* dans la temporalité historique [...] collabore avec l'effacement des *variations culturelles* entre les communautés et les régions pour suggérer que la "culture du Tiers-Monde" est figée aussi bien dans le Temps que dans l'Espace »[1].

Enfin, une dernière caractéristique de l'attitude coloniale consiste à envisager la culture à la lumière de la religion, elle-même conçue comme « un corps relativement stable de croyances et de pratiques, partagés par l'ensemble des membres »[2]. Cette vision homogène et anhistorique de la religion reproduit l'approche totalisante des « traditions » et des « cultures » qui gomme les facteurs sociaux, économiques et politiques de l'adhésion à certaines pratiques pour les rattacher à une forme de causalité transcendante. Daly, ici encore, néglige le poids de l'histoire coloniale dans la construction du *sati* comme devoir religieux que la tradition indienne aurait imposé aux veuves. Narayan rappelle que la vision religieuse du *sati* provient d'une demande institutionnelle des élites coloniales et qu'elle s'est imposée à la faveur de leur collaboration avec les élites religieuses indiennes. Les Britanniques, désireux d'abolir le *sati* sans froisser les sentiments religieux des populations locales, en vertu de leur propre attachement à la liberté de conscience, firent en effet appel à l'autorité des *pundiths*, experts religieux reconnus par le pouvoir impérial, afin d'en saisir la signification dans les textes sacrés indiens. Or, le présupposé selon lequel la sanction religieuse constituait le critère ultime de l'authenticité culturelle du *sati* conduisit à une représentation de la « tradition hindoue comme bien plus uniforme, unifiée et fondée sur les textes qu'elle ne l'était dans la réalité »[3]. Il négligeait notamment le fait que « le droit et les pratiques traditionnelles dans l'Inde précoloniale n'étaient pas déterminés exclusivement par l'interprétation des textes religieux. Elles fondaient leur autorité sur d'autres bases, telles que les usages coutumiers qui variaient largement entre communautés hindoues et qui étaient interprétés et prescrits non par des prêtres mais par les instances locales des conseils communaux et des castes *sabah* »[4]. La grille de lecture religieuse, trace de la colonisation britannique, parce qu'elle unifie excessivement la signification morale du *sati*, rend par là-même invisibles les conflits d'interprétations qui ont entouré cette pratique dans l'Inde pré- et postcoloniale.

1. *Ibid.*, p. 48.
2. *Ibid.*, p. 52.
3. *Ibid.*, p. 63.
4. *Ibid.*

La « femme musulmane », nouvelle icône victimaire

Depuis les attentats islamistes du 11 septembre 2001, l'attitude coloniale a connu un fort regain d'expression à propos de la condition des femmes de confession ou de culture musulmane. Abu-Lughod[1] a montré comment, à la suite de cet évènement, la « rhétorique de la rédemption » des féministes occidentales s'était renouvelée en les érigeant en victimes absolues d'une religion jugée intrinsèquement patriarcale. Si le contexte géopolitique dans lequel cette figure victimaire s'est imposée diffère largement de celui sur lequel portent les analyses de Narayan, les stéréotypes coloniaux qu'elle a contribué à réactiver reproduisent les grands traits de la logique essentialisante dégagée par la philosophe indo-américaine. Abu-Lughod apporte ainsi un nouvel éclairage sur les « traditions iconiques » en se consacrant à la popularité croissante acquise par la catégorie de « crime d'honneur »[2] depuis les années 2000. Elle observe que, même si l'honneur n'est pas une valeur réservée aux communautés musulmanes et même si la violence qui s'en réclame s'apparente à d'autres formes de violence domestique, comme celle du crime passionnel, le « crime d'honneur » a malgré tout été progressivement interprété par les discours dominants comme un trait culturel spécifiquement musulman. Connue pour ses travaux sur la poésie des femmes bédouines, à l'occasion desquels elle s'était penchée sur l'articulation entre la valeur de l'honneur et les sentiments amoureux[3], Abu-Lughod s'est intéressée à l'inflation des discours publics condamnant les crimes d'honneur et a proposé une analyse fine de leur émergence. Elle a entre autres mis en évidence la diversité des sources qui ont participé à la construction de cette indignation partagée, lesquelles mêlent des textes universitaires[4], des enquêtes journalistiques, des études portées par les institutions internationales[5] et de récits pseudo-autobiographiques de

1. L. Abu-Lughod, *Do Muslim Women Need Saving?*, *op. cit.*

2. « Défini comme le meurtre d'une femme par ses proches au motif qu'elle aurait enfreint un code sexuel et destiné à restaurer l'honneur de la famille » (*ibid.*, p. 113).

3. L. Abu-Lughod, *Veiled Sentiments. Honor and Poetry in a Bedouin Society*, Berkeley, University of California Press, 1986.

4. L. Abu-Lughod cite le philosophe américain Anthony Appiah (*The Honor Code : How Moral Revolutions Happen*, New York, W. W. Norton, 2010) et l'anthropologue suédoise Unni Wikan (*In Honor of Fadime : Murder and Shame*, Chicago, University of Chicago Press, 2008).

5. L. Abu-Lughod donne l'exemple de la brochure rédigée par Amnesty International : Amnesty International, *Culture of Discrimination : A Fact Sheet on "Honor" Killings*, New York, Amnesty International, juillet 20, 2005.

femmes musulmanes[1]. En dépit de l'hétérogénéité de ces types de discours, ils tombent chacun à leur façon dans les travers de l'attitude coloniale, en participant à la construction d'une image extrêmement simplifiée du crime d'honneur. Tous commettent en effet l'erreur de privilégier les explications culturelles qui attribuent ces crimes à l'influence univoque de l'Islam, sans s'attarder sur la spécificité de chaque communauté musulmane, ni prêter attention à l'impact des déstructurations économiques et politiques sur la violence des rapports de genre, ni prendre au sérieux la part des facteurs psycho-pathologiques dans chaque cas et en négligeant l'influence massive des institutions internationales et des ONG dans le cadrage du problème. Il en résulte que :

> l'attention publique portée au crime d'honneur rigidifie certaines violences qu'elle présente comme des pratiques culturelles ancestrales, associées à des types particuliers de communauté définis par leur différence par rapport à nous, plutôt que de les traiter comme des actes pervers et divers, commis dans différentes circonstances par des individus qui sont parfois corrélés à un ensemble complexe de notions liées à l'honneur. En supposant que de telles pratiques sont uniformes, les récits influents associent clairement à l'Ouest les valeurs d'individualisme, de liberté, d'humanité, de tolérance et de libéralisme tout en les refusant aux autres, au mépris de la façon dont les actes d'inhumanité, d'intolérance et de négation des libertés sont réellement distribués au sein de nombreuses sociétés[2].

Dans le cas des témoignages de femmes musulmanes, la condamnation du crime d'honneur se nourrit même de mensonges, de déformations et d'approximations grossières[3]. L'analyse qu'Abu-Lughod fait de ces récits, qui jouent délibérément sur l'ambiguïté entre l'autobiographie et la fiction, dépasse largement le cas des « crimes d'honneur » et met en lumière la

1. Deux récits de crime d'honneur se distinguent par le succès qu'ils ont rencontré auprès du public occidental. Le premier, publié en 2003 sous le titre *Forbidden Love* en Grande Bretagne et sous celui d'*Honor Lost* aux États-Unis, restitue le témoignage de Norma Khouri sur le meurtre de sa meilleure amie Dalia en Jordanie. Dans le second, *Brûlée vive (une survivante des crimes d'honneur parle)*, publié en France en 2003, Souad, une jeune palestinienne raconte une vingtaine d'années après les faits l'épisode où sa famille a cherché à la brûler vivre, pour la punir d'être tombée enceinte sans être mariée.

2. L. Abu-Lughod, *Do Muslim Women Need Saving?*, *op. cit.*, p. 128.

3. Il est apparu après coup que le récit de Norma Khouri était un faux, l'autrice ayant quitté la Jordanie à l'âge de trois ans et utilisé son récit pour obtenir l'asile politique en Australie sous un faux nom. Les approximations et les conditions d'écriture de *Brûlée vive* invalident la crédibilité du témoignage, la victime ne se présentant que par son prénom et affirmant vivre « quelque part en Europe », son texte ayant été écrit par une plume elle-même financée par une association religieuse suisse, activement engagée dans la défense des droits des femmes.

profonde imprégnation de l'attitude coloniale dans les cultures populaires occidentales. Ces textes s'inscrivent en effet dans l'émergence d'un genre littéraire qui connut un succès massif en Europe à partir des années 2000 et qui repose sur la narration des malheurs que subissent de jeunes femmes musulmanes lorsque leur soif de liberté se heurte au conservatisme de leur famille, et tout particulièrement à la violence des hommes de leur milieu d'origine. D'après Abu-Lughod, le fort pouvoir de séduction exercé par ces histoires tient au « mélange unique de titillement sexuel et d'horreur morale »[1] que produit la description détaillée et complaisante des scènes de violence sexuelle. Confinant à une forme de « pornographie de la douleur »[2], cette déclinaison inédite du roman orientaliste, où les clichés coloniaux associés au harem sont recyclés, offre selon l'anthropologue « un fantasme confortable qui accroît le pouvoir de l'Occident »[3]. Il exercerait une puissance de séduction particulière sur les lectrices occidentales qui, à la lecture de ces pseudo-témoignages, savoureraient secrètement le plaisir d'échapper à un tel sort tout en y voyant la preuve de leur supériorité culturelle. En outre, ce genre littéraire, au lieu d'afficher son caractère fictif, entretient son public dans l'illusion qu'il y trouve un accès à la connaissance de la culture musulmane. Abu-Lughod voit par conséquent dans cette combinaison efficace « de fiction populaire et de mauvaise anthropologie »[4] l'un des principaux vecteurs du « nouveau sens commun »[5] qui depuis le début des années 2000 a érigé la femme musulmane en parangon de la victime du patriarcat.

Des préjugés du féminisme universaliste

La perception des féministes universalistes est-elle arrogante ?

Ce qui précède a mis en avant le rôle clé joué par les traditions iconiques dans la vision essentialisée des cultures non occidentales qui caractérise le féminisme universaliste. À ce stade, notre analyse a surtout porté sur la dimension cognitive et épistémique de l'essentialisme culturel. Considérer le rite du *sati* ou les crimes d'honneurs comme des pratiques

1. L. Abu-Lughod, *Do Muslim Women Need Saving?*, *op. cit.*, p. 140.

2. *Ibid.*, p. 80. Abu-Lughod forge cette expression en s'appuyant sur les travaux de l'historien Marcus Wood sur la « pornographie de la plantation » (*plantation pornography*) qui fait référence aux textes littéraires britanniques du XVIIIe et XIXe siècles centrés sur les violences physiques subies par les esclaves noirs.

3. *Ibid.*, p. 127.

4. *Ibid.*, p. 125.

5. *Ibid.*, chapitre II, « The New Common Sense », p. 54-80.

constitutives de la « culture indienne » ou de la « culture musulmane » procède d'une compréhension erronée de leur réalité, liée à l'ignorance des faits et à la méconnaissance du contexte historico-politique, ce qui conduit à des assertions empiriquement fausses sur la condition des « femmes non occidentales ». Or, l'essentialisme culturel ne trahit pas seulement un défaut de connaissance, il soulève surtout un problème d'ordre moral. La vision essentialisée de la culture des Autres correspond en effet à la structure du préjugé qui ancre l'erreur de jugement dans une mauvaise disposition de la volonté, autrement dit qui articule le défaut de connaissance à un défaut de caractère. Dans le cas des féministes universalistes, l'attitude coloniale se manifeste ainsi au travers de leur « perception arrogante »[1] des cultures non occidentales. En effet, ces féministes n'accordent-elles pas d'emblée une supériorité morale à leur culture quand elles l'associent au principe progressiste de l'égalité de genre, tandis qu'elles jugent les cultures non occidentales sur la base de leurs traditions patriarcales ? N'appliquent-elles pas alors un double standard d'évaluation qui discrédite d'emblée les secondes ?[2] C'est bien ce type de présupposés qui semble inspirer le jugement d'Okin lorsqu'elle affirme que, dans une démocratie comme les États-Unis, les femmes immigrées ont plus intérêt à s'assimiler à la culture libérale de la majorité qu'à préserver leur culture d'origine, ce qui revient à consacrer l'avance morale que la première aurait sur les secondes en matière d'égalité de genre. Or un tel jugement fait peu cas de l'écart encore flagrant qui sépare, aux États-Unis et ailleurs, le principe de la non-discrimination sexuelle et la réalité des pratiques sociales, attestant du caractère toujours profondément ancré des schémas patriarcaux dans les cultures dites « occidentales ».

La perception arrogante des féministes occidentales découle du rapport étroit que leur perspective universaliste établit entre l'essentialisme culturel et l'essentialisme de genre. Ce dernier consiste à envisager le genre comme émergeant d'une différence sexuelle fondamentale entre les hommes et les femmes et à universaliser la catégorie de « genre » au lieu de prendre en considération la variété de ses déclinaisons dans la grammaire des divers modes de vie culturels. En soutenant que l'oppression patriarcale transcende les contextes culturels de signification et qu'elle constitue un problème commun à toutes les femmes, la position du féminisme

1. I. Gunning, « Arrogant Perception, World Travelling and Multicultural Feminism : The Case of Female Genital Surgeries », *Columbia Human Rights Law Review*, vol. 23, n° 2, 1992.

2. A. Norton, « Review Essay on Euben, Okin and Nussbaum », *Political Theory*, vol. 29, n° 5, 2001, p. 736-49.

universaliste conduit inévitablement à comparer et à classer les cultures sur la base de ce seul critère. Ainsi, « une fois que l'émancipation féministe est envisagée dans cette perspective, celle d'une trajectoire unique et linéaire, on crée une hiérarchie entre les femmes en fonction de leur avancement sur l'échelle unique du progrès féministe »[1]. Ce mode de hiérarchisation de la condition des femmes dans les diverses cultures procède donc d'une double simplification des catégories de « genre » et de « culture » : d'un côté, l'expérience des « femmes » est abusivement simplifiée par le présupposé selon lequel l'oppression patriarcale les concerne toutes « en tant que femmes » et qu'elle peut être envisagée et combattue indépendamment des autres formes d'oppression ; de l'autre, ce présupposé déforme et appauvrit la compréhension des « cultures » non occidentales qui ne sont évaluées qu'à l'aune des pratiques patriarcales les plus choquantes. C'est pour cette raison que les discours féministes qui dénoncent avec virulence les « traditions iconiques » participent activement au renforcement de l'impérialisme culturel tel que Iris M. Young le définit : l'importance qu'ils accordent à ces pratiques dans leur évaluation de la condition des femmes non occidentales impose une visibilité sociale excessive à « l'Africaine excisée » ou à « la Musulmane voilée », tout en rendant invisible la façon complexe et dynamique dont ces femmes se rapportent à leurs propres pratiques culturelles, dont elles en interprètent, en renouvellent, voire en contestent la signification. Le féminisme universaliste, quand il reste prisonnier de préjugés postcoloniaux, devient donc une source d'oppression et de domination pour les femmes de cultures minoritaires.

Afin de préciser le type d'injustices que l'impérialisme culturel engendre dans ce cas, nous proposons de distinguer les deux formes principales que prennent ces préjugés chez les féministes universalistes, à savoir l'ethnocentrisme et le sécularisme. Le *préjugé ethnocentrique* consiste à porter sur la culture des Autres un regard qui réactive, à la faveur de la cause féministe, les dualismes hérités de l'époque coloniale entre modernité et tradition, Lumières et superstition, civilisation et barbarie et qui tombe dans l'écueil d'une vision évolutionniste des cultures, hiérarchisées en fonction du type de traitement réservé aux femmes. Le *préjugé sécularisme* offre une déclinaison particulière du premier, en ce qu'il met l'accent sur les sources religieuses du traditionalisme qu'on observe dans les minorités ethniques, lesquelles sont alors envisagées comme des minorités

1. L. Onemaya, cité par L. Volpp, « Framing Cultural Differences : Immigrant Women and Discourses of Tradition », *A Journal of Feminist Cultural Studies*, vol.22, n° 1, 2011, p. 101.

ethnoreligieuses. Le préjugé sécularisté incite à penser que les femmes issues des minorités ethnoreligieuses ont tout à gagner de l'assimilation au mode de vie sécularisé de la majorité, dans la mesure où les progrès de l'autonomie seraient étroitement corrélés à l'émancipation de l'individu à l'égard de l'autorité et des croyances religieuses. Bien que ces deux types de préjugés soient souvent étroitement imbriqués, ils méritent d'être distingués sur le plan analytique dans la mesure où ils aboutissent à des formes d'injustices distinctes. Comme nous l'illustrerons dans ce qui suit, le préjugé ethnocentrique conforte les féministes occidentales dans l'idée qu'elles se situent du côté de la modernité – à la différence des femmes non occidentales, restées prisonnières de la tradition – et que l'émancipation de celles-ci doit prendre les traits d'une occidentalisation de leur mode de vie. Un tel préjugé constitue un obstacle puissant à la reconnaissance du fait que les femmes non occidentales sont des agents politiques et des agents moraux à part entière. Quant au préjugé sécularisté, s'il prolonge les effets du préjugé ethnocentrique en niant l'autonomie morale des femmes minoritaires soumises à leur religion, il y ajoute une forme d'intolérance spécifiquement libérale qu'il s'agira d'identifier.

Préjugé ethnocentrique et négation de l'agentivité politique

Narayan offre une illustration éclairante de la méconnaissance de l'agentivité politique des femmes non occidentales, quand elle examine les conséquences pratiques de la critique féministe occidentale du rite de la *sati*. Elle reproche en effet à ce type de discours d'avoir paradoxalement servi les intérêts des élites conservatrices en cautionnant leur entreprise d'« invention de la tradition » et d'avoir de la sorte affaibli la position des femmes indiennes qui la contestaient. Elle rappelle comment les fondamentalistes hindous, au moment des luttes pour l'indépendance et à la faveur des débats publics autour des cas contemporains de *sati*, investirent ce rite à haute charge symbolique pour donner un contenu à la culture indienne et attiser la ferveur nationaliste de la population. La veuve *sati* leur offrait en effet un support symbolique privilégié pour retourner le stigmate colonial, issu de l'époque impériale et nourri par l'indignation des élites britanniques, en l'associant à la figure idéalisée de la « femme indienne », épouse vertueuse, capable d'une abnégation totale envers son mari et son pays et, en tant que telle, source de fierté pour le peuple indien.

Face à l'instrumentalisation politique de ce rite par les fondamentalistes, les féministes indiennes ont développé des contre-discours en déployant une analyse précise des cas contemporains de ce rite sacrificiel, en particulier de celui accompli par Roop Kanwar en 1987. Leurs travaux ont permis de mettre en évidence les facteurs non culturels ou non religieux qui expliquaient la résilience de la pratique : outre l'intérêt que les élites politiques avaient à s'appuyer sur le rite de la *sati* pour nourrir leur mystique nationale, ce type de suicide était largement déterminé par des intérêts locaux. Les féministes indiennes montrèrent ainsi que, sur le plan économique, la mort de la veuve épargnait à la famille du défunt la charge d'avoir à rembourser la dot et que le mausolée funéraire érigé en mémoire de la *sati* générait d'importants bénéfices, ou encore que, sur le plan social, cette pratique confortait l'ordre établi, la caste aristocratique étant confirmée dans ses privilèges par le retour d'une tradition associée aux élites, la caste religieuse se voyant confier la gestion religieuse du mausolée et la caste commerçante assurant son exploitation commerciale. En confrontant de la sorte les lectures contrastées que les fondamentalistes hindous et les féministes indiennes font d'une même pratique sociale, Narayan met en exergue la nature politique des conflits d'interprétations relatives à la « culture » d'un groupe. L'instrumentalisation de la *sati* par les élites est typique, à cet égard, du processus de « désignation sélective » (*selective labelling*) de la tradition qui caractérise les mouvements nationalistes dans un contexte postcolonial. Ceux-ci opèrent en effet un tri entre les éléments acceptables de la modernisation et ceux qu'ils jugent nuisibles à leur identité collective et qu'ils attribuent à l'influence corruptrice de l'Occident ; or les traditions que les nationalistes appellent à défendre concernent principalement la sphère domestique, laquelle se voit érigée en sanctuaire de la transmission culturelle. Il en résulte une réactivation de la domination patriarcale qui pèse tout particulièrement sur les femmes. Le contexte postcolonial a donc une influence décisive sur la position relative des hommes et des femmes dans les cultures non occidentales, puisqu'il nourrit une vision traditionaliste de ces cultures qui renforce les inégalités de genre en leur sein.

Dès lors, faute de sens historique, les discours féministes qui véhiculent « de fausses représentations sur la nature des traditions du Tiers-Monde, risquent, avec raison, de paraître inadéquats et dangereux aux féministes du Tiers-Monde qui sont politiquement engagées dans la contestation de ces traditions »[1]. Être attentif au contexte postcolonial s'avère indispensable pour comprendre les effets politiquement contre-productifs de la condamnation des traditions patriarcales quand ce type de discours moral

1. L. Onemaya, cité par L. Volpp, « Framing Cultural Differences : Immigrant Women and Discourses of Tradition », art. cit., p. 101.

reste prisonnier de préjugés ethnocentriques. Non seulement il conforte l'autorité des élites fondamentalistes et conservatrices, mais il contribue symétriquement à fragiliser la voix des féministes du Tiers-Monde. À partir du moment où « leur culture » est identifiée aux traditions iconiques, toute critique émise à leur encontre condamne ces féministes à être taxées de déloyauté envers leur groupe d'origine ou jugées trop « occidentalisées » pour être autorisées à s'exprimer sur son devenir. Par conséquent, le féminisme libéral, dans la mesure où il participe à l'extériorisation symbolique de ces voix contestataires, contribue à la dépolitisation des conflits culturels dans lesquelles elles sont engagées. Ce premier problème rend manifeste le caractère contre-productif et incohérent du féminisme libéral quand il lui manque l'éclairage critique du postcolonialisme : sa vision moralisée de la différence ethnoculturelle, fondée sur l'opposition déterminante entre tradition et modernité, le conduit à renforcer les inégalités entre hommes et femmes au sein des minorités culturelles, en cautionnant le traditionalisme des élites masculines, contredisant ainsi sa prétention à se montrer plus attentif que le multiculturalisme libéral aux inégalités intraculturelles.

Préjugé ethnocentrique et négation de l'agentivité morale

Le préjugé ethnocentrique n'entrave pas seulement la subjectivation politique des femmes de cultures minoritaires, il porte plus profondément atteinte à la reconnaissance de leur agentivité morale. La juriste Leti Volpp l'a mis en évidence à partir d'une analyse du traitement discriminatoire des mariages précoces dans la justice américaine, qu'elle illustre à partir des réactions contrastées suscitées par les mariages de Tina Akers avec Wayne Compton dans le Maryland et d'Adela Quitana avec Pedro Sotelo au Texas, deux cas similaires d'unions concernant des mineures, de 13 et 14 ans avec des hommes âgés respectivement de 29 et de 22 ans, dont elles attendaient un enfant[1]. Le mariage de Akers et Compton ne conduisit à aucune action juridique, dans la mesure où l'État du Maryland autorisait le mariage des filles de moins de 16 ans, avec l'accord de leurs parents et une attestation de grossesse. Des critiques s'élevèrent toutefois dans l'opinion publique pour réclamer la mise en examen de Wayne Compton pour agression sexuelle ou l'établissement d'une limite légale du mariage, mais « personne ne fit jamais référence à leur mariage comme

1. L. Volpp, « Quand on rend la culture responsable de la mauvaise conduite », Numéro spécial « Sexisme, racisme, et postcolonialisme », *Nouvelles Questions Féministes*, vol. 25, n° 3, 2006, p. 14-31.

à un phénomène culturel […] comme à un épisode propre à définir la culture blanche américaine ». L'événement fut plutôt interprété comme « un exemple de comportement aberrant […] comme un cas de mauvais traitement à enfant, de perversion sexuelle, ou encore de détournement de mineure »[1]. À l'inverse, le mariage de Quitan et Sotelo, un couple d'Américains d'origine mexicaine, fut d'emblée criminalisé par les pouvoirs publics : les jeunes gens furent poursuivis par les services de la Protection de l'enfance et Pedro Sotelo fut incarcéré pour agression sexuelle, avant qu'un juge pour enfant ne certifie que le couple avait été uni selon un mariage coutumier reconnu par la loi du Texas. Le procès qui s'ensuivit et les débats qui l'entourèrent mirent en évidence la grille de lecture culturaliste appliquée à l'événement. Le comportement des deux jeunes gens fut soit interprété par les médias comme le symptôme d'un fossé culturel entre Mexicains et Américains, soit justifié par l'avocat de la défense sur la base des coutumes mexicaines, sans que les débats ne fissent référence à la moyenne annuelle des 470 mariages de filles de moins de 14 ans que le Texas autorisait.

Cet exemple est révélateur selon Volpp du « caractère sélectif des accusations adressées aux cultures » (*the selective blaming of culture*[2]) : bien que les deux cas fussent factuellement similaires et qu'ils missent tous deux en évidence la forte tolérance des Américains et des Mexicains à l'égard des mariages précoces, seul le couple d'origine mexicaine fut jugé sur la base de considérations culturelles, tandis que l'on évalua le comportement du couple d'Américains en des termes psychologiques et sociaux. Dans de nombreux autres cas de violences faites aux femmes, comme dans les cas des crimes d'honneur notamment[3], on observe la même tendance de l'opinion publique, des médias et des institutions à invoquer la culture des minoritaires pour expliquer leurs comportements et à ne pas tenir compte des actes et des faits qui ne cadrent pas avec la grille de lecture culturaliste[4].

Volpp explique ce traitement contrasté par les représentations divergentes qui sous-tendent les cultures minoritaires et la culture majoritaire. Dans le cas des premières, la culture est conceptualisée

1. L. Volpp, « Quand on rend la culture responsable de la mauvaise conduite », Numéro spécial « Sexisme, racisme, et postcolonialisme », art. cit., p. 16.

2. L. Volpp, « Framing Cultural Differences », art. cit., p. 94.

3. Voir l'analyse des meurtres de Sarah et Amina Said par leur père dans L. Volpp, « Framing Cultural Differences », art. cit., p. 90-91.

4. L. Vopp, « Disappearing Acts : On Gendered Violence, Pathological Cultures, and Civil Society », *Modern Language Association*, vol. 121, n° 5, 2006, p. 1631-1638.

« comme quelque chose de statique et d'insulaire, une propriété stable des groupes plutôt qu'une entité constamment créée par des relations [1] ». La culture ainsi réifiée s'applique principalement aux groupes sociaux marginalisés, et notamment aux groupes racialisés :

> Pour ces groupes, la culture devient ce que Paul Gilroy appelle une « propriété pseudo-biologique de la vie communautaire » [2]. D'après un tel paradigme, la culture des communautés de couleur est une essence stable et monolithique qui gouverne les actions des membres de ces communautés. La culture racialisée devient ainsi une essence transmise sous une forme inchangée d'une génération à l'autre [3].

Le concept de « culture » offre ici une version euphémisée du concept de « race ». Dans les deux cas, le processus de catégorisation du groupe procède d'une construction sociale, forgée par les discours dominants, par les pratiques sociales ou par les normes légales et politiques qui concourent à naturaliser la différence du groupe dominé. La culture est alors identifiée dans les mêmes termes que la race, à savoir sur la base de différences phénotypiques qui sont interprétées comme la face visible d'une « essence stable et monolithique » se transmettant aux membres du groupe à la manière des caractéristiques biologiques. La culture cristallise ainsi une nouvelle forme de racisme de type culturel ou différentialiste : celui-ci se présente sous une forme moralement acceptable au regard des principes démocratiques, dans la mesure où il ne fait pas référence à des inégalités biologiques mais s'appuie sur le constat apparemment neutre de la diversité des cultures. Pourtant, la conception essentialisée des cultures minoritaires reproduit les grands traits de la logique raciste, puisqu'elle ne vise que ces groupes et conforte de la sorte la supériorité morale de la culture majoritaire. En effet :

> la culture hégémonique est soit invisible, soit, quand elle est perçue, caractérisée par son côté fluide, hybride et complexe. La sophistication avec laquelle nous appréhendons la culture hégémonique comme complexe et contradictoire – quelque chose avec quoi nous négocions activement – n'a pas pour contre-partie une compréhension également complexe et raffinée des cultures « étrangères » [4].

1. L. Volpp, « Quand la culture rend responsable », art. cit., p. 17.
2. P. Gilroy, *Small Acts : Thoughts on the Politic of Black Cultures*, Londres-New York, Serpent's Tail, 1993, p. 24.
3. L. Volpp, « Quand on rend la culture responsable du mauvais comportement », art. cit., p. 17.
4. *Ibid.*

Alors que dans le cas des cultures minoritaires, le processus de racialisation entraîne une perception univoque de l'appartenance culturelle, chaque individu étant jugé porteur de l'essence du groupe et voué à la manifester, la perception de la culture majoritaire comme « fluide, hybride et complexe » ménage une place aux variations individuelles. Dans le premier cas, la culture agit comme une causalité transcendante qui détermine les comportements. Dans le second, elle se présente comme un facteur parmi d'autres qui ne pèse pas particulièrement sur les choix de l'agent et peut même être jugé négligeable. Ce contraste souligne à nouveau l'absence de neutralité dans la désignation des différences culturelles et le poids des inégalités sociales sur leur formation, mais l'analyse de Volpp présente l'intérêt d'en montrer les effets sur la perception du sujet moral. Derrière la simplification de la culture minoritaire, c'est la négation de l'autonomie de leurs membres qui est en jeu. Le biais raciste conduit en effet les membres de la culture majoritaire à se percevoir comme des agents dont les capacités de jugement et la faculté de choix ne sont pas affectées par l'influence de leur groupe culturel et à considérer au contraire les membres des cultures minoritaires comme des sujets déterminés par leurs schémas culturels. Les premiers se réservent de la sorte implicitement le statut d'individus autonomes, tandis que les seconds sont traités comme des automates culturels. L'essentialisation de la culture des Autres aboutit ainsi à une sorte de déterminisme moral qui épargne les individus majoritaires et les conforte dans leur rôle de censeur.

Le déterminisme induit par l'essentialisme culturel pèse tout particulièrement sur les femmes placées « sous le regard occidental »[1] et explique la responsabilité forte que portent les discours féministes occidentaux dans la construction du stéréotype disqualifiant de la « femme non occidentale » : appréhendée à travers les caractéristiques dominantes que sont la pauvreté, le faible niveau d'éducation, la crédulité religieuse et la déférence envers l'autorité masculine, celle-ci est perçue comme étant dépourvue des ressources nécessaires à l'affirmation de son autonomie. Son principal trait psychologique s'incarne dans la soumission à un ordre culturel qu'elle admet aveuglément, en vertu de son caractère sacré. L'image postcoloniale de la femme non occidentale aboutit donc à la négation pure et simple de son agentivité[2].

1. C. Talpade Mohanty, « Under Western Eyes », art. cit.

2. Les débats publics aux Pays-Bas autour des avortements sélectifs des fœtus de sexe féminin et de la reconstruction chirurgicale de l'hymen, analysés par Sawitri Saharso, en donnent une illustration. Saharso a montré que ces comportements étaient fortement critiqués pour le soutien que les progrès technologiques semblaient apporter aux normes patriarcales,

Le préjugé ethnocentrique, dans la mesure où il enferme les féministes occidentales dans une vision essentialisée et dégradante des cultures non occidentales, pèse donc doublement sur le destin des femmes minoritaires. Non seulement il fait obstacle à leur subjectivation politique lorsque certaines se mobilisent au sein de leur communauté pour en contester les pratiques sociales de l'intérieur, mais il compromet aussi leur subjectivation morale, en les considérant comme des personnes « pilotées par leur culture », selon l'expression d'Abu-Lughod, justifiant par là des formes de traitement discriminatoire, notamment sur le plan judiciaire.

Préjugé sécularisté et sectarisme libéral

Si le préjugé ethnocentrique conduit souvent les féministes libérales à mettre la culture et la religion sur le même plan, il importe toutefois d'accorder à cette dernière une attention spécifique. Parmi les dualismes qui structurent le préjugé ethnocentrique, l'opposition entre la religion et la raison occupe une place de choix. Que ce soit à l'échelle de l'individu osant penser par lui-même, comme à celle des sociétés faisant table rase du passé pour se fonder sur des principes rationnels, la supériorité de la culture européenne/occidentale est généralement associée au processus de l'*Aufklärung*, de la sécularisation de la pensée et des modes de vie, qui fut interprété comme le signe tangible des progrès de la raison humaine. Cette vision des choses se manifeste clairement dans la critique des traditions patriarcales chez les féministes libérales. C'est dans la religion, estime Okin, qu'on trouve l'un des ressorts les plus puissants de l'aliénation des femmes. Force est de constater, estime-t-elle, que « les mythes fondateurs [...] du judaïsme, du christianisme, de l'Islam [...] fourmillent de tentatives de justification du contrôle et de la subordination des femmes »[1]. Ce type de justification explique, à ses yeux, l'état de fausse conscience dans lequel se trouvent les femmes de cultures minoritaires : aveuglées par leur foi, ces femmes croient agir librement en accomplissant leurs devoirs religieux, en dépit des souffrances et sacrifices qu'ils exigent d'elles, si bien qu'elles contribuent par leur piété à conforter le pouvoir

en offrant des moyens inédits à ces femmes de se conformer à la prescription de la virginité prénuptiale ou d'avoir des fils plutôt que des filles. Saharso souligne la disqualification, dans l'opinion publique, du caractère volontaire de ses démarches médicales et en conclut que « si une femme prend une décision qui va à l'encontre de ce que la culture majoritaire juge bon et juste, ce ne peut pas être sa décision. Ce doit lui être imposé par une source extérieure – son mari, sa culture, sa religion. » (S. Saharso, « Sex-selective abortion Gender, culture and Dutch public policy », *Ethnicities*, vol. 5, n° 2, 2005, p. 248-281).

1. S. M. Okin, *Is Multiculturalism Bad for Women?*, *op. cit.*, p. 13.

et les privilèges des hommes. Pour Okin, c'est donc la charge sacrée dont sont investies certaines traditions patriarcales qui permet d'expliquer un type de comportement jugé irrationnel, à savoir que des femmes se conforment à des pratiques sociales qui portent atteinte à leurs intérêts fondamentaux et qui nient leur autonomie individuelle. Les féministes libérales en concluent qu'un mode de vie sécularisé leur serait bien plus favorable qu'un mode de vie pieux et que les politiques multiculturelles leur sont néfastes en ce qu'elles retardent ce processus d'émancipation.

Or, une telle logique trahit une vision réductrice de la religion et un jugement condescendant à l'égard des croyances religieuses qui s'avère moralement contestable et politiquement dangereux. C'est ce qu'explique clairement la philosophe féministe américaine Aziza al-Hibri, spécialiste de l'Islam et du droit coranique, dans sa réponse à l'article d'Okin de la *Boston Review*[1]. Al-Hibri reproche à celle-ci son paternalisme à l'égard des femmes croyantes en arguant qu'il s'expose à trois types d'objections, d'ordre épistémique, conceptuel et normatif. D'abord, la charge féministe contre les religions trahit de la part d'Okin sa profonde méconnaissance des textes sacrés, ce qui s'observe dans l'absence de sources primaires et dans les erreurs qu'elle commet à propos des « mythes fondateurs », notamment quand elle met sur même plan les récits que le Coran et la Bible font de la création d'Eve et d'Adam. Pourtant, à la différence de ce qui est écrit dans la Genèse, le récit des origines islamique n'affirme pas qu'Eve est née de la côte d'Adam mais que l'homme et la femme ont été créés par Dieu à partir des mêmes esprits (*nafs*), n'établissant ainsi aucune hiérarchie ontologique entre les sexes. En outre, le Coran n'attribue pas de responsabilité particulière à Eve dans le récit de la chute, puisqu'il raconte qu'Adam et Eve ont tout deux succombé à Satan, ce que al-Hibri interprète comme le signe que « ce récit parle de la condition humaine, [qu'] il n'y est pas question du genre. »[2]. Ce type d'erreur reflète d'après elle la position hégémonique qu'occupe Okin lorsqu'elle s'autorise à parler de sources qu'elle ne maîtrise pas, à la place de croyantes qu'elle traite comme des « Autres inessentiels ». À la méconnaissance des textes religieux, s'ajoute celle des contextes historiques dans lequel les principes d'une religion ont été mis en œuvre. Dans le cas de la religion musulmane, il importe ainsi de ne pas confondre le Coran, qui contient les dogmes fondateurs de la religion musulmane, et la Loi coranique, la *sharia*, qui en

1. A. Y. al-Hibri, « Is Western Patriarchal Feminism Good for Third World/Minority Feminism ? », *in* Susan M. Okin, *Is Multiculturalism Bad for Women ?*, *op. cit*, p. 41-46.

2. *Ibid.*, p. 42.

reflète la traduction juridique dans les sociétés où les préceptes religieux ont été adaptés aux coutumes et aux pratiques locales. C'est à ce niveau qu'une distorsion et une rigidification des devoirs sacrés ont été introduites dans certains pays par des docteurs de la Loi (*oulémas*) conservateurs qui se sont érigés en interprètes autorisés du Coran. Reprocher à l'Islam des traits patriarcaux qui ne procèdent pas de sa doctrine relève donc d'un mauvais procès.

L'objection épistémique conduit ensuite à l'objection conceptuelle : Okin commet l'erreur de confondre deux concepts pourtant distincts en « [passant] de la religion à la culture comme si elles étaient interchangeables »[1]. Elle rabat les systèmes de croyances religieux sur les mœurs au travers desquels ils se sont manifestés à une époque donnée dans une société particulière. Or une telle confusion est hautement problématique en ce qu'elle conduit à conférer aux coutumes d'une société l'autorité morale de la religion et à conforter ainsi puissamment le conservatisme social, dans la mesure où toute déviation à l'égard des usages coutumiers s'en trouve interprétée comme un sacrilège. La réduction du religieux au culturel empêche notamment de prendre au sérieux les ressources spécifiques de la religion musulmane pour ménager la possibilité du changement. Al-Hibri valorise en particulier l'absence d'organisation centralisée de l'Islam qui reconnait à chaque croyant le droit à l'*itdjihad* et qui lui permet d'interpréter en conscience le texte sacré sans être soumis à une autorité spirituelle. Par ailleurs, contrairement à ce que soutiennent les *oulémas* conservateurs, l'Islam se distingue par le caractère évolutif de sa jurisprudence et par le caractère inclusif des normes qu'il édicte : l'impératif qui consiste à adapter les préceptes coraniques aux lois et pratiques locales, n'appelle nullement à sacraliser les usages en vigueur mais au contraire à les réformer pour les rendre conformes à l'intérêt public (*mashala*). Une meilleure connaissance de l'Islam doit donc permettre, selon al-Hibri, de « mieux concilier le respect des sentiments religieux et culturels des Musulmans en reconnaissant le caractère sacré des premiers et la flexibilité des seconds »[2].

Enfin, l'enjeu du respect pointe vers la dernière objection d'ordre normatif et politique. Le caractère antireligieux du féminisme d'Okin s'avère éminemment problématique en ce qu'il semble remettre en question certains principes fondateurs des démocraties libérales, à savoir la liberté de conscience et la séparation de l'État et des Églises censée la

1. *Ibid.*, p. 43.
2. *Ibid.*, p. 43.

garantir. Affirmer que les croyantes sont des femmes aliénées, privées de leur autonomie à cause de leur foi, revient à nier leur droit à avoir, en tant qu'agent moral, leurs propres convictions et à suggérer que seules les femmes libérées du joug de la religion sont capables de décider ce qui est bon pour elles. Contre ce jugement condescendant et paternaliste, il importe au contraire de rappeler que « les personnes pieuses ont le droit d'avoir des croyances religieuses, que les féministes sécularisées les approuvent ou non [...] » et à alerter ces dernières sur le fait que « la violation [de ce droit] ne peut que conduire à l'oppression causée par le déni des droits civils fondamentaux »[1]. Au rebours de ce que présupposent les féministes sécularistes, des femmes dotées d'un haut niveau de formation et parfaitement intégrées à la vie sociale, professionnelle et politique peuvent être des croyantes sincères, attachées au respect de leurs devoirs religieux, au travers desquels elles valorisent leur identité de genre. Al-Hibri met en avant l'exemple des musulmanes pieuses qui réinvestissent certains rites religieux pour célébrer le corps des femmes, leurs cycles, leur sexualité, leurs pouvoirs procréatifs[2]. Le préjugé sécularisme nourrit donc l'intolérance quand il conduit les féministes libérales à disqualifier ce type de croyances au nom de leur propre conception de l'émancipation féminine ; envisagé en ces termes, « le libéralisme devient une doctrine sectaire parmi d'autres »[3], incompatible avec le fait du pluralisme tel que John Rawls le définit, c'est-à-dire avec l'existence d'une diversité irréductible des convictions religieuses, métaphysiques et morales qui caractérise les sociétés dotées d'institutions libérales[4].

Au terme de ces analyses, il apparaît que le grand mérite des critiques postcoloniales du féminisme libéral et universaliste est d'avoir contribué à politiser la différence culturelle sur le modèle de la différence de genre. En débusquant les préjugés qui sont à l'œuvre derrière la condamnation des traditions iconiques, elles mettent en évidence la persistance des rapports de force qui structurent les discours disqualifiants portés par les féministes « occidentales » sur les cultures « non occidentales » et le type d'injustices qui en résulte pour leurs membres féminins. Elles invalident de la sorte la thèse discontinuiste qui pousse Okin à séparer nettement le féminisme du

1. A. Y. al-Hibri, « Is Western Patriarchal Feminism Good for Third World/Minority Feminism ? », *in* Susan M. Okin, *Is Multiculturalism Bad for Women ?*, *op. cit*, p. 44.

2. En France, voir Z. Ali, *Féminismes islamiques*, Paris, La Fabrique, 2012 et M. Hamidi, *Un féminisme musulman, et pourquoi pas ?*, Paris, Éditions de l'Aube, 2020.

3. J. Rawls, « Justice as Fairness : Political, Not Metaphysical », *Philosophy and Public Affairs*, vol. 14, n° 3, 1985, p. 246.

4. J. Rawls, *Libéralisme politique*, Paris, Puf, 1993.

multiculturalisme : les minorités ethniques ne forment pas des communautés stables, homogènes et clairement délimitées dont l'identité collective serait établie de façon endogène, indépendamment des rapports sociaux et politiques que ces minorités entretiennent avec la société majoritaire, à la différence des minorités de genre dont l'identité serait essentiellement déterminée par de tels rapports. La leçon principale des critiques postcoloniales est donc d'avoir établi que la signification et la valeur de la « culture » ne sont pas moins des enjeux politiques que la signification et la valeur du « genre ».

L'AMBIVALENCE NORMATIVE DES CRITIQUES POSTCOLONIALES : DÉCONSTRUIRE OU TOLÉRER ?

Suffit-il de politiser la culture pour fonder le féminisme multiculturel ?

Toutefois, bien que la perspective postcoloniale apporte un éclairage décisif aux débats entre féministes et multiculturalistes, elle n'articule pas de position théorique claire pour lever les tensions qui les traversent. Cela tient principalement au fait que les études qui s'inscrivent dans cette perspective poursuivent en priorité un objectif critique – celui de mettre en évidence l'influence persistante modèles culturels hérités de l'époque coloniale – sans que ce travail critique ne vise à formuler des conclusions normatives précises sur la forme que devrait prendre le féminisme multiculturel. Cette limite s'explique par des raisons à la fois disciplinaire et conceptuelle. Les approches postcoloniales se sont en effet développées dans le champ des études culturelles, de la littérature comparée, de l'histoire des groupes subalternes, à partir de références théoriques et d'outils méthodologiques éloignés de l'analyse conceptuelle et normative qui prévaut en théorie politique contemporaine. En outre, elles s'inscrivent dans la dynamique du premier moment du multiculturalisme, dominé par la déconstruction de l'impérialisme culturel, si bien qu'elles prêtent davantage attention aux normes culturelles dominantes qu'à la culture communautaire à laquelle s'intéressent les philosophes du second multiculturalisme.

L'un des effets d'un tel écart s'observe dans la tendance des études postcoloniales à envisager la « culture » comme un équivalent euphémisé de la « race ». Parmi les diverses expressions de l'hégémonie occidentale, le privilège du « Blanc » sur le « Noir », même s'il varie selon les contextes, est sans doute l'un dont les manifestations sociales restent les plus saillantes. Les féministes postcoloniales sont ainsi extrêmement attentives aux processus de racialisation des différences ethniques. C'est ce que fait Leti Volpp lorsqu'elle s'appuie sur le traitement juridique discriminant des mariages précoces pour montrer que les Américains blancs attribuent aux pratiques matrimoniales des citoyens d'origine mexicaine un « caractère pseudo-biologique ». Dans ce type de perspective, la « culture », en tant que différence collective racialisée, fonctionne à la manière du « genre » puisque ces deux catégories désignent des groupes sociaux constitués par l'exposition de leurs membres à des préjugés partagés quant à l'infériorité naturelle de leur « culture » / « race » ou de leur « sexe ». Dans une culture occidentalo-centrée, raciste et sexiste, les normes qui structurent le champ social produisent leurs effets parce qu'elles sont intériorisées tant par les non Occidentaux que les Occidentaux, tant par les Noirs que par les Blancs, tant par les femmes que par les hommes. Il en résulte que les critiques féministes d'inspiration postcoloniale, dans la mesure où elles pensent la « culture » sur le modèle de la « race », ne ménagent guère d'espace théorique pour envisager la culture propre à un groupe ethnique, dont la réalité ne se réduit pas aux rapports de domination sociale qu'elle subit et dont la valeur morale mériterait d'être publiquement reconnue. Dès lors, bien que ces critiques s'avèrent efficaces pour comprendre les processus de domination auxquelles sont exposées les femmes non occidentales, elles semblent mal armées pour prendre en charge l'exigence de reconnaissance multiculturelle.

Une seconde limite tient au fait que, même lorsque les approches féministes et postcoloniales suggèrent des conclusions normatives, celles-ci restent traversées par une tension problématique. Pour la comprendre, il importe d'observer que la grille de lecture de l'impérialisme culturel aboutit à des conséquences en partie divergentes quand elle est appliquée au préjugé ethnocentrique ou au préjugé sécularisme des féministes libérales. D'un côté, ces deux préjugés tirent leur force commune des normes hégémoniques propres aux sociétés postcoloniales et il est nécessaire, pour les corriger, de démonter les mécanismes d'essentialisation que ces normes induisent dans la représentation des femmes non occidentales afin de réhabiliter celles-ci dans leur statut d'agent moral et politique. D'un autre côté, cette réhabilitation suit deux orientations substantiellement différentes selon qu'il s'agit, pour la première, de déconstruire la vision erronée des cultures non occidentales afin de retrouver *in fine* un engagement féministe fondé sur l'égalité de genre ou bien, pour la seconde, de reconnaître la valeur spécifique de la vision communautaire exprimée par ces cultures, quand bien même elle conduirait à renoncer au principe juridique de la non-discrimination sexuelle ou à l'objectif politique de l'émancipation des femmes. Dans ce qui suit, nous montrerons que, pour chacune de ces orientations, les critiques postcoloniales peinent à ouvrir une voie capable de réconcilier le féminisme et le multiculturalisme, dans la mesure où la voie de la déconstruction tend à délégitimer les politiques de reconnaissance, tandis que la voie de la reconnaissance risque de retomber dans l'écueil d'une tolérance pluraliste trop permissive[1].

Déconstruire le préjugé ethnocentrique ou tolérer la valeur des croyances minoritaires ?

La première voie, que représente bien le féminisme postcolonial de Narayan, mise sur la déconstruction de la vision essentialiste des cultures non occidentales pour rapprocher les féministes de tous horizons. En montrant les effets de sape que le préjugé ethnocentrique produit sur les mobilisations féministes en Inde, Narayan invite les féministes occidentales à se méfier des représentations essentialisées et conservatrices de la culture indienne qui font d'elles les alliés objectifs des élites mâles et nationalistes et qui les désolidarisent des luttes menées par les féministes indiennes, depuis leur propre contexte national. Dans cette perspective fédératrice, les féministes occidentales, si elles parviennent à se défaire de leur arrogance ethnocentrique, doivent se retrouver en définitive sur des bases communes avec les « féministes du Tiers-Monde ». Autrement dit, l'objectif de la critique postcoloniale est ici de lever les malentendus culturels qui empêchent les premières de voir qu'elles sont d'accord avec les secondes pour refuser l'instrumentalisation politique des traditions patriarcales et œuvrer à la libération des femmes par elles-mêmes.

Seulement, la stratégie de déconstruction du préjugé ethnocentrique qui caractérise le féminisme postcolonial n'offre guère d'espace théorique pour reconnaître la valeur des différences culturelles, puisqu'elle dispose au contraire à se méfier d'une telle injonction. Narayan reproche ainsi à certaines féministes non occidentales de tomber dans le même travers que les féministes occidentales, lorsqu'elles cherchent à « éviter l'essentialisme de genre en reproduisant des notions essentialistes sur les différences entre cultures occidentales et cultures non occidentale »[2]. La réhabilitation de leur culture et de sa spécificité les conduit à remplacer des généralisations à caractère universel sur les femmes (*universal essentialist generalisations*)

1. Voir, au chapitre I, la critique adressée par Okin à Chandran Kukathas et à William Galston.

2. U. Narayan, « Essence of Culture and a Sense of History », art. cit., p. 89.

par des généralisations à caractère culturel (*culture-specific essentialist generalizations*) sur les femmes noires, latinos, indigènes ou musulmanes, etc., ce qui revient à rejeter le pseudo-universalisme pour adopter des pseudo-particularismes qui procèdent de la même logique essentialisante. Narayan attribue ce défaut à « leur compréhension incomplète du rapport qui articule l'essentialisme de genre à l'impérialisme culturel »[1] :

> L'essentialisme de genre perpétué par les sujets relativement privilégiés, entre autres par les féministes occidentales, est compris comme une forme d'« impérialisme culturel », par lequel les sujets privilégiés ont tendance à construire les « Autres culturels » à leur propre image, en considérant leur situation et leurs problèmes particuliers comme ceux de « toutes les femmes ». Cette explication ne tient pas compte de la propension avec laquelle l'impérialisme culturel procède par le moyen d'une « insistance sur la différence », d'une projection de différences imaginaires qui constituent l'Autre comme Autre, plutôt que par « l'insistance sur la similitude ». Chez ceux qui ne voient pas que l'impérialisme culturel implique les deux sortes de problèmes, les efforts pour éviter le Scylla de la Similitude aboutissent souvent à des raisonnements qui retombent dans le Charybde de la Différence[2].

Le féminisme postcolonial, s'il ne veut pas retomber dans l'essentialisme culturel qu'il condamne par ailleurs, doit donc rester attentif à la double dynamique de l'impérialisme culturel qui homogénéise tout en stéréotypant et qui fait fonctionner ensemble « l'insistance sur la similitude » et « l'insistance sur la différence ». Dès lors, si la différence culturelle n'est que l'ombre portée de la norme hégémonique dictée par les dominants, sa réhabilitation, au sein des luttes féministes, court toujours le risque de renforcer l'hégémonie culturelle, au lieu de l'affaiblir. Cette « différence » doit donc être déconstruite plutôt que reconnue.

C'est la raison pour laquelle les féministes postcoloniales tendent à se méfier du multiculturalisme, que celui-ci s'institutionnalise sous la forme de droits culturels ou sous celle de politiques destinées à valoriser publiquement les cultures minoritaires. Il en résulte que le féminisme postcolonial aboutit paradoxalement aux mêmes conclusions pratiques que le féminisme libéral/universaliste, quoique sur la base de raisonnements différents. Comme le fait remarquer Ayelet Shachar :

> Cette convergence s'explique parce que la féministe postcoloniale a finalement bien du mal à trouver une bonne raison pour justifier

1. U. Narayan, « Essence of Culture and a Sense of History », art. cit., p. 89.
2. *Ibid.*

> l'accommodement de la diversité culturelle ou religieuse – signe distinctif du multiculturalisme – étant donnée sa crainte que de tels accommodements ne se transforment en épée à double tranchant, reconstituant toute personne "différente" comme moins égale que les autres [1].

La critique postcoloniale de l'essentialisme culturel ne vise donc pas seulement le féminisme libéral; elle porte également contre le projet politique du multiculturalisme libéral dont les effets émancipateurs lui paraissent contestables. Aux yeux des féministes postcoloniales, la valorisation publique des différences ne garantit nullement la libération des femmes minoritaires à l'égard des normes hégémoniques qui pèsent sur eux, mais risque au contraire de les réactiver en se contentant d'inverser le stigmate.

La seconde voie ouverte par les critiques postcoloniales est celle des féminismes à base religieuse (*faith-based feminisms*), comme celui que défend al-Hibri contre Okin. Cette voie entretient un rapport de proximité et de distance avec la première. Elle s'en rapproche en ce qu'elle dépend, elle aussi, d'une démarche de déconstruction des représentations dominantes qui, en l'occurrence, font obstacle à la compréhension des expressions religieuses du féminisme. La vision dégradée de la religion que le préjugé sécularisté nourrit dans l'esprit des féministes libérales les empêche en effet de prendre au sérieux les lectures féministes du Coran ou de la Bible, étant donné que ces féministes considèrent l'obéissance à Dieu comme la matrice première de la domination masculine, comme la source privilgiée de la sacralisation des rôles d'épouse ou de mère et, par suite, de l'ordre patriarcal. Or, c'est précisément ce que contestent les féministes croyantes qui, comme Amina Wadud[2] pour l'islam ou Martha Nussbaum[3] pour le judaïsme, font valoir l'égalité des hommes et des femmes sur la base d'une interprétation hétérodoxe des textes religieux et offrent une base théologique à la critique du patriarcat. Dans le cas du féminisme à caractère religieux, comme dans celui du féminisme du Tiers-Monde chez Narayan, le travail de déconstruction peut donc viser à lever les malentendus qui empêchent les féministes athées et croyantes de s'entendre, alors qu'elles partagent des principes et des objectifs communs, à savoir l'égalité de genre et l'émancipation des femmes.

1. A. Shachar, « Feminism and Multiculturalism », *op. cit.*, p. 125.
2. A. Wadud, *Qur'an and Woman. Rereading the Sacred text from a Woman's Perspective*, New York, Oxford University Press, 1999; *Inside the Gender Jihad. Women's Reform in islam*, Oxford, Oneworld Publications, 2006.
3. M. C. Nussbaum, « A Plea for Difficulty », *in* Susan M. Okin, *Is Multiculturalism Bad for Women?*, *op. cit.*, p. 105-114.

Seulement, la démarche qui consiste à refonder le féminisme sur des bases religieuses est aussi susceptible de s'éloigner de tels principes et objectifs. En effet, les féminismes à caractère religieux ne s'expriment pas seulement au sein des courants libéraux des religions instituées, où les dogmes sont réinterprétés et les traditions revisitées en conformité avec le principe de non-discrimination sexuelle. Ils s'inscrivent aussi dans les courants traditionalistes ou fondamentalistes au sein desquels les femmes manifestent un attachement profond aux symboles et aux rites qui, comme ceux qui touchent à la fertilité des femmes et à leurs pouvoirs procréatifs, confèrent un sens métaphysique et une valeur sacrée à leur identité sexuelle. Or, la portée *féministe* d'une telle réappropriation *féminine* de la religion perd de son évidence à partir du moment où elle fonde la dignité morale respective des femmes et des hommes sur la complémentarité supposée des deux sexes, inscrite dans la Création. Le principe de non-discrimination sexuelle n'est-il pas invalidé quand la différence sexuelle est ainsi interprétée comme une norme naturelle sacrée ? L'émancipation des femmes n'est-elle pas compromise quand les rôles genrés sont interprétés comme l'expression de la volonté divine, plutôt que d'être reconduits aux facteurs sociaux et culturels de leur formation ? Même s'il est indéniable que l'identité de « femme » ainsi comprise peut être la source d'expériences épanouissantes pour les croyantes – qu'une telle identité soutienne la reconnaissance de leur dignité morale, qu'elle renforce leur estime personnelle ou qu'elle serve de vecteur à la solidarité féminine – il reste problématique que la féminité soit ainsi investie par l'autorité divine d'une valeur éminente dans la conduite de l'existence individuelle. La notion d'une égalité de genre pensée dans les termes de la complémentarité prend alors tous les aspects d'un piège qui réduit dangereusement la marge de manœuvre dont disposent les croyantes pour contester les rôles que les religions traditionalistes ou fondamentalistes leur prescrivent[1].

Ces difficultés suggèrent que la voie ouverte par la critique du préjugé sécularisteі des féministes libérales rencontre un type de problèmes auquel n'est pas confrontée la voie privilégiant la déconstruction du préjugé ethnocentrique, car elle oblige à affronter l'existence de désaccords moraux profonds sur l'interprétation légitime qu'il convient de faire du principe de l'égalité de genre. À ce titre, la critique du préjugé sécularisteі,

1. S. Mestiri, *Décoloniser le féminisme*, Paris, Vrin, 2016, chapitre III : « Décoloniser Fat(i)ma. Le féminisme musulman occidental. Pourquoi (faire) ? ».

bien qu'elle conteste le caractère hégémonique des normes associées à un mode de vie émancipé de la tutelle religieuse, s'éloigne du paradigme de l'anti-impéralisme culturel à partir du moment où elle convoque également l'acception communautaire de la « culture », entendue comme une vision partagée du monde et de la vie bonne, dotée d'une valeur propre. Ce type de critique se rapproche en effet des théories qui, à partir du second multiculturalisme, tendent à envisager le pluralisme culturel sous l'angle du pluralisme axiologique. Tolérer la valeur de la culture peut alors prendre les deux formes que nous avons analysées dans le premier chapitre, à savoir celle d'un libéralisme de l'autonomie individuelle qui reconnaît la valeur des appartenances culturelles pour autant qu'elles se conforment à ce principe fondamental, ou bien celle d'un libéralisme pluraliste fondé sur la liberté de conscience, lequel exige le respect des traditions religieuses pour autant qu'elles se fondent sur l'adhésion des croyants. La première forme de tolérance s'applique aisément aux courants libéraux du féminisme religieux, puisque leur réinterprétation égalitaire des textes sacrés poursuit le même objectif d'émancipation des femmes que les féministes libérales, pourvu que les malentendus entre les croyantes et les athées aient été levés ; la seconde forme implique en revanche d'accepter des croyances et des traditions qui soulèvent des désaccords profonds sur la signification et la valeur des identités de genre et qui peuvent légitimer *in fine* l'acceptation de pratiques patriarcales au motif que les femmes y auraient consenti par respect de leurs convictions religieuses.

Cette forme pluraliste de la tolérance révèle donc l'ambiguïté normative qui grève les approches postcoloniales. Elle souligne que l'entreprise critique de dés-essentialisation des cultures ne suffit pas en tant que telle à lever tous les malentendus susceptibles d'advenir entre les femmes aux origines culturelles diverses. La correction des erreurs liées à la méconnaissance des traditions que les minoritaires veulent préserver ne garantit aucunement que les désaccords moraux suscités par ces traditions seront dépassés. Il se peut que, même correctement comprises, même contextualisées, les traditions auxquelles les membres féminins des minorités se disent sincèrement attachés leur soient dommageables. Comment décider, le cas échéant, du juste traitement qu'il convient d'accorder à ce type de pratiques sociales ? Faut-il considérer qu'un féminisme libéral éclairé par la critique postcoloniale est fondé à exiger leur interdiction ? Ou faut-il préférer la tolérance et les autoriser au motif qu'elles prennent sens dans un système de valeurs différent, en dépit du fait qu'il cautionne l'inégalité de genre[1] ? D'un « féminisme » post-sécularisme à l'autre, la réponse est susceptible de varier et peut aboutir à des conclusions inégalement acceptables. Les critiques postcoloniales du féminisme « occidental » soulèvent, à cet égard, autant de difficultés qu'elles n'en résolvent, ce qui requiert d'en clarifier les conséquences normatives.

1. Ce type de difficulté devient patent dans les objections que les féministes croyantes ont adressées au parti pris sécularisme d'Okin. Al Hibri reproche ainsi à Okin de caricaturer les *religions* minoritaires en les associant à des traditions qui sont surtout *culturelles*, ce qui la conduirait à négliger le potentiel féministe des textes sacrés (comme dans le récit coranique des origines où l'homme et la femme sont créés égaux, contrairement au récit de la Genèse). Or l'analyse philosophique des féminismes musulmans suggère que certaines tendances sont lourdes d'ambiguïtés quand elles reformulent le principe d'*égalité de genre* sous la forme d'un principe de *complémentarité entre hommes et femmes* qui tente, sans y parvenir, de faire disparaître la verticalité de la hiérarchie sous l'horizontalité de la différence. Voir S. Mestiri, *Décoloniser le féminisme*, *op. cit.*

DEUXIÈME PARTIE

COMMENT LE FÉMINISME PEUT-IL ÊTRE MULTICULTUREL ?

Le parcours mené dans la première partie a permis d'ouvrir l'espace théorique propre à la position normative du « féminisme multiculturel », laquelle vise à concilier deux exigences distinctes. D'un côté, le féminisme multiculturel défend l'égal respect dû aux femmes et partage, de ce fait, les inquiétudes que suscitent, chez les féministes libérales, les droits culturels et les formes de tolérance liberticides pour les femmes que nous avons détaillées dans le premier chapitre. De l'autre, il affirme la légitimité de la reconnaissance multiculturelle, refusant de la juger d'emblée moralement conservatrice et politiquement nocive pour les femmes. En ce sens, le féminisme multiculturel assume le double héritage, critique et normatif, des théories de la citoyenneté inclusive et différenciée examinées dans le deuxième chapitre. L'importance qu'il accorde à la protection des cultures minoritaires se combine avec une attention aiguë à l'égard des normes hégémoniques qui pèsent sur la perception de leur « différence ».

Cela conduit ce type de féminisme à rétablir une continuité sociologique entre le groupe social des femmes et les minorités ethniques, après la rupture induite par la critique d'Okin. On peut en effet reprocher à celle-ci de tomber dans le travers symétrique à celui de Kymlicka : de même que le philosophe canadien prétend rectifier les inégalités entre groupes culturels tout en négligeant la propension des droits culturels à renforcer les inégalités qui existent en leur sein, Okin se préoccupe du sort des « minorités au sein de la minorité » sans prêter suffisamment attention aux effets disqualifiants que le regard ethnocentrique de la majorité culturelle produit sur les minorités ethniques. Or, du point de vue du féminisme multiculturel, il importe de tenir ensemble la critique des inégalités intraculturelles et celle des inégalités interculturelles. À défaut d'intégrer ces deux dimensions, le féminisme libéral en vient inévitablement à cautionner des politiques assimilationnistes qui aggravent le sort des femmes dont il prétend défendre la cause.

L'un des caractères distinctifs des théoriciennes que l'on peut rattacher au féminisme multiculturel tient donc à leur souci de prendre au sérieux, à la différence du féminisme libéral, le caractère politique de la différence culturelle de type ethnique. Toutes partent du constat que celle-ci résulte, tout autant que l'identité de genre, d'un processus de construction des frontières symboliques entre groupes, largement déterminées par les inégalités sociales et politiques. Si leur travail est à cet égard largement redevable au féminisme postcolonial, leur ambition normative les place toutefois devant une difficulté qui leur est propre et que les perspectives critiques abordées dans le troisième chapitre tendent à éluder. Les féministes multiculturelles doivent en effet soutenir simultanément que la différence ethnique est l'effet exogène et contingent d'un rapport social inégalitaire *et* que l'appartenance à une communauté culturelle possède une valeur morale spécifique méritant d'être protégée. Autrement dit, il leur revient d'opérer une synthèse entre la déconstruction de la différence assignée et la reconnaissance publique de la différence revendiquée.

Dans les trois chapitres suivants, nous nous proposons d'examiner les grandes approches théoriques qui ont cherché à élaborer une telle synthèse en suivant trois voies différentes, celle d'une *transformation institutionnelle*, celle d'une *réforme conceptuelle* et celle d'une *enquête délibérative*. Notre examen vise à restituer dans leur détail la démarche argumentative qui structure ces trois synthèses tout en identifiant leurs limites respectives. Il s'agira de montrer que les deux premières voies, bien qu'elles s'efforcent utilement de corriger les préjugés du féminisme libéral que nous avons identifiés dans le chapitre précédent, échouent malgré tout à réaliser une synthèse stable entre l'égalité de genre et la reconnaissance multiculturelle, et ce pour des raisons inverses. D'un côté, nous verrons comment la voie de la transformation institutionnelle se propose de corriger le préjugé sécularisté du féminisme libéral : cette approche, parce qu'elle refuse d'imposer aux femmes qui appartiennent à des communautés conservatrices d'avoir à choisir entre leurs droits ou leur culture, prétend leur donner les moyens institutionnels de transformer celles-ci de l'intérieur. Nous soutiendrons que cette approche, à cause de la vision excessivement moralisée de l'appartenance communautaire qu'elle adopte, en vient à céder trop de pouvoir aux minorités. D'un autre côté, nous montrerons comment la voie de la réforme conceptuelle privilégie pour sa part la déconstruction du préjugé ethnocentrique, en questionnant les idées reçues de la majorité sur l'autorité morale que les minoritaires accorderaient à leurs traditions. Nous soutiendrons alors que cette approche, parce qu'elle établit un rapport excessivement individualisé à la culture, conduit, à l'inverse de la première, à ne pas accorder suffisamment de protection aux minorités. Le dernier chapitre s'attachera à dépasser ce double échec en examinant les vertus de la troisième synthèse, celle du féminisme multiculturel ayant suivi la voie de la délibération démocratique.

CHAPITRE IV

FÉMINISME MULTICULTUREL I
LA SYNTHÈSE INSTITUTIONNELLE DE L'ACCOMMODEMENT TRANSFORMATEUR

La première synthèse compte sur le compromis institutionnel que l'État devrait établir avec les minorités pour neutraliser les effets oppressifs des politiques multiculturelles sur les femmes. Elle a été défendue de façon approfondie et détaillée par la politiste et juriste canado-israëlienne Ayelet Shachar. Sa démarche se distingue à double titre. D'un point de vue méthodologique, Shachar propose de fonder le féminisme multiculturel sur un changement de perspective qui renonce « aux débats interminables sur la "culture" (lesquels sont évidents dans les désaccords qui opposent les féministes libérales et les féministes postcoloniales) pour s'engager dans l'analyse critique des dimensions politiques et juridiques du multiculturalisme et de la citoyenneté qui sont susceptibles de peser massivement sur les conditions de vie des femmes »[1]. Plutôt que de réfléchir abstraitement à la signification et à la valeur de la « culture », il importe, selon elle, d'observer de près le traitement institutionnel des groupes qui réclament des accommodements juridiques en vue de préserver leurs pratiques culturelles. Une telle approche s'intéresse donc moins au problème posé par l'articulation de principes apparemment contradictoires qu'aux difficultés pratiques qui naissent de la répartition de pouvoirs dans une société multiculturelle. Shachar estime que les théoriciens libéraux du multiculturalisme ont négligé ces difficultés à cause de leur perspective déontologique. Celle-ci les a conduit à privilégier la question des principes fondateurs de la citoyenneté multiculturelle sans prendre en considération « la façon dont les changements dans la

1. A. Shachar, « Feminism and Multiculturalism », *op. cit.*, p. 129.

division de l'autorité au sein de l'État multiculturel affectent l'individu »[1], notamment quand les accommodements se traduisent par l'octroi d'une plus grande autonomie aux minorités qui entraîne la pluralisation des autorités juridictionnelles auxquels l'individu est soumis. Shachar reproche ainsi premières théories d'avoir « complètement négligé les questions relatives aux dimensions institutionnelles du pouvoir et aux limites de l'autorité, qui sont fondamentales en philosophie politique »[2]. Adopter une perspective institutionnelle sur les politiques d'accommodement, sensible aux effets de la distribution du pouvoir, oblige notamment à réviser un des aspects centraux de leur justification libérale, à savoir l'argument selon lequel on pourrait dissocier leur fonction de « protection externe » contre l'assimilation culturelle et le risque de « restrictions internes » pour les minorités au sein de la minorité[3].

D'un point de vue normatif, la synthèse qu'élabore le féminisme multiculturel de Shachar se présente ainsi comme une version du féminisme libéral amendée en un sens réaliste, dans la mesure où l'attention qu'elle porte au fonctionnement des institutions plutôt qu'à la cohérence des principes lui permet d'affiner le diagnostic critique d'Okin et de proposer un remède mieux adapté à la situation spécifique des femmes de culture minoritaire. Car si Okin a raison de s'inquiéter du risque de restrictions de liberté que les droits culturels font peser sur ces femmes, elle a tort de s'en remettre à l'intervention de l'État libéral pour prévenir ce risque. La voie de l'« accommodement transformateur » que défend Shachar mise au contraire sur la gouvernance conjointe, c'est-à-dire sur le partage de l'autorité juridictionnelle entre l'État et les minorités, pour accorder à celles-ci l'autonomie qu'elles revendiquent tout en les incitant à se conformer à la norme de l'égalité de genre.

Ce chapitre vise à restituer la logique qui structure cette synthèse de type institutionnel afin d'en souligner les forces et les faiblesses. La première section exposera la méthode suivie par Shachar pour dégager le « paradoxe de la vulnérabilité multiculturelle » et reformuler la critique féministe des droits culturels sans dépolitiser les relations entre majorité et minorités. La deuxième section expliquera l'incapacité du féminisme libéral à surmonter un tel paradoxe tant qu'il reste enfermé dans la logique dichotomique qui envisage de façon exclusive les juridictions – étatique

1. A. Shachar, *Multicultural Jurisdictions*, *op. cit.*, p. 6.

2. *Ibid.*, p. 10.

3. Sur ce présupposé de « l'indépendance » entre l'autonomie accordée aux minorités et leur caractère illibéral, voir D. Weinstock, « Beyong exit rights », *in* A. Eisenberg, J. Spinner-Halev (dir.), *Minorities within Minorities*, *op. cit.*, p. 227-246.

et communautaire – dont relèvent les femmes de culture minoritaire. La troisième section analysera la solution proposée par Shachar pour sortir de cette impasse grâce au partage de l'autorité juridictionnelle, en développant un nouveau modèle de gouvernance conjointe, celui de l'« accommodement transformateur ». La dernière section examine les limites d'un tel dispositif dont la capacité à mettre en œuvre une politique multiculturelle fondée sans ambiguïté sur l'égalité de genre peine à convaincre.

« MES DROITS OU MA CULTURE », UN DILEMME POLITIQUEMENT IMPOSÉ ET MORALEMENT INACCEPTABLE

Le paradoxe de la vulnérabilité multiculturelle, conséquence du culturalisme réactif

Partant du même constat qu'Okin, Shachar ne se contente pas d'observer l'existence de tensions entre les objectifs politiques du féminisme et les droits culturels ; elle y voit la manifestation d'un paradoxe constitutif aux accommodements juridiques que l'État accorde aux minorités culturelles. Ce paradoxe est celui de « la vulnérabilité multiculturelle ». Il découle du constat que « des individus à l'intérieur du groupe peuvent être affectés par les réformes mêmes qui sont faites pour améliorer leur statut en tant que membre de ce groupe au sein d'un État accommodateur, multiculturel »[1]. Si les multiculturalistes canadiens ont négligé ce paradoxe, c'est qu'ils se sont intéressés au premier chef aux minorités nationales qui, à l'instar des Québécois, partagent le mode de vie libéral de la majorité. Ceci les a conduit à ne pas prendre suffisamment au sérieux le fait que les accommodements culturels sont aussi, et bien plus souvent, réclamés par les minorités ethno-religieuses qui contestent un tel mode de vie. Or, dans ce cas, les revendications procèdent de ce que Shachar désigne par l'expression de « culturalisme réactif » (*reactive culturalism*), à savoir une réaction qui se traduit par « une adhésion stricte aux lois, aux normes et aux pratiques traditionnelles propres à l'identité d'un groupe, en tant qu'elles forment une composante essentielle de sa résistance aux forces extérieures de changement, tels que le sécularisme ou la modernité »[2]. Le culturalisme réactif pousse ainsi certains groupes à afficher publiquement un attachement fort à leur « *nomos* », c'est-à-dire à l'ensemble des symboles, des récits fondateurs et des pratiques collectives qui donne

1. A. Shachar, *Multicultural Jurisdictions*, *op. cit.*, p. 3.
2. *Ibid.*, p. 34.

sens à leur système de règles juridiques et en conditionne l'interprétation[1]. Ceux que Shachar désigne par l'expression de « *nomoi* groupes » (*nomoi groups*)[2] renvoient « principalement [aux] groupes de personnes définis sur une base religieuse qui partagent une vision compréhensive du monde qui s'étend au fait d'édicter une loi pour la communauté"[3] ». Toutefois, même si la notion de *nomoi* groupe mêle étroitement la religion et la culture dans sa conception du lien communautaire, puisqu'elle envisage les normes religieuses comme le substrat d'une forme de vie commune, Shachar ne la limite pas aux minorités religieuses et considère qu'elle s'applique aussi à des groupes qui se définissent sur une base ethnique ou tribale, du moment que ceux-ci revendiquent également le droit de donner une expression juridique à leur vision particulière du monde.

L'analyse du culturalisme réactif présente l'avantage de partir d'emblée du caractère politique des demandes d'accommodement. L'identité collective pour laquelle ces groupes réclament une protection juridique n'est pas établie de façon indépendante, par constitution endogène ; elle reflète au contraire le rapport de force dans lequel ils sont pris : « le culturalisme réactif n'est tant la simple expression d'une culture pure et intacte que le résultat d'une interaction culturelle qui a déjà eu lieu et dans laquelle l'État a également joué un rôle »[4]. Ce rôle se caractérise principalement, selon Shachar, par les pressions à la sécularisation que l'État moderne exerce sur l'ensemble de ses citoyens. Face à ces pressions, trois réactions sont observables de la part des minorités, d'abord celle de « l'assimilation complète » où, par l'abandon progressif de la pratique religieuse et par les mariages mixtes, les minoritaires se conforment au mode de vie dominant et se fondent dans une société sécularisée, ensuite celle du « particularisme limité » qui consiste à préserver ses spécificités religieuses et culturelles dans le cadre de la sphère privée sans remettre en cause le primat des normes dominantes dans l'espace public et enfin, celle du « culturalisme réactif », où le groupe refuse de se plier aux normes d'une société sécularisée et, par réaction, affirme sa volonté de préserver ses propres traditions. L'État peut alors décider de laisser une autonomie relative à ces groupes réactionnaires en leur déléguant certains pouvoirs. Dans ce cas, l'idée selon laquelle il renoncerait à intervenir dans leurs affaires est trompeuse : « le choix n'est pas entre l'intervention et la

1. R. Cover, « The Supreme Court 1982 Term, Forward : *Nomos* and Narrative », *Harvard Law Review* 97, 1983, p. 4-68.

2. Dans ce qui suit, nous traduirons *nomoi groups* par groupes réactionnaires.

3. A. Shachar, *Multicultural Jurisdictions*, *op. cit.*, p. 2.

4. *Ibid.*, p. 36.

non-intervention, car les groupes réactionnaires réagissent toujours aux effets du pouvoir étatique, même quand ils revendiquent un isolement complet »[1].

Cette observation historique jette une lumière différente sur le caractère « traditionnel » de ces minorités de type ethno-religieux : loin d'incarner les traces résiduelles d'un passé révolu, un archaïsme voué à disparaître à la faveur de la modernisation sociale et politique, les groupes réactionnaires doivent être envisagés comme des produits de l'action exercée par l'État-nation moderne sur les minorités. L'identité de ces groupes est donc réactive en un double sens, en tant qu'elle se forme par un processus de résistance à l'assimilation et en tant que l'autonomie juridictionnelle qui autorise certains groupes à préserver leur culture dépend intégralement d'une décision étatique. Or, c'est à partir de cette réaction politique qu'apparaît le paradoxe de la vulnérabilité multiculturelle :

> Les groupes qui ont adopté la voie réactive semblent être les meilleurs candidats pour les droits différenciés, parce qu'ils sont « différents » et font publiquement part de leur souhait de bénéficier d'accommodements officiels et sans compromis. Pourtant ce sont précisément les groupes identitaires qui sont le plus susceptibles d'abuser du multiculturalisme[2].

En effet, les groupes ayant suivi la voie de l'assimilation ou celle du particularisme limité ne réclament pas d'autonomie juridictionnelle sauf dans les cas des minorités nationales libéralisées comme les Québécois – qui ne sont pas problématiques d'un point de vue féministe. Le paradoxe de la vulnérabilité multiculturelle émerge dans les groupes qui refusent de se conformer aux normes juridiques de l'État démocratique sécularisé. Dans leur cas, l'autonomie juridictionnelle que l'État leur concède conduit *de facto* à officialiser le pouvoir des élites conservatrices sur les membres du groupe et renforce de la sorte ses tendances illibérales.

L'analyse institutionnelle évite par conséquent d'isoler les minorités de leur contexte politique de formation, contribuant à mieux cerner les risques qui découlent de leur reconnaissance publique. En les replaçant dans la dynamique du culturalisme réactif, Shachar met notamment en évidence la fragilité de la distinction établie par Kymlicka entre les « protections externes » et les « restrictions internes ». Contrairement à ce qu'affirme Kymlicka, ces deux facettes de l'accommodement ne sont pas indépendantes l'une de l'autre ; elles sont au contraire étroitement liées à la résistance de certains groupes à l'assimilation, d'où le paradoxe constitutif

1. *Ibid.*, p. 40.
2. *Ibid.*, p. 37.

des droits culturels : accorder davantage de pouvoir à des groupes dont la raison d'être est à se démarquer ouvertement de la modernité politique, revient à abandonner leurs membres aux mains d'élites conservatrices.

Les femmes au cœur du paradoxe de la vulnérabilité multiculturelle

La dimension féministe de l'approche de Shachar a partie liée avec la perspective institutionnelle qu'elle adopte. À la suite d'Okin, elle approfondit l'observation selon laquelle les demandes d'accommodement se concentrent souvent sur les questions familiales relatives au mariage, à la filiation, au divorce, à la garde des enfants. Le droit de la famille offre à cet égard un domaine d'études privilégié pour la philosophie politique, en ce qu'il représente le type d'institution où « souvent, le paradoxe du multiculturalisme frappe le plus les esprits »[1]. C'est à ce niveau qu'on peut constater que l'autonomie juridictionnelle laissée aux minorités se traduit directement par des dispositions juridiques sexuellement discriminatoires, particulièrement défavorables aux femmes. Pour expliquer cette corrélation, Shachar s'appuie sur une analogie éclairante entre le droit de la famille et le code de la nationalité. Ces deux types de normes juridiques remplissent en effet la même fonction de protection des frontières du groupe (*gatekeeping function*), puisque l'une et l'autre permettent de contrôler l'accès au statut de membre, respectivement, du groupe minoritaire et de la communauté nationale. Elles confèrent toutes deux le pouvoir éminemment politique de disposer de ce que Michaël Walzer nomme le « bien de l'appartenance »[2], au sens où, dans les deux cas, le pouvoir en jeu réside dans la capacité à donner une signification à l'identité du groupe en décidant des modalités de l'attribution du statut de membre. Les femmes des minorités ethno-religieuses sont tout particulièrement soumises à la pression de cet enjeu de définition souveraine de la culture commune. Dans la mesure où elles mettent au monde et élèvent les nouveaux membres de la communauté, elles jouent, aux yeux des élites réactionnaires, un rôle essentiel dans la reproduction et la perpétuation de cette culture, ce qui explique les diverses formes de contrôle que ces dernières cherchent à exercer sur la vie des femmes en gardant la main sur le droit familial.

À ce titre, les restrictions que le droit familial religieux impose aux femmes ne sont pas les effets contingents des politiques d'accommodements ; elles leur sont intrinsèquement liées. Pour clarifier ce point,

1. A. Shachar, *Multicultural Jurisdictions*, *op. cit.*, p. 11.

2. M. Walzer, *Sphères de justice. Une défense du pluralisme et de l'égalité*, Paris, Seuil, 1997. Chapitre I.

Shachar distingue deux types de situations de violation de l'égalité de traitement entre citoyens, liées aux accommodements. Dans la situation A, la délégation de pouvoir au groupe minoritaire lui permet de prendre ses propres décisions dans certains domaines, ce qui peut provoquer des torts significatifs pour une partie de ses membres. Par exemple, si l'État américain délègue aux tribus amérindiennes la compétence sur la gestion de leurs ressources et si certaines en profitent pour autoriser l'ouverture de casinos sur leur territoire, dérogeant ainsi au droit fédéral, il en résultera une inégalité de traitement entre les membres des tribus et les autres citoyens américains qui peut s'avérer dommageable pour les premiers. En effet, les Indiens qui subiront les conséquences de l'addiction aux jeux auraient été mieux protégés s'ils étaient toujours placés sous le régime juridique du droit fédéral. Mais dans ce cas, la violation de l'égalité de traitement reste « secondaire » (*incidental in-group violation*), au sens où « les justifications qui ont présidé à l'adoption de cette décision ne sont pas dictées par la tradition établie dans le groupe, parce que le fait d'offrir des opportunités de jeu ne tombe pas sous le coup de l'impératif de préservation identitaire dicté par le *nomos* du groupe »[1]. Il en va tout autrement quand, dans la situation B, un groupe réclame le contrôle des affaires familiales afin de préserver les normes fondatrices de l'appartenance au groupe et de se conformer à l'interprétation stricte de son *nomos*. « Ce qui est admis dans cette seconde situation, ce n'est pas qu'une question politique, d'abord ouverte, soit ensuite résolue par les mécanismes de décision du groupe. Au lieu de cela, un "texte" clairement défini de pratiques sociales et de normes légales est gratifié d'une autorité officielle »[2]. Ce qui distingue cette seconde situation de la première réside dans la caution juridique que l'État accommodateur accepte de donner à la position socialement et légalement désavantageuse assignée par la tradition officielle d'un groupe à une catégorie de ses membres, sans que cette tradition ne soit soumise à discussion au sein du groupe.

> Dans de telles conditions, le tort disproportionné que subit à l'intérieur du groupe une partie (seulement) de ses membres est directement lié aux modalités externes grâce auxquelles l'État accommode les groupes réactionnaires. Aussi, dans la situation B, est-il erroné de considérer que les dimensions externes et internes de l'accommodement multiculturelles sont distinctes[3].

1. *Ibid.*, p. 48.
2. *Ibid.*, p. 49.
3. M. Walzer, *Sphères de justice. Une défense du pluralisme et de l'égalité*, *op. cit.*, p. 49.

Le domaine du droit de la famille présente donc l'intérêt de mettre en évidence le caractère systémique des violations internes liées aux accommodements (*systemic in-group violations*). Dans la mesure où les groupes réactionnaires assignent aux femmes le rôle de gardiennes de la tradition, le contrôle exercé sur leur vie est justifié au nom de la préservation de ce qui fait l'identité du groupe. La vulnérabilité des femmes qu'engendre la délégation juridique des affaires familiales à la minorité n'a donc rien d'accidentel, mais procède directement de l'autorisation concédée par l'État aux élites du groupe de protéger l'interprétation conservatrice et sexuellement discriminante de leur *nomos*.

Shachar donne une illustration du paradoxe de la vulnérabilité multiculturelle dans le contexte israélien, où le droit familial est pris en charge par les tribunaux rabbiniques, avec le cas emblématique de l'*agunah*. Ce terme hébreu, tiré de l'halakha[1], renvoie au statut de la femme « enchaînée » à son mari. Dans la religion juive, le mariage repose sur un contrat privé entre époux que ceux-ci peuvent décider de rompre, mais de façon inégale, puisque la femme a besoin d'obtenir le *get* de son mari pour mettre un terme à leur union. Lorsque ce dernier refuse de l'accorder, l'épouse reste unie à son époux aux yeux de la loi juive, ce qui interdit à la première de se remarier et fragilise le statut des enfants qu'elle pourrait avoir en dehors de son mariage. Le cas de l'*agunah* présente un double intérêt. D'un côté, la Loi juive offre un exemple emblématique du rôle privilégié que les femmes jouent dans la préservation de l'identité du groupe, notamment parce que, dans le judaïsme, l'appartenance à la communauté est déterminée par la filiation matrilinéaire. De l'autre, l'évolution de cette tradition est représentative des effets négatifs du culturalisme réactif sur les femmes, puisqu'on voit clairement que la place éminente dévolue aux femmes dans la religion juive ne se traduit pas par le renforcement de leur pouvoir au sein d'un groupe religieux orthodoxe mais les expose paradoxalement à davantage de restrictions. En effet, alors que les autorités halakhiques avaient traditionnellement institué divers garde-fous pour corriger l'asymétrie de pouvoirs entre époux dans la procédure de divorce, en adoptant des lectures non strictes de la Loi juive, le regain de l'orthodoxie juive, en réaction à la sécularisation de l'État et de la société, a mis un terme à cette souplesse interprétative et aux innovations légales qu'elle rendait possible. Il en a résulté des difficultés accrues pour les femmes juives dont les maris abusent de leur position pour les empêcher de se remarier, de bénéficier de conditions avantageuses de divorce et de

1. L'Halakha, ou « Loi juive », désigne le corpus de lois religieuses établi à partir de la tradition orale et écrite de la Torah.

droits de garde et plus largement pour exercer sur elles diverses formes de chantage. Le raidissement de l'orthodoxie juive autour de la tradition de l'*agunah*, brandie comme le symbole de l'authenticité juive, a d'autant plus accru la vulnérabilité de ces femmes qu'il s'est accompagné d'un déclin des pratiques sociales qui, au sein de la communauté, avaient jusqu'ici offert des formes de médiations pour neutraliser l'inégalité de pouvoir entre les époux.

L'analyse du paradoxe de la vulnérabilité multiculturelle constitue une contribution importante au débat entre féministes et multiculturalistes. Il confirme et systématise les doutes d'Okin sur le caractère antiféministe des droits culturels sans tomber dans l'écueil de l'essentialisme. Faisant écho aux critiques de Narayan, Shachar regrette ainsi explicitement qu'« Okin attribue les déséquilibres entre les hommes et les femmes à "certains aspects du *contenu* des cultures minoritaires", en minimisant de façon plutôt surprenante tant le contexte que l'histoire, ainsi que les processus de contestation interne et d'interaction entre communautés »[1]. Là où Okin adopte une vision excessivement culturaliste et essentialisée de la discrimination sexuelle dans les minorités culturelles, Shachar en donne une explication centrée sur leurs interactions avec l'État et sur les effets de l'asymétrie de leurs positions politiques. Ce changement de perspective possède le mérite d'intégrer dans l'analyse féministe l'objection postcoloniale qui reprochait aux féministes libérales de politiser la différence de genre tout en dépolitisant la différence culturelle : l'analyse du culturalisme réactif met au contraire clairement en évidence l'influence déterminante du contexte politique et des rapports de force qui en découlent sur la construction de la « différence » des minoritaires.

Sortir des impasses de la logique dichotomique

Adopter une perspective institutionnelle pour poser correctement le diagnostic de la vulnérabilité multiculturelle permet aussi de comprendre l'insuffisance de la solution qui consiste à réaffirmer, contre les dérives communautaires de la tolérance multiculturelle, le principe de l'égalité de genre de façon abstraite et universelle. Or c'est précisément ce choix d'une « citoyenneté ré-universalisée » que défend Okin lorsqu'elle rappelle que toutes les femmes devraient jouir du même statut légal que l'ensemble des citoyens et que, par conséquent, l'égalité de genre proscrit toute forme de tolérance juridique qui les soumettrait aux traditions patriarcales de leur groupe au nom du respect de la diversité culturelle. Seulement, une telle

1. A. Shachar, « Feminism and Multiculturalism », *op. cit.*, p. 120.

solution aboutit à un dilemme difficilement acceptable pour les femmes de cultures minoritaires :

> Malheureusement, le choix de la "citoyenneté ré-universalisée" comme solution au paradoxe de la vulnérabilité multiculturelle est inspiré par l'ultimatum "tes droits ou ta culture", selon lequel les femmes devraient bénéficier soit de la gamme complète des droits civiques garantis par l'État soit de la participation à leurs communautés minoritaires. Elles ne peuvent pas accéder aux deux en même temps [1].

Même si Okin n'a jamais formulé les tensions entre féminisme et multiculturalisme dans des termes aussi tranchés[2], il n'en demeure pas moins que, sur le plan institutionnel, sa condamnation des droits culturels exclut l'idée que les membres féminins des minorités puissent être légitimement soumis à une autorité légale autre que celle de l'État libéral et démocratique. Sur ce plan, Shachar a raison d'affirmer que, pour Okin, « la relation entre féminisme et multiculturalisme s'apparente à un jeu à somme nulle, dans lequel tout *renforcement* des droits du groupe implique *l'affaiblissement* consécutif des droits des femmes qui sont membres du groupe. »[3]. Or cette relation exclusive repose sur deux présupposés que Shachar conteste. Elle trahit d'abord une vision réductrice des cultures qui accorde un poids disproportionné aux traditions patriarcales dans leur définition[4] et qui juge d'emblée antidémocratique toute délégation de pouvoir aux groupes minoritaires. Cette vision disqualifie ensuite les femmes soucieuses de respecter leurs traditions religieuses en les présentant comme des victimes dont le salut dépend de l'intervention des pouvoirs publics. Ces présupposés posent problème à double titre. D'abord, ils sont erronés d'un point de vue descriptif. Les cultures, en raison de leur complexité interne, remplissent d'autres fonctions que celle de réguler les rapports de genre et leur capacité à évoluer incite à ne pas les envisager au travers du seul prisme de la reproduction du patriarcat. Quant à la vision victimaire des femmes, elle est battue en brèche par les observations qui attestent qu'« un nombre croissant de femmes appartenant aux branches les plus conservatrices des communautés religieuses ayant pris le "tournant réactif", comme le judaïsme orthodoxe ou le revitalisme

1. A. Shachar, *Multicultural Jurisdictions*, *op. cit.*, p. 68.

2. Contrairement à ce que pourrait laisser croire le succès qu'a connu dans ces débats l'expression de « dilemme d'Okin ».

3. A. Shachar, *Multicultural Jurisdictions*, *op. cit.*, p. 65.

4. Voir l'affirmation d'Okin selon laquelle « bien des cultures ont parmi leurs buts principaux d'assurer le contrôle des femmes par les hommes » (S. M. Okin, *Is Multiculturalism Bad for Women ?*, *op. cit.*, p. 13).

musulman, remettent en cause leur tradition “de l'intérieur” »[1]. Ensuite, d'un point de vue moral, il est dégradant pour ces femmes de se sentir jugées comme des « personnes qui sont en définitive embrigadées, si ce n'est totalement “endoctrinées”, et qui ne peuvent pas raisonnablement, ni sincèrement, vouloir préserver leur identité culturelle ou religieuse »[2].

Ces objections indiquent la façon dont Shachar reprend à son compte les critiques postcoloniales tout en les articulant à la normativité multiculturaliste. Elle ne se contente pas de dénoncer la tendance des féministes libérales à nier l'*agency* des femmes de cultures différentes, à cause de leur préjugé ethnocentrique. Son analyse du culturalisme réactif comme résistance à la sécularisation la conduit plutôt à mettre l'accent sur la dimension religieuse des revendications multiculturelles et, de ce fait, à concentrer sa critique sur le préjugé sécularisté. À l'instar des philosophes multiculturalistes comme Kukathas et Parekh, ou des féministes attachées à la liberté religieuse comme al-Hibri, Shachar estime que l'attachement sincère de ces femmes à leurs traditions communautaires touche à des aspects essentiels de leur identité personnelle auxquelles elles peuvent légitimement refuser de renoncer. Sur ce point, elle se rapproche donc de la position d'un libéralisme de type pluraliste qui prend acte de l'irréductibilité du désaccord séparant les croyants et les athées et qui ne fait pas de l'anti-traditionalisme la voie unique de l'émancipation féminine.

On comprend alors pourquoi, à ses yeux, la solution de la citoyenneté ré-universalisée place les femmes de cultures minoritaires face à un dilemme inacceptable, celui de choisir entre leurs droits ou leur culture. Dans la mesure où les féministes libérales estiment que le seul choix légitime est celui de l'intégration à la culture démocratique et égalitaire de la majorité, elles se désintéressent du sort des femmes qui s'y refuseront par loyauté à l'égard de leur communauté. On peut supposer que ces femmes répondront à l'alternative qui leur est imposée en faisant sécession, pour pouvoir vivre selon les règles de leur communauté, et en renonçant ainsi d'elles-mêmes aux garanties que leur procure le droit commun. Loin de les protéger, la solution de la citoyenneté ré-universalisée les priverait donc des ressources que le statut civique peut leur offrir pour résister à la réaction patriarcale de leur groupe. L'alternative n'est guère satisfaisante non plus pour celles qui feraient le choix de s'intégrer à la culture majoritaire, puisqu'en situation de culturalisme réactif, il expose les personnes qui se désolidarisent de leur groupe d'origine au risque de la rupture familiale, de l'ostracisme communautaire et de l'isolement social.

1. A. Shachar, « Feminism and Multiculturalism », *op. cit.*, p. 121.
2. *Ibid.*, p. 119.

Par conséquent, quel que soit leur choix, le « dilemme d'Okin » semble renforcer la vulnérabilité de ces femmes plutôt que de les en prémunir[1].

L'incapacité d'une citoyenneté ré-universalisée à résoudre le paradoxe de la vulnérabilité multiculturelle s'explique par la logique dichotomique qui la fonde et qui présuppose que les femmes ne peuvent être soumises qu'à une seule autorité juridictionnelle, soit celle de l'État, soit celle de leur communauté culturelle. Or, la méthode de Shachar, centrée sur les pratiques institutionnelles, permet d'en saisir les limites. Elle met notamment en évidence la proximité paradoxale qui existe entre des positions de principe pourtant opposées, comme celle du féminisme libéral d'Okin et celle du multiculturalisme pluraliste de Kukathas. Nous avons vu dans le premier chapitre que ce dernier, au lieu de minimiser les tensions observables entre féminisme et multiculturalisme, prend acte de l'opposition de principes qui existe entre l'égalité de genre et la tolérance multiculturelle et tranche en faveur de la seconde au nom d'une interprétation maximaliste de la liberté de conscience et de la liberté d'association. Si Kukathas admet que la tolérance ainsi entendue peut cautionner des pratiques sociales éminemment dommageables pour les femmes, il considère qu'il s'agit de « coûts inévitables » pour prévenir le paternalisme libéral d'un État qui imposerait à tous les citoyens une conception de la justice à laquelle ils n'adhèrent pas. En déplaçant l'analyse du niveau des principes normatifs à celui des pratiques institutionnelles Shachar fait observer que « l'opposition immédiatement visible entre ces deux approches est démentie par une continuité plus fondamentale »[2]. Toutes deux, en effet, « offrent une alternative malavisée "ou/ou" pour résoudre le paradoxe de la vulnérabilité multiculturelle »[3] qui découle du rapport exclusif

1. Shachar observe que le modèle théorique de la citoyenneté ré-universalisée trouve une traduction juridique dans le « modèle absolutiste séculier » qui caractérise le droit familial des pays de tradition de code civil, comme la France, l'Allemagne ou les Pays Bas, dans lequel « une loi étatique, uniforme et séculière, s'impose à l'ensemble des citoyens en matière de droit familial, indépendamment de leurs affiliations à d'autres groupes » (A. Shachar, *Multicultural Jurisdictions*, *op. cit.*, p. 72). Quoique ce modèle semble être le mieux à même de protéger les droits des membres vulnérables des minorités religieuses, notamment parce qu'il fait du mariage une affaire civile, libérée de sa charge sacrée et soumise à la délibération publique, il oblige les femmes des minorités religieuses qui décident de se placer sous la juridiction civile à abandonner leurs traditions. Autrement dit, le modèle absolutiste séculier institutionnalise le dilemme identifié par Shachar chez Okin. Il échoue à neutraliser le processus du culturalisme réactif, puisqu'en donnant à l'État le monopole de la régulation des affaires familiales, il exclut par principe d'en négocier le partage avec les représentants des groupes minoritaires ; il ne peut donc que renforcer les efforts déployés par ceux-ci pour résister à une intégration juridique qu'ils perçoivent comme la cause principale de la corruption et de la perte de leur identité collective.

2. *A. Shachar, Multicultural Jurisdictions*, *op. cit.*, p. 71.

3. *Ibid.*

qu'elles établissent entre le pouvoir de l'État et celui du groupe. Cette logique dichotomique explique le caractère également insatisfaisant des deux approches qui renforcent chacune à leur façon la vulnérabilité des femmes de cultures minoritaires, la première en les obligeant à quitter leur communauté pour bénéficier de la protection de l'État, la seconde en les livrant complètement à la loi du groupe.

Il importe donc, pour éviter ces impasses, de sortir de la logique dichotomique afin d'appréhender le paradoxe à partir de la « triade multiculturelle » que forme l'État, le groupe et l'individu. Plutôt que de rattacher l'individu à des appartenances exclusives, d'un côté à sa nation en tant que citoyen et de l'autre à sa communauté culturelle en tant que membre du groupe minoritaire, il faut prêter davantage attention au fait qu'il « est situé de telle sorte qu'il possède des intérêts et des droits dérivés de son appartenance simultanée et *concurrentielle* à l'État et au groupe »[1]. En effet, « on ne peut pas comprendre (et encore moins améliorer) la condition difficile dans laquelle se trouve l'individu pris dans le paradoxe de la vulnérabilité multiculturelle, si l'on reste aveugle au réseau tissé par la complexité et les recoupements des affiliations qui existent entre ces entités concurrentes »[2]. Ce changement d'approche permet aux féministes de ne pas conclure du paradoxe de la vulnérabilité multiculturelle qu'il oblige « à renoncer à toute tentative de promouvoir l'autonomie des cultures minoritaires ou de respecter leurs modes de vie distinctifs » mais de voir qu'« [il] soulève un autre défi, plus compliqué », celui « d'élaborer une conception de la citoyenneté différenciée qui soit guidée par l'ambition d'un principe innovant, un principe qui tâche de réduire l'injustice *entre* les groupes, tout en promouvant la justice *en leur sein* »[3].

LES VERTUS DE L'ACCOMMODEMENT TRANSFORMATEUR

La gouvernance conjointe

Ce « principe innovant », Shachar affirme le trouver du côté d'une réforme institutionnelle centrée sur le modèle de la gouvernance conjointe, qui se présente comme la réponse juridique adaptée à la diversité des sources d'autorité dans les sociétés multiculturelles :

> La gouvernance conjointe envisage les défis du multiculturalisme en reconnaissant que certaines personnes seront membres de plus d'une communauté politique et que les droits et les obligations dont elles seront

1. *Ibid.*, p. 5.
2. *Ibid.*
3. *Ibid.*, p. 4.

> porteuses dériveront de plus d'une source d'autorité politique. Plus précisément, la gouvernance conjointe promet d'encourager l'interaction permanente entre les différentes sources d'autorité, l'envisageant comme un moyen pour améliorer la situation des membres traditionnellement vulnérables sans les acculer à la situation qui les somme de choisir entre leur culture et leurs droits [1].

La gouvernance conjointe se présente comme un compromis politique passé entre l'État et les groupes réactionnaires en vue de concilier l'égalité civique et la tolérance multiculturelle. Fondée sur le partage des pouvoirs, elle ménage le besoin de résistance à l'assimilation de ces groupes en les autorisant à réguler certains aspects de leur vie collective, sans renoncer au devoir de protection de l'État envers l'ensemble de ces citoyens. Un tel compromis trouve sa justification dans une certaine conception des institutions en phase avec les bases philosophiques des théories du multiculturalisme :

> La gouvernance conjointe est fondée sur une conception "culturelle" des institutions qui considère que l'action et l'agentivité des individus, des groupes et des États est *situationnelle*, à savoir qu'elles varient en fonction des dispositifs institutionnels et que leur forme en dépend dans une certaine mesure [2].

La notion de « culture » véhicule ici une conception de la subjectivité morale similaire à celle que les penseurs communautariens ont défendue contre l'atomisme du sujet libéral. Les sujets ne peuvent agir et être tenus responsables de leurs actes que dans une situation donnée, c'est-à-dire au sein des diverses appartenances instituées, telles que la famille, les groupes religieux ou l'État, qui confèrent à leurs actions un contexte de significations et de valeurs. Cette justification culturelle montre que la solution de la gouvernance conjointe n'est pas simplement une affaire d'aménagement institutionnel et de technique juridique ; celle-ci s'ancre plus profondément dans une conception holiste du social qui prend au sérieux le rôle constitutif que jouent, sur le plan moral, les appartenances d'un individu à différents groupes. Dans cette conception, la capacité à agir n'est pas envisagée comme une propriété individuelle de l'individu mais comme l'effet émergent des règles collectives, exprimées par les institutions d'une société donnée, dans lesquelles son action est rendue signifiante et légitime. On comprend dès lors pourquoi il importe de partir de la triade multiculturelle et, plutôt que de nier la pluralité des

1. *A. Shachar, Multicultural Jurisdictions*, *op. cit.*,p. 88.
2. *Ibid.*, p. 89.

appartenances par des oppositions abstraites et tranchées, de miser sur les effets positifs de leurs interactions :

> La gouvernance conjointe ouvre la possibilité que notre agentivité comme membre d'une culture et notre agentivité comme citoyen d'un État se renforcent mutuellement et que l'accommodement multiculturel rende effectivement possible l'émergence de ce renforcement mutuel [1].

L'accommodement multiculturel, envisagé sous l'angle d'une pluralisation des juridictions, doit donc permettre à l'individu de rester loyal à son groupe, tout en lui offrant la possibilité de mobiliser son statut civique pour réformer de l'intérieur les règles du groupe. Cette architecture inédite dessine par conséquent une solution institutionnelle à la difficulté que Kymlicka n'était pas parvenu à résoudre. Au lieu d'affirmer, contre l'évidence des faits, que les « protections externes » et les « restrictions internes » sont indépendantes l'une de l'autre, Shachar prend acte de leur corrélation et propose de la neutraliser en jouant sur le partage du pouvoir entre État et minorités afin « que les bénéfices tirés d'un *accroissement* des protections externes s'alignent positivement avec ceux d'une *réduction* des restrictions internes »[2]. Telle est la voie à suivre pour « traduire en mesures politiques concrètes cet engagement normatif crucial »[3] qui consiste à ne pas sacrifier la liberté au sein du groupe au nom de l'égalité entre les groupes.

Avantages et inconvénients des types existants de gouvernance conjointe

La voie prometteuse que semble ouvrir la gouvernance conjointe aux théories du multiculturalisme ne dérive pas seulement d'hypothèses théoriques mais s'inspire aussi de pratiques politiques réelles. Elle s'inscrit à ce titre dans la tradition libérale qui a de longue date exploité le mécanisme de la division des pouvoirs pour prévenir leur abus et dont les États libéraux actuels offrent des illustrations institutionnelles. Shachar mobilise ainsi les ressources de la science politique contemporaine pour recenser quatre types de gouvernance conjointe (l'accommodement de type fédéral, l'accommodement temporel, l'accommodement consensuel et l'accommodement contingent) et identifier à partir d'eux la formule institutionnelle qui doit être à même de résoudre le paradoxe de la vulnérabilité multiculturelle.

1. *Ibid.*, p. 90.
2. *Ibid.*, p. 8.
3. *Ibid.*, p. 89.

Dans l'accommodement de type fédéral, « le pouvoir est alloué à différentes sous-unités et se répartit dans diverses branches et à divers niveaux du gouvernement »[1]. En accordant une large autonomie aux sous-unités tout en les soumettant à des contraintes générales qui s'appliquent à tous les niveaux du gouvernement, telle que l'obéissance à des principes constitutionnels, il permet d'éviter une trop forte centralisation du pouvoir politique et de s'adapter aux particularités des différentes régions sans menacer l'unité de l'État à l'égard duquel les sous-unités ont des raisons économiques, politiques ou historiques de rester unies. Or l'accommodement fédéral s'avère inadapté à la situation démographique de la plupart des groupes réactionnaires, comme à leurs aspirations. Ceux-ci sont souvent dispersés au sein de la population et forment rarement une masse critique comparable à la population d'une minorité nationale qui leur permettrait de proposer à leurs résidents toute une gamme de service gouvernementaux liés par exemple à la scolarisation, à la sécurité, à la protection sociale ou aux échanges commerciaux. En outre, ce qui compte à leurs yeux ne relève pas tant des enjeux d'autonomie régionale ou de gestion territoriale, que la promotion du code moral et culturel qu'ils associent à leur mode de vie non séculier. Les groupes réactionnaires sont notamment préoccupés par le droit familial qui leur permet d'instituer ce code par l'intermédiaire du contrôle exercé sur le statut de membre et sur la signification de l'appartenance[2].

Au principe de division spatiale du pouvoir, la deuxième version de gouvernance conjointe substitue un principe de division temporelle. « L'accommodement temporel » consiste à déléguer au groupe une autorité légale à des étapes ou à des périodes de l'existence qui s'avèrent déterminantes pour la préservation de l'identité collective, telles que la fondation d'une famille ou l'éducation des enfants, tout en maintenant l'autorité légale de l'État en dehors de ces temps particuliers. Relisant le cas *Yoder*[3] à la lumière de cette notion, Shachar rappelle que les parents Amish qui réclamèrent à cette occasion le droit de déroger à l'obligation légale de scolariser les enfants jusqu'à 16 ans ne refusaient pas en bloc l'autorité de l'État américain en matière éducative, mais souhaitaient soustraire leur enfant à l'influence – nocive à leurs yeux – de la culture moderne et séculière de l'école, à partir du seuil critique de l'adolescence.

1. *A. Shachar, Multicultural Jurisdictions*, *op. cit.*, p. 92.

2. L'étude des États fédéraux ou d'entités supranationales comme l'Union européenne confirme le caractère marginal qu'occupent les enjeux relatifs au droit de la famille dans les négociations politiques des entités sub-étatiques (*ibid.*)

3. *Wisconsin vs Yoder*, 1972.

Cette approche offre, selon Shachar, l'intérêt de prendre en considération les évolutions d'une personne au cours de sa vie et d'adapter à ces changements les règles qui l'encadrent. Dans le cas des enjeux éducatifs, elle permet ainsi de s'assurer que les futurs citoyens disposeront des compétences cognitives et des connaissances nécessaires à l'exercice de leur jugement politique, tout en tolérant que les parents puissent transmettre des modes de vie différents de l'*ethos* libéral et démocratique. Or, en matière d'affaires familiales, l'accommodement ne peut respecter la séquence prévisible qu'on observe en matière d'éducation, où l'âge adulte succède à la période de l'enfance, même si le moment du passage de l'un à l'autre est susceptible de varier d'une société à l'autre ou d'évoluer au sein d'une même société. Dans ce domaine, « l'implication de l'État est provoquée par des événements significatifs de la vie, mais de ceux qui peuvent se produire à tout moment, comme une séparation, un divorce ou un décès[1] »[2].

L'accommodement temporel présente l'intérêt de soustraire temporairement les groupes réactionnaires à l'autorité centrale, mais comporte trois inconvénients. D'abord, il engendre de l'instabilité institutionnelle dans la mesure où le critère temporel n'indique pas précisément les pratiques qu'il convient d'accommoder, ni les périodes auxquelles le changement de juridiction devrait s'opérer. Ensuite,

1. A. Shachar, *Multicultural Jurisdictions*, *op. cit.*, p. 99.

2. Voir à titre d'illustration l'affaire *Parkinson* v. *J. & S. Tool Company* (1974). Ruth et Richard Parkinson, deux catholiques romains pratiquants de longue date, furent légalement mariés en 1927 par un prêtre catholique et leur divorce fut prononcé en 1939 par une cour d'État. Un an après leur séparation, le couple se reforma et s'adressa au prêtre de leur paroisse pour lui demander de les marier à nouveau. Celui-ci leur expliqua qu'une nouvelle cérémonie n'était pas requise, le couple étant toujours uni aux yeux de Dieu, si bien que les époux ne firent pas d'autre démarche pour officialiser le changement de leur situation matrimoniale. Plusieurs années après, à la suite du décès de Richard Parkinson, victime d'un accident du travail, sa veuve réclama une indemnisation à l'employeur de son époux, J&S Tool Company, qui écarta la demande au motif que la plaignante n'était pas légalement mariée au défunt. Ruth engagea alors une action en justice pour faire valoir ses droits d'épouse, qu'elle perdit d'abord devant une cour d'appel puis gagna devant la Cour suprême du New Jersey. Rappelant les motivations du jugement, Shachar souligne que les juges de la Cour suprême du New Jersey trouvèrent tout à fait légitime qu'en tant que catholique pratiquante, la plaignante se soit tournée vers un prêtre pour se marier puis vers un juriste pour divorcer, et qu'au moment du remariage, elle s'en soit à nouveau remise à l'autorité de son représentant religieux. La Cour attribua ainsi au prêtre la responsabilité de l'erreur qui consistait à croire qu'une nouvelle cérémonie religieuse n'était pas nécessaire pour officialiser le remariage des Parkinson. Considérant, sur la base de son engagement religieux, que la plaignante avait agi de bonne foi, la Cour conclut que « lui refuser toute indemnité pour l'erreur non intentionnelle d'un autre la pénalise lourdement à cause d'un tort qu'elle n'a pas commis volontairement.

l'accommodement temporel ne protège pas suffisamment les personnes qui, au sein du groupe, subissent les effets irréversibles de certaines traditions. Qu'il s'agisse de la discipline sévère à laquelle sont soumis de très jeunes enfants avant leur prise en charge par l'éducation publique, ou des mariages « arrangés » qui seront annulés par les tribunaux, une fois que les plaignantes auront fait reconnaître la contrainte exercée sur elles par leurs familles, la substitution de l'autorité de l'État à celle du groupe arrive souvent trop tard pour réparer les dommages physiques et psychologiques déjà causés. Enfin, l'accommodement temporel « échoue à créer une incitation pour que le groupe et l'État établissent une forme de coopération significative et durable susceptible de fournir des réponses systématiques plutôt que de résoudre les crises de façon erratique »[1]. Il confie en effet au justiciable la tâche de naviguer par lui-même entre les systèmes normatifs, faisant peser sur lui seul la charge qui consiste à négocier les transitions de l'un à l'autre.

Le troisième type d'accommodement, « l'accommodement consensuel » (*consensual accommodation*), « permet aux individus avec des affiliations multiples d'effectuer des choix et de décider par eux-mêmes à quelle autorité légale – l'État ou le groupe par exemple – exercera sa juridiction sur leurs affaires personnelles »[2]. Une personne peut ainsi choisir de se marier civilement ou religieusement, un choix définitif qui « gouvernera ses affaires personnelles du début jusqu'à la fin de sa relation intime avec une famille donnée »[3], c'est-à-dire du mariage jusqu'au divorce. L'accommodement consensuel accorde aux groupes réactionnaires des pouvoirs plus importants que l'accommodement de type fédéral et plus durables que l'accommodement temporel, puisqu'il ne soumet pas leurs normes internes à la régulation étatique et qu'il n'est pas limité à des périodes données. Cette modalité du partage juridictionnel semble offrir une « solution simple et élégante »[4] aux difficultés que pose toute politique multiculturelle. Fondée sur le respect de l'*agency*, elle confie à chaque personne le soin de trancher la question délicate des frontières du groupe, considérant qu'elle est la mieux placée pour évaluer son attachement au groupe et déterminer si elle veut s'en remettre à son autorité. Toutefois, en dépit de ses mérites apparents, ce type d'accommodement échoue à résoudre le paradoxe de la vulnérabilité. Il ne tient en effet aucun compte

1. A. Shachar, *Multicultural Jurisdictions*, *op. cit.*, p. 103.
2. *Ibid.*
3. *Ibid.*
4. *Ibid.*, p. 104.

de la possibilité des pressions sociales ; il ne garantit pas que les individus disposeront des informations nécessaires pour faire un choix éclairé au moment de s'en remettre à la juridiction coutumière ou civile ; il exonère l'État de toute responsabilité à l'égard des membres de minorités dont les droits civiques seraient violés.

Le dernier type d'accommodement, « l'accommodement contingent » se présente comme le plus intéressant et le plus prometteur aux yeux de Shachar. « L'État y confie une autonomie juridictionnelle aux groupes réactionnaires dans certains domaines juridiques bien définis, à la condition que l'exercice de cette autonomie respecte des standards minimaux fixés par lui »[1]. Le caractère contingent tient au fait que l'État dispose alors de « pouvoirs résiduels » « qui l'autorisent à intervenir et à protéger les intérêts de tous ses membres, quel que soit le moment où ces intérêts ont été violés ou quelle que soit la personne qui leur a porté atteinte »[2]. La pluralité des juridictions ne tient pas ici à un principe de répartition territoriale, temporelle ou volontaire, comme dans les types précédents d'accommodement ; elle est justifiée par les situations de vulnérabilité des membres d'un groupe dont l'État doit, en certaines occasions, protéger les intérêts.

On l'observe par exemple dans la pratique de l'enseignement religieux sous contrat. Celle-ci permet de proposer un enseignement qui reflète les valeurs de diverses communautés et qui s'efforce d'en transmettre les traditions, tout en apportant un minimum de garanties sur la qualité de cet enseignement. L'État est autorisé à intervenir pour mettre un terme au contrat, exiger une modification du programme ou retirer des enfants de l'école si les conditions fixées par lui ne sont pas satisfaites. Les risques principaux que soulève ce type de partage tiennent à l'établissement de ces conditions ainsi qu'aux modalités du contrôle que devra inévitablement exercer l'État sur les écoles pour en vérifier l'application et identifier les cas d'infraction. En cas de trop grand décalage culturel entre la majorité et les groupes réactionnaires, il est fort probable que les interventions étatiques soient jugées abusives par les seconds. Les versions plus raffinées de l'accommodement contingent se proposent de neutraliser ces risques sur la base d'une « structure de contrôle mutuel » (*a structure of mutual policing*[3]), comme l'illustre la proposition de Ian Shapiro en matière de protection de l'enfance. Shapiro suggère de répartir l'autorité

1. *Ibid.*, p. 109.
2. *Ibid.*
3. *Ibid.*, p. 111.

entre les parents et l'État de telle sorte que les premiers soient responsables des « intérêts supérieurs » (*best interests*) de l'enfant et le second de ses « intérêts fondamentaux » (*basic interests*). Chaque partie acquiert ainsi le statut de juridiction première dans un domaine donné, mais conserve par ailleurs la responsabilité de se substituer à l'autre, au cas où l'une manquerait à ses obligations. Cette formule institutionnelle repose sur le principe suivant : « toute allocation d'une autorité première, à l'État, au groupe ou à la famille, peut être modifiée si une ou plusieurs parties échouent à honorer la responsabilité qui lui a été confiée de protéger les intérêts de ses membres »[1]. Son mérite principal est de créer un mécanisme incitatif grâce auquel chaque partie est poussée à s'acquitter au mieux de ses fonctions au sein de sa propre sphère d'autorité, pour éviter de perdre son pouvoir au profit de la juridiction concurrente. À la différence de l'accommodement consensuel qui envisage le partage d'autorité en des termes statiques et définitifs, sur le modèle « le-vainqueur-rafle-la mise », l'accommodement contingent s'inscrit dans une « séparation "cinétique" des pouvoirs »[2] qui joue sur la dynamique concurrentielle entre juridictions pour les rendre davantage protectrices de leurs justiciables.

Pourtant, ce type d'accommodement pêche à plusieurs égards. D'abord, il ne tient pas suffisamment compte de l'asymétrie de pouvoirs entre l'État et les groupes minoritaires. Or, si l'hypothèse d'une substitution de l'autorité de l'État à celle d'une minorité défaillante est crédible, l'hypothèse symétrique semble plus difficile à vérifier. L'accommodement contingent tend ensuite à enfermer les membres du groupe dans le rôle passif de lanceurs d'alerte : tandis que l'accommodement consensuel leur accorde un rôle décisif dans le tracé des frontières juridictionnelles, l'accommodement contingent leur donne pour seule tâche de signaler les violations de droit dont ils estiment être victimes au sein de leur groupe. Enfin, ce type de solution est fragilisé par le problème de l'établissement de critères minimaux, dans la mesure où il ne tranche pas les questions suivantes : « qui est autorisé à définir [ces critères] et qui est censé les appliquer d'une façon qui soit consistante avec l'accommodement des différences culturelles profondes[3] ? » Cette indétermination compromet la résolution du paradoxe de la vulnérabilité multiculturelle, car sans la garantie formelle que les membres les moins puissants du groupe participeront activement à la définition de tels standards, « rien dans ce

1. A. Shachar, *Multicultural Jurisdictions*, *op. cit.*, p. 111.
2. *Ibid.*
3. *Ibid.*, p. 115-116.

schéma n'assure que les pouvoirs seront alloués entre l'État et le groupe d'une façon qui maximise les intérêts de ces membres »[1].

La solution inédite de l'accommodement transformateur

Les types d'accommodement qui sont déjà en vigueur invitent à changer de regard sur les tensions politiques entre l'État et les groupes réactionnaires et à faire preuve d'imagination institutionnelle. Plutôt que de les considérer comme un problème, il s'agit d'y voir « une occasion susceptible d'encourager chaque entité à devenir plus attentive à l'égard de tous ses membres »[2], ce qui doit permettre d'« identifier et [de] ne défendre que les accommodements politiques qui peuvent être rendus compatibles de façon cohérente avec l'amélioration des classes d'individus traditionnellement subordonnés dans les groupes culturels minoritaires »[3].

C'est dans cet esprit que Shachar élabore un cinquième type de gouvernance conjointe qu'elle considère comme le plus pertinent pour résoudre le paradoxe de la vulnérabilité multiculturelle et qu'elle construit à partir de sa réflexion sur les avantages et les limites des types existants. Avant d'indiquer le détail de cet « accommodement transformateur », elle explicite ses quatre présupposés fondateurs, lesquels synthétisent les idées exposées précédemment. Le premier réitère le constat qu'à l'ère des sociétés multiculturelles « les individus vivant dans une large communauté politique incarnent l'intersection où se nouent de multiples affiliations créatrices d'identité »[4], confirmant ainsi l'ancrage communautaire et relationnel de la subjectivité morale. Le deuxième entérine le principe selon lequel « dans diverses circonstances de la vie, l'État et le groupe ont tous les deux des intérêts, justifiés d'un point de vue normatif et légal, à édicter les règles qui encadrent les comportements »[5], ce qui rejoint l'idée fondatrice des théories du multiculturalisme selon laquelle, d'un côté, les minorités doivent être autorisées à protéger ce qui fait à leurs yeux la valeur de leur culture et, de l'autre, l'État a la responsabilité de rendre cette tolérance compatible avec les principes de la citoyenneté moderne. Le troisième réaffirme, contre la logique dichotomique, que « le groupe et l'État sont tous deux des entités sociales viables et changeantes qui s'affectent constamment l'une l'autre au travers de leurs perpétuelles

1. *Ibid.*, p. 113.
2. *Ibid.*, p. 117.
3. *Ibid.*, p. 118.
4. *Ibid.*
5. *Ibid.*

interactions »[1]. Le quatrième prolonge le précédent en précisant qu'« il est dans l'intérêt autoproclamé du groupe et de l'État de chercher le soutien de leurs membres »[2], ce qui revient à dire que l'issue de la compétition entre ces deux entités se joue au niveau de l'autorité que chacune parvient à conserver auprès de ses membres.

Ces présupposés constituent la base sur laquelle Shachar ancre les trois grands principes de l'accommodement transformateur : l'« allocation de l'autorité par sous-sujets » (*the "sub-matters" allocation of authority*), la « règle du "non-monopole" » (*the "no-monopoly" rule*) et « l'établissement d'alternatives clairement délimitées » (*the establishment of clearly delineated choice options*). Le premier principe exploite la possibilité de diviser chaque question sociale controversée en sous-sujets qui sont « des composantes légales multiples, séparables et pourtant complémentaires »[3]. Dans le cas du droit de la famille, on peut ainsi distinguer deux sous-sujets, l'un relatif au statut et l'autre à la propriété. Le premier correspond à la « fonction de démarcation » que remplit le droit familial : en édictant les règles relatives au mariage et à la filiation, il accorde ou refuse le statut de membre du groupe et trace les frontières du groupe par rapport au reste de la société. Le second sous-sujet renvoie à la « fonction distributive » du droit familial lorsque, à l'occasion d'un mariage, d'un divorce ou d'un héritage, celui-ci tranche les questions relatives à la propriété des biens et à leur répartition entre les membres du groupe. Le principe de l'allocation d'autorité par sous-sujet « offre une nouvelle façon de découper le gâteau juridictionnel, de sorte que chaque entité concurrente possède une part essentielle de la gouvernance de l'arène sociale, sans qu'aucune toutefois n'en possède le monopole »[4]. Dans la mesure où le contexte de culturalisme réactif rend les groupes réactionnaires soucieux d'affirmer leur différence, Shachar estime que les élites de ces groupes souhaiteraient en priorité contrôler le sous-sujet du statut de leurs membres tandis que celui de la propriété pourrait rester aux mains de l'État.

Le principe de la division par sous-sujets est étroitement lié à la règle du non-monopole qui exclut que le groupe ou l'État « puisse acquérir le contrôle exclusif d'une arène sociale contestée qui affecte les individus à la fois comme membres du groupe et comme citoyens »[5]. Cette règle « redéfinit la relation entre l'État et ses minorités en les plaçant structurellement dans

1. A. Shachar, *Multicultural Jurisdictions*, *op. cit.*, p. 118.
2. *Ibid.*
3. *Ibid.*, p. 119.
4. *Ibid.*, p. 120.
5. *Ibid.*, p. 121.

la position de détenteurs de pouvoirs complémentaires »[1]. Combinés l'un à l'autre, ces deux premiers principes reconduisent la logique anti-monopolistique de l'accommodement de type fédéral et misent sur la répartition des pouvoirs pour prévenir les dérives autoritaires de l'État ou des groupes ; mais au critère territorial, inadapté à la situation de la plupart des groupes réactionnaires, ils substituent un critère fonctionnel, déduit des rôles spécifiques remplis par les règles collectives, pour distribuer l'autorité légale. Ce critère fonctionnel présente en outre l'avantage de corriger le caractère excessivement tranché de l'accommodement temporel : au lieu d'accorder les pouvoirs complets à une entité pendant une période donnée, il distribue le pouvoir *simultanément* à différentes juridictions en fonction du type de comportement qu'elles régulent. Le rapport de complémentarité entre les pouvoirs du groupe et ceux de l'État s'inscrit dès lors dans la durée et transforme sur le long terme la structure de la triade multiculturelle que forment l'État, le groupe et le membre du groupe.

Le dernier principe – l'établissement d'alternatives clairement délimitées – présente l'intérêt d'expliciter le rôle joué par l'individu, troisième acteur de cette triade, dans l'accommodement transformateur, en insistant sur l'importance de ses choix.

> Il faut présenter aux justiciables des options claires qui leur permettent de choisir entre la juridiction de l'État et celle de leur groupe. Le choix signifie ici qu'ils peuvent rester sous l'autorité du pouvoir originellement chargé de réguler un sous-sujet (approbation) ou bien résister à ce pouvoir légal sur des points de « revirement » prédéfinis (désapprobation)[2].

Outre l'établissement de rapports complémentaires entre l'État et le groupe par le biais d'une sorte de division du travail juridictionnel, l'accommodement transformateur autorise l'individu à intervenir dans ces rapports en faisant le choix soit d'approuver l'autorité de chaque entité dans son domaine de compétence, soit de la désapprouver lorsque l'autorité compétente manque à ses obligations. Ce troisième principe cherche ainsi à opérer une synthèse entre l'accommodement consensuel et l'accommodement contingent tout en corrigeant leurs défauts respectifs. Du premier, il retient la valeur accordée à l'*agency* des membres du groupe réactionnaire et mise sur l'action des plus vulnérables pour le réformer de l'intérieur. Il l'amende toutefois en y ajoutant la clause des « points de "revirement" préétablis » : ceux-ci renvoient à la nécessité

1. *Ibid.*
2. *Ibid.*, p. 122.

d'établir par avance les cas dans lesquels le membre d'un groupe peut légitimement décider de s'affranchir de la juridiction de ce dernier, cas qui sont identifiés au cours des « négociations entre l'État et le groupe dont dépend à l'origine l'établissement du régime de gouvernance conjointe »[1]. Cette clause est destinée à rendre crédible la menace d'un droit de sortie partielle pour les membres qui contestent l'autorité de leur groupe : d'un côté, elle évite l'écueil d'un droit de sortie trop permissif qui priverait l'autonomie juridictionnelle du groupe de toute effectivité, à partir du moment où ses membres seraient autorisés à l'exercer à tout propos, sans motif sérieux ; d'un autre côté, elle présente l'avantage de neutraliser les défauts d'un droit de sortie dont l'entière responsabilité incomberait à l'individu. Ce type de droit de sortie s'avère en effet puissamment désincitatif en ce qu'il fait dépendre des seuls efforts de l'individu la possibilité de passer d'un système normatif à l'autre et, de ce fait, ne modère nullement les pressions que le groupe est susceptible d'exercer sur l'individu concerné. Ces défauts sont tout particulièrement criants dans le cas des membres systématiquement discriminés par les traditions du groupe qui, comme l'avait souligné Okin dans le cas des femmes, sont ceux qui sont généralement privés des moyens nécessaires à l'activation de leurs droits de sortie. Les points de revirement préétablis sont censés combler cette faille en officialisant le recours à la protection de l'État quand un groupe s'avère incapable de remédier aux difficultés d'un de ses membres. Seulement, au lieu de justifier le changement de juridiction au cas par cas, de façon erratique, cette clause le fait grâce à l'identification préalable de certaines situations problématiques qui concernent au premier chef les membres du groupe les plus vulnérables.

De l'accommodement contingent, l'accommodement transformateur retient la formule du contrôle mutuel entre l'État et les groupes réactionnaires. Les points de revirement ont vocation à indiquer le moment où une juridiction peut légitimement se substituer à l'autre en cas de faillite de l'une à assurer la protection des justiciables, mais dans le cadre de la relation triadique entre État, groupe et individu. Le choix laissé à l'individu, quoique sous conditions, de s'affranchir de la juridiction de son groupe « augmente les risques et les coûts collectifs qu'il y a à maintenir la discrimination et la subordination »[2]. Shachar présente cette marge de manœuvre laissée à l'individu comme « un remède structurel » au problème du culturalisme réactif : sa principale vertu ne réside pas tant dans l'effet à court terme d'offrir un recours légal aux personnes qui,

1. A. Shachar, *Multicultural Jurisdictions*, *op. cit.*, p. 124.
2. *Ibid.*

comme les femmes, en subissent les effets oppressifs, que dans l'effet à long terme de « créer une dynamique pour trouver des solutions internes aux conflits, parce que le mécanisme du revirement (ou la possibilité d'une “sortie partielle”) est connu de toutes les parties »[1]. On observe ainsi, dans les procédures de divorce, que la fixation de la date d'audience au tribunal a souvent pour effet d'accélérer les négociations préalables entre époux, ce qui s'explique par la probabilité que la décision du juge leur soit moins favorable que le compromis auquel ils seront eux-mêmes parvenus, si bien que « chaque partie préfère la stratégie de réduction de risques à la perspective angoissante de tout perdre au procès »[2]. De façon analogue, on peut attendre du troisième principe de l'accommodement transformateur qu'il initie des changements profonds et durables au sein des groupes réactionnaires, en poussant ceux-ci à davantage de compromis afin de préserver leur autorité sur ceux de leurs membres qu'ils risquent de perdre. En tant que « remède structurel » tourné vers l'avenir, l'accommodement transformateur améliore donc la formule de l'accommodement contingent : alors que celui-ci s'en tient à la garantie de « standards minimaux » fixés par l'État et qu'elle limite la relation de ce dernier avec les groupes à la surveillance réciproque, celui-là engage entre eux une émulation qui s'avère plus ambitieuse, notamment parce qu'elle inclut les minorités dans l'identification des problèmes susceptibles de justifier les points de revirement, au lieu de se limiter à un minimum moral établi par l'État de façon unilatérale.

Fondé sur ces trois principes, l'accommodement transformateur ouvre ainsi une troisième voie échappant à l'opposition frontale entre une politique féministe interventionniste susceptible de verser dans le sectarisme et le paternalisme à l'égard des femmes minoritaires et une politique du *laisser-faire* dommageable pour celles-ci :

> À la place de l'intervention musclée ou de l'immunité totale, l'accommodement transformateur cherche à créer les conditions institutionnelles dans lesquelles le groupe admet que sa propre survie dépend de la révocation de certaines pratiques discriminatoires s'il tient à préserver son autonomie sur ce qui touche aux sous-sujets essentiels à la définition du *nomos* collectif[3]

Avec ce modèle, Shachar estime avoir identifié le dispositif institutionnel qui rend opératoire la distinction proposée par Kymlicka entre la fonction

1. *Ibid.*, p. 125.
2. *Ibid.*
3. *Ibid.*

de protection externe et celle de restriction interne, au sein des droits culturels. L'accommodement transformateur apporte par conséquent une réponse aux objections d'Okin en exploitant la pluralisation des autorités juridictionnelles et leurs relations de concurrence pour transformer les groupes de l'intérieur, et les inciter à s'aligner sur les normes anti-discriminatoires de l'État moderne. Telle est la synthèse institutionnelle qui prétend établir la compatibilité du féminisme et du multiculturalisme.

LES ZONES D'OMBRE DE L'ACCOMMODEMENT TRANSFORMATEUR

Le féminisme multiculturel, ainsi entendu, s'expose à trois types d'objections. Les premières, d'ordre technique, concernent la mise en œuvre de cette solution institutionnelle et émettent des doutes quant à sa plausibilité. Les secondes, d'ordre normatif, portent sur l'ambiguïté d'un féminisme libéral qui oscille entre le libéralisme de l'autonomie et le libéralisme pluraliste et peine, de ce fait, à garantir le caractère sexuellement non discriminant de l'accommodement transformateur. Les troisièmes, d'ordre social, reprochent à cette solution institutionnelle de ne pas suffisamment articuler la reconnaissance des groupes ethno-religieux à l'analyse critique des injustices sociales et de faire ainsi l'économie d'une réflexion sur les inégalités structurelles qui déterminent également l'émergence du paradoxe de la vulnérabilité multiculturelle.

L'objection technique : l'accommodement transformateur est-il une solution réaliste d'un point de vue féministe ?

La première difficulté qui s'impose porte sur la mise en œuvre de l'accommodement transformateur : pour quelles raisons les groupes qui, par culturalisme réactif, se fédèrent autour de valeurs patriarcales accepteraient-ils un dispositif dont le but avoué est de les inciter à s'aligner sur les normes égalitaires de l'État démocratique ? On peut ainsi regretter que Shachar passe trop rapidement sur les modalités de négociations qui président à la mise en place de son modèle pour convaincre qu'il ne verse pas dans le « vœu pieux et le rationalisme naïf »[1]. L'accommodement transformateur suppose en effet que les minorités s'accordent avec l'État sur la « division des sous-sujets » qui seront placés sous leurs autorités respectives et sur les « points de revirement » qui autoriseront les membres à passer d'une juridiction à l'autre en cas de défaillance de l'une d'entre

1. M. Deveaux, « Political Morality and Culture : What Difference Do Differences Make ? », *Social Theory and Practice*, vol. 28, n° 3, juillet 2002, p. 512.

elles. Or, paradoxalement, tout en vantant les mérites de sa perspective institutionnelle, Shachar donne peu de détails sur la façon dont il convient d'institutionnaliser une telle négociation[1]. Dans les deux pages qu'elle consacre à la question, elle se contente d'évoquer la nécessité de « tenir compte des asymétries de pouvoir entre le groupe et l'État avant d'établir l'allocation initiale de l'autorité »[2] ce qui implique d'accorder une présomption en faveur de la partie prenante la plus faible. L'État est ainsi convié à faire preuve de générosité à l'égard du groupe minoritaire, en lui cédant par exemple la prérogative de fixer l'agenda des négociations ou l'initiative en matière d'allocation de l'autorité, afin que la minorité puisse déterminer elle-même le sous-sujet qu'elle souhaite pouvoir réguler parce qu'elle le juge déterminant pour la préservation de son *nomos*. Shachar précise également que l'opinion des membres vulnérables de la minorité doit être prise en considération au moment de l'établissement des points de revirement. Elle privilégie de la sorte la dimension procédurale de la mise en œuvre de son modèle en prêtant attention aux mécanismes susceptibles d'inciter les parties prenantes à un dialogue constructif, mais elle élude par là même les conflits de valeurs qu'une telle négociation ne manquera pas de réactiver[3].

Il est pourtant fort probable que les groupes réactionnaires refuseront, par exemple, de distinguer la fonction démarcative et la fonction distributive du droit de la famille[4]. Dans une communauté culturelle qui assigne les femmes à la sphère domestique et leur enjoint d'y honorer les traditions du groupe, les questions relatives au statut de membre ne sont guère dissociables des questions relatives à la répartition des biens : tant que la participation des femmes à la vie sociale et politique reste drastiquement entravée par la division genrée du travail, il semble justifié de les déposséder, en partie ou entièrement, de leurs droits à posséder et à transmettre des biens, lesquels sont destinés à circuler en dehors de la sphère domestique. Il est donc peu plausible que les groupes réactionnaires

1. E. J. Mitnick, « Individual Vulnerability and Cultural Transformation », *Michigan Law Review*, vol. 101, n° 6, p. 1658.

2. A. Shachar, *Multicultural Jurisdictions*, *op. cit.*, p. 129.

3. Monika Mookherjee fait justement remarquer que la lecture du livre de Shachar « laisse l'impression inconfortable que celle-ci suppose paradoxalement l'existence d'un consensus entre les groupes des sociétés multiculturelles sur les questions métaphysiques controversées qui touchent à la nature de la personne et à l'importance de la communauté » (M. Mookherjee, « Feminism and Multiculturalism – Putting Shachar and Okin into Question. », *Journal of Moral Philosophy*, vol. 2, n° 2, p. 241).

4. M. Mookherjee, « Feminism and Multiculturalism – Putting Shachar and Okin into Question », art. cit., p. 241.

acceptent un compromis conférant aux femmes le pouvoir économique et social qu'elles ne sont pas censées posséder d'après l'ordre établi par leur *nomos*.

Quant aux négociations relatives aux points de revirement, elles ne manqueront pas de soulever des difficultés similaires. Rappelons que leur utilité consiste à éviter le caractère erratique de l'accommodement contingent en formalisant par avance le type de situations qui justifient le basculement d'une juridiction à l'autre afin d'éviter que l'individu ne porte seul le poids d'une telle décision ; en officialisant les problèmes qui peuvent la justifier, l'État apporterait aux personnes vulnérables le soutien des pouvoirs publics. Or, la définition préalable de ces points de revirement se traduira inévitablement par l'imposition de normes anti-discriminatoires sexuellement auxquelles les groupes réactionnaires n'adhèrent pas. L'exemple de l'*agunah* illustre cette difficulté. Si on applique à ce cas la formule de l'accommodement transformateur, celle-ci semble avoir des vertus émancipatrices pour les épouses juives. On peut supposer que l'égalité de traitement des époux en matière de partage des biens, garantie par la juridiction civile, rendra à terme ineffective l'inégalité de statut entre époux sanctionné par la juridiction religieuse, puisqu'elle privera d'effets matériels le pouvoir qu'a le mari de refuser le divorce à sa femme. En outre, selon le troisième principe de l'accommodement transformateur[1], les femmes « enchaînées » à leur mari devraient être autorisées à se tourner vers l'État s'il est reconnu dès le départ que les tribunaux rabbiniques ne parviennent pas à régler les situations de blocage qui sont liées au refus abusif de certains maris d'accorder le *get*. Le recours à la clause du « point de revirement » signifie que l'égalité économique garantie par l'État, en vertu de la division par sous-sujet et de la règle du non-monopole, risque de ne pas suffire à régler les problèmes liés au caractère discriminatoire des normes appliquées par le groupe en matière de droit familial et qu'elle doit donc être complétée par la possibilité de changer de juridiction. Seulement, l'acceptation d'un tel « point de revirement » présuppose que l'État et la communauté religieuse se soient d'abord mis d'accord sur le principe selon lequel toute femme confrontée au refus abusif de son mari de lui donner le *get* serait autorisée à se retourner vers la juridiction civile pour annuler son mariage. Or ce type d'accord n'est envisageable que si le groupe réactionnaire adhère au principe selon lequel une bonne épouse, digne de faire partie de la communauté, est autorisée à aller contre les décisions de son mari. Dans la mesure où un tel principe exprime le type de

1. A. Shachar, *Multicultural Jurisdictions*, *op. cit.*, p. 135.

norme libérale et anti-discriminatoire que contestent les groupes culturels en réaction contre la modernité démocratique, on voit mal ce qui motiverait leurs élites à accepter de céder une part de leur pouvoir juridictionnel dans ce type de situation. On peut en conclure que le dispositif procédural qui doit présider à la mise en place de l'accommodement transformateur ne relève pas seulement de la technique institutionnelle mais qu'il présuppose aussi un minimum de consensus sur des questions normatives.

Dans la mesure où un tel consensus est précisément ce qui fait défaut dans le contexte du « culturalisme réactif », on peut reprocher à la solution de l'accommodement transformateur de déplacer le problème des désaccords moraux au lieu de le résoudre, dans la mesure où il propose des réformes qui feront émerger ces désaccords au moment même de la mise en place de la gouvernance conjointe. Étant donné que les principes de l'accommodement transformateur ont vocation à promouvoir la norme de l'égalité de genre, les groupes réactionnaires refuseront ces principes institutionnels pour les mêmes raisons qu'ils contestent cette norme. En d'autres termes, l'accommodement transformateur constitue une forme d'interférence étatique dans la vie des groupes qui, pour être indirecte, n'est pas moins interventionniste et proche, à cet égard, des politiques prônées par les féministes libérales[1] : bien qu'il restaure partiellement l'autorité légale du groupe sur ses membres, il se fixe comme objectif avoué de renforcer la position de ses membres féminins afin d'impulser de l'intérieur des réformes progressistes que l'État ne parvient pas à rendre effectives de l'extérieur. Il demeure par conséquent une façon d'imposer aux groupes réactionnaires le processus d'assimilation à la modernité séculière auquel ils résistent ; il représente, de leur point de vue, un piège institutionnel qu'ils devraient éviter.

En dépit de ces objections, ce qui fonde la plausibilité de son modèle dans l'esprit de Shachar tient à l'argument selon lequel « les communautés liées à un *nomos* sont des entités vivantes [qui] ne sont pas suicidaires par nature »[2]. Au regard de l'inégalité du rapport de force entre ces communautés et l'État, on peut considérer en effet que le compromis s'avère moins coûteux pour les premières que l'affrontement direct et qu'elles ont tout intérêt à négocier et à tempérer leur intransigeance morale si elles veulent assurer leur propre survie. L'accommodement transformateur doit donc être compris à partir de l'approche réaliste de la politique qui lui donne sens :

1. E. J. Mitnick, « Individual Vulnerability and Cultural Transformation », *op. cit.*, p. 1657.
2. A. Shachar, *Multicultural Jurisdictions*, *op. cit.*, p. 140.

> l'innovation d'une telle approche réside dans le fait qu'elle n'attend pas du changement qu'il procède nécessairement de la « bonne volonté » des dirigeants d'un groupe donné. La gouvernance conjointe s'appuie plutôt sur des considérations de *realpolitik* : il peut être préférable d'accommoder les femmes (ou toute autre catégorie de membres que les traditions en vigueur dans le groupe placent structurellement dans une situation de vulnérabilité) afin de s'assurer qu'elles respectent les traditions telles que le groupe les définit, plutôt que de courir le risque qu'un nombre significatif de membres n'attache plus d'importance qu'à leur seule identité de citoyen et renoncent à leur loyauté à l'égard du groupe. Les dirigeants du groupe, sans doute plus que d'autres, ont beaucoup à perdre si leurs membres (ou « électeurs ») se détournent progressivement de la tradition du groupe pour se placer sous la loi de l'État [1].

Shachar reconduit ainsi les groupes réactionnaires à l'intérêt stratégique de leur survie, c'est-à-dire à leur désir de continuer à exister en tant que groupe social, quitte à faire évoluer leurs traditions. Cette approche réaliste se situe dans le sillage de la tradition libérale, dans le souci qu'elle manifeste de promouvoir l'intérêt général en misant sur la composition des intérêts privés plutôt que sur l'appel à la vertu civique. Si l'on admet que leur souci d'auto-préservation les pousse au compromis, il devient inutile d'invoquer des motivations morales pour expliquer pourquoi ces groupes l'accepteraient.

Un tel réalisme peine toutefois à convaincre parce qu'il présuppose à tort que les intérêts des dirigeants se confondent avec ceux du groupe dans son ensemble. Or, dans le contexte du culturalisme réactif, l'argument de la survie du groupe n'a pas la même valeur pour chacun de ses membres. Dans la mesure où les élites défendent une interprétation stricte de la tradition du groupe, leur autorité personnelle est inévitablement menacée par tout type de mécanisme institutionnel destiné à renforcer la position de ceux qui prônent une lecture libérale du *nomos*. Du point de vue des élites, la voie de l'accommodement transformateur représente donc bel et bien une menace pour la survie du groupe telle que ces élites la conçoivent, puisqu'elle annonce la disparition de l'orthodoxie qui justifie simultanément l'ordre établi et la position privilégiée qu'elles y occupent. Outre cette difficulté, l'argument de la survie du groupe pose problème en ce qu'il entre en contradiction avec le diagnostic de départ. À partir du moment où les groupes réactionnaires émergent du processus de culturalisme réactif, leur existence ne semble pas compromise mais

1. A. Shachar, *Multicultural Jurisdictions*, *op. cit.*, p. 143.

plutôt conditionnée par l'affrontement avec l'État. S'ils se sont formés par résistance à ses pressions assimilatrices, ils devraient pouvoir survivre à leur prolongation. À cause de ces difficultés, le réalisme politique qui inspire Shachar ne parvient pas à masquer la fragilité de son modèle pour le féminisme. L'espoir qu'elle place dans la capacité de l'accommodement transformateur à émanciper les femmes des groupes réactionnaires ne suffit pas à faire oublier le peu d'intérêt que des élites patriarcales auraient à accepter un tel compromis institutionnel.

L'objection normative : un parti-pris libéral ambigu

Les objections précédentes montrent clairement que la question de la plausibilité du modèle de l'accommodement transformateur est indissociable de celle de sa légitimité : s'il paraît difficile de concevoir quels intérêts les groupes réactionnaires auraient à accepter ce compromis, c'est précisément parce que celui-ci menace les valeurs qu'ils s'efforcent de défendre. Il importe donc de clarifier la signification normative de l'accommodement transformateur que l'accent mis sur les enjeux de technique institutionnelle présente comme secondaire. Le point important à relever ici est le suivant : ce modèle de gouvernance conjointe s'affiche comme une réponse libérale aux tensions entre féminisme et multiculturalisme, mais en traitant ces tensions par le biais du *design* institutionnel, Shachar substitue aux conceptions déontologiques du multiculturalisme une approche de type conséquentialiste qui brouille les contours de son libéralisme. Alors que la position normative de Kymlicka assume son inscription dans le courant du libéralisme de l'autonomie, qui justifie les droits culturels à partir de cette norme fondamentale, la position de Shachar s'intéresse surtout aux conséquences des aménagements institutionnels sur la condition des femmes de cultures minoritaires et justifie l'accommodement transformateur par sa capacité à diminuer leur vulnérabilité. Or la façon dont elle envisage la réduction de la vulnérabilité rend sa position ambiguë parce qu'elle l'amène à se rapprocher tantôt de celle du libéralisme de l'autonomie, lorsque l'accommodement transformateur prétend donner aux femmes les moyens d'affirmer leurs opinions, de contester leurs traditions et de reprendre le contrôle de leur existence, tantôt de celle du libéralisme pluraliste, lorsqu'il est justifié comme un dispositif permettent de protéger leur allégeance à une communauté de personnes dont la conception de la vie bonne s'écarte des principes de la justice libérale. D'un côté, Shachar présente l'accommodement transformateur comme une stratégie institutionnelle destinée à neutraliser les effets oppressifs du culturalisme réactif pour les femmes. À ce titre, sa divergence avec Okin semble n'être que technique, puisqu'elles valorisent toutes deux de l'égalité de genre et ne se séparent que sur les solutions politiques à mettre en œuvre pour la rendre effective (par une intervention politique directe chez Okin et indirecte chez Shachar). De l'autre, le féminisme multiculturel de Shachar se démarque de l'attitude antireligieuse du féminisme d'Okin lorsqu'il appuie la cause des femmes qui, au sein des courants religieux orthodoxes, cherchent à concilier leur foi et leurs droits. Cette seconde tendance rapproche Shachar de la position des libéraux pluralistes qui appellent à la tolérance de la diversité des croyances.

Or, cette proximité fragilise le statut de la norme de l'égalité de genre dans son raisonnement. Cette norme n'y vaut plus en tant que principe abstrait de non discrimination sexuelle, comme dans le libéralisme de l'autonomie de Kymlicka ou d'Okin où le droit de chacun, homme ou femme, à mener sa vie librement est admis *a priori*. Elle devient une valeur à maximiser ce qui présuppose deux conditions : *primo* que les femmes désireuses de rester fidèles à leur communauté adhèrent aussi à au principe de la non-discrimination sexuelle et, *secundo*, qu'elles réinterprètent leurs croyances communautaires à l'aune de ce principe féministe afin d'ajuster leur devoir de loyauté au respect de leur autonomie. Or, ces conditions s'avèrent problématiques d'un point de vue féministe. La condition de *l'adhésion psychologique* s'expose à l'objection empirique classique des préférences adaptatives. Ce processus psychologique fait douter de la capacité des femmes socialisées dans des schémas culturels patriarcaux à reconnaître la valeur de leurs décisions personnelles et à s'approprier les outils institutionnels mis à leur disposition pour affirmer leur autonomie. Quant à la condition de la *réinterprétation féministe des croyances*, elle soulève une objection morale qui renforce ces difficultés psychologiques : quand bien même les femmes concernées trouveraient les ressources pour affirmer leurs propres opinions, certaines pourraient ne pas juger légitime le travail d'ajustement entre leurs croyances traditionnelles et la norme de non-discrimination sexuelle qu'encourage l'accommodement transformateur. Par conséquent, en confiant à la conscience religieuse et morale des femmes un rôle moteur dans l'effectivité de son modèle, Shachar laisse ouverte la possibilité que les principales concernées renoncent à toute ambition féministe, à partir du moment où elles la jugeraient contraire à leurs convictions profondes.

Il résulte de ces difficultés une ambiguïté structurelle. Car si « la lecture la plus convaincante de l'approche de Shachar peut être celle qui la présente comme l'application institutionnelle de la perspective de l'autonomie que Kymlicka adopte sur l'accommodement multiculturel »[1], il reste que l'accommodement transformateur retombe dans les travers de la tolérance pluraliste. Les gages importants que cette solution institutionnelle accorde aux minorités afin de ne pas aggraver le culturalisme réactif risquent de rendre ineffectives les corrections qu'il propose pour résoudre le paradoxe de la vulnérabilité multiculturelle. Ces corrections prennent deux formes principales qui, dans les deux cas, s'avèrent contestables du point de vue des visions religieuses du monde dont il s'agit d'atténuer le caractère patriarcal. La première forme relève des *mécanismes incitatifs* qui visent délibérément la libéralisation endogène des groupes réactionnaires, à travers la promotion de l'autonomie de leurs membres féminins. Ainsi, en proposant de confier à l'État une autorité exclusive sur la fonction distributive du droit de la famille, Shachar compte clairement sur l'*empowerment* économique des femmes pour renforcer leur pouvoir au sein du groupe. Des études économiques attestent en effet que l'amélioration de la situation des femmes au sein de la famille est fortement corrélée à leur implication dans les échanges économiques et à leur capitalisation de biens privés. Les travaux de Bina Agarwal[2], notamment, ont permis de « montrer comment la capacité des femmes à contester les normes qui les desservent au sein de la famille (c'est-à-dire à « négocier » une meilleure allocation des devoirs et des bénéfices domestiques) est affectée, au moins partiellement, par leur "position de repli", c'est-à-dire par les choix dont elles disposent à l'extérieur »[3]. Or, la corrélation observable entre l'amélioration de la situation économique des femmes et les progrès de leur autonomie, si elle est en partie vérifiée sur le plan empirique, reste contestable sur le plan normatif. Il n'y a pas de raison, par exemple, que la position économique des femmes modifie la conception hiérarchisée des rapports de genre qui prévaut dans les communautés de type ascétique, où les biens matériels sont méprisés au profit de la pitié, dont dépend le salut de l'âme.

La deuxième forme de correction tient aux *mécanismes de sanction* que les femmes peuvent appliquer à leur groupe lorsque, faute d'une libéralisation interne suffisante, ses normes patriarcales continuent de restreindre leurs libertés individuelles. Telle est la fonction des « points de revirement préétablis » grâce auxquels les femmes lésées peuvent,

1. E. J. Mitnick, « Individual Vulnerability and Cultural Transformation », *op. cit.*, p. 1651.

2. B. Agarwal, *A Field of One's Own : Gender and Land Rights in South Asia*, Cambridge, Cambridge University Press, 1994.

3. A. Shachar, *Multicultural Jurisdictions*, *op. cit.*, p. 136.

sur certaines questions cruciales, s'en remettre à la juridiction civile pour obtenir la protection que leur groupe échoue à leur assurer. Or, de telles garanties ne font que reconduire les difficultés inhérentes aux droits de sortie dans le libéralisme pluraliste. Dans la mesure où la sanction sera activée par la femme qui n'aura pas réussi à trouver, au sein de sa communauté, de soutien significatif à la conception qu'elle se fait de ses droits individuels, son choix de ne plus reconnaître la juridiction religieuse l'obligera à assumer le coût de la désapprobation, voir du rejet, que la sanction risque de provoquer parmi les siens. La clause des points de revirement préétablis, si elle permet d'alléger en partie le poids d'une telle décision, en apportant le soutien de l'État à la femme concernée, ne supprime pas les pressions communautaires auxquelles elle est exposée. Une telle clause s'avère en outre insuffisante pour encourager les femmes ayant fait le choix de la fidélité au groupe à réformer de leur mode de vie patriarcal.

L'objection sociale :
une vision réductrice des minorités ethno-religieuses

Tout en mettant l'accent sur les intérêts matériels des minorités et de leurs membres, en prenant au sérieux leur souci de préservation ou en comptant sur l'*empowerment* économique de leurs membres pour les émanciper de la tutelle des autorités conservatrices, l'analyse de Shachar n'en accorde pas moins une attention privilégiée à la dimension spirituelle de la diversité culturelle. Sa lecture du « culturalisme réactif » met en effet au premier plan la résistance morale que les minorités opposent à l'État moderne et séculier. Or, cette grille de lecture libérale, centrée sur les désaccords moraux profonds, qui tend à interpréter la diversité ethno-religieuse à la lumière du pluralisme axiologique, s'avère réductrice en ce qu'elle néglige le poids d'autres facteurs, notamment socio-économiques, dans la mobilisation des groupes minoritaires. Il importe pourtant de souligner que le regain des courants religieux traditionalistes et fondamentalistes dans les démocraties libérales ne tient pas seulement à leur refus de la sécularisation, mais aussi à la capacité de ces mouvements à cristalliser les difficultés de populations socialement défavorisées dans un contexte de globalisation des conflits politiques. Le fait qu'en France, par exemple, le succès du fondamentalisme islamique dans les quartiers populaires ait suivi de près la seconde intifada en Israël est symptomatique de l'imbrication des causes politiques, sociales, économiques et culturelles d'un tel phénomène. Un nationalisme diasporique a en effet encouragé nombre de Français et de Françaises issues de l'immigration maghrébine à s'identifier à la cause du peuple palestinien, son oppression politique faisant écho à leur propre relégation sociale[1]. La réaction culturelle de ces populations autour de leur identité religieuse peut ainsi être ramenée à un faisceau complexe de facteurs qui implique l'histoire coloniale de la France, un des principaux conflits internationaux de l'après seconde guerre mondiale, la ségrégation urbaine des populations issues de l'immigration postcoloniale ainsi que les discriminations multiples que subissent quotidiennement sur le territoire français les personnes racisées comme « Arabes ». Ces facteurs diffèrent des questions de désaccord moral et touchent davantage aux problèmes des inégalités de pouvoir à l'échelle domestique et globale qui placent les groupes dans des positions sociales favorables ou défavorables. Les liens étroits qu'on observe, dans le cas des populations issues de l'immigration postcoloniale, entre la catégorisation par la religion et la catégorisation par la race indiquent le rôle important que jouent les identités religieuses dans le positionnement des groupes sociaux[2].

Le fait que Shachar s'appuie régulièrement sur le cas des Juifs orthodoxes et sur l'exemple de l'*agunah* dans le droit familial israélien pour étayer son raisonnement est révélateur du peu d'attention qu'elle accorde à ces aspects du renouveau religieux. En Israël, les Juifs orthodoxes forment une minorité religieuse, dans la mesure où la majorité des citoyens israëliens de confession juive n'adopte pas une interprétation aussi stricte qu'eux de la Loi juive, mais ils ne forment pas une minorité sociale puisqu'ils profitent du soutien matériel[3], politique[4] et symbolique[5] des pouvoirs publics. Ce type de cas permet donc d'isoler l'élément moral de la réaction culturelle, son anti-sécularisme, de la position sociale du groupe, laquelle en l'occurrence n'est pas défavorable. En revanche, dans le cas des minorités religieuses qui sont

1. E. Benbassa, *La République face à ses minorités*, Paris, Mille et une nuits, 2004.

2. Sur les glissements entre les catégories ethniques et religieuses pour désigner les populations issues de l'immigration maghrébine dans le contexte français, voir E. Lépinard, « From Immigrants to Muslims : Shifting Categories of the French Regime of Inclusion », *in* A. Eisenberg, W. Kymlicka, *Identity Politics in the Public Realm : Bringing Institutions Back In*, Vancouver, University of British Columbia Press, 2011, p. 190-214.

3. L'État israélien finance les Juifs ultra-orthodoxes qui ont fait le choix de se consacrer exclusivement à la vie religieuse et à l'étude de la Torah.

4. Notamment lorsque la politique de colonisation des territoires palestiniens converge avec la lecture littérale des textes sacrés et du retour à la Terre promise.

5. Depuis sa création, Israël se définit comme un « État juif », accordant ainsi une place privilégiée à l'identité religieuse et culturelle juive dans l'imaginaire national. La décision de la Knessett, en juillet 2017, de consacrer Israël comme « le foyer national du peuple juif » dans les Lois fondamentales renforce cette partialité institutionnelle.

aussi des minorités sociales, il est contestable de réduire le « culturalisme réactif » à son versant axiologique en passant sous silence l'état des rapports sociaux qui contribue à le provoquer. Des études sociologiques ont contribué à montrer que la piété religieuse peut relever d'une stratégie psychologique mise en œuvre par les minoritaires pour surmonter l'expérience douloureuse de la discrimination raciale[1]. S'en remettre à la justice ou à l'amour de Dieu est un moyen efficace de supporter l'injustice ou la haine des hommes. La conclusion d'une des rares enquêtes menées en France sur les musulmanes ayant choisi de se voiler intégralement va dans ce sens[2] : elle indique que l'attirance paradoxale de femmes pour une pratique ultra-rigoriste de l'Islam, dont la philosophie patriarcale contredit ouvertement les principes égalitaires dans lesquelles la plupart d'entre elles ont été socialisées, « concerne principalement un sujet anomique qui ne parvient pas à se construire »[3]. Les profils décrits par l'enquête se démarquent du stéréotype de la femme soumise au contrôle serré d'une communauté fortement structurée autour d'un pouvoir masculin. Le parcours individuel et social de ces croyantes, souvent marqué par des carences affectives, des violences familiales, des agressions sexuelles, par l'épreuve du racisme ou des discriminations, jette un éclairage différent sur leur volonté de recouvrer une zone de sécurité pour reprendre le contrôle de leur existence à l'abri des regards.

Cette troisième objection invite à appliquer au féminisme multiculturel de Sachar le reproche adressé par Iris Young aux multiculturalistes libéraux[4]. Bien que Shachar prenne au sérieux le caractère oppressif de la pression politique à la sécularisation pour les groupes attachés à leurs traditions religieuses, elle ne tient pas suffisamment compte de la complexité des facteurs qui déterminent leur « différence positionnelle », parce qu'elle se focalise sur leur « différence culturelle » envisagé au travers du seul prisme religieux. L'oppression s'en trouve réduite à un aspect privilégié, à savoir l'atteinte portée au droit d'une communauté à exprimer sa vision du monde, ses valeurs et son mode de vie, laissant ainsi de côté les autres inégalités structurelles qui déterminent la formation des identités minoritaires. À partir de cette objection, on peut repérer l'ambiguïté du rapport que Shachar établit entre le groupe et ses membres. D'un côté, sa

1. F. Dubet, O. Cousin, E. Macé, S. Rui, *Pourquoi moi ? L'expérience des discriminations*, Paris, Seuil, 2013.

2. M. Borghée, *Voile intégral en France. Sociologie d'un paradoxe*, Paris, Michalon, 2012.

3. *Ibid.*, p. 39.

4. Voir le chapitre II, p. 73.

conception « culturelle » des institutions[1] s'apparente à l'ontologie holiste et relationnelle qui sous-tend les philosophies du multiculturalisme, dans la mesure où l'*agency* des personnes y est envisagée comme une capacité subjective conditionnée par l'appartenance d'un individu à divers groupes institués et par les interactions qui se jouent entre ces différentes normes collectives. D'un autre côté, les analyses de Shachar contiennent aussi des éléments d'ontologie sociale atomiste qui expliquent le peu d'attention qu'elle prête au caractère structurel des inégalités sociales. En particulier, sa conception de l'émancipation des femmes par le renforcement de leur pouvoir de négociation économique dans la famille et, plus généralement, de leur pouvoir de négociation dans les institutions politiques et légales, trahit une conception individualisée des interactions sociales qui minimise le poids des inégalités structurelles. Celles-ci procèdent en effet de causes profondes qui débordent largement l'échelle individuelle parce qu'elles reflètent les effets cumulatifs d'injustices passées et présentes, telle que la colonisation, l'esclavage, l'exploitation économique, la reproduction des classes sociales. Or, en privilégiant l'enjeu du conflit de valeurs dans sa lecture du culturalisme réactif, Shachar ne prête guère attention au rôle de ces facteurs structurels dans la constitution des identités minoritaires, mais pense plutôt les « *nomoi* groupes » sur le modèle de la communauté de croyants, s'inscrivant de la sorte dans la conception associative du lien social que Young juge typique des théories libérales de la justice. Dès lors, bien que l'accommodement transformateur se présente comme une réforme institutionnelle qui prend au sérieux la concurrence des appartenances collectives, il n'en reste pas moins grevé par une forme implicite d'individualisme, considérant qu'il revient à chacun de saisir les leviers mis à sa disposition par les nouvelles règles pour défendre sa propre interprétation de ses droits. On doute que de telles prémisses suffisent à renverser les structures sociales qui, comme la race ou le genre, limitent drastiquement les opportunités dont peuvent se saisir certaines personnes. S'il est clair que Shachar n'accorde pas assez d'attention aux premières – parce qu'elle néglige le problème de la racialisation des minorités religieuses, tout comme les multiculturalistes négligent celui de la racialisation des minorités ethniques – on peut aussi considérer qu'elle ne prend pas assez au sérieux les inégalités structurelles qui procèdent du genre. En effet, la confiance qu'elle place d'emblée en l'État moderne et libéral pour inciter les groupes réactionnaires à sortir du patriarcat, fût-ce par le détour stratégique de l'accommodement transformateur, est

1. Voir *supra*, « La gouvernance conjointe », p. 169.

révélatrice de sa difficulté à considérer le genre comme une structure qui traverse l'ensemble des groupes sociaux et qui désavantage les femmes, aussi bien dans les groupes minoritaires que dans la majorité culturelle et dans les institutions étatiques.

Quels sont, en définitive, les avantages et les inconvénients normatifs de cette première tentative de réconciliation du féminisme avec le multiculturalisme ? Ce qui précède montre qu'elle se fixe comme objectif principal de corriger le préjugé sécularisté du féminisme libéral. Contre celui-ci, le féminisme multiculturel de Shachar fait valoir d'un côté le caractère contre-productif de la pression à la sécularisation, qui accentue le conservatisme des groupes réactionnaires, et de l'autre le droit des femmes à s'émanciper non pas contre leur communauté mais en œuvrant à leur libéralisation de l'intérieur. Toutefois, le modèle de l'accommodement transformateur laisse des questions épineuses sans réponse : est-il cohérent, d'un point de vue féministe, d'accepter un dispositif qui tolère, même provisoirement, l'application de normes sexuellement discriminantes dans ces communautés, voire qui rend possible leur maintien durable s'il s'avère que, par conviction, les femmes refusent d'exploiter le potentiel transformateur de ce type d'accommodement ? En outre, est-il suffisant, d'un point de vue féministe, de privilégier le problème de l'intolérance religieuse sans l'articuler à la complexité structurelle des injustices sociales ? Le fait que la solution de Shachar peine à répondre à de telles questions est symptomatique du caractère incomplet des emprunts qu'elle fait aux critiques postcoloniales : bien qu'elle reprenne à son compte celle de la vision victimaire des femmes minoritaires qui seraient soumises au diktat de leurs traditions, elle n'échappe pas complètement à l'écueil de l'essentialisme culturel. La notion même de « *nomoi group* » ne présuppose-t-elle pas en effet que l'unité culturelle du groupe repose sur des bases essentiellement morales, sur des convictions profondes de type religieux relatives à l'ordre du monde et à la vie bonne ? Or ce prisme tend à rabattre la diversité culturelle sur la diversité axiologique et à conforter le présupposé, largement contesté par les études postcoloniales, selon lequel l'écart entre la culture majoritaire et les cultures minoritaires relève au premier chef d'un désaccord entre une éthique moderne et libérale et une éthique traditionnelle et communautaire.

À cet égard, la synthèse institutionnelle entre le féminisme et le multiculturalisme que prétend réaliser l'accommodement transformateur est typique du moment normatif qui a dominé les débats sur le multiculturalisme vers la fin des années 1990, dans lequel le prisme libéral du pluralisme des valeurs a surdéterminé la réflexion sur la justice interculturelle. Il convient à présent, pour dépasser les limites de cette première synthèse, d'envisager la deuxième approche qui privilégie pour sa part la correction du préjugé ethnocentrique dans l'élaboration du féminisme multiculturel et qui, en recentrant l'analyse sur la critique postcoloniale du concept « culture », se propose d'aller plus loin dans l'élucidation des conséquences normatives d'une telle critique.

CHAPITRE V

FÉMINISME MULTICULTUREL II

LA SYNTHÈSE CONCEPTUELLE DU MULTICULTURALISME SANS CULTURE

Ce chapitre est consacré à la voie que la politiste britannique Anne Phillips a ouverte en proposant de refonder le « multiculturalisme sans culture ». Avec cette expression paradoxale, Phillips entend soutenir que « le multiculturalisme peut être rendu compatible avec la poursuite de l'égalité de genre et avec les droits des femmes, du moment qu'il ne repose pas sur une compréhension essentialiste de la culture »[1]. Sa stratégie argumentative consiste à démontrer que les tensions qu'on observe entre féminisme et multiculturalisme ne tiennent pas au caractère contestable du principe égalitaire auquel le premier est attaché mais aux insuffisances du concept de culture auquel le second est associé. Ainsi, au rebours de la démarche de Shachar qui mise sur les vertus du *design* institutionnel pour sortir des « débats interminables sur la culture »[2], Phillips se fixe comme tâche première de les clarifier, refusant de dissocier la réforme institutionnelle d'une profonde révision conceptuelle. C'est cette démarche qui la conduit à accorder un rôle déterminant aux critiques postcoloniales dans sa théorisation du féminisme multiculturel. Sa proposition théorique présente à ce titre l'intérêt majeur d'approfondir les conséquences normatives que l'on peut tirer de ces critiques, en vue d'expurger le féminisme occidental de son arrogance ethnocentrique et de refonder la tolérance multiculturelle sans sacrifier l'égalité de genre.

Dans la première section, nous montrerons comment Phillips confirme, à partir du contexte britannique, la tendance des majoritaires à essentialiser les cultures minoritaires, tout en précisant la nature du problème normatif

1. A. Phillips, *Multiculturalism Without Culture*, *op. cit.*, p. 9.
2. A. Shachar, « Feminism and Multiculturalism », *op. cit.*, p. 129.

qui en découle et qu'elle associe à une vision déterministe de la « culture ». La deuxième section s'attachera à présenter la solution qu'elle avance pour le résoudre en prescrivant de penser la « culture » sur le modèle du « genre ». La troisième section examinera les conséquences pratiques auxquelles aboutit la réforme du « multiculturalisme sans culture » sur le plan de la théorie politique, afin de clarifier le type de positionnement que celui-ci occupe par rapport à d'autres conceptions libérales de la tolérance multiculturelle. La dernière section s'emploiera à mettre en lumière, à partir des objections que les féministes et les multiculturalistes ont adressées à Phillips, ses difficultés à offrir une synthèse convaincante du féminisme multiculturel.

Le multiculturalisme, une « camisole de force culturelle » ?

Les terrains britanniques d'observation du multiculturalisme : défense culturelle et mariages forcés

C'est à partir de ses travaux sur la « défense culturelle » (*cultural defense*) et sur les « mariages forcés » (*forced marriages*) que Phillips en est venu à confirmer la pertinence des analyses postcoloniales et à mieux circonscrire le problème pratique que pose l'essentialisation de la culture des Autres. Nous avons ouvert ce livre en faisant référence aux deux cas célèbres de défense culturelle en droit américain, *Moua* et *Chen*. Ces procès ont à juste titre indigné les féministes qui, à l'instar d'Okin, y ont vu une rupture flagrante de l'égalité de droit pour les femmes des cultures minoritaires, les empêchant de bénéficier de la protection de la loi au même titre que les autres justiciables. Afin de replacer ces cas fortement médiatisés dans leur contexte, Phillips mobilise les études scientifiques consacrées à la défense culturelle. Or, son enquête invite à relativiser l'idée d'une institution judiciaire ayant entériné la norme des excuses culturelles à l'égard des cultures minoritaires. L'une des études les plus fournies à ce sujet, conduite par Anne Renteln[1], « suggère que les magistrats consacrent peu d'attention aux preuves à caractère culturel (*cultural evidence*), qu'ils les jugent hors de propos dans la plupart des cas, ou qu'ils insistent pour que tous les citoyens se conforment à des règles identiques quel que soit leur contexte culturel »[2]. Ce qui prédomine, constate Renteln, c'est plutôt l'absence de considération pour les facteurs

1. A. Renteln, *The Cultural Defense*, New York, Oxford University Press, 2004.
2. A. Phillips, *Multiculturalism Without Culture*, *op. cit.*, p. 76.

culturels, même dans des situations où l'équité de traitement exigerait pourtant qu'ils le soient, afin de mieux saisir les motivations et l'état d'esprit de l'accusé. Phillips confirme ces observations à partir de son propre contexte national, en soulignant le caractère marginal du recours aux excuses culturelles dans le cas de violences sexistes ayant impliqué des personnes de culture étrangère[1]. Les pratiques judiciaires britanniques mettent plutôt en évidence une tendance fortement marquée chez les juges à expliquer le comportement de ces personnes sur la base de stéréotypes racistes qui exagèrent le caractère dominateur des hommes et la passivité des femmes. Les arguments à caractère culturel y sont mobilisés pour rendre compte de l'hyper-susceptibilité des premiers vis-à-vis de la liberté sexuelle des secondes – qu'il s'agisse de l'adultère de l'épouse, du libre choix du conjoint par les jeunes filles ou de tout comportement féminin jugé indécent et contraire à l'honneur familial – tandis qu'elle « tend, dans le cas des femmes, à être invoquée pour expliquer un degré inhabituel de passivité, une soumission aux diktats masculins, aux attentes de la famille ou de la communauté, ou à ce qui est simplement perçu comme un destin »[2].

Le procès de Bashir Begum Bibbi offre une illustration des effets d'une telle logique sur la décision de la cour d'appel : cette veuve d'origine kenyane fut d'abord condamnée avec son beau-frère à trois ans de prison pour le trafic de drogue dans lequel ils étaient impliqués. En appel, sa peine fut réduite à six mois sur la base d'une enquête sociale qui avait mis en avant plusieurs circonstances atténuantes, dont sa dépendance matérielle à l'égard de son beau-frère, l'isolement social entraîné par son manque de maîtrise de l'anglais et sa socialisation dans une culture musulmane. Phillips fait observer que, si la réduction de peine pouvait être justifiée, les arguments culturalistes avancés par les juges étaient éminemment problématiques. Estimant que son attachement aux traditions musulmanes, lié à son environnement culturel, lui aurait inculqué une disposition à se conformer au bon vouloir des hommes, ils conclurent qu'« à la lumière de son histoire, il ne serait pas prudent de lui accorder autant

1. Voir le procès de Shabir Hussein en 1995 accusé du meurtre de sa belle-sœur, Tasleem Begum, qu'il renversa avec sa voiture après l'avoir vu discuter avec son amant dans la rue. Condamné à la prison à vie en première instance, il plaida la provocation en appel et vit sa peine réduite à 6 ans et demi, le juge ayant admis le principe que les convictions religieuses de l'accusé aient pu provoquer son indignation et sa perte de contrôle face au comportement de sa belle-sœur. Phillips interprète cette affaire comme une exception, dans la mesure où l'état des recherches n'atteste pas de l'existence de jugements similaires en Grande-Bretagne, ni en Europe. (*Ibid.*, p. 90).

2. *Ibid.*, p. 85.

d'indépendance d'esprit et d'action que celle dont jouissent la plupart des femmes aujourd'hui »[1]. Un tel raisonnement pose problème en ce qu'il ne se contente pas de nuancer le degré de responsabilité individuelle de l'accusée en tenant compte des circonstances dans lesquelles elle a commis le crime, mais qu'il suggère que l'appartenance à une certaine culture compromet, en tant que telle, la capacité de décision d'un de ses membres. Il instaure en outre une inégalité de traitement entre les femmes minoritaires dont les comportements se conforment aux idées reçues sur leur passivité et leur soumission, et celles qui s'en écartent en raison de leur force de caractère ou de leur indépendance d'esprit, puisqu'il prive les secondes de l'indulgence dont bénéficient tendanciellement les premières[2]. Les données disponibles sur les cas de défense culturelle infirment donc l'existence d'une propension générale des juges à excuser la violence exercée par les hommes sur les femmes dans les cultures minoritaires mais font plutôt observer la situation inverse, celle d'une certaine complaisance de la justice à l'égard des femmes accusées de crimes ou de violences, lorsque celles-ci se conforment aux préjugés sur « leur culture ». Phillips en conclut que la véritable difficulté ne réside pas tant dans l'issue des procès que dans la logique qui consiste à expliquer le comportement des minoritaires sur la base de stéréotypes culturels non questionnés.

Ses travaux sur les mariages dits « forcés », parce qu'imposés à des jeunes filles par leur famille, montrent que la même logique est à l'œuvre dans les situations manifestement inverses, lorsque l'attitude des pouvoirs publics à l'égard des minoritaires n'est pas celle d'une tolérance motivée par la tendance à excuser le sexisme des autres, mais au contraire celle de l'intervention de l'État, destinée à prévenir les violences faites aux femmes. Le problème public des mariages forcés en Grande-Bretagne a émergé au début des années 2000 à cause du durcissement de la pratique des mariages arrangés. Ce type de gestion traditionnelle des unions matrimoniales, fortement implanté dans les pays d'origine des immigrés britanniques (le sous-continent indien, la Turquie, l'Asie de l'Est et le Moyen Orient), qui consiste pour les parents ou la famille élargie à choisir

1. A. Phillips, *Multiculturalism Without Culture*, *op. cit.*, p. 86.

2. Phillips illustre cette situation symétrique à partir du procès de Zoora Shah qui fut condamnée à 20 ans de prison pour l'assassinat de son mari, accompli avec la complicité son amant. Elle considère que la sévérité du jugement ne rend pas justice à la complexité de la trajectoire de cette femme, ni à sa situation de vulnérabilité à l'égard de son mari. Or, dans le cas de Zoorah Shah, la prise en compte de ces circonstances atténuantes n'a pas pu se faire comme dans le cas de Bibbi, en raison de la difficulté à mobiliser le stéréotype de la femme faible, soumise à sa communauté. (*Ibid.*, p. 87-88).

le conjoint de leur enfant, a en effet connu de profondes évolutions avec l'émancipation progressive des jeunes générations, tant dans la société d'accueil que dans les pays d'origine. C'est la libéralisation des mœurs qui a paradoxalement accru le risque potentiel pour ces jeunes gens d'être contraints par leurs parents à une union non désirée, ces derniers s'estimant d'autant plus investis du rôle de préserver les liens communautaires que le contexte migratoire tend à les fragiliser et à compliquer la transmission des traditions. Dans certains cas extrêmes, fortement médiatisés, des jeunes filles furent ainsi enlevées, séquestrées ou privées de leur passeport par des membres de leur famille. On observa par ailleurs une augmentation des « mariages outre-mer » (*overseas mariages*) qui désignent les unions organisées par les familles à l'insu de leurs filles, à l'occasion d'un séjour dans le pays d'origine. Au-delà de ces formes visibles de contrainte, le caractère « forcé » du mariage s'explique aussi par la pression psychologique, voire le harcèlement moral, que certains parents exercent sur leurs enfants pour imposer leur choix. Afin de gérer ces situations inédites, les pouvoirs publics britanniques, ne pouvant guère compter sur la seule réponse pénale à cause des réticences des victimes à traduire leurs proches en justice, décidèrent de limiter le nombre de mariages outre-mer en élevant l'âge légal du mariage avec des ressortissants étrangers[1]. Du point de vue des législateurs, cette stratégie de prévention contre les « mariages forcés » se justifiait par la double corrélation qui existe d'une part entre l'âge et la maturité psychologique, conditions nécessaires à la décision de se marier, et d'autre part entre la distance géographique et la probabilité que les époux ne se connaissent pas.

Phillips critique pourtant ce type d'intervention politique à cause du glissement opéré par l'argument qui lui sert de justification : « la chose à relever est que *tous* les mariages avec des époux d'outre-mer doivent être interdits parce que *certains* d'entre eux peuvent se faire sous la contrainte »[2]. La généralisation qui consiste à faire peser la même interdiction sur tous les mariages outre-mers contractés avant un certain âge est justifiée par le présupposé selon lequel la tradition du mariage

1. Ce choix fut suivi par d'autres démocraties européennes. L'âge minimal du ressortissant souhaitant épouser un national a été élevé à 24 ans par le Danemark en 2002, à 18 ans par la Grande-Bretagne en 2003 et à 23 ans par la Norvège (sauf si le/la conjoint.e dispose de ressources suffisantes pour subvenir aux besoins de sa famille). En France, l'âge légal pour tous les mariages a été relevé à 18 ans en 2006, alors qu'auparavant il était de 18 ans pour les hommes et de 15 ans pour les femmes. Cette initiative a été justifiée en partie au nom de la prévention contre les mariages forcés.

2. A. Phillips, *Multiculturalism Without Culture*, *op. cit.*, p. 123.

arrangé est une pratique culturelle intrinsèquement patriarcale à laquelle les jeunes filles ne peuvent pas réellement consentir. Il est donc légitime de faire tomber sous le coup de la loi les unions pour lesquelles celles-ci ne semblent pas avoir été forcées par leurs familles. Ce présupposé révèle la logique déterministe qui est à l'œuvre derrière la vision essentialisée des cultures minoritaires : c'est parce que ces cultures agissent sur leurs membres comme une contrainte qui, pour être intériorisée, n'en est pas moins oppressive, qu'il est nécessaire de faire jouer la contrainte émancipatrice de la loi afin de neutraliser la première[1].

L'étude des cas de défense culturelle et de mariages forcés apportent ainsi, aux yeux de Phillips, une confirmation empirique forte aux analyses des féministes postcoloniales, comme celles d'Uma Narayan et de Leti Volpp. Le problème que pose l'usage public des arguments culturels ne réside pas tant dans les excuses qu'ils apportent aux comportements sexistes des minoritaires que dans « l'invocation sélective de la culture [qui] aboutit à la surévaluation des facteurs culturels (*over-culturation*) dans le cas des personnes assignées à leur origine ethnique ou à leur religion [...] mais aussi à la sous-évaluation de ces facteurs (*under-culturation*) dans le cas des personnes associées au groupe dominant »[2]. Il en résulte une évaluation asymétrique des agents qui accorde implicitement aux membres du groupe dominant le monopole de la compétence morale : ceux-ci, parce qu'ils se perçoivent comme des êtres détachés de leur culture (*culture free*) ou faiblement influencés par elle (*lightly cultural*), s'octroient spontanément la capacité à exercer un jugement critique susceptible de mettre à distance, voire de neutraliser, les schémas pratiques hérités de leur culture, là où les minoritaires sont censés agir comme des « automates culturels », incapables de faire de véritables choix. Le préjugé ethnocentrique enferme donc les majoritaires dans la conviction

1. La même logique préside à l'adoption d'autres lois répressives destinées à protéger les femmes. Phillips l'observe à l'œuvre, par exemple, dans la loi française du 15 mars 2004 portant sur l'interdiction du port de signes religieux ostensibles dans les écoles publiques. Cette loi fut justifiée comme un moyen de protéger les jeunes filles de culture musulmane contre les pressions religieuses de leur milieu, dans le contexte du regain des fondamentalismes religieux dans les quartiers populaires. Un tel argument repose sur la même opération de généralisation qui consiste à juger toutes les situations à l'aune de celles qui engagent un élément de contrainte, au mépris des enseignements tirés des études sociologiques ayant souligné la diversité des usages du « foulard islamique » et leur relation possible avec des pratiques d'affirmation de soi (voir F. Khosrokhavar, F. Gaspard, *Le foulard et la république*, Paris, La Découverte, 1995 ; N. Venel, *Musulmanes françaises. Des pratiquantes voilées à l'université*, Paris, L'Harmattan, 1999).

2. A. Phillips, *Gender and Culture*, Cambridge, Polity Press, 2010, p. 69.

qu'« *ils* ont des traditions, tandis que *nous* avons des valeurs ». En outre, bien que ce préjugé pèse sur l'ensemble des minoritaires assignées à leur « culture », celui-ci redouble d'effet quand il s'agit des femmes non occidentales, à cause des stéréotypes qu'il véhicule sur leur passivité et sur leur soumission à l'ordre patriarcal. Sous le regard occidental, ces femmes apparaissent comme des êtres culturels par excellence dans la mesure où, en obéissant aveuglément à leur culture, elles en révèleraient l'essence profonde.

What's wrong with essentialism[1] ?

Phillips ne se contente pas de reprendre et d'illustrer les analyses des féministes postcoloniales sur la tendance des membres de la majorité à essentialiser les cultures minoritaires à partir de ses propres terrains d'enquête. Elle contribue également à préciser la portée normative de ces analyses en procédant à une élucidation conceptuelle de l'essentialisme par laquelle elle cherche à identifier la nature du problème que celui-ci pose d'un point de vue moral et politique. Comprendre « ce qui ne va pas » dans l'essentialisme exige que l'on prenne soin de distinguer ses différents niveaux et de bien saisir leur articulation. Pour commencer, il convient de séparer les dimensions *épistémiques* et *politiques* de l'essentialisme. Les premières renvoient aux catégories qui désignent des groupes et prétendent produire des connaissances à leurs propos, tandis que les secondes concernent les usages politiques de ces catégories. L'essentialisme de type épistémique se décline selon deux modalités dont le point commun est de mobiliser des catégories erronées (*mistake categories*) pour décrire les groupes sociaux. La première modalité de l'essentialisme renvoie au processus psychologique ordinaire de formation des stéréotypes ou des préjugés. Elle consiste à procéder à des généralisations abusives qui reposent sur « l'attribution de caractéristiques particulières à toutes les personnes identifiées à une catégorie »[2] et qui touche l'ensemble des minorités (de genre, raciales ou ethniques). Des affirmations comme « (toutes) les femmes sont attentionnées et sensibles », « (tous) les Africains ont le sens du rythme » ou « (tous) les Asiatiques sont attachés à leur communauté » procèdent ainsi de la même logique d'induction homogénéisante et simplificatrice à partir d'observations particulières. La deuxième modalité de l'essentialisme opère un glissement supplémentaire en attribuant « certaines caractéristiques, non pas aux individus qui

1. *Ibid.* Il s'agit du titre du chapitre V de *Gender and Culture*.
2. *Ibid.*, p. 72.

forment une catégorie, mais à la catégorie elle-même »[1]. Dans ce cas, le processus cognitif ne porte « pas seulement sur la perception des groupes comme étant différents (avec le risque induit de généralisation abusive), mais [sur] l'attribution de ces différences à quelque "essence" sous-jacente et statique »[2]. Alors que la première modalité de l'essentialisme se contente d'énoncer des généralités superficielles et non systématisées, la deuxième se distingue par l'ambition théorique de cerner l'essence d'un groupe, c'est-à-dire sa nature constitutive. Cette ambition se manifeste pleinement dans les travaux ethnologiques, anthropologiques ou sociologiques qui naturalisent les différences entre groupes sociaux, en se détournant des facteurs historiques et sociaux de leur formation et en négligeant leur caractère relationnel. Appliquée au cas du genre ou de la race, elle s'illustre dans le déterminisme biologique qui, dans la seconde moitié du XIXe et début du XXe siècles, a dominé les discours médicaux sur les femmes ainsi que l'anthropologie raciale, mais on l'observe aussi dans certains discours scientifiques tenus sur les nations ou les ethnies, en dépit de l'historicité manifeste de ces communautés. Le processus de naturalisation des différences tient alors à l'erreur théorique du « groupisme » que le sociologue Rogers Brubaker définit comme « la tendance à prendre des groupes discrets, nettement différenciés, homogènes à l'intérieur et délimités à l'extérieur, comme les éléments de base de la vie sociale, comme les principaux acteurs des conflits sociaux et comme les unités fondamentales de l'analyse sociale »[3]. L'erreur consiste ici à hypostasier le groupe culturel, à penser « la Culture » comme une entité qui transcende ses éléments constitutifs et qui reste indépendante de son contexte de formation.

Il importe de relever que l'essentialisme de type politique s'est en grande partie constitué sur la base d'une critique de l'essentialisme de type épistémique. S'affirme alors, à ce niveau, une troisième modalité d'essentialisme qui repose sur « l'invocation d'un collectif considéré comme sujet ou comme objet de l'action politique ("la classe ouvrière", "les femmes", "les femmes du Tiers-Monde") et envisagé de telle sorte qu'il semble constituer un groupe homogène et unifié »[4]. Bien que ces collectifs se soient construits en réaction aux préjugés racistes, sexistes, hétérosexistes, etc. et qu'ils se soient nourris de la critique de la conception

1. A. Phillips, *Gender and Culture*, Cambridge, *op. cit.*, p. 76.

2. *Ibid.*

3. R. Brubaker, « Ethnicity Without Groups », *European Journal of Sociology*, vol. 43, n° 3, 2002, p. 164.

4. A. Phillips, *Gender and Culture*, *op. cit.*, p. 71.

naturalisée des différences de genre, de race, d'orientation sexuelle, etc., ils ont malgré tout cédé à une autre tendance à l'essentialisation. Celle-ci tient au « paradoxe constitutif »[1] auquel sont confrontées toutes les minorités sociales qui se politisent et à la compréhension duquel les théories féministes ont largement contribué. La mobilisation des minorités, parce qu'elle vise à déconstruire le stigmate collectif que subissent leurs membres (en tant que femmes, noirs, homosexuels, etc.), est contrainte de se structurer autour de lui, ce qui conduit à donner une vision exagérément unifiée du groupe mobilisé et à gommer sa complexité interne. On doit notamment aux analyses intersectionnelles d'avoir mis en évidence les limites de cet essentialisme politique en montrant de quelle façon il masque la reconfiguration des rapports hégémoniques au sein des luttes minoritaires.

Or, si les failles de cette troisième modalité d'essentialisme tiennent aux contradictions inhérentes à l'action politique, laquelle laisse ouverte la possibilité de contester la catégorie collective au sein des groupes mobilisés, il n'en va pas de même, estime Phillips, pour la quatrième modalité de l'essentialisme qui se distingue par sa visée prescriptive et sa pente autoritaire :

> Il s'agit de l'essentialisme dans sa manifestation normative la plus évidente ; le traitement de certaines caractéristiques comme étant essentielles à tout membre d'une catégorie, comme offrant des critères de définition qui ne peuvent être ni questionnés ni modifiés sans invalider par là même la prétention à faire partie du groupe. Par exemple, vous n'êtes pas *vraiment* une lesbienne si vous couchez avec des hommes, vous n'êtes pas *vraiment* un ouvrier si vous aimez l'opéra ; vous n'êtes pas *vraiment* musulman si vous tolérez les athées[2].

Alors que l'essentialisme stratégique des minorités tient à l'affirmation d'un sujet politique tourné vers l'émancipation, cette dernière modalité relève d'un processus de régulation et de contrôle des critères d'appartenance au groupe qui nie tout droit d'autodétermination à ses membres. Phillips souligne qu'à la différence des modalités épistémiques de l'essentialisme, cette modalité politique se caractérise par une injonction normative qui « entre en jeu précisément au moment où la généralisation

1. J. Scott, *Only Paradoxes to Offer : French Feminists and the Rights of Man*, Cambridge, MA, Harvard University Press, 1996, p. 3-4. Cité par A. Phillips dans *Gender and Culture*, *op. cit.*, p. 78.

2. A. Phillips, *Gender and Culture*, *op. cit.*, p. 80.

échoue et où les stéréotypes ne fonctionnent plus »[1]. En effet, c'est quand le comportement ou l'attitude d'un membre du groupe déroge aux critères reçus de l'identité collective que cette personne est rappelée à l'ordre et sommée de s'y conformer. Une telle injonction normative provient de différentes sources : au sein des minorités, la discipline collective peut être imposée tant par les membres progressistes que par les courants traditionalistes et conservateurs; en outre, la pression à la conformité peut aussi venir de l'extérieur, des membres de la majorité. Phillips isole cette quatrième modalité d'essentialisme afin de mettre en garde contre l'indulgence que manifestent de nombreux sociologues à l'égard de ces dérives autoritaires, parce qu'ils concentrent leurs critiques sur l'essentialisme de type épistémique. Roger Brubaker, par exemple, estime qu'il n'y a pas à reprocher aux minorités de verser dans l'essentialisme politique, dans la mesure il est consubstantiel à leur action collective : aucune minorité ne parviendrait à être publiquement identifiée, ni entendue, si elle n'était pas capable de se mobiliser autour de caractéristiques visibles, quitte à accuser le trait et à simplifier son identité. Le problème ne se pose qu'à un niveau théorique, d'après le sociologue allemand, quand les théoriciens emboîtent le pas aux militants et soutiennent que la mobilisation politique des groupes minoritaires reflète l'existence d'entités collectives qui leur préexistent[2]. En justifiant l'essentialisme politique comme une manifestation inévitable et acceptable de la conflictualité sociale, ce type d'approche tend donc à en minimiser les formes oppressives.

Or, c'est pourtant bien à ce niveau et non aux trois précédents que Phillips identifie le véritable problème de l'essentialisme. Il suffit, en effet, de se tourner du côté des sciences humaines et sociales pour observer que la critique des formes épistémiques de l'essentialisme est déjà largement acquise. Les psychologues possèdent désormais une connaissance fine des mécanismes de production des stéréotypes et des préjugés; leurs études ont non seulement permis de révéler le décalage de ces catégories avec les réalités sociales[3], mais encore de comprendre les causes de leur apparition, offrant ainsi des outils pour corriger les erreurs liées aux fausses généralisations. En outre, la conception naturalisée des différences humaines renvoie à des positions théoriques qui sont disqualifiées ou marginalisées dans les recherches actuelles : la génétique a privé l'anthropologie raciale de toute base scientifique; la sociologie de

1. A. Phillips, *Gender and Culture*, *op. cit.*, p. 80.

2. R. Brubaker, « Ethnicity without Groups », *op. cit.*

3. Voir l'étude de J. Shibley Hyde, « The Gender Similarities Hypothesis », *American Psychologist*, vol. 60, n° 6, 2005, p. 581-592.

l'ethnicité a mis en évidence les limites de l'anthropologie culturaliste[1] ; le binarisme sexuel a perdu de son évidence avec les découvertes récentes de la gynécologie infantile. En l'état des connaissances et à la lumière des modèles théoriques dominants, cette modalité de l'essentialisme relève donc dorénavant en grande partie de l'histoire des sciences.

Il apparaît ainsi qu'au niveau épistémique, le problème de l'essentialisme ne tient pas à la nature même des processus cognitifs qui sont en jeu, mais à leur *degré* d'effectuation. Une généralisation ne devient abusive que lorsqu'elle dépasse un certain seuil qui la rend inadaptée à l'appréhension de la réalité, mais cela n'invalide en aucun cas l'importance de ce processus dans la formation des connaissances et dans l'élaboration des théories scientifiques. De même, la vision excessivement homogénéisatrice de la « culture » qu'adoptent certains courants de l'ethnologie et de l'anthropologie ne disqualifie pas l'objectif scientifique de ces disciplines qui est d'étudier les différentes cultures. Ce n'est donc pas au niveau épistémique mais au niveau politique que le problème se loge. C'est là en effet que l'essentialisme conserve une forte attractivité et une efficacité indéniable, en raison du pouvoir mobilisateur des identités collectives, c'est à ce niveau qu'il engendre des formes de contrainte sociale dont il faut interroger la légitimité. Dans le cas de la politisation de groupes opprimés, la discipline imposée par le collectif devient contestable à partir du moment où elle prend le pas sur l'objectif initial d'émancipation et qu'elle commence à le contredire. Or, aux yeux de Phillips, ce point de bascule tient davantage à la radicalisation du groupe mobilisé, souvent liée à des effets de *contexte* politique, qu'à un vice inhérent à la politisation des minoritaires. Elle se range ici à l'avis de Narayan selon laquelle « l'anti-essentialisme en matière de genre et de culture n'implique pas une opposition simpliste à tout type de généralisation, mais plutôt un engagement à examiner à la fois leur pertinence empirique et leur caractère utile ou risqué d'un point de vue politique[2] »[3]. Phillips en vient ainsi à distinguer la quatrième modalité d'essentialisme comme étant la seule à être illégitime *par nature*, indépendamment des questions de *degré* ou des enjeux de *contexte*, parce qu'elle se confond avec l'imposition d'« une sorte de contrainte catégorielle »[4] sur les membres du groupe.

1. Voir les travaux de Fedrik Barth.

2. U. Narayan, « Essence of Culture and A Sense of History », *op. cit.* Citée par A. Phillips, *Gender and Culture*, *op. cit.*, p. 76.

3. Phillips renvoie entre autres à l'essentialisme stratégique de Gayatri Spivak, ainsi qu'au concept de genre comme « série » chez Iris Marion Young.

4. A. Phillips, *Gender and Culture*, *op. cit.*, p. 81.

Cette contrainte consiste à « se voir refuser la définition propre que l'on donne de soi au motif qu'on manquerait d'un attribut jugé essentiel à la catégorie dont on tente de se réclamer »[1]. Or, c'est précisément ce type d'essentialisme qui, d'après Phillips, détourne le multiculturalisme de sa visée émancipatrice, c'est lui qui le fait apparaître :

> non pas comme un libérateur culturel, mais comme une camisole de force culturelle, forçant ceux qui sont décrits comme les membres d'un groupe culturel minoritaire à un régime d'authenticité, leur refusant la possibilité de traverser les frontières culturelles, d'emprunter des influences culturelles, de se définir et de se redéfinir eux-mêmes[2].

Les distinctions conceptuelles proposées par Phillips dans cet article important permettent à ce titre de saisir plus finement ce qui est en jeu dans ses observations de terrain à propos des tensions entre multiculturalisme et féminisme. À première vue, ses analyses sur les cas britanniques de défense culturelle et les politiques de prévention des mariages forcés mettent en évidence des formes d'essentialisme épistémique dans les décisions institutionnelles. C'est manifestement le présupposé selon lequel la culture musulmane de Bachir Beggum Bibbi serait intrinsèquement patriarcale qui a conduit ses juges à douter de sa capacité à agir de façon indépendante et qui les a motivé à faire preuve d'indulgence à son égard. De même, c'est la généralisation abusive selon laquelle tous les mariages contractés outre-mer sont suspectés d'avoir été imposés aux jeunes filles par leur famille qui a justifié l'adoption d'une loi les interdisant avant un certain âge. Toutefois, dans les deux cas, les erreurs de raisonnement qui inspirent ces décisions ne sont pas seulement critiquables sur le plan théorique, elles sont surtout contestables parce qu'elles imposent aux femmes minoritaires une certaine interprétation de leur culture. Dans ce type de situations, les effets de l'essentialisme épistémique se combinent avec l'exercice d'un pouvoir dans le domaine politique. Ainsi, quand un juge adapte son verdict en fonction de la plus ou moins grande conformité du comportement d'une femme non occidentale à ses stéréotypes ethnocentriques, ou quand la loi interdit à celle-ci d'honorer ses traditions quand bien même elle affirme le faire librement, une contrainte imposée par la catégorie identitaire est à l'œuvre : à chaque fois, la capacité de ces femmes à interpréter leur culture et à évaluer l'autorité de ses prescriptions pratiques n'est pas prise en compte, ou du moins la possibilité de le faire ne leur est pas explicitement accordée. Aussi cette contrainte se manifeste-t-elle avec une acuité

1. A. Phillips, *Gender and Culture*, *op. cit.*, p. 81.
2. A. Phillips, *Multiculturalism without Culture*, *op. cit.*, p. 14.

particulière « au moment où la généralisation échoue et où le stéréotype ne tient pas », comme dans le cas des procès où le comportement des accusées de cultures minoritaires allait contre le stéréotype de la femme soumise, si bien que celles-ci ne bénéficièrent pas de la clémence des juges. La sévérité de la décision judiciaire agit dans ce cas comme une injonction implicite à se conformer aux idées reçues des juges, ce qui revient à entériner le fait que ces derniers décident à la place de ces femmes la signification et la valeur qu'il convient d'accorder à leur culture. On saisit mieux dès lors la façon dont l'essentialisme épistémique conditionne cette quatrième modalité, politique, d'essentialisme : la vision erronée des cultures non occidentales, perçues comme des dispositifs contraignant de traditions essentiellement patriarcales, surdétermine les décisions prises par les agents publics à l'égard des femmes de cultures minoritaires. À cause d'elle, ils sont conduit à exercer leur pouvoir sur ces femmes en leur imposant la catégorie identitaire de la victime sous-éduquée, vulnérable et soumise.

Le tort véritable de l'essentialisme réside donc dans le déterminisme culturel qui entrave les actions des minoritaires, telle une camisole de force. Si cette contrainte trouve sa source dans des erreurs de raisonnement, elle ne s'y réduit pas puisqu'elle repose surtout sur l'exercice d'un pouvoir institutionnel. La distinction des deux défauts de l'essentialisme, de sa *wrongness* comme fausseté et comme tort, n'en reste pas moins importante, car elle suggère la possibilité de neutraliser la contrainte catégorielle en corrigeant les erreurs qui font obstacle à la compréhension nuancée de l'appartenance culturelle et qui confortent la vision déterministe de son influence sur les personnes. La réforme politique du multiculturalisme exige pour cette raison le détour par une révision conceptuelle qui doit, d'après Phillips, s'inspirer de la critique féministe.

UNE RÉVISION CONCEPTUELLE INSPIRÉE DE LA CRITIQUE FÉMINISTE

L'essentialisme culturel d'un point de vue théorique

Il importe à ce stade de préciser que les objections de Phillips contre les effets disciplinaires et normalisateurs de l'essentialisme culturel ne portent pas seulement contre les erreurs de jugement qui grèvent les décisions des juges et des décideurs politiques. Si tel était le cas, sa critique de l'essentialisme serait sans effet sur les théories normatives du multiculturalisme, dans la mesure où celles-ci ont précisément pour objectif de rétablir l'égalité entre groupes ethniques, c'est-à-dire de donner aux minoritaires les moyens de résister aux modèles culturels qui les disqualifient et de décider quels aspects de leur culture méritent d'être préservés. Loin d'avoir négligé la complexité du concept de « culture », ces théories ont contribué à la critique des tendances à l'essentialisation qu'on observe dans la psychologie ordinaire et elles se sont efforcées d'élaborer des approches dynamiques de la diversité culturelle[1]. Kymlicka en conclut que les problèmes identifiés par Phillips dans les tribunaux et les lois britanniques procèdent moins d'un excès que d'un défaut de multiculturalisme, et qu'il conviendrait de mieux former les agents publics pour les prémunir contre leurs stéréotypes et leurs préjugés sur les minorités ethniques[2].

Toutefois, la critique anti-essentialiste de Phillips n'épargne pas les approches théoriques. Elle cible en effet les théoriciens qui, à l'instar de Bhikhu Parekh, confortent la vision déterministe de la culture. On peut repérer celle-ci dans l'interprétation que le philosophe britannique fait du cas *Mandla vs Dowell Lee* (1983). Ce procès portait sur le caractère discriminatoire du règlement intérieur d'une école privée britannique qui imposait aux garçons d'avoir les cheveux courts et de porter une casquette aux couleurs de l'école. De telles règles étaient contestées par les familles sikhs parce qu'elles empêchaient leurs enfants d'honorer leurs devoirs religieux, à savoir l'interdiction faite aux hommes de se couper les cheveux et l'obligation de porter le *dastar*, turban traditionnel du sikhisme. Étant donné que le droit britannique de l'époque ne reconnaissait pas la discrimination religieuse, les juges cherchèrent à établir le caractère ethnique de la discrimination sur la base de la loi sur les relations raciales de 1976 (*Race Relations Act*) en soulignant le fait que la proportion de Sikhs pouvant se conformer à la règle scolaire était inférieure à celle des non-Sikhs. Les juges s'appuyèrent alors sur la jurisprudence du cas *Price vs Civil Service Commission* (1978) qui avait reconnu le caractère sexuellement discriminant d'une règle de la fonction publique fixant à 28 ans l'âge limite pour postuler au statut de cadre[3]. En rapprochant les cas de discrimination ethnique et de discrimination sexuelle, ils adoptèrent une interprétation réaliste de la capacité d'une personne à se conformer à une règle. Parekh salue cette interprétation car elle répond à ses yeux aux

1. Voir par exemple la critique de la conception des « cultures comme boules de billard », chez James Tully, la critique de l'essentialisme herderien chez Bhikhu Parekh et la distinction entre le caractère (changeant) et la structure (permanente) de la culture sociétale chez Will Kymlicka.

2. W. Kymlicka, « La critique essentialiste du multiculturalisme », *op. cit.*, p. 60-65.

3. A. Phillips, *Multiculturalism Without Culture*, *op. cit.*, p. 107.

insuffisances d'une conception purement formelle de l'égalité des chances qui lèse les membres des minorités culturelles. Il estime en effet que :

> un sikh est libre en principe d'envoyer son fils dans une école qui interdit les turbans, mais [que] sur le plan pratique, cette école ne lui est pas accessible ; il en va de même lorsque pour pouvoir exercer certaines professions, on impose à un juif orthodoxe de retirer sa kippah, à une femme musulmane de porter une jupe, ou à un Hindou végétarien de manger de la viande[1].

Parekh soutient ainsi que l'imposition de règles incompatibles avec certaines traditions confrontent les minoritaires qui y sont attachés à des formes d'« incapacités culturelles »[2] (*cultural incapacities*), au sens où ces règles les empêchent d'accéder à certaines positions sociales. Même si ces personnes conservent leurs libertés de conscience, de culte, d'association, elles sont malgré tout privés de certaines opportunités à cause des obstacles que créent, pour eux seulement, les biais culturels qui dominent les institutions et les pratiques sociales. Sans aller jusqu'à soutenir que ces obstacles sont insurmontables, parce que les individus seraient incapables de renoncer à leurs traditions, Parekh estime que, dans le cas des traditions dotées d'une valeur éminente, en particulier celles qui possèdent une base religieuse, ces obstacles « ne peuvent pas être surmontés sans un sens profond de perte morale »[3]. Les exemptions juridiques et les dérogations aux règles communes sont donc justifiées, à ses yeux, par la valeur morale des pratiques sociales au travers desquelles l'identité culturelle des minoritaires s'exprime.

Or, Phillips critique la rupture que provoque la notion d'incapacité culturelle dans les justifications normatives du multiculturalisme, en passant d'une conception de la culture considérée comme un facteur d'autonomie (*enabling*) qui conditionne la capacité de choix – telle qu'on la trouve dans la théorie libérale de Kymlicka – à une conception qui envisage la culture comme une source de contraintes (*incapacitating*) qui restreint la gamme de choix possibles[4]. Cette inversion tient à l'analogie établie par Parekh entre l'incapacité culturelle et l'incapacité économique et sociale qui s'avère contestable car la notion d'« incapacité culturelle » :

1. B. Parekh, *Rethinking Multiculturalism*, *op. cit.*, p. 241. Cité par A. Phillips, *Multiculturalism Without Culture*, *op. cit.*, p. 107.
2. B. Parekh, *Rethinking Multiculturalism*, *op. cit.*, p. 241.
3. *Ibid.*
4. A. Phillips, *Multiculturalism Without Culture*, *op. cit.*, p. 108.

> représente les conventions ou valeurs culturelles (au moins certaines d'entre elles) comme étant à ce point liées à l'identité d'une personne qu'elles finissent par échapper à son contrôle. Elle envisage par conséquent la culture comme ce qui restreint le choix individuel. L'obstacle n'est pas quelque chose d'extérieur à soi, comme le manque d'argent ou de voiture – que l'on peut surmonter à force de détermination. Il s'agit de quelque chose de plus intérieur qui est censé rendre quasiment impossible le fait d'agir autrement [1].

En suggérant que l'autorité morale de certaines pratiques culturelles exerce sur les minoritaires une contrainte comparable à celle d'obstacles matériels, le raisonnement de Parekh adhère à la conception problématique de l'essentialisme qu'est la contrainte catégorielle. Son analyse du cas *Mandla* accrédite en effet la croyance que l'on ne peut pas être *vraiment* Sikh sans porter le turban, et à envisager ainsi l'appartenance culturelle comme un régime d'authenticité qui prive les minoritaires de la capacité à redéfinir et modifier le sens de leur culture. Phillips en conclut qu'en dépit de leur opposition apparente, les théories du multiculturalisme qui autorisent les exemptions juridiques en faveur des minoritaires au nom de l'égalité des chances reposent sur la même logique déterministe que les politiques qui les interdisent pour préserver l'égalité de traitement des femmes de cultures minoritaires. Toutes semblent en effet présupposer que les minoritaires sont « dirigés par leur culture » (*driven by culture*) bien plus qu'ils ne s'orientent à partir d'elle.

L'essentialisme, envisagé comme contrainte catégorielle, n'est donc pas seulement un problème pratique, qui toucherait uniquement les comportements des agents publics et qui refléterait les limites de la psychologie ordinaire. Il soulève aussi des difficultés au niveau de la théorie politique, dans la relation excessivement déterminante que certains multiculturalistes établissent entre les minoritaires et leur culture.

Penser la « culture » sur le modèle du « genre »

Le « multiculturalisme sans culture » a précisément vocation à résoudre ce problème en procédant à la révision conceptuelle qui consiste à penser la « culture » sur le modèle du genre (ou de la classe). Phillips affirme ainsi :

> la compréhension des différences culturelles et de l'influence culturelle serait largement améliorée si les sociétés multiculturelles pouvaient apprendre à traiter la culture de la façon plus nuancée qui est devenue la

1. A. Phillips, *Multiculturalism Without Culture*, *op. cit.*, p. 108.

> norme dans le cas du genre et de la classe. Plutôt que de voir la culture comme ce qui *exige* de l'individu qu'il fasse X ou qui rend *impossible* pour lui de faire Y, il serait utile de se représenter le pouvoir de la culture d'une façon qui ressemble davantage au pouvoir du genre ou de la classe [1].

Comparer le traitement asymétrique qui est fait des facteurs *culturels* d'un côté et des facteurs *genrés* ou *sociaux* de l'autre met en évidence la tendance dominante à envisager les premiers comme une contrainte absolue, là où il conviendrait plutôt de les penser comme des contraintes relatives, à l'instar des seconds. L'exemple de la polémique autour des avortements sélectifs aux Pays Bas offre une illustration de ce traitement asymétrique. Phillips s'étonne, en effet, que l'opinion publique néerlandaise, tout en s'insurgeant légitimement du recours à l'avortement par certaines femmes d'origine immigrée pour éviter d'avoir des filles, ne réprouve pas également la décision d'avorter quand elle est prise par une femme pauvre qui estime ne pas disposer des moyens nécessaires pour élever un enfant. Il s'agit pourtant de situations similaires dans lesquelles les femmes font des choix sous contraintes, liés aux préjugés sexistes de leur environnement dans la première situation ou au manque de ressources dans la seconde. Pourquoi dès lors considérer la décision des secondes comme « un choix triste mais légitime » tandis que celle des premières serait « une capitulation inacceptable face à la misogynie »[2] ? L'asymétrie du jugement est ici révélatrice du statut particulier que la « culture » occupe dans la compréhension du social :

> La notion de culture, par contraste [avec le genre], a fini par être appréhendée de façon extrêmement exotique, perçue comme quelque chose qui enferme les autres mais pas moi. Ce processus a imposé l'idée que le monde était divisé en deux catégories de personnes, celles qui sont à la merci de leur culture et celles qui s'en sont émancipées [3].

L'exotisation de la culture des Autres résulte du préjugé ethnocentrique. C'est lui qui trace la frontière entre « eux » et « nous », entre les membres de la majorité occidentale qui se jugent libérés de leur culture et ceux de la minorité non occidentale qui sont assimilés à la leur. C'est lui qui explique que l'on attribue à la « culture » une influence sans commune mesure avec celle du « genre » et de la « classe ». Dès lors, tandis qu'on admet communément que l'identité de genre ou la classe sociale expliquent les comportements d'une personne sans les déterminer, dans la mesure où

1. *Ibid.*, p. 132.
2. *Ibid.*, p. 131.
3. *Ibid.*, p. 128.

ces facteurs sociaux n'invalident pas son statut d'agent libre, on envisage l'identité culturelle différemment, on lui attribue une force morale impérieuse qui tend à abolir ce statut.

Il importe donc, pour se déprendre de la logique déterministe que conforte le préjugé ethnocentrique, de modifier les représentations de la « culture » en rappelant que « la culture est ordinaire, [qu']elle n'est pas exotique, [que] ce n'est pas une particularité des groupes non hégémoniques, non occidentaux, puisque chacun de nous, quel que soit son héritage culturel, est façonné par sa culture d'une certaine façon » »[1]. Penser la « culture » sur le modèle du « genre » offre à cet égard une règle méthodologique qui prescrit de changer de regard sur les comportements qualifiés de « culturels »[2]. Cela conduit notamment à envisager autrement les traditions iconiques que le regard occidental associe d'emblée à l'autorité éminente de la « culture ». Comme l'a justement observé l'anthropologue Adam Kuper, la tendance à « invoquer la culture quand il devient nécessaire d'expliquer pourquoi des gens s'accrochent à des buts irrationnels ou à des stratégies autodestructrices »[3] trahit une certaine paresse intellectuelle qui fait de la culture « la solution de secours pour expliquer ce qui est à première vue incompréhensible »[4]. Ces pseudo-explications, qui n'offrent aucun gain d'intelligibilité, ne servent qu'à masquer un défaut de compréhension. Il suffit pourtant, pour avoir une vision plus juste de l'influence de la *culture*, de cesser de l'isoler du reste du *social* et de reconduire les facteurs culturels à la rationalité pratique dont les agents ordinaires font usage face aux contraintes de leur contexte. L'étude célèbre de Gerry Mackie sur la campagne de lutte contre l'excision, menée avec succès par l'ONG Tostan dans un village sénégalais, offre un cas exemplaire de ce changement de regard sur la culture. L'excision

1. A. Phillips, *Gender and Culture*, *op. cit.*, p. 67.

2. Phillips souligne que les travaux menés sur les inégalités liées au genre offrent à cet égard des modèles théoriques précieux. Les féministes ont en effet contribué à la critique des approches déterministes du social, dominées par le paradigme de la causalité qui privilégie l'explication des structures sociales déterminant les rapports entre hommes et femmes. Phillips salue ainsi l'apport du féminisme *queer* qui a favorisé l'émergence d'un paradigme concurrent, centré sur la négociation, en mettant en lumière le caractère performatif du genre et la marge de manœuvre dont disposent les agents pour jouer avec les rôles féminins ou masculins qui leur sont prescrits et participer à leur subversion. J. Butler, *Trouble dans le genre. Le féminisme et la subversion de l'identité*, Paris, La Découverte, 2006.

3. A. Kuper, *Culture. The Anthropologists' Account*, Cambridge MA, et Londres, Harvard University Press, 1999. Cité par A. Phillips, *Multiculturalism Without Culture*, *op. cit.*, p. 46.

4. *Ibid.*

représente en effet la tradition culturelle par excellence[1] : elle renvoie à un rite de passage dont la signification dépend à la fois des symboles grâce auxquels un groupe se représente la différence des sexes et des valeurs (de modestie, de beauté et d'honneur) auxquelles une jeune fille est censée se conformer pour accéder au statut de femme respectable. Cette tradition semble en outre avoir ceci de « culturel » qu'une telle violence exercée sur les fillettes par leurs propres familles est difficilement compréhensible. L'intérêt du travail de Mackie a consisté à montrer que la persistance de la coutume dans le village relevait d'un problème classique de décision collective. Les villageois abandonnèrent en effet rapidement la coutume, une fois que les membres de l'ONG les eurent convaincus que toutes les familles feraient de même. Il apparut à cette occasion que la volonté de pratiquer l'excision ne tenait pas au respect profond des parents pour cette coutume, mais surtout à la peur des sanctions sociales que subiraient leurs filles si elles ne se conformaient pas à ce rite. Il importe donc de prêter attention aux motivations sociales qui expliquent les pratiques culturelles afin de ne pas être dupe de leur étrangeté et de ne pas les associer à une autorité mystérieuse. Une telle approche facilite l'identification des observateurs extérieurs avec les membres du groupe observé, les premiers comprenant que, placés dans le même contexte, ils auraient sans doute agi de la même façon. Ramener les pratiques culturelles à leur rationalité ordinaire constitue par conséquent un antidote puissant contre l'exotisation des cultures non occidentales et invite à cultiver « un humanisme plus simple qui insiste sur les ressemblances fondamentales des comportements humains »[2].

De l'incapacité culturelle à la discrimination indirecte

Pour dégager les effets pratiques que produirait le fait de penser la « culture » sur le modèle du « genre », Phillips revient sur le cas *Mandla* à propos duquel Parekh avait avancé la notion d'incapacité culturelle. Commentant la décision des juges, elle fait observer que, si le précédent de la discrimination sexuelle dans le cas *Price* leur avait permis d'étendre au cas de la discrimination ethnique une conception réaliste de la capacité d'une personne à se saisir d'une opportunité, ce n'était pas au motif que les femmes sont incapables de faire carrière quand elles sont en âge d'avoir des enfants, ou que les Sikhs ne peuvent pas se couper les cheveux ni

1. L'excision consiste en l'ablation totale ou partielle du clitoris, et/ou des grandes lèvres de la vulve.

2. A. Phillips, *Multiculturalism Without Culture*, *op. cit.*, p. 51.

porter une casquette ; ce n'était pas non plus en soutenant que les femmes qui sacrifient leur famille à leur carrière perdent leur féminité ou que les Sikhs qui se plient à la règle de l'uniforme trahissent leur communauté. Aucun de ces deux arguments n'est tenable : celui de l'impossibilité d'agir autrement est contredit par les faits qui prouvent que tout membre d'une culture peut déroger à ses prescriptions culturelles ; quant à l'argument de l'inauthenticité, il implique de fournir une définition univoque de l'identité culturelle qui sera inévitablement simplificatrice et contestable. Afin d'établir le caractère discriminant de la règle incriminée, il s'agissait plus modestement pour les juges de prouver que, dans le cas des élèves Sikhs comme dans celui des femmes fonctionnaires, la règle rendait beaucoup plus difficile, quoique non impossible, l'accès à certaines opportunités[1].

Phillips regrette dès lors que la notion de la discrimination indirecte ne soit pas encore clairement établie pour ce qui touche aux différences ethno-culturelles, alors qu'elle est désormais acceptée dans le cas des inégalités raciales, comme le suggère la critique que Richard Ford fait du cas *Renee Rogers vs American Airlines. Inc.* (1981). Dans cette affaire, une employée afro-américaine de la compagnie aérienne *American Airlines* avait porté

1. A. Phillips, *Multiculturalism Without Culture*, *op. cit.*, p. 113. En proposant de se référer à la notion juridique de discrimination indirecte pour penser les injustices de type culturel, Phillips renoue avec le débat initié par les libéraux égalitariens sur la juste distribution des biens sociaux premiers et avec leurs réflexions sur la distinction entre les « choix » (dont les individus doivent assumer les coûts) et les « circonstances » (qui échappent à leur responsabilité et méritent compensation). Elle élabore une position intermédiaire entre ceux qui, comme Parekh, suggèrent que les exemptions juridiques sont justifiées pour compenser les obstacles institutionnels qui empêchent une personne de vivre conformément à sa culture et ceux qui, comme Brian Barry estiment que le respect des traditions culturelles relève d'un choix personnel, dont les minoritaires doivent assumer le coût lorsqu'ils refusent de faire évoluer leurs pratiques pour se conformer aux lois en vigueur. Un Sikh qui refuse de retirer son turban devra ainsi renoncer à inscrire son fils dans des écoles qui imposent le port de la casquette ; un Hindu végétarien évitera de choisir ceux qui touchent à la mise à mort ou à la consommation d'animaux. Comme Barry, Phillips reproche à Parekh d'établir une analogie douteuse entre la situation minoritaire et le handicap, lorsqu'il justifie les exemptions juridiques en arguant de l'incapacité des minoritaires à abandonner certaines pratiques sans renoncer à leur identité culturelle, mais contrairement à lui, elle ne juge pas les minoritaires seuls responsables des coûts engendrés par leurs choix culturels puisque, dans certains cas, la possibilité d'anticiper les désavantages engendrés par certains choix ne suffit pas à les rendre légitimes. Il convient de distinguer ici le cas de l'hindou dont le choix d'être végétarien écarte par principe le fait par exemple de travailler dans une boucherie (une opportunité dont on peut supposer qu'il ne regrettera pas d'être privé) et le cas du sikh que le choix de porter le *dastar* empêche de s'inscrire dans une école où la casquette est obligatoire. La situation du second fait apparaître le problème du biais institutionnel qui limite arbitrairement les opportunités s'offrant à lui, à cause du décalage contingent qui existe entre ses traditions et les conventions sociales.

plainte contre son employeur qui lui interdisait de porter des tresses africaines et réclamé sans succès un dédommagement au motif que le tressage des cheveux « a fait partie et continue de faire partie de l'essence culturelle et historique des femmes afro-américaines »[1]. Ford s'appuie le cas *Renee Rogers* pour contester le bien-fondé d'une forme culturelle de discrimination indirecte. Il estime que la plaignante aurait pu avoir gain de cause si, au lieu d'invoquer la culture afro-américaine, elle avait plaidé la discrimination raciale en montrant que l'interdiction de se tresser les cheveux à l'africaine était une façon indirecte de limiter l'accès des personnes *noires* à ce type d'emplois. Cet argument légal eût été plus convaincant, selon Ford, dans la mesure où la discrimination est jugée illégitime quand elle porte sur des caractéristiques immuables – comme le sexe, la couleur de la peau ou le handicap – ce qui n'est pas le cas des pratiques culturelles lesquelles sont évolutives et modifiables. Le fait d'invoquer « l'essence » de la culture afro-américaine pour en minimiser le caractère dynamique s'avère non seulement insuffisant pour conférer à la culture la même stabilité qu'à la « race », mais aussi contestable puisque cela véhicule une vision essentialisée et exclusive de l'identité afro-américaine.

Or, pour Phillips, l'illégitimité des arguments culturalistes mobilisés par Renee Rogers n'invalide pas le principe même de la discrimination indirecte culturelle, parce qu'il est possible d'appliquer à la culture ce qui est admis pour la race tout en évitant l'écueil de l'essentialisme culturel. Il suffit pour y parvenir de montrer que les biais culturels qui grèvent certaines règles sociales ont des effets disproportionnés sur les personnes de cultures différentes, sans qu'il soit nécessaire pour l'établir d'invoquer l'essence de leurs cultures. Phillips note ainsi que dans d'autres cas juridiques similaires, impliquant des employées afro-américaines désireuses de porter des tresses africaines, les plaignantes furent indemnisées et les employeurs obligés de revoir leur règlement, sans qu'aucun argument culturaliste ne fût invoqué. Il avait suffi aux plaignantes de prouver que les interdictions relatives aux coiffures n'avaient touché en pratique que les employées issues de leur communauté[2].

La notion de discrimination indirecte illustre donc, au niveau juridique, l'intérêt qu'il y a à penser la notion de « culture » comme le « genre ». Elle permet d'éviter de tomber dans l'écueil de la contrainte catégorielle que crée la vision essentialisée des cultures minoritaires. La discrimination

1. Renee Rogers citée dans A. Phillips, *Multiculturalism Without Culture*, *op. cit.*, p. 109.

2. *Pamela L. Mitchell v. J. W. Marriott Hotel, Inc. and Marriott Corporation* (1988) and *Cheryl Tatum and Cheryl Parahoo v. Hyatt Hotels Corporation and Hyatt Regency Crystal City* (1988).

indirecte déplace en quelque sorte l'élément de contrainte, qui ne s'exerce plus dans la relation que la personne entretient avec sa culture – comme le suggère la notion d'incapacité culturelle – mais dans les obstacles que les biais culturels des institutions créent pour les minoritaires quand ils leur interdisent ou les empêchent sans raison valable de se conformer à leurs pratiques culturelles.

*De l'autonomie à l'*agency

La révision conceptuelle du multiculturalisme ne se limite pas chez Phillips à la requalification critique de la notion de « culture » en vue d'en relativiser le caractère déterministe ; elle engage symétriquement une nouvelle façon de penser l'autonomie des femmes de cultures minoritaires afin de les réhabiliter dans leur statut de sujet moral compétent. Sur cet aspect aussi, l'influence des théories féministes s'avère décisive. On leur doit, estime Phillips, d'avoir montré que l'autonomie n'existe jamais de façon absolue mais qu'elle s'actualise à différents degrés, dissipant ainsi l'illusion du sujet indépendant, capable de s'autodéterminer par les seules ressources de sa volonté et de sa raison individuelles. Outre le fait que la vision de l'autonomie comme maîtrise de soi disqualifie les sujets qui, comme les femmes dans une culture sexiste, sont jugés moins capables que d'autres d'actualiser cette faculté morale, elle rend invisibles les liens de dépendance qui conditionnent le développement de l'autonomie individuelle, ce que les théories du *care* se sont attachées à revaloriser. D'où l'importance que certaines féministes attachent à la reformulation de la notion d'autonomie en des termes moins androcentrés. C'est dans cet esprit que Marilyn Friedman redéfinit l'autonomie sous la forme plus modeste qui « implique de choisir et de vivre selon les références et les valeurs qui sont, en un sens plausible, les nôtres »[1].

Sa définition présente deux avantages : d'abord, en relâchant le rapport de détermination entre le sujet et ses choix – *i.e.* en passant de la nécessité à la plausibilité – elle prend acte du fait que ces choix ne sont jamais ceux dictés par une subjectivité autoconstituée et parfaitement souveraine, mais qu'ils s'inscrivent toujours dans un réseau complexe de relations humaines, de telle sorte que « la ligne qui sépare l'acceptation passive de ce que nous avons appris à voir comme des normes et les prises de décisions qui nous sont propres est inévitablement trouble »[2]. Ensuite, Friedman redéfinit l'autonomie en des termes procéduraux et non substantiels, au

1. A. Phillips, *Multiculturalism Without Culture*, *op. cit.*, p. 101.
2. *Ibid.*, p. 102.

sens où celle-ci dépend du processus de décision lui-même et non des caractéristiques de l'action qui en découle. Il est donc réducteur de limiter l'agentivité morale à un ensemble de comportements qui attesteraient de la capacité d'une personne à se déterminer par elle-même, notamment à ceux par lesquels un individu prouve qu'il peut s'affranchir des attentes sociales et des rôles préétablis, comme par exemple dans la représentation dominante de la « femme libérée » – que les discours ordinaires associent à l'indépendance économique, au fait de s'autoriser à divorcer, à jouir de sa liberté sexuelle, à se soustraire aux règles traditionnelles de la décence. L'autonomie tient plutôt, pour Friedman, au rapport d'identification qu'une personne établit avec ses comportements, qu'elle considère comme « les siens » parce qu'elle en saisit les « références » et en partage les « valeurs », quand bien même elle n'affirme pas son individualité en agissant ainsi mais se conforme plutôt à des rôles prédéfinis.

Une reformulation aussi modeste de l'autonomie n'a pas convaincu les féministes libérales qui, comme Okin, la jugent incapable de prévenir le risque de la fausse conscience. À partir du moment où les femmes ont intériorisé les schémas patriarcaux de la culture dans laquelle elles ont été socialisées, nombre d'entre elles adhèrent spontanément à leurs normes culturelles. Juger que leurs comportements expriment malgré tout une décision autonome revient à entériner les rapports de domination dans lesquels ces femmes sont prises. Toutefois, l'éclairage des critiques postcoloniales incite à se méfier des réflexes ethnocentriques que l'objection de la fausse conscience est susceptible de réactiver. La femme occidentale, qui cède aux pressions de la mode et se soumet au culte de la minceur, pourra aisément condamner l'aliénation de l'immigrée musulmane voilée, la jugeant mentalement enfermée dans sa culture patriarcale, sans percevoir la similitude des normes sexistes qui pèsent sur elles. C'est donc pour éviter cet écueil que Phillips reprend à son compte, avec le terme *d'agency*, la reformulation de l'autonomie proposée par Friedman, parce qu'elle réhabilite les femmes de cultures minoritaires dans leur statut de sujet moral compétent, sans simplifier, ni caricaturer leurs comportements. Sa perspective féministe contribue de la sorte à affiner la compréhension de l'autonomie dans les relations interculturelles. À la différence des multiculturalistes pluralistes qui, avec Bhikhu Parekh ou Chandran Kukathas, considèrent celle-ci comme une valeur typiquement occidentale, ancrée dans la culture libérale de la majorité, Phillips tire au contraire des réflexions féministes la leçon selon laquelle, au sein même de la culture majoritaire, l'autonomie individuelle ne possède ni de signification univoque, ni de valeur incontestable. La difficulté à distinguer clairement ce qui relève de l'acceptation des normes sociales et ce qui exprime des décisions personnelles concerne autant les membres de la majorité que ceux des minorités ; par ailleurs, les premiers n'accordent pas tous une valeur centrale à l'affirmation de soi dans leur existence, contrairement à ce que suggère une vision superficielle et monolithique des cultures « libérales ». La frontière entre les groupes culturels est donc moins profonde moralement qu'il n'y paraît. La requalification féministe de l'autonomie en *agency* complète de la sorte le travail de désessentialisation de la culture et permet de réinvestir le projet libéral d'une tolérance multiculturelle émancipatrice pour les femmes.

PROMOUVOIR LA TOLÉRANCE MULTICULTURELLE SANS RECOURIR AUX DROITS COLLECTIFS

Il s'agit à présent d'examiner la position normative qui découle de la révision conceptuelle menée par Phillips afin d'indiquer les contours de la réforme politique que préconise la voie du « multiculturalisme sans culture ». Nous tâcherons de montrer que celle-ci prend la forme d'une réinterprétation du multiculturalisme libéral d'inspiration rawlsienne qui défend, contre Okin, la légitimité de la tolérance multiculturelle, mais qui écarte, contre Kymlicka, le recours aux droits collectifs.

Promouvoir la tolérance en limitant l'interventionnisme politique

Le travail conceptuel de désessentialisation de la culture aboutit à une conclusion pratique qui peut sembler de prime abord paradoxale. Alors qu'il a vocation à déconstruire les frontières entre groupes culturels et qu'il semble à ce titre priver le multiculturalisme de sa base politique, il contribue malgré tout à le réactiver. Phillips soutient en effet que « refuser la vision déterministe de la culture – reconnaître les femmes comme des agents – nous obligera parfois à adopter des politiques qui ne sont pas moins mais davantage multiculturelles »[1]. Le renforcement relatif de la tolérance multiculturelle se traduit concrètement par la distance que la politiste prend à l'égard de l'interventionnisme étatique assumé par les féministes libérales.

> Les gouvernements ont le devoir de protéger les individus de la contrainte, mais les individus aussi ont des droits. Et certaines interdictions actuelles sacrifient les droits des individus prétendument pour les protéger. Je

1. A. Phillips, *Multiculturalism Without Culture*, *op. cit.*, p. 101.

propose ainsi d'adopter une approche de la diversité culturelle qui soit moins interventionniste et plus soucieuse du respect des droits[1].

Comme nous l'avons vu précédemment, les lois interdisant les mariages outre-mer ou le port du *hijab* sont motivées par une généralisation abusive qui déduit de l'observation selon laquelle « Certaines femmes sont contraintes d'agir ainsi » la conclusion selon laquelle « Toutes le sont également ». Or, un tel raisonnement cautionne un usage excessif de la coercition légale qui porte atteinte aux libertés fondamentales de ces femmes, à leur liberté d'association dans le cas du mariage et à leur liberté de conscience dans le cas du *hijab*. Contre le parti-pris interventionniste des féministes libérales, Phillips préconise donc d'opter pour l'allègement de la contrainte légale, ce qui la rapproche à première vue des libéraux pluralistes et de leur politique du laisser-faire. Toutefois, à la différence de Galston et de Kukathas qui justifient la tolérance au nom de la pluralité irréductible des conceptions du bien auxquelles adhèrent les différentes communautés, Phillips relativise la profondeur morale des différences culturelles ; à ses yeux, c'est la norme d'égal respect dû aux personnes, et non le respect inconditionnel des droits de la conscience, qui justifie la tolérance et qui légitime l'octroi d'une plus grande liberté d'action aux femmes des cultures minoritaires. Ainsi compris, le féminisme multiculturel doit protéger l'*agency* de ces femmes dans les mêmes termes que celle des femmes de la culture majoritaire. Dès lors, plutôt que d'opposer frontalement les droits des minorités et les droits des femmes, il convient de revenir au principe fondamental qu'est l'égal respect – dont l'égalité entre hommes et femmes n'est qu'une facette – et de prendre acte du caractère transculturel de l'égalité de genre, ce qui exige de prêter attention à la pluralité des interprétations que celle-ci reçoit dans les différentes cultures. Le féminisme multiculturel doit par conséquent affronter les difficultés suivantes : « qui peut dire ce qui compte comme égalité de genre ? Et de quel droit une personne porteuse d'un certain bagage culturel peut commenter et juger les pratiques et les croyances d'une personne issue d'un autre environnement[2] ? »

Phillips élabore sa réponse à ces questions délicates à partir du dilemme qui travaille les critiques féministes. Celles-ci sont en effet tiraillées entre une analyse sociale qui met au jour le mécanisme des préférences adaptatives chez les femmes et une analyse politique qui mise sur leurs capacités d'émancipation. Elles doivent dès lors prendre au sérieux les

1. *Ibid.*, p. 133.
2. *Ibid.*, p. 38.

effets profonds de la domination patriarcale sur la subjectivation des femmes sans nier leur capacité à être des agents moraux compétents, mais dans le même temps, la confiance qu'elles accordent à l'*agency* des femmes ne doit pas les conduire à sous-estimer la force des normes sexistes. Phillips considère que le multiculturalisme, dans sa version libérale et égalitariste, dispose des ressources théoriques pour affronter ce dilemme, dans la mesure où il permet de protéger les femmes de cultures minoritaires contre le paternalisme étatique (a) tout en leur garantissant l'égale protection de la loi (b)

(a) La distance prise par Phillips à l'égard de l'interventionnisme d'Okin s'inscrit dans la continuité de la méfiance traditionnelle des libéraux à l'encontre de toute politique paternaliste. S'il faut limiter l'intervention de l'État dans la vie des individus, c'est parce que ceux-ci restent les mieux placés pour décider de la conduite à tenir en vue d'assurer leur bonheur. Appliqué au contexte des sociétés multiculturelles, l'anti-paternalisme libéral requiert qu'on « prenne davantage au sérieux qu'on ne le faisait auparavant ce que les gens considèrent comme étant leur propre choix »[1] et que les féministes comme Okin cessent de traiter en éternelles mineures les femmes non occidentales. Si la culture constitue le contexte de choix indispensable à l'exercice de l'autonomie, comme le soutient Kymlicka, il convient de respecter la diversité de ces contextes culturels et d'accepter la pluralité des types de choix que les femmes peuvent faire. Autrement dit, la tolérance ne consiste pas ici à soutenir, avec les libéraux pluralistes, que les femmes peuvent légitimement adhérer à une vision patriarcale du monde en vertu des droits sacrés de leur conscience, mais plutôt de rappeler que l'interprétation du principe de l'égalité entre hommes et femmes est susceptible de variations culturelles. Phillips l'observe par exemple dans les mouvements musulmans comme l'organisation *Women Living Under Muslim Laws* qui défendent des lectures féministes du Coran et promeuvent les droits des femmes à partir de cette source religieuse[2]. Par conséquent, ses réticences à l'égard de l'interventionnisme politique ne la conduisent pas à être aussi permissive que les libéraux pluralistes à l'égard des minorités culturelles. Sa conception de la tolérance multiculturelle reste au contraire fortement tempérée par la prise en considération des objections féministes adressées aux « droits de sortie ». Respecter l'*agency*

1. A. Phillips, *Multiculturalism Without Culture*, *op. cit.*, p. 38.

2. Sur la variante musulmane du *faith-based feminism* se développant dans les organisations internationales, voir L. Abu-Lughod, « An Anthropologist in the Territory of Rights », *Do Muslim Women Need Saving ?*, *op. cit.*

des femmes de cultures minoritaires en les laissant exercer leurs libertés associatives, doit être assortie de solides garanties qui rendent leurs droits de sortie « réalistes ». Sur ce point, les mesures de protection de ces femmes ne diffèrent pas de celles habituellement mises en œuvre dans le cadre de la lutte contre les violences domestiques. Dans les deux cas, les enjeux portent sur la possibilité de disposer d'un lieu où se réfugier[1], de ne plus dépendre financièrement de son conjoint et d'avoir reçu l'éducation nécessaire pour pouvoir participer à la vie sociale.

Phillips, toutefois, ne reprend pas à son compte l'objection psychologique d'Okin selon laquelle la possibilité de quitter son foyer n'est souvent même pas envisageable pour les femmes socialisées dans une culture traditionnelle. Cette objection réactive en effet la vision victimaire de la femme soumise à l'ordre patriarcal de sa communauté. Une telle vision s'avère aussi insatisfaisante que celle qui, chez Kukathas, néglige les effets de l'oppression culturelle en arguant de la possibilité, toujours ouverte, de quitter son groupe d'origine. Ces deux approches symétriques reposent sur le même présupposé qui consiste à assimiler la liberté des femmes au fait de sortir du groupe. Phillips conteste ce présupposé à partir des travaux menés par Martha Mahoney sur les violences conjugales et de la critique de « l'idéologie de la sortie » qu'elle en a tirée. L'idéologie de la sortie fonctionne en effet comme un piège pour les victimes, dans la mesure où elle conduit soit à minimiser la gravité et l'illégitimité des actes de violence quand la femme battue ne quitte pas son conjoint, au motif qu'elle le ferait si la situation était vraiment insupportable, soit, à prendre cette violence au sérieux, mais à estimer que la femme reste parce qu'elle n'est pas capable de se séparer de son conjoint. Ainsi, « quand l'*agency* est rendue équivalente à la sortie, le fait de ne pas arriver à partir doit être interprété comme la manifestation d'un choix positif ou comme le symptôme d'un état de subjugation telle que l'*agency* a disparu »[2]. Pourtant, l'expérience des femmes battues que l'enquête de Mahoney donne à voir s'écarte des stéréotypes symétriques de la femme consentante et de la victime passive. Nombre d'entre elles ont une conscience claire des violences qu'elles subissent mais, loin de s'y résigner, elles déploient des efforts importants pour y résister en faisant leur possible pour préserver

1. Revenant sur le cas des mariages forcés en Grande-Bretagne, Phillips souligne à ce propos l'importance du système d'information, d'alerte et d'assistance mis en place par les services publics pour pouvoir prendre en charge les jeunes filles confrontées à ce problème, tout en regrettant les dysfonctionnements engendrés par la sous-dotation de ces programmes.

2. M. R. Mahoney, « Exit : Power and the Idea of Leaving in Love, Work, and the Confirmation Hearings », *Southern California Law Review*, vol. 65, 1991, p. 1309.

les liens familiaux, protéger leurs enfants ou aider leurs conjoints à se libérer de la violence.

L'attachement d'une personne à sa culture d'origine partage, selon Phillips, des similitudes avec la volonté de ces femmes de ne pas briser leur famille et d'œuvrer *in situ* à améliorer leur situation. Ce rapprochement la conduit à insister, davantage que ne le fait Okin, sur la voie des transformations intérieures que les femmes de cultures minoritaires sont susceptibles d'initier au sein de leur groupe d'origine. « La voix compte autant que la sortie. Le droit de quitter son groupe doit être complété par le droit d'y rester »[1]. Okin elle-même avait fait observer à propos du cas *Dayton*[2] qu'il soulevait davantage le problème de la « sortie involontaire » que celui de l'interdiction de quitter son groupe. La femme licenciée par l'université fondamentaliste au nom des devoirs que son employeur jugeait inhérents à son rôle de mère, ne souhaitait pas quitter son emploi mais être au contraire autorisée à le conserver, ce qui aurait contribué à modifier la perception des rôles attribués aux femmes dans sa communauté, professionnelle et religieuse. Phillips prend ainsi acte de l'objection qui reproche aux droits de sortie de favoriser l'immobilisme et le conservatisme, en ne laissant aux membres contestataires pas d'autre possibilité que de quitter le groupe. Pour éviter ces écueils, elle mise sur les dispositifs délibératifs qui égalisent le pouvoir des hommes et des femmes dans les processus de formation et de prise de décision politique. Sa conception libérale d'un moindre interventionnisme de l'État se distingue sur ce point de la « politique de l'indifférence »[3] défendue par Kukathas, puisqu'elle suppose de prêter attention aux points de vue des groupes culturels minoritaires et en leur sein, tout particulièrement à celui des femmes. La délibération doit ainsi, en éclairant la signification de leurs pratiques sociales, aider à déconstruire les stéréotypes que les membres de la majorité, tout comme les élites conservatrices des minorités, tendent à calquer sur ces pratiques et contribuer ainsi à la compréhension mutuelle de la diversité des interprétations de l'égalité de genre. Phillips reconnaît ainsi les vertus de la voie délibérative pour parer aux effets pervers des deux réponses politiques opposées que sont l'interdiction légale d'une pratique et le laisser-faire assorti de droits de sortie. La délibération évite le paternalisme politique de la première et la complaisance de la seconde.

1. A. Phillips, *Multiculturalism Without Culture*, *op. cit.*, p. 157.

2. Voir chapitre I, 3.2.

3. C. Kukathas, « Liberalism and Multiculturalism : The Politics of Indifference », *Political Theory*, vol.26, n° 5,1998, p. 686-699.

En offrant aux « minorités dans la minorité » l'occasion d'exprimer leurs points de vue, elle prend acte de leur statut de sujet moral et permet de mieux saisir la valeur qu'elles attachent à leur culture. En prêtant attention aux opinions dissidentes au sein du groupe minoritaire, plutôt que de le laisser s'organiser en toute autonomie, elle offre un levier pour renverser les rapports de pouvoir et faciliter les changements culturels.

(b) La perspective féministe oblige malgré tout à rester attentif aux limites de la délibération politique pour protéger les droits des femmes. Même si celle-ci se présente comme un antidote utile contre le paternalisme d'État, elle s'avère dépendante du point de vue d'agents qui ne sont pas toujours les mieux placés pour évaluer la légitimité de leurs propres pratiques, ce qui est rendu évident dans le cas des femmes par le mécanisme des préférences adaptatives. Il importe donc de ne pas confondre l'acceptation et la justification d'une pratique : « L'oppression sexuelle n'est pas justifiée par les générations de femmes qui l'ont supportée »[1]. Les critiques féministes immunisent contre ce type de confusion en raison de leur anti-relativisme foncier. Pour promouvoir la contestation des pratiques sexistes en vigueur dans une communauté, elles défendent la légitimité du point de vue exprimé par un observateur extérieur ou par les membres de la communauté qui sont parvenus à se distancier de leurs normes culturelles.

Les partisans de la délibération misent généralement sur les vertus de la discussion pour faire émerger ces voix contestataires. Ils présupposent ainsi qu'une élucidation délibérative du sens et de la valeur accordés à une tradition communautaire devrait suffire à en corriger les aspects oppressifs, à partir du moment où les membres opprimés sont incités à témoigner de leur oppression. Or, leur optimisme ne garantit pas aux femmes une protection suffisante. Il se peut en effet qu'aucune voix dissidente ne s'élève pour contester une tradition sexiste, ou que ces voix soient tellement minoritaires qu'elles ne soient pas jugées représentatives. Dans ce type de situation, il importe donc de pouvoir compter sur des principes objectifs qui ne dépendent pas du contexte culturel et qui viennent fixer des limites à la tolérance. Phillips estime que trois principes méritent d'être retenus, le principe du dommage (*harm*), le principe de l'égalité de traitement et la garantie de disposer de conditions de choix substantielles. Tout en concédant que leur interprétation est sujette à des variations culturelles, elle affirme néanmoins leur capacité à établir clairement l'illégitimité de certaines traditions patriarcales, telles que les formes

1. A. Phillips, *Gender and Culture*, *op. cit.*, p. 29.

mutilantes de l'excision[1] ou la polygamie, la première portant atteinte à l'intégrité physique et psychique des femmes, et la seconde contrevenant à l'égalité juridique des hommes et des femmes.

L'accent mis par Phillips sur l'existence de principes qui précèdent toute délibération politique confirme son adhésion à un libéralisme de type déontologique qui, comme chez Rawls et Kymlicka, assume l'existence de normes morales universelles. Elle refuse ainsi explicitement de « congédier le libéralisme en l'accusant de n'être que le préjugé local de l'Occident »[2] Les failles de l'universalisme abstrait ne tiennent pas à l'illégitimité de ses principes mais aux biais qui les corrompent lors de leur application. Il convient donc de réhabiliter la légitimité du principe d'égal respect et de mettre en avant sa capacité à surmonter l'opposition du féminisme et du multiculturalisme. Ce principe est à la fois ce qui justifie davantage de tolérance à l'égard des femmes de cultures minoritaires et ce qui leur garantit l'égale protection de la loi.

Revenir à une conception individuelle des droits culturels

Toutefois, si le multiculturalisme dont se réclame Phillips se situe du côté du libéralisme de l'autonomie, du fait de l'importance qu'il accorde au principe d'égal respect et à la liberté de choix, il se distingue par le refus des droits collectifs. Phillips préconise de recentrer le multiculturalisme sur les seuls droits de l'individu, tels que « le droit de se marier avec le partenaire de son choix sans interférence de l'État, de s'habiller suivant ses codes religieux ou culturels et, en général, de mener sa vie en accord avec ses convictions »[3]. L'article 27 de la Convention internationale des droits civils et politiques de 1966 en offre une formulation claire. Il statue que « dans les États où il existe des minorités ethniques, religieuses et linguistiques, les personnes qui sont membres de ces minorités ne devront

1. Les dommages corporels liés à cette coutume sont multiples : douleurs violentes liées à l'opération lorsqu'elle est pratiquée sous sa forme coutumière (sans anesthésie, ni aseptie) risques post-opératoires (hémorragie, septicémie), dysfonctionnements urinaires chroniques, complications obstétriques lors des grossesses et accouchements, diminution plus ou moins sévère de la sensibilité génitale. Il convient toutefois de relever que les dommages sont susceptibles de varier en fonction du type d'excision pratiqué et que certaines formes dites « symboliques » (notamment avec l'incision d'une des grandes lèvres) ne sont pas plus dommageables physiquement que d'autres pratiques de transformation corporelle socialement acceptées, comme les *piercings* ou les tatouages. S. Guérard de Latour, « Tolérer l'intolérable ? L'éclairage du multiculturalisme libéral sur le problème de l'"excision" », *in* M. Kouassi, J. Bindedou, T. Karamoko (dir.), *Bioéthique et excision en Afrique*, Connaissances et savoirs, 2016, p. 257-290.

2. A. Phillips, *Gender and Culture*, *op. cit.*, p. 27.

3. A. Phillips, *Multiculturalism Without Culture*, *op. cit.*, p. 165.

pas se voir nier le droit, en communauté avec les autres membres de leur groupe, de jouir de leur propre culture, de professer et de pratiquer leur propre religion ou d'utiliser leur propre langue »[1]. Cette formulation attribue explicitement le droit à la différence culturelle aux membres des groupes sans accorder de statut juridique à ces derniers, ce qui permet de ne pas confondre le *respect* dû aux personnes et la *reconnaissance* des groupes. Pour Phillips, en effet :

> Le respect des identités culturelles et religieuses des personnes est une chose. La reconnaissance de ces identités nous entraîne vers quelque chose de plus institutionnel et de considérablement plus inquiétant pour l'égalité de genre[2].

La reconnaissance institutionnelle des groupes minoritaires, dans la mesure où elle accroît leur pouvoir de régulation et confère aux élites du groupe un contrôle sur son identité, est vouée à entériner des formes de « violence catégorielle » qui risque de nuire aux femmes. Or, il importe de relever qu'en affichant sa volonté de justifier le respect de l'identité culturelle sans la référence encombrante à la reconnaissance des groupes, Phillips opère une sorte de retour en arrière par rapport à la position dominante dans le multiculturalisme libéral égalitariste. Alors que ceux qui s'en réclament insistent sur l'écart qui sépare la tolérance religieuse (fondée sur les libertés privées) et la tolérance multiculturelle (fondée sur la reconnaissance publique de droits à caractère collectif (*group-differentiated rights*))[3], Phillips revient à la position qui consiste à penser la seconde dans la stricte continuité de la première. La référence à l'article 27 atteste de la distance qui la sépare de Kymlicka à ce propos. Dans *Multicultural Odysseys*[4], le philosophe canadien juge en effet cet article typique de l'approche « générique » des droits culturels qu'il juge inapte à résoudre légitimement les conflits interculturels. L'approche générique consiste à accorder à chacun « le droit de jouir de sa culture »

1. Organisation des nations Unies, Pacte international relatif aux droits civils et politiques, 1996.

2. A. Phillips, *Gender and Culture*, *op. cit.*, p. 10.

3. C'est cette différence de nature entre la tolérance religieuse et la tolérance multiculturelle qui requiert, selon Kymlicka, la formulation d'une théorie spécifique à même de justifier le bien-fondé des droits culturels. Les multiculturalistes libéraux ont proposé d'autres formulations pour mettre en avant cette différence : État faiblement multiculturel et État fortement multiculturel chez Daniel Weinstock (D. Weinstock, « Le paradoxe du multiculturalisme libéral », *op. cit.*) ; « *standard-package proceduralism* » et « *full proceduralism* » chez Alan Patten (A. Patten, *Equal Recognition. The Moral Foundations of Minority Rights*, Princeton et Oxford, Princeton University Press, 2014).

4. W. Kymlicka, *Multicultural Odysseys. Navigating the New Politics of Diversity*, Oxford, Oxford University Press, 2007, p. 199.

sans tenir compte du type de minorité culturelle à laquelle il appartient. Elle s'avère insatisfaisante, aux yeux de Kymlicka, parce qu'elle néglige la différence des revendications de justice qu'expriment les membres des peuples autochtones et des minorités nationales d'un côté et ceux des minorités issues de l'immigration de l'autre. Tandis que les premiers réclament le pouvoir nécessaire à la préservation de leur culture sociétale, les seconds demandent plus modestement à pouvoir s'intégrer dans la société d'accueil sans y être assimilés ; il importe ainsi de ne pas confondre le droit à ne pas être intégré à la culture majoritaire et le droit à l'être dans des conditions plus équitables. Kymlicka estime que le multiculturalisme est voué à l'échec, sur le plan théorique et pratique, s'il n'adopte pas une « approche ciblée »[1] (*targeted approach*) susceptible de prendre au sérieux cette distinction normative. En pratique, le choix légal et politique de l'approche générique reste en effet une mesure de diversion face aux demandes d'autonomie politique que les États multinationaux sont peu enclins à accorder à leurs minorités nationales. S'en remettre à une approche individuelle des droits culturels maintient l'impuissance politique de ces groupes ; il ne rompt donc pas suffisamment avec le modèle de l'assimilation dont la critique inspire l'ensemble des théories du multiculturalisme.

Or, cette approche ciblée est précisément la voie dans laquelle Phillips refuse de s'engager. À ses yeux, les problèmes liés à la situation des peuples autochtones ou des minorités nationales relèvent d'une question d'indépendance politique qui n'est qu'indirectement liée aux enjeux de la tolérance multiculturelle et qui a pris trop d'importance dans les débats sur le multiculturalisme[2]. Elle juge plus pertinent pour sa part de recentrer ses débats sur le cas de la diversité ethnique issue de l'immigration. Ce resserrement présente l'avantage, à ses yeux, de prévenir la confusion entre le fait de renforcer le pouvoir des groupes, en leur accordant des autorisations spécifiques (*authorizing groups*), et celui de renforcer le pouvoir de leurs membres (*empowering agents*)[3]. Le multiculturalisme

1. « Nous ne pouvons pas comprendre la théorie et la pratique du multiculturalisme libéral sans prendre au sérieux son caractère ciblé ou adapté au groupe. Toute tentative de réduire le multiculturalisme libéral à une question de droits génériques des minorités est vouée à l'échec. » (*Ibid.*, p. 79).

2. A. Phillips, *Gender and Culture*, *op. cit.*, « What is Culture ? », p. 58 *sq*.

3. L'exemple de l'arbitrage religieux en matière familial en offre une illustration. Phillips le juge illégitime quand il est institutionnalisé sous la forme du pluralisme juridique, dans des États comme Israël qui délèguent aux groupes religieux le pouvoir de traiter les affaires familiales. Elle considère en revanche que l'arbitrage dans les tribunaux religieux est acceptable quand il s'ajoute au droit civil séculier, comme dans le cas du *Muslim Law Sharia Council* en Grande Bretagne : les études montrent l'aide substantielle que ce conseil a apportée aux

doit refuser le premier mouvement pour n'admettre que le second. Une telle séparation n'interdit pas pour autant à l'État d'accorder son soutien aux groupes culturels, en subventionnant par exemple les associations à caractère ethnique. Tant que ces associations ne se prévalent pas d'une quelconque authenticité culturelle pour prétendre être en mesure d'exprimer la voix de leur groupe et obtenir à ce titre une autorité légale sur ses membres, l'État peut légitimement les soutenir afin de promouvoir la visibilité de la diversité culturelle au sein de la société.

Cette distinction entre le pouvoir donné au groupe et le pouvoir donné aux personnes est étroitement liée, chez Phillips, à l'enjeu de la représentation du groupe. Les politiques multiculturelles ne doivent pas, en effet, conforter le préjugé selon lequel les groupes culturels pourraient être représentés en tant que tels. Ce préjugé repose sur une « conception corporatiste de la représentation »[1] que Phillips avait déjà critiquée à propos des femmes[2] et que la représentation des minorités ethniques rend encore plus problématique. Parler de « la représentation d'un groupe » présuppose que le groupe existe comme entité unifiée et organisée, c'est-à-dire qu'on a pu en tracer clairement les contours et qu'un système de règles permet aux représentants de rendre compte de leurs actions aux représentés (*accountability*). Or ces deux conditions ne sont pas plus remplies dans le cas des femmes que dans celui des minorités ethniques. D'abord, les critères qui établissent l'appartenance à ces groupes sont controversés, à cause de la complexité des processus d'identification et des décalages inévitables qu'on observe entre les identités électives et les identités assignées. Ensuite, quand bien même des femmes et des membres de minorités ethniques se constitueraient en groupes politiques, dotés de structures de représentations et bénéficiant d'une visibilité auprès des pouvoirs publics, aucun ne pourrait revendiquer le statut de représentant légitime du groupe social concerné. Il importe donc de ne pas confondre

femmes musulmanes mariées sous le seul régime de la Loi islamique, lesquelles ne pouvaient pas demander le divorce auprès des juridictions civiles, ainsi qu'aux femmes mariées sous les deux régimes, lesquelles avaient obtenu le divorce au civil mais se heurtaient au refus de leur mari de le confirmer religieusement. Tout en reconnaissant le caractère antiféministe du droit coutumier ou religieux, la politiste fait valoir les effets positifs pour les femmes qui résultent de ses interactions avec le droit civil : d'un côté, les tribunaux religieux ont parfois amélioré l'indemnisation financière de la femme en obligeant le mari à rembourser le *marh*, la dot que la femme doit verser pour valider son union selon la loi islamique ; de l'autre, des tribunaux civils en Europe ont intégré des éléments religieux dans certaines de leurs décisions et obligé des hommes, mariés sous le seul régime de la loi islamique, à rembourser le *marh* à leurs ex-épouses ou à payer la pension alimentaire de leurs enfants en cas de séparation. A. Phillips, *Multiculturalism Without Culture*, *op. cit.*, p. 175-176.

1. A. Phillips, *Gender and Culture*, *op. cit.*, p. 10.

2. A. Phillips, *The Politics of Presence*, Oxford, Oxford University Press, 1998.

« la représentation d'un groupe » (*group representation*) avec « la représentation de la différence de groupe » (*group-specific representation*). Seule la seconde est acceptable aux yeux de Phillips. Elle renvoie « aux mesures plus lâches dont l'objectif est d'accroître la représentation des personnes qui partagent les traits socialement marquants et les expériences de ces groupes »[1]. En effet :

> Tant que les marqueurs du genre, de la race, de l'ethnicité, de la culture et de la religion continueront d'exercer une influence si profonde sur la vie des personnes et sur la façon dont les autres les voient, ils continueront d'être associés à des différences cruciales en termes d'expériences, de valeurs, d'intérêts et d'aspirations qui devraient de ce fait être représentées dans le processus de décision. Cela en fait un enjeu de préoccupation intense relativement aux garanties qu'il faut mettre en place pour assurer la représentation équitable de la diversité des identités, intérêts et perspectives sans considérer pour autant que les mesures dirigées à cette fin sont capables de produire la représentation d'*un groupe*[2].

Dans la représentation spécifique à un groupe, ce sont bien les personnes et non les groupes dont le point de vue est publiquement reconnu. La présence accrue de femmes, de personnes racisées ou d'origines différentes n'a pas d'autre justification que d'enrichir les processus de décision collective en y incluant les points de vue d'individus marqués par une diversité de trajectoires sociales, mais dont le contenu est trop hétérogène pour prétendre représenter *un* groupe.

La refondation d'un multiculturalisme sans groupe se traduit donc chez Phillips, à la fois au niveau *juridique*, dans son refus des droits collectifs, et *politique*, dans sa critique de la représentation des groupes, deux limites qui doivent faciliter la réconciliation du multiculturalisme et du féminisme. En associant le respect de la diversité culturelle des seuls droits de l'individu, le multiculturalisme libéral et égalitariste doit pouvoir offrir une protection aux membres vulnérables des minorités ethnoculturelles, et en particulier aux femmes, contre l'autorité de leurs élites.

LE MULTICULTURALISME SANS CULTURE, UNE SYNTHÈSE MANQUÉE ?

Dans ce qui précède, nous avons cherché à clarifier les implications normatives de la synthèse que Phillips se propose d'opérer entre féminisme et multiculturalisme à partir d'une vision non essentialiste, c'est-à-dire non déterministe de la culture. Nous avons montré que le pivot conceptuel de

1. A. Phillips, *Multiculturalism Without Culture*, *op. cit.*, p. 168.
2. *Ibid.*

la déssentialisation réside dans la prise en considération de l'*agency* des femmes de cultures minoritaires. C'est elle qui justifie le retour au modèle de la tolérance fondée sur la non-intervention politique en vertu du respect de la liberté de choix ; c'est elle encore qui fonde le rejet des droits collectifs et de la reconnaissance institutionnelle des minorités afin de prévenir les risques de dérives autoritaires et les tendances disciplinaires en leur sein. Le modèle d'une tolérance libérale adaptée aux variations culturelles de l'*agency* se présente en définitive comme le moyen de neutraliser le paternalisme d'État tout en évitant l'écueil de l'oppression interne. Cette synthèse reste toutefois grevée par des présupposés individualistes dont on peut interroger la capacité à prendre au sérieux la réalité sociale et morale des appartenances culturelles. Nous nous proposons de le faire en expliquant pourquoi la position de Phillips ne parvient pas à convaincre pleinement les deux camps qu'elle cherche à réconcilier.

Objections féministes

Du point de vue des féministes libérales, la version minimale de l'autonomie que procure l'*agency* paraît insuffisante pour résoudre le problème de l'intériorisation des normes sexistes. La définition de Friedman que Phillips adopte pour éviter une conception trop substantielle de l'autonomie et s'en tenir à une approche procédurale du choix tend à réduire la contrainte aux seules formes de la coercition physique ou matérielle et du harcèlement moral. Dans cette perspective, un mariage ne serait « forcé » qu'à partir du moment où la famille recourt à la séquestration de la jeune fille, à la rétention de ses papiers d'identité, à la formulation de menaces ou à des pressions morales réitérées. En dehors de ces circonstances extrêmes, le respect de l'*agency* exigerait de ne pas dénigrer le consentement des jeunes filles aux mariages « arrangés » par leurs familles. Or, cette vision de la liberté, réduite à la non-interférence, ne résout pas le problème de l'esclave satisfait. Si la domination patriarcale tire son origine, comme y insiste Okin, de l'enracinement des schémas sexistes dans les habitudes prises par les filles dès la petite enfance, la plupart des jeunes filles se conformeront spontanément aux attentes de leur famille leurs parents, souvent de bonne grâce, sans percevoir le caractère oppressif des choix matrimoniaux qui leur sont imposés. L'accent mis par Phillips sur l'anti-paternalisme du libéralisme diminue ainsi la prise critique du féminisme libéral sur les situations d'oppression profondément ancrées[1].

1. « Si l'adaptation se fait parfaitement et que les gens se satisfont avec évidence de leur sort, il y a quelque chose d'étrange d'un point de vue aussi bien philosophique que politique à refuser la représentation qu'ils se font d'eux-mêmes. » (A. Phillips, *Gender and Culture*, *op. cit.*, p. 12).

Autrement dit, dans la persective du féminisme libéral, le mécanisme psychologique de l'intériorisation rend illégitime la distinction sémantique entre « mariages *forcés* » et « mariages *arrangés* », dans la mesure où la contrainte sexiste s'exerce dans les deux cas, quoique selon des modalités différentes. Dans cette perspective, un milieu social sexiste sera même d'autant plus oppressif que la contrainte exercée sur les jeunes filles agira de façon larvée, puisque les situations où la contrainte se manifeste ouvertement peuvent paradoxalement attester de l'émergence de mécanismes de résistance chez ces dernières. On notera que le féminisme d'Okin s'avère à ce titre plus sensible à la dimension sociale et institutionnelle du libéralisme que le féminisme de Phillips. Okin, lorsqu'elle se propose de radicaliser l'interprétation de la position originelle pour contester le caractère patriarcal de la famille traditionnelle, prolonge l'intuition de Rawls selon laquelle l'objet de la justice est la structure de base de la société, c'est-à-dire l'ensemble des institutions qui structurent sur le long terme les attentes sociales et les perspectives de vie des personnes. L'égalité de genre ne se limite donc pas à un principe moral abstrait ; elle engage une refonte en profondeur des institutions sociales dont celles qui, comme la famille, relèvent en partie de la vie privée des citoyens mais qui conditionnent massivement leur participation à la vie publique. Chez Phillips, le passage de l'autonomie à l'*agency* rompt avec ce réformisme radical, dans la mesure où son féminisme multiculturel laisse à la discrétion de chaque femme le soin de décider comment composer avec ses normes familiales, en s'adaptant à la diversité des pratiques culturelles. Toute réflexion unifiée sur la nature de la famille semble dès lors compromise, de même que les mesures qui auraient pu en découler en matière de réformes du droit civil ou de programmes éducatifs de lutte contre les préjugés sexistes.

Les failles théoriques du concept d'*agency* peuvent ainsi être dénoncées par les féministes qui lui reprochent de n'être *pas assez libéral*, au sens où il trahirait une négligence à l'égard des structures sociales et institutionnelles qui rendent les libertés individuelles effectives pour les femmes. Elles peuvent également être critiquées par les féministes intersectionnelles qui le jugent *trop libéral* pour résoudre les problèmes politiques auxquels les démocraties multiculturelles sont confrontées. Éléonore Lépinard fait ainsi remarquer que l'*agency*, bien qu'elle prétende corriger la vision ethnocentrique de l'autonomie, ne modifie pas la nature du problème soulevé par les féministes libérales. La fonction de ce concept est en effet d'élargir la représentation du consentement et non d'y renoncer. Il doit permettre d'identifier la présence du consentement dans des situations où, en raison de biais culturels, les féministes occidentales le croient absent, mais sans remettre véritablement en question le présupposé selon lequel l'*agency* se conçoit comme la faculté individuelle à adhérer volontairement à un acte. À cet égard, « la définition minimale de l'*agency* reste inscrite dans le périmètre de la conception libérale du sujet et s'efforce avant tout de ressaisir les “autres” subjectivités au sein du projet et de l'imaginaire des libéraux »[1]. L'objection de Lépinard peut sembler excessive si l'on se rappelle l'insistance de Phillips sur le caractère relationnel de l'*agency* et ses remarques sur l'impossibilité de tracer une frontière précise entre ce qui relève des décisions personnelles et ce qui tient à la pression des normes sociales. Toutefois, cette objection garde une validité du point de vue des conséquences politiques qui découlent de la substitution de l'*agency* à l'autonomie chez Phillips. À ce niveau, Lépinard a raison de souligner qu'une telle substitution « déplace plutôt qu'il ne résout le dilemme d'Okin » :

> Bien que nous soyons incités à présupposer l'existence du consentement et de l'autonomie, il faut toujours évaluer s'ils sont bien réels. Comment décider si une situation exige ou non l'action de l'État ? Quels sont les signes légitimes qui indiquent un manque effectif d'autonomie minimale ? À qui revient de décider quand une violation des droits humains s'est effectivement produite ? Le contenu de ce type de décisions n'est pas moins politique que l'interdiction des foulards à l'école[2].

Le concept d'*agency*, qui est une variation culturelle du concept d'autonomie, doit permettre de distinguer les situations de *contrainte effective* et les situations de *contrainte apparente*. Or il revient encore à l'État de décider dans quelles situations les pouvoirs publics sont fondés à intervenir pour sanctionner ou interdire telle ou telle pratique culturelle. La question de la légitimité de l'intervention étatique reste donc posée. On peut estimer que Phillips cherche à lui apporter des réponses, notamment quand elle invite à consulter les femmes et les minorités concernées afin d'avoir une meilleure appréciation des traditions incriminées, ou encore lorsqu'elle énonce les trois grands principes qui doivent fixer des limites raisonnables à la tolérance multiculturelle. Toutefois, le recours au concept d'*agency* reste redevable d'une vision libérale qui, d'après Lépinard, « risque de réduire la politique à l'expression des préférences et des choix individuels, et de limiter aussi le rôle de l'État à la protection des droits individuels,

1. E. Lépinard, « Autonomy and the Crisis of the Feminist Subject. Revisiting Okin's dilemma », *Constellations*, vol. 18, n° 2, 2011, p. 211.
2. *Ibid.*

au lieu d'être élargie à la garantie des droits sociaux et à la transformation socio-économique »[1]. Dans le multiculturalisme sans culture de Phillips, la tolérance à l'égard des femmes de cultures minoritaires est en effet justifiée au nom des choix qu'elles doivent pouvoir faire librement afin de vivre comme elles le souhaitent. Leurs droits culturels sont pensés comme des pouvoirs qu'elles peuvent exercer pour agir selon les normes de leur culture d'origine, d'après l'appréciation personnelle qu'elles en font. Or, une telle approche de la tolérance véhicule une vision individualiste de la relation de ces femmes à leur groupe (et à la société dans son ensemble) qui n'offre guère de ressources pour élaborer une critique globale de l'ordre patriarcal. Par conséquent, dans la synthèse élaborée par Phillips, « le rejet de l'autonomie substantielle n'est pas compensé par une valeur alternative susceptible d'inspirer le projet d'émancipation »[2]. L'*agency* ne peut pas constituer une telle valeur, dans la mesure où, en réduisant la critique des traditions culturelles à une affaire de jugement personnel, elle tend à disperser les processus de résistance à l'oppression sexiste chez les femmes de cultures minoritaires, compromettant ainsi leur capacité de mobilisation collective.

Objections multiculturalistes

Si la confiance que Phillips place en *l'agency* des femmes de cultures minoritaires laisse sceptiques certaines féministes, sa critique des droits collectifs s'expose également aux objections des multiculturalistes qui lui reprochent de ne pas accorder une place suffisante aux groupes dans sa théorie. Comme le souligne Tariq Modood :

> soit il y a un vide significatif dans sa théorie, soit elle n'est pas véritablement multiculturaliste. Il ne s'agit pas seulement d'un multiculturalisme sans culture, mais aussi d'un multiculturalisme sans groupes, ni accommodement, ni reconnaissance[3].

L'opposition que Phillips établit entre le « respect » des différences culturelles auxquelles les personnes sont attachées et la « reconnaissance » des groupes n'est pas convaincante d'après le sociologue britannique, ni au niveau de la justice politique où elle empêche de compenser l'asymétrie de pouvoirs entre groupes culturels, ni au niveau de la théorie sociale où elle

1. E. Lépinard, « Autonomy and the Crisis of the Feminist Subject. Revisiting Okin's dilemma », art. cit., p. 213.

2. *Ibid.*

3. T. Modood, « Multiculturalism and Groups », *Social and Legal Studies*, vol. 17, n° 4, p. 550.

trahit les difficultés du multiculturalisme sans culture à conceptualiser les rapports sociaux collectifs.

En ce qui concerne la théorie politique, précisons que l'objection ne porte pas sur le type de mesures préconisées par Phillips mais sur le manque de cohérence de leur justification. Modood reconnaît qu'en pratique celle-ci défend à peu près les mêmes mesures à l'égard des minorités que la plupart des théoriciens du multiculturalisme[1] Seulement, la distinction analytique qu'elle avance entre le fait de conférer une autorité à un groupe et le fait de renforcer l'autonomie des personnes s'avère empiriquement fragile. Lorsque les pouvoirs publics subventionnent un centre culturel islamique, ils promeuvent l'*agency* des personnes à qui ils permettent de suivre des cours de religion ou de se former à l'art de la calligraphie, mais ils renforcent par là même l'autorité des responsables du centre sur les personnes qui le fréquentent. Par conséquent, même si l'État ne délègue pas intégralement ses prérogatives légales aux groupes culturels ou religieux, il accroît malgré tout l'autorité de leurs élites sur leurs membres, lorsqu'il donne à celles-ci les moyens de promouvoir certaines traditions culturelles. Il est donc incohérent d'affirmer qu'on peut accroître la tolérance à l'égard des groupes culturels sans renforcer simultanément le pouvoir qu'ils exercent sur leurs membres. Inversement, un multiculturalisme consistant doit admettre la nécessité d'en passer par l'institutionnalisation de la reconnaissance publique des cultures minoritaires, selon des critères explicites et transparents, s'il souhaite atteindre son objectif de rétablir des rapports équitables entre la majorité et les minorités.

En ce qui concerne la théorie sociale, le multiculturalisme sans culture pèche par « l'absence de toute théorie du groupe ou de l'appartenance au groupe »[2]. Phillips, en effet, accorde peu d'attention au problème de la nature des groupes sociaux, mais on peut malgré tout repérer une ontologie sociale de type atomiste derrière certains de ses arguments. Cela apparaît notamment dans la distinction qu'elle établit entre la « représentation du groupe » et la « représentation de la différence de groupe ». Lorsque Phillips affirme qu'en raison de « l'influence profonde » qu'exercent « les marqueurs du genre, de la race, de l'ethnicité, de la

1. Précisons que Phillips traite surtout du cas des minorités issues de l'immigration, écartant du champ de la théorie multiculturaliste les questions relatives aux peuples autochtones et aux minorités nationales.

2. « l'incohérence théorique que je souligne relève d'un problème plus large qui tient à l'absence de toute théorie du groupe ou de l'appartenance au groupe. » (T. Modood, « Multiculturalism and Groups », *op. cit.*, p. 550)

culture et de religion [...] il faut mettre en place [des garanties] pour assurer la représentation équitable de la diversité des identités, intérêts et perspectives sans considérer pour autant que les mesures dirigées à cette fin sont capables de produire la représentation d'*un groupe* »[1], elle semble penser les identités de groupe comme des identités sociales[2] : elle y voit des marqueurs sociaux qui pèsent « sur la vie des personnes et sur la façon dont les autres les voient », mais qui ne correspondent pas à l'existence de groupes réels – lesquels ne peuvent donc pas être représentés en tant que tels. La façon évasive dont elle préconise de représenter « la diversité des identités, intérêts et perspectives » tend à mettre sur le même plan les « identités » qui relèvent soit des « intérêts » soit des « perspectives », passant ainsi sous silence la distinction cruciale qu'Iris Young établit entre les deux et le traitement politique qu'exigent les secondes. Comme nous l'avons vu au chapitre II, la philosophie politique libérale qui met l'accent sur les identités liées aux intérêts s'adosse à une ontologie sociale atomiste et à une conception associative des groupes dans laquelle les individus sont supposés libres de cultiver les différences qui comptent pour eux avec les personnes de leur choix. Les « perspectives » rassemblent au contraire les personnes dont l'identité collective procède des effets structurels de la culture dominante sur certains groupes (genrés, racisés, ethnicisés, etc.). Loin d'être des attributs moralement contingents de la personne individuelle ou le reflet de ses choix de vie, comme le suppose l'ontologie sociale atomiste, ces identités collectives forment une part constitutive de sa personnalité, son identité se forgeant au travers de son appartenance à un ou plusieurs groupes opprimés. C'est précisément la distinction entre les intérêts et les perspectives qui justifie, au niveau politique, la représentation spécifique des groupes minoritaires. La notion de perspective sociale ajoute en effet à la délibération politique un type de point de vue que l'approche associative de la représentation ne permet pas d'intégrer ; il s'agit de l'expérience qui conduit les membres d'un même groupe opprimé à partager, malgré eux, une position sociale défavorable à partir de laquelle les questions politiques leur apparaissent sous un jour différent, irréductible à la perspective des membres des groupes dominants.

Il est donc surprenant de voir Phillips juxtaposer les intérêts et les perspectives sans creuser les écarts philosophiques entre ces concepts qui sont pourtant déterminants. Son insistance à vouloir écarter l'idée qu'une représentation *du* groupe est possible la conduit au contraire à dissoudre

1. A. Phillips, *Multiculturalism Without Culture*, *op. cit.*, p. 168.
2. Voir la définition d'Appiah au chapitre I, 4.2.

en quelque sorte la dimension collective des identités minoritaires dans une interprétation individualisée de la « perspective » sociale, en suggérant qu'elle résulte de l'agrégation d'expériences individuelles. Même si ses réserves à l'égard de la conception corporatiste de la représentation de groupe ne sont pas dénuées de fondements, elles n'invalident pas pour autant l'idée de la représentation d'un groupe social opprimé en tant que groupe. La capacité à porter publiquement un point de vue marqué par une certaine perspective sociale ne peut pas s'opérer en dehors de processus de mobilisation collective grâce auxquels, en s'auto-organisant, les membres des minorités prennent conscience de leur identité de groupe et trouvent en elle les ressources pour contester l'oppression qu'ils subissent. Que ces collectifs structurés et structurants ne correspondent pas à l'existence d'un groupe parfaitement homogène et clairement délimité ne délégitime pas le besoin d'en passer par eux pour parvenir à exprimer une voix politique, ce que l'ontologie sociale atomiste ne peut pas justifier.

Les difficultés à prendre au sérieux la réalité des groupes se manifestent aussi au niveau de la révision conceptuelle que Phillips place à la base de sa réforme politique du multiculturalisme. Elles apparaissent dans la conception réductrice des normes culturelles qui découle de la démarche consistant à ramener la culture à son caractère « ordinaire ». Bien que celle-ci s'avère efficace pour dissiper l'aura de mystère qui entoure les pratiques jugées exotiques et prémunir contre la tendance à faire de la culture une explication par défaut des comportements jugés irrationnels, elle pose problème à partir du moment où Phillips associe la culture ordinaire à la forme de la rationalité stratégique, se rangeant de la sorte du côté des approches sociologiques fondées sur l'individualisme méthodologique[1]. La façon dont elle mobilise l'article de Gerry Mackie sur l'excision le montre bien. C'est en décrivant le respect de la coutume comme le moyen mis en œuvre par des parents pour servir les intérêts de leurs filles, en assurant leur intégration sociale, que Phillips rend ce type de comportement compréhensible pour les sujets occidentaux. Toutefois, ce changement de perspective suggère que tout comportement culturel, pour ne pas être déformé par le préjugé ethnocentrique et saisi dans sa réalité ordinaire, devrait être reconduit à cette forme de rationalité stratégique. Or il y a de solides raisons sociologiques de douter de la capacité d'une telle approche à prendre au sérieux la réalité des groupes sociaux et la force normative des identités collectives. Elle reproduit en effet les défauts de l'ontologie sociale atomiste, en supposant que les groupes sociaux sont

1. R. Boudon, *La logique du social*, Paris, Hachette, 2009.

intégralement constitués par l'agrégation de décisions individuelles, ce qui la prive des moyens de rendre compte de leur stabilité et de l'autorité que leurs normes exercent sur leurs membres.

La synthèse normative du multiculturalisme sans culture aboutit manifestement à des conclusions opposées à celle de l'accommodement transformateur : dans la perspective de Phillips, contrairement à ce que suggère celle de Shachar, ce n'est pas l'attachement des femmes à leur culture, ni la valeur éminente que leur communauté attribue à son *nomos* qui justifie qu'on cède à celle-ci une part du gâteau juridictionnel ; c'est plutôt l'accent mis sur le caractère ordinaire de ladite culture qui motive à la fois le refus d'accorder des droits spécifiques à la minorité et la décision de confier à chaque femme le soin de cultiver les particularismes culturels qui lui importe. Par conséquent, bien que ces deux démarches convergent dans leur volonté de corriger les préjugés qui conduisent les féministes libérales à dépolitiser les différences culturelles, elles adoptent des positions contrastées sur la nature et la valeur des différences qu'il s'agit de tolérer. D'un côté, la critique du préjugé sécularisté engage les féministes libérales à respecter, en dépit de leur incompréhension, l'attachement des femmes de cultures minoritaires à leurs croyances et traditions religieuses, ce qui revient à prendre acte de la teneur morale de ces différences. De l'autre, la critique du préjugé ethnocentrique exhorte les féministes libérales à cesser de juger les femmes d'origine étrangère moins libres qu'elles pour les considérer plutôt comme des *alter ego* capables de conduire leur vie depuis leur propre contexte, ce qui revient à envisager les différences culturelles comme l'expression contingente d'une même faculté de choix.

Il en résulte, comme nous l'avons vu, des conséquences pratiques qui tirent dans des directions opposées et qui s'avèrent également insatisfaisantes : d'un côté, le dispositif de l'accommodement transformateur espère neutraliser la crispation conservatrice des minorités face à la sécularisation en suivant la voie d'un libéralisme politique soucieux de respecter le pluralisme religieux, quitte à apporter provisoirement la caution du pouvoir étatique à des pratiques patriarcales ; de l'autre, la critique de la vision déterministe des cultures que forge le regard ethnocentrique ramène la tolérance multiculturelle à un libéralisme centré sur l'autonomie individuelle, débarrassé de la référence encombrante aux droits collectifs. Dès lors, aucune de ces deux approches ne parvient pas à articuler de façon convaincante le respect de l'égalité de genre avec celui qui est dû aux identités culturelles. La première, parce qu'elle fonde la valeur de ces identités sur les convictions profondes de leurs membres, s'en remet de façon risquée à l'initiative des femmes pieuses pour rendre leur *nomos* moins discriminant sexuellement. La seconde, en faisant passer le respect de l'égalité de genre avant la valeur de l'appartenance communautaire, s'en remet au jugement de chaque femme pour décider ce qu'il convient de préserver de sa culture, faisant fi des objections des théoriciens du multiculturalisme sur l'incapacité des libertés individuelles à protéger efficacement les groupes culturels minoritaires. Dans un cas comme dans l'autre, la synthèse entre le féminisme et le multiculturalisme produit donc des effets instables, puisque l'accommodement transformateur ne prévient pas suffisamment le risque de la domination sexiste à l'intérieur des minorités culturelles et que le multiculturalisme sans culture protège mal celles-ci contre les pressions à l'assimilation.

CHAPITRE VI

FÉMINISME MULTICULTUREL III

LA SYNTHÈSE DÉLIBÉRATIVE

Dans ce dernier chapitre, nous envisagerons la voie qui mise sur les vertus de la délibération pour opérer la synthèse du féminisme multiculturel en corrigeant les défauts symétriques des deux précédentes. Cette voie, suivie par Sarah Song et Monique Deveaux, s'inscrit dans le tournant délibératif qu'a connu la philosophie politique vers la fin des années 1990 dans le but de dépasser à la fois la négligence des théories de la justice à l'égard des processus de formation de la volonté démocratique et la vision réaliste de ces mêmes processus qui les réduit à l'agrégation de préférences individuelles. Envisagées de façon générale, les théories de la démocratie délibérative font dépendre la légitimité des décisions collectives de l'échange préalable de raisons à partir duquel les personnes affectées par ces décisions ont pu faire valoir et confronter leurs points de vue respectifs. Ces théories prennent des formes très diverses qui varient selon la distance qu'elles adoptent à l'égard des conceptions libérales de la justice, selon l'analyse idéalisée ou réaliste qu'elles font des processus délibératifs et selon le type d'espaces institutionnels et sociaux où elles le voient à l'œuvre[1].

Appliquée au débat entre féministes et multiculturalistes, la voie délibérative consiste à confier à la discussion et à l'échange public d'arguments le soin de décider quels accommodements culturels sont légitimes d'un point de vue féministe. L'objectif de ce chapitre sera de montrer que cette voie offre une version du féminisme multiculturel plus convaincante que les précédentes, dans la mesure où elle permet de parfaire le travail de déssentialisation de la « culture » initié par la

1. Pour une présentation de ces théories, voir C. Girard et A. Le Goff, *La démocratie délibérative. Anthologie de textes fondamentaux*, Paris, Hermann, 2010. Pour une analyse approfondie de leurs enjeux philosophiques, voir C. Girard, *Délibérer entre égaux. Enquête sur l'idéal démocratique*, Paris, Vrin, 2019.

critique postcoloniale du féminisme libéral sans renoncer à l'ambition de reconnaissance des minorités culturelles qui est au cœur des philosophies du multiculturalisme. Dans la première section, nous commencerons par détailler les bases méthodologiques de ce féminisme multiculturel qui, en adhérant à une analyse contextualiste des demandes d'accommodement, affine leur compréhension et exige de les évaluer de façon délibérative. Dans les deux sections suivantes, nous examinerons successivement les deux formes de délibérativisme adoptées respectivement par Song et Deveaux pour préciser le type des normes qui les fondent, l'éclairage spécifique que chacune apporte aux controverses culturelles sur les traditions patriarcales et au lien philosophique qui, en dépit de leur écart, les unit.

La culture en contexte

De la « culture » aux pratiques culturelles

Aborder le débat entre féminisme et multiculturalisme depuis la perspective des théories de la démocratie délibérative produit un nouveau cadrage du problème : en partant des controverses publiques que les demandes d'accommodement suscitent dans les démocraties contemporaines, cette perspective focalise l'attention sur les *pratiques culturelles* plutôt que sur la *culture*, se donnant ainsi les moyens d'observer en détail la façon dont leur signification est élaborée. Comme l'affirme Song :

> L'évaluation de ces revendications doit être fondée sur l'examen de pratiques particulières dans des contextes particuliers en prêtant tout particulièrement attention aux interconnexions entre les pratiques de la majorité et celle de la minorité [1].

Si d'un côté, ce nouveau cadrage resserre la focale sur des pratiques dont on peut douter qu'elles suffisent à cerner la spécificité d'une culture, de l'autre, il élargit la réflexion à l'ensemble des arguments susceptibles de révéler la signification et les objectifs de ces pratiques au niveau social, culturel et politique. Il prétend ainsi corriger le défaut des analyses normatives libérales qui s'intéressent directement à ce que l'État doit faire face à une demande d'accommodement – la tolérer ou l'interdire – avant même d'avoir compris comment celle-ci est devenue l'objet d'une controverse. Shachar et Phillips restent à leur façon inscrites dans ce paradigme libéral de la tolérance, puisque leurs modèles normatifs fixent

1. S. Song, *Justice, Gender and the Politics of Multiculturalism*, Cambridge NY, Cambridge University Press, 2007, p. 8.

a priori des limites à ce que l'État peut autoriser, indépendamment de la délibération : l'accommodement transformateur accorde aux groupes réactionnaires l'autorisation de maintenir des règles discriminatoires sur la base d'un dispositif institutionnel qui partage le pouvoir entre l'État et ces groupes, sans avoir procédé préalablement à l'évaluation des traditions du groupe. Quant au multiculturalisme sans culture, il réaffirme la légitimité de grands principes, tels que le respect de l'intégrité physique et l'interdiction de la discrimination sexuelle sur le plan légal. L'étude des controverses culturelles s'appuie *a contrario* sur une approche contextuelle qui conduit à mener avec rigueur l'enquête préconisée par les féministes postcoloniales :

> Plutôt que d'accepter les pratiques culturelles telles quelles, nous devons enquêter sur ce que Narayan appelle la « politique de la formation de la tradition ». Nous devons nous demander comment et pourquoi une pratique a fini par être considérée comme une tradition fondamentale du groupe [1].

C'est précisément le changement de focale induit par l'approche délibérative qui rend une telle enquête possible. Évaluer *in situ* la légitimité d'une pratique, à partir de la controverse publique dont elle a fait l'objet, oblige à poser des questions qui en révèlent la complexité, ainsi que le caractère contesté :

> Pourquoi et comment une coutume particulière en est venue à être questionnée et contestée ? Qui insiste pour qu'une pratique prenne une forme particulière (traditionnelle ou amendée) et qui en bénéficie ? Quelle autorité est remise en cause et laquelle est renforcée par la controverse autour d'une certaine coutume, ou par l'introduction d'une nouvelle forme de cette coutume [2] ?

Comme ces questions le suggèrent, ce type de controverse implique l'ensemble des groupes culturels. Elles ne reflètent pas seulement les rapports de force qui se jouent au sein des minorités pour imposer l'interprétation légitime d'une tradition, elles rendent aussi manifeste l'influence des conflits qui se jouent entre la majorité et les minorités. L'importance que les délibérativistes accordent à « la politique de la construction et de la contestation culturelles » les conduit ainsi à adopter une conception constructiviste des cultures qui prend acte de leur nature profondément relationnelle. « Les cultures », affirme Song, « ne sont pas des entités qui existent indépendamment des interactions sociales

1. S. Song, *Justice, Gender and the Politics of Multiculturalism*, *op. cit.*, p. 120.

2. M. Deveaux, *Gender and Justice in Multicultural Liberal States*, New York, Oxford University Press, 2006, p. 90.

et politiques mais elles sont plutôt créées en elles et par elles »[1]. Cette conception constructiviste et relationnelle présente l'intérêt de lier *ab initio* l'analyse des rapports intraculturels et interculturels :

> [L]es cultures ne sont pas seulement le produit de la contestation interne mais aussi des processus historiques complexes d'interaction avec les autres cultures [...] le point de départ du dialogue interculturel sur les pratiques culturelles controversées se situe sur le terrain de relations et de pratiques interculturelles qui se recoupent déjà[2].

Pour bien saisir les enjeux des demandes d'accommodement à caractère sexiste, il importe donc de tenir compte de l'imbrication des rapports sociaux et de son influence sur la signification des pratiques culturelles minoritaires. Cette approche apporte un éclairage précieux aux tensions entre féminisme et multiculturalisme qui complète celles de Phillips et de Shachar : elle contribue activement à la désessentialisation des cultures que prône la première, tout en affinant les analyses de la seconde sur les interactions qui sous-tendent le culturalisme réactif. En effet, il ne suffit pas, pour relativiser l'autorité des traditions patriarcales, de rappeler que la signification et la valeur de celles-ci sont contestées au sein même de la minorité et qu'elles n'en constituent donc pas l'essence morale. Encore faut-il écarter l'idée reçue selon laquelle le problème que posent ces traditions concerne avant tout une minorité conservatrice en réaction contre une majorité sécularisée, laquelle serait déjà acquise à l'égalité de genre. Par conséquent, plutôt que d'incriminer certaines cultures jugées plus patriarcales que d'autres, il importe de rappeler, comme l'affirme Song, que « ce n'est pas la "culture" qui pose problème, ce sont les pratiques oppressives »[3]. En déplaçant l'analyse de la culture vers les pratiques culturelles, l'approche contextuelle qu'adoptent les délibérativistes permet par conséquent de mieux saisir l'articulation complexe des normes patriarcales à la diversité des groupes culturels.

La circulation interculturelle des normes patriarcales

Song dégage ainsi trois types d'effets interculturels qui mettent en évidence la circulation des normes patriarcales entre les groupes minoritaires et majoritaires. *L'effet de congruence* renvoie aux « façons indirectes par lesquelles les normes de genre dominantes font écho ou apportent un soutien à la hiérarchie de genre au sein des communautés

1. S. Song, *Justice, Gender and the Politics of Multiculturalism*, p. 39.
2. *Ibid.*, p. 5.
3. *Ibid.*, p. 8.

culturelles minoritaires »[1]. *L'effet boomerang* correspond à la dynamique inverse et s'observe quand « l'accommodement des pratiques patriarcales au sein des communautés culturelles minoritaires nourrit en retour et renforce l'inégalité de genre dans l'ensemble de la société »[2]. Enfin, *l'effet de diversion* correspond aux situations dans lesquelles le refus d'accéder aux demandes d'accommodement contribue à détourner l'attention des hiérarchies de genre dans la culture majoritaire en focalisant l'attention de l'opinion sur les pratiques patriarcales des minoritaires.

Pour illustrer *l'effet de congruence*, Song s'appuie sur les jugements *Moua* et *Chen*[3] devenus emblématiques des débats entre féministes et multiculturalistes. À ses yeux, ces deux cas célèbres de défense culturelle en droit pénal américain montrent bien que ce n'est pas la différence des normes culturelles de genre, mais leur similitude qui a motivé l'indulgence des juges. Dans l'affaire *Moua*, l'enjeu de la défense n'était pas de contester la légitimité de la loi contre le viol, mais de dénoncer la caractérisation comme telle du comportement de l'accusé. La tradition hmong du mariage par enlèvement, laquelle exige de la fiancée qu'elle résiste aux avances de son fiancé pour prouver sa vertu, offrait à ce dernier le moyen d'invoquer « l'erreur de fait » en expliquant pourquoi il avait pris son refus pour un consentement. Song remarque que ce type de stratégie, loin d'être exceptionnelle, converge avec l'ensemble des défenses qui, en droit américain, ont réussi à écarter la charge de viol en exploitant les ambiguïtés relatives à l'identification du consentement. Celles-ci tirent leur origine des schémas culturels qui conduisent à excuser l'agressivité des hommes et à entériner la passivité des femmes dans les rapports de séduction, accréditant « la vieille idée qu'une femme qui refuse des avances sexuelles ne veut pas vraiment dire non »[4]. L'influence persistante de ces schémas dans la culture américaine s'observe aussi bien dans les textes de loi que dans les décisions de justice qui leur confèrent des effets normatifs. Song rappelle ainsi que, jusqu'à une époque récente, la charge de viol n'était retenue qu'en cas de contrainte physique avérée ou si la victime prouvait avoir résisté de toute ses forces (*at the utmost*) aux sollicitations de l'accusé; elle souligne que l'évolution de la loi vers des définitions moins exigeantes de la résistance et du consentement n'a pas

1. S. Song, « Majority Norms, Multiculturalism and Gender Equality », *American Political Science Review*, vol. 99, n° 4, p. 476.
2. *Ibid.*
3. Voir l'introduction.
4. S. Song, *Justice, Gender and the Politics of Multiculturalism*, *op. cit.*, p. 93.

empêché les tribunaux d'accepter régulièrement l'argument de l'erreur de fait pour excuser les comportements sexuellement agressifs des accusés masculins[1].

Dans son analyse du cas *Chen*, Song attribue l'efficacité de l'argument culturel à sa congruence avec la doctrine de la provocation appliquée en droit pénal américain pour réduire la peine des hommes ayant tué leur compagne « dans le feu de la passion ». Si cette ligne de défense, disponible à tout accusé américain, a été renforcée à l'occasion du procès *Chen* par sa combinaison avec une différence culturelle, elle n'en repose pas moins sur le même préjugé selon lequel « l'infidélité éveille dans l'homme une telle rage que la rétorsion violente est considérée comme une réaction partiellement excusable »[2]. En remontant aux sources de cette doctrine, fondée sur le concept anglais d'« honneur naturel »[3] en vigueur au XVIIe siècle, et en analysant ses évolutions récentes à travers l'émergence de la catégorie juridique de « trouble émotionnel extrême », Song met en évidence le statut particulier qu'occupe l'adultère commis par les femmes dans la catégorie légale des provocations acceptables. Alors que l'adultère féminin s'accompagne rarement d'agression ou de menace d'agression physique à l'égard du conjoint trompé, il continue d'être mis par certains tribunaux sur le même plan qu'une attaque directe, opérant ainsi comme une excuse partielle susceptible de requalifier l'assassinat de la femme adultère en homicide volontaire.

L'effet boomerang occupe une place plus limitée dans l'analyse de Song et se présente surtout à ses yeux comme un risque contre lequel il faut se prémunir. Il s'observe à travers les effets de dissémination des

1. On retrouve ce schéma culturel à l'œuvre dans le cas *Moua*, au cours duquel l'avocat de l'accusé fit valoir la jurisprudence du cas *People vs Mayberry* (1975) où les charges d'enlèvement et de viol ne furent pas retenues par la Cour de Californie contre un homme ayant physiquement violenté une jeune femme afin d'obtenir ses faveurs sexuelles, au motif qu'après avoir été frappée, celle-ci l'avait suivi chez lui.

2. S. Song, « La défense par la culture en droit américain, *Critique internationale*, n° 28, juillet-septembre 2005, p. 71.

3. Ce dernier renvoyait à « la bonne opinion des autres, supposée témoigner que la personne ainsi honorée par la bonne opinion était digne moralement d'une telle estime et d'un tel respect. Traiter un homme avec irrévérence, mépris ou dédain, le tourner en dérision ou l'accuser (même par plaisanterie) d'avoir manqué de vertu d'une quelconque façon, c'était, par conséquent, manquer au devoir de le traiter avec respect. », J. Horder, *Provocation and Responsibility*, Oxford, Clarendon Press, 1992, p. 26. Cité dans S. Song, *Justice, Gender and the Politics of Multiculturalism*, *op. cit.*, p. 96. Ainsi, « Face à un affront délibéré, "l'homme d'honneur" devait réagir par la colère pour montrer qu'il n'était pas un lâche. Plus grave était l'offense, plus violente la riposte attendue. » (S. Song, *Justice, Gender and the Politics of Multiculturalism*, *op. cit.*, p. 96).

arguments culturels invoqués dans les tribunaux. L'efficacité que ces arguments ont pu avoir dans les cas célèbres de *Moua* et de *Chen* a créé un précédent juridique qui autorise d'autres accusés à invoquer l'influence de la culture pour minimiser les charges retenues contre eux. La légitimation culturelle des comportements patriarcaux est par conséquent susceptible de renforcer la hiérarchie de genre à de multiples niveaux, que ce soit au sein de la culture majoritaire ou entre les diverses minorités culturelles, comme en atteste l'apparition de ce type d'arguments dans des procès pour violences domestiques impliquant des couples mixtes ethniquement.

Le troisième effet, *l'effet de diversion*, est illustré par la lutte menée par le gouvernement américain contre la polygamie des Mormons. Les Mormons appartiennent à l'Église de Jésus-Christ des saints des derniers jours qui fut fondée en 1830 par un fermier new-yorkais, Joseph Smith, dans l'Illinois. À la suite d'une révélation, Smith investit le « mariage pluriel » d'une valeur sacrée et la pratique se répandit dans la communauté, en réaction à la sécularisation progressive du mariage dans la société américaine, et en dehors de tout contrôle étatique. Song retrace le combat politique mené par le gouvernement américain entre 1862 et 1890 pour interdire la polygamie, revenant sur les échecs successifs des lois répressives adoptées à l'échelle des États, avant que le président Woodrow Wilson, lui-même mormon, n'entérine en 1890 l'interdiction fédérale de la polygamie et n'exhorte les membres de sa communauté à rompre avec cette tradition[1]. Bien que la loi de 1890 puisse être considérée comme un succès d'un point de vue féministe, les motivations qui ont présidé à son adoption, combinées à la comparaison du statut des femmes au sein et à l'extérieur de la communauté mormone, obligent à nuancer cette interprétation. Les objections brandies par les opposants à la polygamie sur le caractère barbare de la pratique, que les républicains comparaient à l'esclavage, ne s'accompagnaient nullement d'une dénonciation des inégalités de statut entre hommes et femmes dans la société américaine. Elles s'inscrivaient au contraire dans un climat général d'anxiété suscité par l'augmentation de la prostitution, la hausse de divorces et la libéralisation des mœurs sexuelles dans les grandes villes, autant d'évolutions sociales interprétées comme les symptômes du déclin de la morale et de l'éclatement de la famille traditionnelle. Loin d'être motivée par l'objectif de l'émancipation des femmes, la lutte contre la polygamie était menée par des acteurs engagés dans la défense militante du mariage chrétien qu'ils jugeaient menacé par le mode de vie mormon. En particulier, la grande souplesse

1. *Ibid.*, p. 144.

de la procédure de divorce en vigueur sur le territoire de l'Utah[1], dont les femmes mormones étaient les principales bénéficiaires, ainsi que l'accès précoce des femmes de cet État au droit de vote[2], fragilisaient à leurs yeux les deux piliers de l'ordre moral que constituaient l'indissolubilité des liens du mariage et l'assignation des femmes à leurs rôles domestiques. Pour ses détracteurs, « la polygamie défiait le concept chrétien de l'unité maritale et le concept légal associé de *coverture* qui en découlait »[3]. Toutefois, ces motivations ne les empêchaient pas d'afficher ouvertement leur conviction de combattre une tradition patriarcale. Pour la caractériser ainsi, ils mobilisaient les divers imaginaires qui contribuèrent à forger l'image de la polygamie comme une pratique étrangère aux peuples européens, allant des discours des missionnaires chrétiens sur la barbarie des peuples païens aux préjugés coloniaux sur l'infériorité des races non civilisées, en passant par les clichés orientalistes qui, depuis Montesquieu, associait l'imaginaire du harem à la figure du pouvoir despotique. Song fait observer que cette tendance à extérioriser le patriarcat des Autres et l'effet de diversion qui en résulte est à l'œuvre dans de nombreuses controverses publiques autour des pratiques culturelles des minorités : en exagérant et en stigmatisant le caractère sexiste de ces pratiques, les discours dominants détournent l'attention de pratiques analogues dans la majorité et minimisent la persistance des hiérarchies de genre en son sein.

Du contexte à la délibération

Comme le suggère l'analyse des trois effets interculturels identifiés par Song, l'approche contextuelle, qui consiste à partir d'une pratique culturelle afin de saisir la complexité des rapports qui se nouent autour

1. Le statut sur le divorce adopté par l'Utah en 1852 était le plus permissif des États-Unis. Les historiens Lawrence Foster et Louis Kern ont montré que dans la communauté mormone, l'initiative du divorce incombait principalement aux femmes, un homme pouvant difficilement mettre un terme à son mariage sans l'accord de l'épouse concernée. Observant que les femmes étaient à l'origine de la grande majorité des procédures de divorce en Utah, ils en déduisent que le statut de 1852 permettait aux épouses mormones de mettre un terme aux unions insatisfaisantes, conduisant en quelque sorte l'institution de la polygamie à fonctionner comme un régime de polyandrie sérielle (*Ibid.*, p. 150).

2. « En 1870, la législature du territoire de l'Utah, contrôlée par les Mormons, accorda unanimement le droit de vote aux femmes, ce qui concernait toutes les citoyennes de sexe féminin de plus de 21 ans et toutes les épouses, veuves ou filles d'hommes natifs ou naturalisés. Les femmes de l'Utah furent parmi les premières à voter aux États-Unis et elles conservèrent ce droit pendant dix-sept ans avant d'en être privées par la loi Edmund Tucker. » (*Ibid.*, p. 151).

3. *Ibid.*, p. 145. La notion de *coverture* désigne la dépendance juridique de l'épouse à l'égard de son mari.

d'elle, dans les groupes culturels et entre eux, se distingue par sa capacité à offrir un diagnostic plus précis de son caractère oppressif pour les femmes que dans les approches libérales qui privilégient l'analyse des principes normatifs ou les aménagements institutionnels. Il reste toutefois à préciser les conséquences de ce changement de méthode sur la position normative qui en découle. En quoi la justesse de ces analyses contribue-t-elle à fonder la justice des politiques d'accommodement ? Pour le comprendre, il importe de préciser le lien qui unit la méthode contextuelle à la conception délibérative de la justice.

Cette méthode s'inscrit dans le tournant qui a marqué les débats sur le multiculturalisme à partir des années 2000, en rupture avec la méthode déductive qui les avait dominés dans les années 1990. La méthode déductive consiste à « établir par principe des limites à la tolérance et à déterminer ensuite si une pratique particulière est compatible avec ces principes »[1], considérant que les principes « passent avant toute autre considération normative parce qu'ils sont fondamentaux tandis que celles-là sont contingentes et donc “impures”. »[2] Plusieurs théoriciens mirent en avant les insuffisances d'une telle approche pour saisir adéquatement les particularités et les nuances du raisonnement moral, ainsi que la complexité de la vie politique[3]. D'abord, les principes sont généralement trop indéterminés pour guider le jugement dans des cas spécifiques. Ensuite, ils « tirent dans des directions opposées »[4], puisqu'ils offrent des raisons solides aussi bien pour justifier les politiques d'accommodement culturel que pour les refuser – comme en atteste l'opposition entre Kukathas et Okin, le premier fondant la tolérance multiculturelle sur le respect de la liberté de conscience, la seconde la critiquant au nom de la non-discrimination sexuelle. Enfin, poser le problème en termes de principes appelle des solutions du même type, ce qui renforce le caractère clivant des conflits culturels puisque le modèle déductiviste oblige à trancher entre des principes concurrents, comme l'autonomie culturelle et l'égalité de genre, en écartant d'emblée les considérations pragmatiques et prudentielles susceptibles de favoriser les compromis. En revanche, « les

1. O. Verhaar, S. Saharso, « The Weight of Context : Headscarves in Holland », *Ethical Theory and Moral Practice*, vol. 7, n° 2, avril 2004, p. 180.

2. *Ibid.*

3. J. Carens, *Culture, Citizenship, and Community. A Contextual Exploration of Justice as Evenhandedness*, Oxford, Oxford University Press, 2000, Introduction ; J. T. Levy, « Contextualism, constitutionalism and *modus videndi* approaches », *in* A. Simon, D. Owen (dir.), *Multiculturalism and Political Theory*, *op. cit.*, p. 173-217.

4. O. Verhaar, S. Saharso, « The Weight of Context », *op. cit.*, p. 180.

auteurs partisans d'une approche contextuelle soutiennent qu'elle promeut les solutions que tous les acteurs impliqués dans un conflit peuvent accepter. Une approche contextualiste se montre attentive à l'ensemble des perspectives relatives à un problème et procure ainsi un éclairage normatif supérieur à l'approche déductive »[1].

Il existe par conséquent un rapport essentiel entre la méthode contextuelle et la conception délibérative de la justice démocratique. La complexité des circonstances qui président à l'émergence de la controverse autour d'une pratique jugée patriarcale et qui lui confèrent sa forme spécifique exige, pour être adéquatement comprise, d'inclure l'ensemble des points de vue sur le conflit. L'évaluation du problème que le processus de délibération rend possible se prolonge ensuite dans la formulation et la comparaison des solutions qu'il convient de lui appliquer. Ainsi envisagé, le féminisme multiculturel adhère donc à la norme d'inclusion qui se trouve au fondement des théories de la démocratie délibérative, selon laquelle « la légitimité normative d'une décision démocratique dépend du degré auquel ceux qui sont affectés par elle ont été inclus dans les processus de décision et ont eu l'opportunité d'en influencer les résultats »[2]. Bien que Song et Deveaux adhèrent toutes deux à cette norme, elles en élaborent des interprétations différentes qui exigent, pour être saisies dans leur nuance, d'être examinées séparément. La première interprétation, celle du *délibérativisme libéral*, ne dissocie pas la délibération des principes libéraux, considérant que l'inclusion de tous les points de vue concernés par une controverse culturelle offre le moyen le plus juste de comprendre ce qu'exige le respect de l'individu. La seconde, celle du *délibérativisme démocratique*, insiste pour sa part sur l'indépendance normative de la délibération à l'égard des principes libéraux, estimant que les procédures démocratiques sont en elles-mêmes génératrices des normes de justice, sans être contraintes *a priori* par des critères de légitimité qui leur seraient extérieurs, notamment par l'égalité de genre. Nous analyserons tour à tour ces deux interprétations afin de mettre en avant leurs mérites respectifs, tant pour élaborer une synthèse du féminisme et du multiculturalisme sur le plan théorique, que pour évaluer certains cas pratiques. Cette analyse comparative nous permettra *in fine* de nuancer la divergence supposée de ces interprétations pour mieux saisir leur complémentarité.

1. O. Verhaar, S. Saharso, « The Weight of Context », *op. cit.*, p. 180.
2. I. M. Young, *Inclusion and Democracy*, *op. cit.*, p. 5-6. Voir chapitre II.

LES VERTUS DE L'ENQUÊTE DÉLIBÉRATIVE

L'accommodement respectueux des droits

Chez la philosophe et juriste américaine Sarah Song, le choix de la voie délibérative est explicitement déduit de prémisses libérales. Il s'agit pour elle d'élaborer une approche normative qui justifie les politiques d'accommodement tout en les maintenant dans les limites fixées par le respect des droits individuels, ce qu'elle désigne par l'expression d'« accommodement respectueux des droits » (*rights-respecting accommodationnism*). Dans cette approche, « [la] défense de l'accommodement est fondée sur la valeur centrale de la démocratie libérale, à savoir sur l'idée que les citoyens doivent se traiter mutuellement avec égal respect »[1]. Contrairement à ce qu'affirment certaines critiques libérales du multiculturalisme[2], l'accommodement en tant que traitement spécial ou différencié ne déroge pas à la norme d'égal respect. Reprenant l'argument de Rawls et de Dworkin, Song précise que :

> dans la conception libérale de l'égalité, il faut accorder un statut fondamental au droit d'être traité en tant qu'égal et un statut dérivé au droit d'être traité également. Ce qui signifie que celui-ci ne vaut que dans les circonstances où il découle du droit plus fondamental d'être traité en tant qu'égal. Parfois, traiter les personnes de façon identique est la seule façon de leur témoigner un égal respect, mais il peut en être autrement. Dans certains cas, il arrive que le traitement des personnes en tant qu'égales exige un traitement spécial ou différencié[3].

Elle en conclut qu'« une approche accommodationniste et respectueuse des droits est la meilleure façon d'exprimer l'idée d'égal respect dans les conditions liées à la diversité culturelle »[4]. L'accommodement respectueux des droits ouvre ainsi une position intermédiaire entre le libéralisme égalitarien orthodoxe, qui exclut de déroger à l'égalité de traitement, et le libéralisme égalitarien multiculturel, qui justifie par principe le traitement différencié des minorités culturelles. Ces positions contraires reposent sur la même approche déductive qui consiste à établir par avance les principes encadrant la tolérance multiculturelle, le premier en s'en remettant aux seules libertés privées (de conscience, d'opinion, d'association) pour

1. S. Song, *Justice, Gender and the Politics of Multiculturalism*, *op. cit.*, p. 9.
2. B. Barry, *Culture and Equality. An Egalitaria Critique of Multiculturalism*, Cambridge Mass., Harvard University Press, 2001.
3. S. Song, *Justice, Gender and the Politics of Multiculturalism*, *op. cit.*, p. 45.
4. *Ibid.*, p. 9.

autoriser l'expression de formes de vie culturelles, le second en ajoutant des « droits culturels » à la liste des droits fondamentaux, afin de mieux protéger les minorités contre les pressions assimilationnistes de l'État. Song estime que la justice des rapports interculturels ne peut pas être établie à un tel niveau d'abstraction ; celle-ci exige au contraire un examen délibératif des revendications à caractère culturel afin d'identifier dans chaque cas quel type de traitement – uniforme ou différencié – est requis par la norme d'égal respect. Cette norme doit par conséquent être comprise dans le cadre d'un libéralisme qui ne dissocie pas la valeur des droits fondamentaux du processus démocratique au travers duquel ils sont institués : « le libéralisme a besoin de procédures démocratiques pour atteindre ses objectifs et la démocratie a besoin d'engagements substantiels pour réaliser les procédures démocratiques »[1].

Ainsi entendu, le libéralisme repose sur une conception particulière des « droits fondamentaux » (*basic rights*) censés encadrer les politiques d'accommodement culturel. Bien que ces droits soient exprimés par les libertés civiles et politiques auxquelles les démocraties libérales accordent un statut constitutionnel, ils ne forment pas une liste exhaustive de principes normatifs dont les rapports de priorité seraient clairement établis. Ils conservent au contraire une part d'indétermination que seule la délibération démocratique permet de lever, tout particulièrement lorsqu'il s'agit d'évaluer des revendications à caractère culturel. Trois raisons justifient d'accorder à la délibération un tel rôle d'explicitation des droits fondamentaux quand ils touchent aux identités culturelles des minoritaires. D'abord, en tant que procédure de consultation, la délibération démocratique reflète la norme d'égal respect qui fonde le libéralisme puisqu'elle « se rapproche du traitement des membres des groupes minoritaires comme égaux en leur donnant voix au chapitre dans la gouvernance des conflits culturels »[2] ; ensuite, comme méthode d'examen, la délibération démocratique se montre « plus attentive aux particularités du contexte que les approches non délibératives »[3] ; enfin, comme méthode d'évaluation, « elle aide à clarifier la nature des intérêts qui sont en jeu, ainsi qu'à identifier la complexité des sources des conflits culturels »[4], permettant ainsi d'estimer le caractère plus ou moins raisonnable des demandes portées par les groupes minoritaires.

1. S. Song, *Justice, Gender and the Politics of Multiculturalism*, *op. cit.*, p. 70.
2. *Ibid.*, p. 10.
3. *Ibid.*
4. *Ibid.*, p. 11.

Les vertus de la délibération démocratique sont à la fois épistémique et politique. Elle contribue à clarifier la nature des intérêts qui sont en jeu dans un conflit culturel, ainsi que la complexité de ses sources. Elle permet en outre de dénoncer les situations d'hypocrisie entre groupes culturels et de promouvoir une meilleure compréhension entre eux, dans la mesure où « elle offre aux membres des minorités l'occasion de remettre en cause les stéréotypes de la culture dominante sur leur groupe, ainsi que de repérer les doubles standards que celle-ci ou l'État peut appliquer aux différents groupes »[1]. Les controverses autour des traditions patriarcales offrent un terrain d'étude privilégié pour mettre en évidence ces avantages. Sur le plan épistémique, la délibération aide à démasquer les intérêts que sert la défense de telles traditions et de faire entendre les opinions dissidentes à leur propos, participant de la sorte à la déconstruction des stéréotypes relatifs au sexisme des minoritaires et à la vision victimaire des femmes non occidentales. Sur le plan politique, la déconstruction de ces stéréotypes contribue à neutraliser les effets interculturels (de congruence, boomerang et de diversion) qui aggravent la vulnérabilité des femmes. D'un côté, en montrant comment les normes patriarcales qui circulent entre la majorité et les minorités sont susceptibles de se renforcer mutuellement, la délibération met au jour l'hypocrisie des politiques d'accommodement qui, sous prétexte de tolérer les différences des groupes culturels, protège leurs similitudes – en occurrence leur adhésion commune à des normes de genre hiérarchiques. De l'autre, la délibération permet de critiquer les politiques qui, à l'inverse, stigmatisent le sexisme des minoritaires pour justifier des mesures répressives, sans appliquer le même traitement à des comportements majoritaires pourtant comparables. La voie délibérative se présente ainsi, pour Song, comme la façon la plus adéquate et la plus juste pour surmonter les tensions entre la tolérance culturelle et l'égalité de genre, dans la mesure où elle aide à sortir de la vision erronée des pratiques minoritaires, tout offrant des repères normatifs pour les évaluer.

L'originalité de cette version normative du multiculturalisme réside par conséquent dans le fait de soutenir le principe d'un traitement différencié des minoritaires sans accorder de valeur morale *a priori* à leurs identités culturelles, mais en confiant à la délibération démocratique le soin de décider si celles-ci justifient un accommodement. Song prend ainsi ses distances avec la stratégie argumentative adoptée par Will Kymlicka pour justifier les droits culturels de façon déontologique. Typique des approches déductivistes, la démarche du philosophe canadien consiste à

1. *Ibid.*, p. 75.

ériger l'appartenance culturelle au rang de « bien social premier », au sens rawlsien du terme, estimant qu'elle constitue une ressource fondamentale dont chaque membre de la société peut légitimement réclamer sa part équitable et dont il ne peut pas être arbitrairement privé. Dans la perspective délibérative, ce n'est plus la référence à la valeur *a priori* de l'appartenance culturelle qui fonde la demande d'accommodement, mais les discriminations qui procèdent de rapports sociaux inégaux et qui compromettent l'égal respect dû aux membres des cultures minoritaires. Ces discriminations peuvent être massives et évidentes, comme dans le cas des peuples autochtones, victimes d'injustices historiques dont les effets continuent d'affecter sévèrement les perspectives de vie de leurs membres. Elles peuvent être plus subtiles à saisir comme dans le cas des discriminations indirectes que produisent les biais culturels des lois, des règlements et des institutions.

Dans un cas comme dans l'autre, le fait que l'application uniforme des normes dominantes soit défavorable aux cultures minoritaires est une condition nécessaire mais non suffisante pour statuer sur leur illégitimité :

> pour savoir si l'effet différencié constitue une injustice, d'autres considérations doivent être prises en compte, à savoir *les types d'intérêts* que la loi dessert et *l'objectif* qu'elle poursuit en leur fixant une limite. Il ne suffit pas de s'intéresser à la contrainte que les lois et les mesures politiques font peser sur les groupes minoritaires ; il faut s'interroger sur le caractère raisonnable des contraintes imposées [1].

Pour identifier les « types d'intérêts » et « l'objectif » poursuivi par la loi ou la mesure adoptée, il importe donc de mener « une enquête en deux volets que la délibération démocratique est la mieux à même de prendre en charge » [2]. D'un côté, il s'agit de préciser l'effet des contraintes exercées par les normes majoritaires sur les pratiques culturelles de la minorité, en élucidant la signification et la valeur de ces pratiques, afin d'identifier le type d'intérêts qui s'en trouve affecté :

> Quelle est la nature de la contrainte imposée ? Quelle est la valeur de la tradition ou de la pratique dont il est question et quel rôle joue-t-elle dans la définition des croyances ou de l'identité du groupe ? Dans quelle mesure son rôle est-il contesté ? La loi a-t-elle pour effet de nier les libertés de base

1. S. Song, *Justice, Gender and the Politics of Multiculturalism*, *op. cit.*, p. 67.
2. *Ibid.*, p. 8.

et les opportunités des membres de la culture ou de la religion minoritaire ou celui de renforcer leur statut de groupe socialement marginalisé [1] ?

De l'autre, l'enquête délibérative doit aider à clarifier les raisons avancées pour justifier la loi ou la mesure adoptée en examinant les points suivants :

> A-t-elle pour objectif de privilégier ou de défavoriser un groupe particulier ? Quel intérêt ou quel objectif sert-elle ? S'agit-il simplement d'une convention sociale qui ne sert plus d'objectif [2] ?

La première série de questions, centrée sur l'élément culturel, vise à préciser la réalité et l'importance des pratiques que les normes majoritaires défavorisent. « Plutôt que de présupposer que toutes les contraintes imposées aux pratiques culturelles pèsent sur des intérêts fondamentaux, nous devons nous demander si c'est le cas » [3]. Or, les approches déductivistes, en accordant *ab initio* une valeur à l'appartenance culturelle, négligent indûment le fait « qu'il existe des désaccords raisonnables sur la signification et la valeur des affiliations culturelles » [4]. D'après Song, cela conduit par exemple Kymlicka à accorder trop de pouvoir aux peuples autochtones en vue de restaurer l'autonomie culturelle dont ils ont été injustement privés, notamment en tolérant que les droits à l'autogouvernement leur permettent *de facto* de préserver des pratiques illibérales. Cela l'incite en outre à surestimer le problème que pose l'absence de neutralité culturelle de la sphère publique aux minorités issues de l'immigration. Pourtant, le fait que l'État officialise une langue ou des symboles identitaires favorables à la majorité culturelle ne suffit pas en soi à constituer une injustice pour les minoritaires, tant que cette partialité ne lèse pas leurs intérêts fondamentaux [5]. Quant à la deuxième série de questions, centrée sur l'élément légal, elle doit permettre de

1. *Ibid.*, p. 67. Pour un approfondissement des raisons normatives susceptibles d'évaluer les revendications en lien avec les identités culturelles, voir A. Eisenberg, *Reasons of Identity. A Normative Guide to the Political and Legal Assessment of Identity Claims*, Oxford, Oxford University Press, 2009.

2. S. Song, *Justice, Gender and the Politics of Multiculturalism*, *op. cit.*, p. 67.

3. *Ibid.*, p. 43.

4. *Ibid.*, p. 10.

5. Song note à ce propos que les exemples de droits polyethniques (*i.e.* réservés aux membres des minorités issues de l'immigration) chez Kymlicka concernent exclusivement des exemptions à caractère religieux. Cette équivalence suggère à tort que les affiliations culturelles possèdent le même poids moral que les croyances religieuses, alors que les premières ne reflètent pas nécessairement, à la façon des secondes, les convictions intimes des individus. Song en déduit que, si les exemptions juridiques sont justifiées dans le cas des minorités religieuses, afin de protéger la liberté de conscience de leurs membres, elles ne le sont pas toujours dans le cas des minorités culturelles.

dégager les objectifs poursuivis par l'État, et d'abandonner ou de réviser la loi ou la mesure s'il s'avère qu'elle ne sert aucun intérêt légitime ou, dans le cas contraire, à évaluer l'importance relative des intérêts de l'État et des membres du groupe dont la pratique est mise en cause ou défavorisée.

Illustrations pratiques de l'accommodement respectueux des droits

Appliquée aux cas empiriques à partir desquels Song a investi les débats entre multiculturalisme et féminisme, l'approche délibérative de type libéral qu'elle défend permet par conséquent de distinguer les situations où le traitement différencié de la minorité n'est pas justifié de celles où il l'est.

Le cas *Santa Clara Pueblo vs Martinez* offre un exemple éclairant de la première situation. En 1975, Julia Martinez, membre du pueblo Santa Clara, intenta un procès contre sa communauté pour contester le caractère discriminatoire des règles d'appartenance qui interdisaient aux femmes mariées à un membre extérieur au pueblo de transmettre leur statut de membre à leurs enfants. Sa fille Audrey Martinez, bien qu'ayant grandi et vécu sur le territoire du pueblo, se s'en trouvait ainsi exclue et privée de l'ensemble des droits politiques et des avantages sociaux que le statut de membre confère en matière de santé, d'éducation et d'aide au logement. La plainte de Julia Martinez fut finalement rejetée en appel par la Cour suprême, devant laquelle la plaignante avait fait valoir que les règles d'appartenance de sa communauté enfreignaient le quatorzième amendement, à savoir son droit constitutionnel à une égale protection de la loi, en raison de leur caractère sexuellement discriminant. La Cour suprême rejeta cet argument au motif que les décisions relatives au statut de membre échappaient à sa juridiction et qu'une intervention des cours fédérales dans ce domaine interférerait inévitablement avec « la capacité de la tribu de se maintenir comme une entité culturelle et politique distincte »[1]. Song fait remarquer que, derrière un argument de type purement procédural, les juges présupposaient implicitement que la culture du pueblo entretenait un rapport essentiel avec le caractère sexiste des règles d'appartenance, puisqu'elle risquait à leurs yeux d'être menacée par leur interdiction. En donnant ainsi raison au pueblo Santa Clara contre Julia Martinez, l'avis de la Cour suprême justifiait donc un accommodement culturel qui autorise une communauté à déroger au principe de la non-discrimination sexuelle au nom de son autonomie culturelle.

1. S. Song, *Justice, Gender and the Politics of Multiculturalism*, *op. cit.*, p. 120.

Appliqués à ce cas, les deux volets de l'enquête délibérative produisent un double effet de délégitimation sur la demande d'accommodement. En ce qui concerne *la compréhension de la pratique culturelle*, l'enquête révèle le caractère contesté de la règle, en combinant un éclairage historique sur son caractère récent et ses origines coloniales aux critiques internes à la communauté – notamment celles portées par les femmes amérindiennes et par Paul Tafoya, le gouverneur de Santa Clara au moment du procès[1]. L'inclusion de ces points de vue contestataires dans la délibération mit en évidence l'intérêt que les élites masculines du pueblo avaient à maintenir de telles règles pour préserver leur accès privilégié aux ressources de la réserve et aux avantages liés au statut de membre. Il apparut en effet, à la faveur du débat public, que la règle, loin d'être ancestrale, avait été établie en 1934 à la suite de l'adoption par le Congrès américain de l'*Indian Reorganisation Act*[2]. Cette loi mit un terme à la politique d'assimilation des Indiens par allocation de terrains privés aux chefs de famille et inaugura la mise en place du système de réserves, par lequel le pouvoir colonial américain accordait une autonomie relative aux communautés autochtones, tout en supervisant la régulation de leurs affaires internes. Le pueblo Santa Clara fut l'une des premières tribus amérindiennes à se doter de sa propre constitution, en 1939. La règle d'appartenance sexiste qu'elle adopta à cette occasion marquait une rupture avec les anciennes pratiques d'intégration au groupe, ce qui s'explique par la combinaison de la pression exercée par l'État dans l'élaboration de la nouvelle constitution et par l'influence des normes sexistes du droit américain : d'un côté, les autorités coloniales, soucieuses de restreindre le poids démographique et économique des réserves, firent pression sur les élites amérindiennes pour qu'elles adoptent des règles d'appartenance restrictives ; de l'autre, en érigeant en modèles leurs propres codes juridiques, elles incitèrent ces élites à calquer les critères sexistes du droit majoritaire en vue de limiter le nombre de bénéficiaires du statut[3].

En ce qui concerne *l'évaluation des objectifs la loi*, la délibération fournit une raison supplémentaire pour établir le caractère infondé de la décision prise la Cour suprême. Dans la mesure où celle-ci lésait

1. *Ibid.*, p. 135-137.

2. *Ibid.*, p. 122 *sq.*

3. La loi de 1855 sur la naturalisation faisait dépendre la nationalité des femmes de celle de leur mari. La loi 1907 sur l'expatriation obligeait les Américaines ayant épousé un étranger à prendre la nationalité de leur mari, même si elles continuaient de vivre sur le territoire américain. Voir à ce propos la circulaire du gouvernement fédéral « Membership in Indian Tribe » du 8 novembre 1935 (*ibid.*, p. 126).

gravement les intérêts d'Audrey Martinez, qui se trouvait *de facto* exclue de sa communauté avec tout ce que la privation de son statut impliquait en termes de dommage moral et matériel, elle contredisait l'un des objectifs fondamentaux de l'État, qui est de garantir l'égal respect des citoyens. Dans le cas d'espèce, ce principe exigeait un traitement égal entre les femmes et les hommes de Santa Clara et justifiait que l'État interfère dans les décisions relatives aux règles d'appartenance, quitte à restreindre l'autonomie culturelle de la communauté. La position de Song sur le cas *Martinez* se distingue ici de celle adoptée par Shachar[1]. Pour Shachar, le conflit entre le pueblo et la plaignante aurait pu être tranché en appliquant le « principe de la division par sous-sujets »[2], c'est-à-dire en laissant au groupe le pouvoir de décider de ses règles d'appartenance tout en confiant à l'État celui de protéger les intérêts matériels des femmes exclues, par exemple en les dédommageant en cas d'expriopriation et en maintenant les avantages liés au statut de membre. De la sorte, l'État aurait pu compenser le versant matériel de l'exclusion d'Audrey Martinez hors du pueblo, sans s'immiscer dans la façon dont le groupe entend tracer les frontières symboliques de sa communauté. Pour Song, en revanche, une telle solution est insatisfaisante, d'une part parce que le dédommagement des torts matériels ne compense pas le tort moral de l'exclusion communautaire et d'autre part parce qu'elle entérine légalement le caractère sexiste des règles d'appartenance, contrevenant au rôle confié à l'État de promouvoir l'égalité de genre, au nom du principe de l'égal respect.

Le cas de la polygamie chez les Mormons offre un exemple opposé dans lequel l'accommodement s'avère justifié. Dans ce cas, Song estime que l'enquête délibérative plaide en faveur d'un « régime légal de reconnaissance qualifiée »[3]. D'abord, la compréhension contextuelle et délibérative de la pratique révèle la valeur morale de la polygamie pour ses membres. Elle atteste de son ancienneté, de son caractère central dans la structuration sociale et symbolique de la communauté et des motivations religieuses qui la fondent. Ensuite, elle donne un éclairage historique sur la pratique qui oblige à nuancer son caractère oppressif pour les femmes, en rappelant les mormones furent les premières femmes à obtenir le suffrage aux États-Unis et qu'elles bénéficiaient en Utah d'un des régimes de divorce les plus souples du pays dès la fin du XIXᵉ siècle. Enfin, elle adopte sur les formes actuelles de mariage polygame un regard sociologique qui met en évidence l'importance de sa fonction sociale chez les Mormons

1. S. Song, *Justice, Gender and the Politics of Multiculturalism*, *op. cit.*, p. 133.
2. Voir le chapitre IV, 2.3.
3. S. Song, *Justice, Gender and the Politics of Multiculturalism*, *op. cit.*, p. 162.

et qui contribue, en sensibilisant à leur réalité complexe, à corriger les préjugés confortés par le caractère extrême des cas médiatiques[1]. Les travaux menés sur la polygamie indiquent en effet que ce type d'union représente une voie efficace de promotion sociale pour de nombreuses épouses mormones et que celles-ci s'avèrent paradoxalement moins exposées à la précarité sociale que la plupart des femmes dans les sociétés capitalistes contemporaines, en raison de la stabilité matérielle et affective que leur garantit ce mariage. Cette appréciation plus fine de la pratique, sensible aux points de vue des femmes concernées, conduit à douter des avantages que les Mormones retireraient d'une application stricte de l'interdiction, puisqu'elle risquerait de dégrader sérieusement la situation des femmes privées de leur statut d'épouse. Elle aggraverait par ailleurs la vulnérabilité des femmes victimes de violence conjugale ou d'abus de pouvoir domestique, dans la mesure où elle les découragerait de porter plainte contre leur mari polygame pour éviter la destitution sociale. Il y a donc, d'après Song, de « bonnes raisons de penser qu'une reconnaissance qualifiée de la polygamie peut mieux protéger les femmes mormones et leurs enfants dans les foyers polygames que son interdiction »[2]. Toutefois, pour traiter ces femmes avec égal respect, l'État doit encadrer le mariage polygame de différentes conditions afin de réguler les conditions d'application de ce statut matrimonial, en un sens qui assure l'égale protection de toutes les épouses[3]. Une telle autorisation sous conditions permettrait de donner un cadre légal plus solide à la tolérance de fait qu'on observe en Utah, où différentes initiatives[4] et réformes[5] de l'institution

1. En mai 2001, Tom Green, le mari de quatre femmes et père de vingt-un enfants, fut condamné pour quatre faits de bigamie, dans le cadre du premier procès relatif à la polygamie depuis 1953 aux États-Unis. Il s'agissait d'un cas atypique dans la mesure où la majorité des unions polygames chez les Mormons ne concerne que deux, voire trois épouses, généralement majeures. Le nombre d'épouses et l'âge de la plus jeune (13 ans) cristallisèrent l'émoi de l'opinion publique et confortèrent la vision de la polygamie comme une perversion sexuelle dangereuse. (*Ibid.*, p. 162-163).

2. *Ibid.*, p. 165.

3. Song évoque plusieurs clauses protectrices pour les épouses, notamment l'obligation d'obtenir l'accord de la première épouse pour toute nouvelle union, l'établissement de contrats de mariage établissant une répartition équitable des biens entre les épouses et la défense des droits liés à l'héritage des femmes et de leurs enfants en cas de divorce. (*Ibid.* p. 164).

4. Le procureur général d'Utah conseilla publiquement aux procureurs de ne pas poursuivre pour bigamie les cas impliquant des adultes consentants. (*Ibid.*).

5. Le procureur général d'Utah engagea davantage de fonds pour mener des enquêtes au sein des sociétés traditionnelles et closes, afin de ne pas encourager l'impunité en leur sein. Il plaida en outre en faveur de la décriminalisation de la bigamie pour inciter les témoins de crimes graves dans les familles polygames à les signaler aux pouvoirs publics. (*Ibid.*).

judiciaire ont déjà été mises en œuvre depuis la fin des années 1990 pour réparer les torts causés par la criminalisation de la pratique.

Le traitement du cas de la polygamie par Song présente en définitive l'intérêt de faire ressortir l'écart qui sépare son féminisme multiculturel de celui de Phillips : là où Phillips considère la polygamie comme l'exemple type de la pratique culturelle illégitime d'un point de vue féministe, qui doit être interdite par principe parce qu'elle enfreint la norme légale de non-discrimination sexuelle, Song ménage la possibilité que des accommodements puissent déroger à cette norme sans perdre sa légitimité féministe. Cela tient à la distinction qu'elle établit entre le statut fondamental de l'égal respect et le statut dérivé de l'égal traitement. L'égal respect dû aux femmes mormones ne prend pas ici la forme de leur traitement égal avec les hommes. Prendre au sérieux la façon complexe dont leurs intérêts fondamentaux sont corrélés au mariage polygame exige au contraire que celui-ci bénéficie d'un accommodement juridique.

LE FÉMINISME MULTICULTUREL, ENTRE CONSENSUS ET COMPROMIS

Critique de la conception libérale de la délibération

La position normative de la politiste canadienne Monique Deveaux présente l'intérêt de proposer une interprétation de l'approche délibérative plus radicale que celle de Song en ce qu'elle prétend s'affranchir de ses prémisses libérales. Deveaux reproche en effet aux libéraux de ne pas prendre la délibération suffisamment au sérieux, soit qu'ils accordent d'emblée la priorité aux droits individuels afin de prévenir la tendance des processus délibératifs à renforcer les inégalités au sein de la minorité, soit qu'ils cantonnent ces processus à un rôle instrumental où « le dialogue est principalement envisagé comme une forme de médiation culturelle qui rapproche les communautés minoritaires de la communauté majoritaire, plutôt que comme un moyen offert aux groupes culturels d'affronter leurs problèmes de façon indépendante »[1]. La première position s'observe chez les féministes libérales qui, comme Okin, doutent de la capacité des procédures délibératives à donner aux femmes la voix dont elles sont privées au sein des minorités conservatrices, parce qu'elles y subissent la pression des élites masculines ou qu'elles s'avèrent trop aliénées pour percevoir leur situation d'oppression. La seconde position se méfie moins de la délibération que la première et la réintègre dans la mise en œuvre du

1. M. Deveaux, *Gender and Justice in Multicultural Liberal States*, *op. cit.*, p. 89.

libéralisme afin d'éviter aux féministes de tomber dans le paternalisme. C'est la position adoptée par Phillips lorsqu'elle salue les vertus du dialogue interculturel pour corriger les préjugés essentialisants sur les cultures minoritaires et réhabiliter l'*agency* de leurs membres féminins. La politiste britannique n'en souligne pas moins la nécessité de fixer des limites normatives au dialogue interculturel et exclut qu'il puisse justifier l'accommodement de pratiques qui, comme la polygamie, rompent avec le principe légal de la non-discrimination sexuelle. À cet égard, elle estime, en accord avec Okin, que « quand les pratiques culturelles et les arrangements semblent violer les principes libéraux qui protègent les droits individuels (comme la liberté religieuse ou l'égalité sexuelle), il n'y a en définitive pas grand-chose à discuter »[1]. Envisagée dans cette perspective libérale, la délibération est intégrée de façon limitée à la résolution des tensions entre féminisme et multiculturalisme, au sens où « le libéralisme impose des contraintes nécessaires à la fois sur la forme et sur les résultats des solutions apportées par la délibération aux conflits culturels »[2].

Ce modèle de délibération politique s'inscrit dans la perspective rawlsienne qui fonde la tolérance libérale sur la norme du « raisonnable » (*reasonableness*). Dans une société libérale, marquée par le fait du pluralisme, seules les raisons mutuellement acceptables possèdent une légitimité suffisante pour justifier la tolérance politique et en fixer les limites. Bien que les délibérativistes comme Amy Gutmann, Dennis Thomson, Jürgen Habermas ou Seyla Benhabib aient diversement apprécié la façon dont il convient de théoriser ce processus de justification, ils n'en demeurent pas moins attachés à l'idée que la légitimité des raisons mobilisées dans la délibération doit être évaluée à proportion de leur acceptabilité morale. La délibération a ainsi vocation à mesurer le caractère « mutuellement acceptable » de ces raisons à l'aune de leur capacité à inclure le plus de points de vue possible, c'est-à-dire à proportion de leur degré d'universalité.

La position de Song reste en partie redevable de ce modèle, même si son engagement en faveur de l'inclusion démocratique l'amène à s'écarter des approches idéal-théoriques du « raisonnable ». Elle affirme ainsi :

> Le modèle que je défends ici ne cherche pas à préciser en amont de la délibération le contenu des raisons qui seront jugées acceptables par les participants. [...] mon intention n'est pas de proposer une explication générale de ce qui compte comme raisons mutuellement acceptables –

1. *Ibid.*, p. 89.
2. *Ibid.*

> cela dépendra des tenants et des aboutissants du dialogue effectif. Exiger des participants qu'ils avancent des raisons mutuellement acceptables n'interdit pas aux membres des groupes aborigènes de faire appel à des identités et des traditions particulières, lorsqu'ils cherchent à démontrer le rôle que ces affiliations jouent dans leur existence. L'enjeu qu'il y a à affirmer la condition des raisons mutuellement acceptables consiste en premier lieu à garantir que la délibération soit la plus inclusive possible [1].

Song écarte, en raison de son approche contextuelle et du principe d'inclusion, toute conception abstraite de la délibération qui prétendrait fixer par avance le type de raisons que les participants jugeront acceptables [2]. Seul le dialogue tel qu'il est effectivement mené permet de saisir la complexité des controverses culturelles et d'apprécier la diversité des modes d'argumentation. Song n'en continue pas moins d'envisager le dialogue interculturel comme une entreprise d'élucidation normative destinée à statuer sur la compatibilité de la demande d'accommodement avec la norme d'égal respect. Si elle ménage une place dans les processus délibératifs à des arguments tirés des mythes ou des traditions d'une minorité – arguments que le filtre rawlsien de la raison publique écarterait en raison de leur trop grande charge métaphysique et morale – elle le fait pour rendre la délibération la plus inclusive possible et affiner de la sorte la compréhension de la controverse. L'objectif de cette approche inclusive de la délibération reste donc de savoir si la demande d'accommodement est illégitime comme dans le cas *Martinez* – où l'égal traitement d'Audrey Martinez doit l'emporter sur la préservation d'une pseudo-tradition – ou si elle est légitime comme dans le cas de la polygamie des Mormons – où l'autorisation qualifiée de la pratique s'avère plus à même de protéger les intérêts fondamentaux des femmes mormones que son interdiction.

Devaux s'écarte pour sa part de ce modèle de délibération auquel elle reproche de créer deux grands types de problème. Le premier se présente sous un aspect *épistémique* et tient à l'effet déformant que le modèle produit sur les revendications minoritaires :

> Un modèle de délibération politique qui privilégie le discours moral peut fortement inciter les individus et les groupes à présenter les préoccupations qui les motivent sous la forme de revendications à caractère identitaire et culturel qui peuvent ou non avoir un rapport avec le cœur de la dispute. Les arguments relatifs à l'identité culturelle possèdent une valeur croissante dans les démocraties constitutionnelles engagées dans des politiques de

1. S. Song, *Justice, Gender and the Politics of Multiculturalism*, *op. cit.*, p. 73.
2. *Ibid.*, p. 71, note 62.

> pluralisme culturel ; les groupes sont souvent récompensés politiquement pour avoir présenté leurs arguments en ces termes. À l'inverse, le désir de préserver son statut personnel ou le statut d'un sous-groupe au sein de la communauté, de renforcer son pouvoir par rapport à d'autres, ou d'améliorer ses propres gains financiers, ne valent pas comme de bonnes raisons dans une délibération morale [1].

En privilégiant la teneur morale des arguments échangés, les conceptions libérales de la délibération incitent les minoritaires à mettre l'accent sur la valeur qu'ils accordent à leurs identités culturelles pour donner sens à leur environnement et conduire leur vie. Deveaux met en garde contre les effets d'opportunité que crée cette vision moralisée de la délibération dans la façon dont les débats sont conduits et interprétés au sein des démocraties engagées dans les politiques multiculturelles. À partir du moment où la valeur morale de l'identité culturelle devient un argument politiquement payant, elle tend à prendre une place excessive dans la formulation des revendications minoritaires et à déformer la compréhension de leurs véritables enjeux. Devaux insiste au contraire sur la dimension profondément politique des conflits culturels et rappelle que les rapports aussi bien interculturels qu'intraculturels sont surdéterminés par la compétition des groupes pour l'accès aux ressources socio-économiques et au pouvoir institutionnel [2].

Refuser de prendre cette dimension au sérieux ne fait pas seulement obstacle à la compréhension des conflits culturels, cela renforce aussi les inégalités qui existent à l'intérieur comme à l'extérieur des groupes minoritaires, d'où un second problème d'ordre *politique*. D'une part, la vision moralisée de la délibération sert les intérêts des élites conservatrices auxquelles elle offre une rhétorique efficace pour travestir l'intérêt qu'elles ont à préserver le *statu quo*. D'autre part, elle aggrave les « inégalités épistémologiques » [3] en fixant des conditions d'accès à la délibération trop exigeantes pour garantir l'inclusion effective des personnes concernées. La capacité à développer une argumentation rationnelle afin de défendre ses convictions dans une arène politique exige en effet des ressources qui sont inégalement réparties, puisqu'elles dépendent du niveau d'éducation, des sources d'information et des compétences politiques qu'une personne

1. M. Deveaux, *Gender and Justice in Multicultural Liberal States*, *op. cit.*, p. 105.
2. On notera que Deveaux rejoint Chandran Kukathas sur ce point.
3. Deveaux emprunte l'expression *d'epistemological inequalities* à Jorge Valadez (J. Valadez, *Deliberative Democracy, Political Legitimacy and Self-Determination in Multicultural Societies*, New York, Westview Press, 2001). Cité par M. Deveaux dans *Gender and Justice in Multicultural Liberal States*, *op. cit.*, p. 109.

peut mobiliser[1]. Elle repose en outre sur une norme du « raisonnable » qui engendre des effets d'exclusion puisque « les minorités culturelles dont les traditions de communication et les standards de justification sont étrangers à [cette] norme, notamment les minorités religieuses, sont susceptibles de voir leurs styles discursifs ou argumentatifs être discrédités ou disqualifiés »[2]. Deveaux observe que, si certains défenseurs de la démocratie délibérative ont repéré ces problèmes[3] et cherché à corriger le caractère excessivement rationaliste des premiers modèles, cela ne les a pas conduit pour autant à remettre en question leur prisme moral. Ainsi :

> au lieu de s'engager sur la voie de modèles de résolution de conflits plus pragmatiques et stratégiques, comme je le préconise, certains démocrates délibérativistes enjoignent seulement de remplacer l'objectif du *consensus* moral par celui d'un accord normatif raisonné et/ou du *compromis* moral[4].

Les approches critiques qui se contentent de substituer le « *compromis* moral » au « *consensus* moral » restent ainsi redevables d'une conception réductrice de la délibération démocratique. Quoique conscientes des limites inhérentes au modèle fondé sur une « situation idéale de parole »[5], et malgré leurs efforts pour réintégrer les visées stratégiques des acteurs dans les processus délibératifs, elles n'en interprètent pas moins les compromis comme des formes dérivées de consensus et insistent à cet égard sur la différence de nature qui sépare la délibération politique de la simple négociation (*bargaining*). Or, en maintenant ainsi la délibération politique dans la dépendance à des principes moraux qui lui sont extérieurs, elles ne parviennent pas à saisir pleinement son potentiel normatif.

Légitimité démocratique et interprétation agonistique de la délibération

Deveaux identifie ce potentiel normatif au « critère de la légitimité démocratique » qui se distingue, à ses yeux, des principes libéraux du fait de son caractère endogène à la délibération. D'après ce critère, la légitimité d'une décision politique dépend de la consultation de l'ensemble des personnes affectées par elle[6]. Il tient à des considérations normatives

1. J. Valadez, *Deliberative Democracy*, *op. cit.*, p. 77.
2. M. Deveaux, *Gender and Justice in Multicultural Liberal States*, *op. cit.*, p. 99.
3. Notamment avec les contributions d'Iris M. Young, James Bohman, John S. Dryzeck.
4. M. Deveaux, *Gender and Justice in Multicultural Liberal States*, *op. cit.*, p. 100.
5. J. Habermas, *De l'éthique de la discussion*, Paris, Cerf, 1992.
6. Deveaux reprend ici l'un des principes communément acceptés dans les théories de la démocratie : le principe de tous les intérêts concernés (*the all affected interests principle*).

et pratiques : d'un côté il formalise le jugement qui condamne le fait d'imposer des décisions contraignantes aux personnes sans qu'elles aient été consultées ; de l'autre, il prend acte du besoin d'impliquer les personnes concernées par un problème dans sa résolution et de tenir compte de leurs points de vue pour aboutir à des décisions qui sont à la fois pertinentes et viables. Deveaux en déduit qu'« un processus démocratique destiné à médier les conflits culturels doit dès lors s'assurer autant que possible qu'aucune “partie prenante” n'est empêchée de participer aux délibérations ou d'influer (démocratiquement) sur leurs résultats »[1], ce qui a des conséquences importantes tant sur la forme que doivent prendre les processus délibératifs que sur les résultats auxquels ils sont susceptibles d'aboutir.

Du point de vue des critères procéduraux de la délibération, c'est-à-dire des conditions d'accès et du type de raisons jugées acceptables dans les débats, le critère de la légitimité démocratique exige l'inclusion des minorités culturelles même si leurs traditions patriarcales heurtent les principes libéraux et même si leurs modes de justification dérogent aux règles classiques de l'argumentation. Du point de vue des résultats de la délibération, l'approche de Deveaux « ne requiert pas que la délibération politique aboutisse finalement à des projets de réforme qui privilégient les normes libérales de l'autonomie et du choix individuels, ou qui adoptent un critère libéral substantiel (donc normativement controversé) d'égalité sexuelle »[2]. À ses yeux, en effet, « l'affirmation selon laquelle les procédures justes sont uniquement celles qui se conforment aux principes libéraux ne remplit pas nécessairement le critère de la légitimité démocratique »[3], notamment s'ils conduisent à exclure certains types de groupes, d'arguments ou de résultats, au nom de principes fixés par avance ; par contraste, « l'idée selon laquelle les procédures justes sont les procédures démocratiquement légitimes – lesquelles ne désignent pas seulement la politique majoritaire mais plutôt les processus délibératifs et démocratiques – attribue *une valeur indépendante* aux processus authentiquement démocratiques.[4] » Dès lors, le fait que les compromis

Ce principe, dont la première formulation est tirée du Code justinien, en droit privé romain (*Quod omnes tangit debet ab omnibus approbari*), a été placé au fondement de la normativité démocratique par divers théoriciens et philosophes politiques contemporains, comme Ian Shapiro, Iris M. Young, Robert Goodin et Jürgen Habermas.

1. M. Deveaux, *Gender and Justice in Multicultural Liberal States*, *op. cit.*, p. 91.
2. *Ibid.*, p. 94.
3. *Ibid.*, p. 91.
4. *Ibid.*

auxquels aboutira une délibération « authentiquement démocratique »[1] ne respectent pas toujours le principe de l'égalité de genre n'est donc pas à déplorer selon Deveaux, car cette conséquence découle inévitablement de la valeur indépendante que possède ce processus spécifique de décision collective.

Si, une fois détachés de la contrainte des principes libéraux, les résultats de la délibération restent ouverts, ils n'en sont pas pour autant indéterminés.

> Le caractère ouvert de la délibération démocratique et, par suite, de ses résultats est une conséquence qui découle nécessairement de la priorité accordée au principe de la légitimité démocratique dans des contextes de diversité sociale et culturelle. Mais tandis qu'une approche délibérative démocratique ne garantit pas la production de solutions libérales, elle contrôle les déséquilibres et les inégalités de pouvoir qui peuvent réduire au silence, ou exclure, les individus vulnérables dans la délibération politique[2].

Prendre au sérieux les rapports de pouvoir qui sous-tendent la délibération démocratique n'implique pas d'envisager celle-ci dans un vide éthique. Devaux note ainsi que « la négociation politique et le marchandage n'ont pas pour effet de suspendre toutes les normes de respect et de réciprocité entre les participants »[3]. Il est donc possible d'identifier à partir de la délibération les principes normatifs qui lui sont endogènes et qui s'avèrent particulièrement importants pour prévenir « la réduction au silence des personnes dans les dialogues relatifs aux controverses culturelles »[4]. Deveaux en distingue trois : la non-domination, l'inclusion politique et la possibilité de réviser les décisions prises (*revisability*).

Le principe de la non-domination interdit le recours à la contrainte pour exclure certaines personnes de la délibération, « en empêchant les interlocuteurs les moins puissants de faire valoir leurs préoccupations et propositions par des menaces de répercussions défavorables ; ou en contrôlant les votes par des moyens similaires »[5]. Même si cette condition normative peut paraître minimale, elle joue un rôle majeur dans les controverses culturelles « où existe toujours le danger que les élites

1. M. Deveaux, *Gender and Justice in Multicultural Liberal States*, *op. cit.*, p. 91.
2. *Ibid.*, p. 126.
3. *Ibid.*, p. 114.
4. *Ibid.*, p. 113.
5. *Ibid.*, p. 114.

culturelles traditionnelles cherchent à réduire les dissidents au silence par des tactiques de pression ou des formes plus visibles d'oppression »[1].

Le principe de l'inclusion politique a une signification plus ambiguë mais semble plus à même que le principe précédent d'influer sur les résultats du processus de décision. Il traduit l'exigence de garantir à tous les participants du débat qu'ils disposent d'opportunités réelles pour orienter la prise de décisions. Seulement, afin de satisfaire cette exigence, il ne suffit pas de mettre ces opportunités à disposition mais de « faire tous les efforts susceptibles d'empêcher "les formes d'influence extrapolitiques ou endogènes, comme le pouvoir, la richesse et les inégalités sociales préexistantes" d'influencer la délibération et ses conséquences. [...] par exemple en équilibrant les intérêts dans les négociations ou en recourant à des procédures de vote égal »[2].

Le principe de révision pose que « les décisions et les compromis, une fois atteints, peuvent être reconsidérés plus tard quand les circonstances le justifient »[3]. Ce principe évite aux parties qui s'estiment lésées par les résultats de la négociation de se sentir prisonnières d'une situation défavorable ; il renforce leur motivation à accepter une décision qu'ils peuvent espérer voir évoluer dans le futur. En outre, « le principal avantage que procure la possibilité d'une révision dans le contexte de délibération à propos de conflits culturels consiste à admettre le caractère graduel des changements réels et les modalités au travers desquelles une large gamme de processus *extérieurs* à la législation – des processus de nature sociale, culturelle et économique, contribuent à transformer les coutumes et les arrangements culturels »[4]. Ce dernier principe met ainsi en garde contre une approche hors sol de la délibération politique qui négligerait le poids des facteurs environnementaux sur la formation des identités culturelles et ne tiendrait pas suffisamment compte du caractère évolutif des coutumes et des pratiques.

Deveaux estime que ces trois principes, déduits de la nature même de la délibération démocratique, permettent d'en avoir une conception plus inclusive que l'approche libérale. Ils requièrent en effet que « nous élargissions notre compréhension de l'activité politique démocratique et que nous multiplions les espaces destinés à cette activité »[5]. Deveaux rejoint à cet égard les partisans de la démocratie associative qui, à partir

1. *Ibid.*
2. *Ibid.*, p. 115.
3. *Ibid.*, p. 116.
4. *Ibid.*
5. *Ibid.*, p. 20.

des années 1990, ont mis en avant le rôle crucial joué par la société civile (à travers les groupes d'intérêts, les associations, les ONG, les consultations citoyennes) pour pallier les insuffisances des institutions formelles de la démocratie représentative (parlement, gouvernement, partis politiques)[1]. Elle radicalise toutefois leur démarche en refusant de réduire l'activité démocratique aux mobilisations « dont on peut reconnaître le caractère politique, collectif, tourné vers un objectif ou une action stratégique »[2]. Inspirée par certains travaux d'anthropologie sociale et par la lecture foucaldienne qu'elle en fait[3], Devaux envisage également la délibération démocratique dans une perspective agonistique qui met l'accent sur les pratiques diverses de résistance que déploient les personnes face aux dispositifs de pouvoir qui les assujettissent. Elle affirme ainsi que :

> L'activité démocratique [...] se trouve également dans un large spectre de pratiques sociales et de réponses aux normes et aux restrictions culturelles. Celles-ci incluent des tentatives délibérées (quoique souvent dissimulées) de subvertir ou de résister aux coutumes et aux arrangements – ou à ce que James Scott désigne comme des « formes quotidiennes de résistance » qui utilisent les « armes des faibles » – mais aussi aux façons plus organiques par lesquelles les agents donnent forme et change leurs environnements sociaux et culturels[4].

Cette vision extrêmement large des espaces où s'observe l'activité démocratique présente l'avantage crucial, aux yeux de Deveaux, de corriger les biais restrictifs induits par la vision moralisée de la délibération démocratique. Plutôt que d'envisager les conflits culturels à partir du filtre du raisonnable, elle invite à accepter pleinement la diversité et l'hétérogénéité des intérêts perçus par les personnes et les groupes engagés dans un conflit culturel :

> La délibération politique à propos des pratiques contestées chercherait avant tout à procurer une image précise des différentes *formes vécues* de ces pratiques culturelles, ainsi qu'une explication des intérêts concrets et pratiques des participants à la délibération[5].

1. P. Hirst, *Associative Democracy*, Amherst, MA, University of Massachusetts Press, 1994 ; P. Hirst, S. Khilnani (dir.) *Reinventing Democracy*, Oxford, Blackwell, 1996.
2. M. Deveaux, *Gender and Justice in Multicultural Liberal States*, *op. cit.*, p. 21.
3. J. C. Scott, *Weapons of the Weak : Everyday Forms of Peasant Resistance*, New Haven, Yale University Press, 1985. E. Moore, *Gender, Law, and Resistance in India*, Tucson, University of Arizona Press, 1998.
4. M. Deveaux, *Gender and Justice in Multicultural Liberal States*, *op. cit.*, p. 21.
5. *Ibid.*, p. 106.

Réhabiliter l'importance de la négociation dans la délibération politique, en refusant de congédier par principe le registre des intérêts, doit ainsi permettre de corriger les inégalités épistémiques que conforte la conception moralisée de la délibération. Les parties prenantes doivent pouvoir exprimer leurs points de vue dans les termes qui correspondent à leur expérience personnelle, même si ceux-ci ne se conforment pas à la norme du raisonnable. La prise en considération des intérêts tels que les acteurs ordinaires les perçoivent et les formulent ne signifie pas pour autant que la vérité des débats politiques se limite à la rationalité instrumentale d'individus cherchant à maximiser leurs intérêts. Elle vise surtout à corriger le biais du délibérativisme libéral qui, en appliquant le filtre de la norme du raisonnable aux conflits culturels, ne parvient pas à saisir la complexité des pratiques culturelles et néglige l'influence persistante de celles qui diffèrent des normes libérales. Contre eux, Deveaux soutient que :

> Si ces croyances, ces intérêts et ces motivations sont des facteurs cruciaux dans la controverse, ils doivent alors être mis sur la table pour pouvoir être discutés et contestés. L'idée que les membres vulnérables des groupes, comme les femmes, sont mieux protégés lorsqu'on s'efforce en permanence d'éviter que des revendications déraisonnables normativement ou injustes soient introduites dans le dialogue politique repose sur le pari que ces raisons ostensiblement injustes cesseront d'influencer le débat et les décisions de façon importante. Plutôt que d'insister sur le fait que les arguments mobilisés au cours de la délibération doivent se conformer à une conception particulière de l'égalité individuelle, il serait instructif et utile de permettre à ces croyances d'être présentées et discutées dans la délibération politique [1].

Chez Devaux, la réintégration des intérêts dans la délibération démocratique ne se fait pas seulement en amont de la délibération, au moment de l'inclusion des points de vue de l'ensemble des personnes affectées par une décision politique; elle concerne aussi l'aval du processus délibératif et s'exprime dans la valeur que cette théoricienne accorde au compromis. Pour elle, le compromis ne se présente pas comme un substitut dégradé du consensus moral. Il traduit un équilibre provisoire entre intérêts divergents qui n'a pas à se conformer aux normes libérales. Un bon compromis peut ainsi déroger, selon Deveaux, à l'égalité de genre, pourvu que l'ensemble des personnes concernées ait pu participer aux débats et peser sur les décisions. Qu'un tel équilibre soit provisoire ne

1. *Ibid.*, p. 220.

constitue pas une objection décisive à ses yeux : à l'inverse des critiques qui soulignent le caractère instable du compromis, pour autant qu'il reflète un rapport de force susceptible de changer, Deveaux valorise sa capacité à s'adapter aux évolutions sociales ; elle laisse ainsi ouverte la possibilité pour un compromis politique de se transformer à terme en consensus moral.

On peut toutefois se demander ce qui conduit des minorités illibérales à accepter de participer à une délibération conforme au critère de la légitimité démocratique, dans la mesure où celle-ci est porteuse d'une idée d'égalité que certaines de ces minorités jugent contestable. Le principe de l'inclusion politique suppose, en effet, que les femmes soient consultées au même titre que les hommes et que leur voix politique y soit sérieusement prise en compte, si bien qu'on peut supposer que les groupes dont les modes de décision collective sont sexuellement discriminatoires se montreront réticents à accepter un tel principe. Contre cette objection, Deveaux avance deux arguments. Un premier argument, normatif, consiste à soutenir que la valeur accordée par les élites masculines d'une culture minoritaire à l'une de ses pratiques constitutives présuppose que les membres de cette culture sont des agents dotés de capacités de jugement ; on peut donc faire valoir contre ces élites qu'il n'y a pas de raison d'empêcher certains membres de la culture, les femmes en l'occurrence, de mobiliser de telles capacités dans l'espace public pour défendre la pratique controversée. Un second argument, prudentiel, rejoint la position de Shachar et souligne que les élites des minorités illibérales ont davantage intérêt à accompagner les mouvements de réformes internes et à accepter des compromis avec l'État libéral que de s'enfermer dans un traditionnalisme radical qui risque de leur faire perdre le contrôle sur leur groupe.

Échec et succès des compromis culturels

Deux cas pratiques que Deveaux a analysés en détail offrent des illustrations contrastées des résultats auxquels peut mener la délibération démocratique sur des pratiques culturelles oppressives pour les femmes, si cette délibération est conduite en conformité ou non avec les exigences procédurales de la légitimité démocratique. Le premier concerne l'échec de l'accord de Charlottetown lors du référendum de 1992 au Canada et le second le succès de la réforme du droit de la famille adoptée en 1998 en Afrique du Sud.

L'Accord de Charlottetown désigne le projet de révision constitutionnelle initié par le gouvernement canadien au début des années 1990 afin de reconnaître officiellement le « droit inhérent des peuples autochtones à l'autogouvernement ». En dépit du progrès qu'un tel projet semblait instituer dans les relations entre les Autochtones canadiens et l'ancienne puissance coloniale, les tensions que son élaboration suscita chez les premiers, et tout particulièrement la mobilisation des associations de femmes autochtones contre certains aspects de l'accord, aboutirent à son rejet lors du référendum de 1992. L'intérêt de l'analyse de Deveaux consiste à montrer que l'interprétation moralisée de cet échec, laquelle a prévalu dans l'opinion publique canadienne, masque ses véritables enjeux. Pour elle, en effet, « la relation entre les droits des femmes et la souveraineté des Aborigènes au Canada révèle une controverse qui porte moins sur la tension supposée entre les valeurs indigènes et les droits individuels libéraux que sur le pouvoir politique et la voix politique »[1].

À première vue pourtant, les tensions intracommunautaires suscitées par le projet de réforme semblaient correspondre à la grille de lecture dominante d'un conflit axiologique entre le respect des traditions communautaires et la défense des droits individuels. D'un côté, au cours des négociations entourant la rédaction de l'accord, les élites autochtones consultées par l'État exigèrent que leurs communautés soient exemptées de la conformité à la Charte des libertés qui, depuis 1982, constituait le bloc constitutionnel auquel est soumis l'ensemble du droit canadien. Pour ces élites, le droit à l'autogouvernement n'aurait été qu'une vaine formule s'il était resté encadré par des normes étrangères à la culture politique des Autochtones et soumis aux valeurs individualistes de la Charte. Celle-ci, fondée sur le principe de la démocratie représentative et sur le respect de la règle de la majorité, heurtait en effet la tradition du consensus qui prévalait dans les modes de décisions autochtones ; par ailleurs, en accordant un statut inconditionnel aux droits civils et politiques tout en reléguant les droits sociaux et économiques au second plan, elle contredisait l'importance attachée par les Autochtones à la solidarité communautaire. D'un autre côté, ce sont précisément les efforts déployés par les élites masculines pour exempter leurs communautés de la contrainte juridique de la Charte qui provoquèrent la mobilisation de femmes autochtones, notamment au sein de la *Native Women's Association of Canada* (NWAC). Celles-ci firent valoir qu'en l'absence d'une telle contrainte, le principe de non-discrimination sexuelle ne serait pas suffisamment garanti par les modes de régulation traditionnels. Leur méfiance à l'égard des élites

1. M. Deveaux, *Gender and Justice in Multicultural Liberal States*, *op. cit.*, p. 127-128.

autochtones masculines était alimentée par divers facteurs. D'une part, au cours des années 1990, la dégradation des conditions de vie socio-économique des Autochtones s'était accompagnée d'une aggravation des violences domestiques que les femmes autochtones peinaient à dénoncer à cause des pressions exercées sur elles par les élites masculines, soucieuses de préserver la réputation de leurs communautés en minimisant leurs divisions internes. D'autre part, les tensions entre hommes et femmes autochtones furent exacerbées par l'engagement des élites en faveur de règles d'appartenance qui destituaient de son statut de membre toute femme autochtone ayant épousé une personne extérieure à la communauté. L'analyse contextuelle permet de souligner le lien étroit qui se noua à cette occasion entre le rejet de la Charte par les élites autochtones et l'enjeu de l'égalité de genre. C'est en effet sous la pression d'organismes internationaux que le gouvernement canadien s'efforça de rendre les règles d'appartenance aux communautés autochtones conformes au principe de non-discrimination sexuelle affirmé dans la Charte des libertés. Il adopta à cet effet en 1985 l'amendement C-31 [1] qui permettait aux femmes destituées de réintégrer leur communauté d'origine. Cet amendement fut largement contesté par les élites masculines aux yeux desquelles il constituait une forme d'ingérence illégitime, ce qui les conduisit à profiter des négociations sur l'accord de Charlottetown pour trouver un moyen de le contourner. Les chefs traditionnels parvinrent à leur fin en obtenant, dans la version ultime de l'accord, le droit d'invoquer la clause « nonobstant » (*notwithstanding*) de la Charte, les autorisant à déroger aux aspects de la Charte qui feraient obstacle à l'autogouvernement, ce qui acheva de saper la confiance de nombreuses femmes autochtones dans la capacité de ces représentants à leur garantir une protection équitable.

D'après la lecture dominante, l'échec du référendum sur l'accord de Charlottetown aurait été provoqué par les désaccords moraux qui divisaient les Autochtones, les uns plaidant en faveur de la souveraineté politique, les autres faisant valoir le respect de l'égalité sexuelle. Cette lecture illustre pourtant, aux yeux de Deveaux, les limites d'une vision moralisée de la délibération qui détourne l'attention des enjeux de pouvoir structurant le conflit. D'abord, il importe de rappeler que les réticences des Autochtones à l'égard de la Charte des libertés tenaient davantage à des raisons historiques et politiques qu'à leur indifférence pour les droits individuels. C'est parce que la Charte fut imposée aux Autochtones par le pouvoir colonial, sans qu'ils aient été ni consultés ni impliqués dans

1. M. Deveaux, *Gender and Justice in Multicultural Liberal States*, *op. cit.*, p. 132.

le processus constitutionnel, que la plupart d'entre eux la jugent toujours illégitime. À cet égard, la position des hommes et des femmes autochtones ne peut pas se comprendre indépendamment de l'histoire coloniale et des rapports de domination qui tirent leur origine des injustices historiques subies par leurs communautés. Ensuite, la dimension politique du conflit se manifesta également au sein de la communauté. Deveaux montre que la rhétorique multiculturaliste du droit des Autochtones à préserver leur mode de vie permit aux élites masculines de travestir les intérêts matériels qu'ils avaient à s'exempter du principe de non-discrimination sexuelle.[1]. Quant aux femmes autochtones ayant milité contre la discrimination sexuelle, ce fut moins l'adhésion aux principes fondateurs de la Charte qui les motiva à s'y rallier que la volonté de renforcer leur poids politique au sein de leur communauté. Deveaux rappelle à ce propos les réserves exprimées par des militantes autochtones à l'égard de la conception libérale de l'égalité de genre : inspirées par une vision cosmique de l'ordre social et attachées au rôle privilégié que les femmes jouent dans la préservation de l'harmonie familiale et communautaire, celles-ci ne se reconnaissaient pas dans un féminisme dominé à leurs yeux par la guerre des sexes, où les hommes apparaissaient comme des ennemis plutôt que comme des alliés et où les rapports de justice étaient réservés aux relations entre humains au mépris de leurs rapports avec les animaux et les plantes[2]. Leur parti-pris en faveur de la Charte tenait donc moins à une convergence morale avec les normes libérales dominantes qu'à des motivations stratégiques, d'abord celle de faire entendre la voix des femmes autochtones dans le débat public en s'appuyant sur les ressources du droit dominant, ensuite celle de se ménager des protections juridiques, fussent-elles imparfaites, en raison de leur défiance à l'égard des élites masculines autochtones.

Ainsi replacé dans la constellation des rapports de force politiques et des intérêts stratégiques ayant structuré les débats, l'échec de l'accord de Charlottetown s'explique principalement, aux yeux de Deveaux, par un déficit de légitimité démocratique. Si le gouvernement canadien et les communautés autochtones ne sont pas parvenus à trouver un compromis

1. La situation des autochtones canadiens est très proche de celles des élites du pueblo Santa Clara, puisque dans les deux cas les pressions du pouvoir colonial sont à l'origine du caractère discriminatoire des règles d'appartenance (dans le cas canadien, la règle d'appartenance remonte à l'*Indian Act* votée en 1869) et de l'accès inégal aux ressources qui en a résulté pour les hommes et les femmes de la communauté (étant donné la présence d'importantes des ressources naturelles sur le territoire de certaines réserves canadiennes, le statut de membre peut générer de substantiels avantages financiers).

2. M. Deveaux, *Gender and Justice in Multicultural Liberal States*, *op. cit.*, p. 142.

sur le droit à l'autogouvernement, c'est faute d'avoir su impliquer les femmes autochtones dans le processus délibératif. Lors de la négociation de l'accord, les collectifs de femmes autochtones furent systématiquement tenus à l'écart des processus de consultation par les pouvoirs publics, en dépit de leur mobilisation politique et judiciaire pour y être associé[1]. Leur capacité à s'impliquer sérieusement dans l'examen du projet fut en outre entravée par le calendrier fixé par l'État, les citoyens canadiens n'ayant pu consulter la version finale de l'accord qu'un mois avant le vote. L'accord de Charlottetown constitue à ce titre le contre-exemple des politiques qu'il convient de mener pour promouvoir la légitimité démocratique des délibérations politiques. Car si l'État doit éviter d'imposer aux communautés autochtones un mode de consultation égalitaire que leurs représentants récusent, il n'en doit pas moins garantir à l'extérieur du groupe le poids politique qui est refusé aux membres vulnérables à l'intérieur du groupe. Les pouvoirs publics doivent ainsi faire au mieux pour encourager l'expression de ces points de vue minoritaires, en s'assurant que ceux-ci ne sont pas réduits au silence par ceux qu'ils desservent (conformément au principe de non-domination), en subventionnant les associations au sein desquels ils s'expriment et en les prenant sérieusement en considération lors des consultations (conformément au principe d'inclusion politique).

Si l'État canadien s'était appliqué à mettre en place des forums dans lesquels la parole des femmes autochtones avait été publiquement prise au sérieux, celles-ci y auraient trouvé l'opportunité d'exposer leurs intérêts propres en tenant compte du caractère croisé des oppressions qu'elles subissent et d'avancer ainsi des propositions politiques qui intègrent les problèmes de la domination raciale, héritée du passé colonial, et ceux de la domination patriarcale. Pour ne pas déformer la signification de l'engagement des militantes autochtones, il est en effet important de garder à l'esprit que celles-ci étaient engagées dans une double lutte pour l'autogouvernement et la justice sexuelle et que, si elles avaient pu disposer de l'espace institutionnel nécessaire à la formulation de cette voie intermédiaire, il n'est pas certain que leur conception de la justice sexuelle se serait conformée à la norme libérale de l'égalité entre hommes et femmes. C'est que ce que suggère, selon Deveaux, le succès de la réforme du droit de la famille en Afrique du Sud.

La Loi sur le mariage coutumier adoptée en 1998 en Afrique du Sud offre ainsi à ses yeux un cas symétrique à l'échec de l'accord de Charlottetown, dans la mesure où cette loi parvint à établir un compromis entre les

1. Saisie par une des associations de femmes autochtones, la Cour suprême décida en effet de ne pas empiéter sur les règles de consultation propres à la communauté.

partisans de l'autonomie culturelle et les défenseurs de la justice sexuelle. Son adoption, qui s'inscrit dans la dynamique de réforme constitutionnelle initiée par l'Afrique du Sud au début des années 1990, était notamment destinée à clarifier l'articulation des principes fondateurs de cette jeune démocratie. Deveaux rappelle qu'après l'abolition du régime raciste de l'Apartheid, l'Afrique du Sud se distingua comme l'un des États africains les plus engagés dans la défense des droits individuels. En témoignait l'importance accordée au principe de non-discrimination par la Charte des droits de l'époque et son interprétation maximaliste, le texte déclarant en effet que ni l'État, ni les individus « ne doivent discriminer injustement une personne, directement ou indirectement, sur la base d'un ou de plusieurs critères qui incluent la race, le genre, le sexe, la grossesse, le statut marital, l'origine ethnique ou sociale, la couleur, l'orientation sexuelle, l'âge, le handicap, la religion, la conscience, la croyance, la culture, le langage et la naissance »[1]. Ce principe de non-discrimination entrait toutefois en tension avec celui des droits culturels, également reconnu dans la Constitution post-Apartheid au nom de la réparation de l'injustice historique subie par la population noire[2]. La conciliation du principe de non-discrimination et du principe des droits culturels était mise à mal par l'existence d'un droit coutumier extrêmement défavorable aux femmes auxquelles il était interdit d'exercer des charges publiques ou électives et que le droit familial assignait au statut de mineures. Deveaux retrace les incertitudes juridiques engendrées par la coexistence de ces deux principes constitutionnels, ainsi que les conflits qu'ils alimentèrent entre les élites traditionnelles masculines désireuses d'instituer deux systèmes légaux parallèles, coutumier et civil, et les associations de femmes soucieuses de ne pas exempter le code coutumier des clauses non-discriminatoires de la Charte des droits. Le projet de réforme constitutionnelle offrit aux secondes l'occasion d'accentuer leur mobilisation pour éviter que les clauses discriminatoires du droit coutumier ne soient consacrées par la nouvelle constitution, laquelle fut adoptée en 1996[3].

Le processus intense de délibérations qui en résulta conduisit notamment à la réforme du mariage coutumier. Le *Customary Mariage Act*, voté en 1998, fut ainsi la première loi à consacrer officiellement l'égalité de statut du mariage traditionnel africain avec le mariage civil et à clarifier la situation juridique de la population africaine qui, dans sa

1. Bill of Rights, Section « Equality ». Cité par M. Deveaux, *Gender and Justice in Multicultural Liberal States*, *op. cit.*, p. 187.

2. À la section 31 (1a, 1b) de la *Bill of Rights*.

3. Au sein notamment de la Coalition Nationale des Femmes (*Women's National Coalition*).

grande majorité, se conformait à la coutume pour les affaires familiales. L'intérêt de cette réforme tient au fait que « le mariage coutumier était à l'évidence au début de la liste des pratiques culturelles à rendre conformes à la Constitution de 1996 »[1] à cause de ses caractéristiques ouvertement patriarcales. Considérées par la coutume comme des mineures, les femmes n'avaient le droit ni de posséder des terres ni de contracter sans l'accord de leur mari, ni d'hériter, ni de garder leurs enfants en cas de divorce. La validité du mariage dépendait en outre du versement au père ou au tuteur de la mariée d'une dot (*lobolo*) qui devait être restituée en cas de divorce, entravant ainsi la possibilité pour de nombreuses femmes de mettre un terme à leur union. Le droit coutumier autorisait enfin la polygamie. Afin de rendre conforme un statut aussi inégalitaire aux principes démocratiques de la Constitution sud-africaine, l'État engagea un large processus de consultation publique. Un groupe de travail sur l'égalité de genre fut institué dès 1991 ; les associations de femmes y furent impliquées et leurs positions prises en considération au cours des travaux préparatoires ; l'avis des experts en droit coutumier fut sollicité pour éclairer la réalité et les enjeux de la pratique. Cet intense travail de réflexion collective permit de contester la version simplificatrice du droit coutumier que défendaient les chefs traditionnels. D'abord, les consultations mirent en évidence le poids de l'héritage colonial dans l'institutionnalisation de ce droit et la congruence qui s'y cristallisa entre le sexisme des dominants et celui des dominés. Les débats démystifièrent de la sorte l'autorité censément ancestrale des chefs traditionnels : ils rappelèrent d'une part que celle-ci dépendait surtout de l'investiture du pouvoir colonial et qu'elle manquait à ce titre d'ancrage communautaire ; ils montrèrent d'autre part comment le caractère discriminatoire du droit coutumier permettait aux hommes de s'approprier, au sein de leur communauté, le pouvoir dont celle-ci avait été privée par la colonisation. Ensuite, l'analyse critique des coutumes aida à prendre la mesure de la déstructuration profonde des rapports familiaux traditionnels que provoquèrent la domination coloniale suivie de la libéralisation économique. Cette évolution se traduisit par l'érosion des modes de régulation collective qui assuraient auparavant la protection des membres vulnérables au sein de la communauté. Dans le contexte de forte précarité sociale des populations noires qui suivit l'abolition de l'Apartheid et qui se traduisit entre autres par la multiplication des violences sexuelles et domestiques, le caractère sexuellement discriminatoire du droit coutumier fut progressivement déconnecté des anciens mécanismes

1. M. Deveaux, *Gender and Justice in Multicultural Liberal States*, *op. cit.*, p. 204.

de solidarité communautaire et devint pour les hommes noirs le moyen de se réapproprier abusivement une forme de pouvoir. L'ensemble de ces éléments rendit manifeste l'hypocrisie des arguments culturels invoqués par les chefs traditionnels, en dévoilant les intérêts personnels qu'ils avaient à préserver les privilèges du droit coutumier en vigueur.

Pourtant, la révélation de ces enjeux stratégiques ne conduisit pas les associations de femmes à réclamer l'adoption d'un code civil uniforme mais aboutit à l'adoption d'un compromis singulier entre les normes civiles et les normes coutumières. D'un côté, la loi de 1998 rétablit l'égalité de traitement entre hommes et femmes en accordant à ces dernières le droit de posséder, de contracter et d'hériter, en plaçant par défaut les époux sous le régime de la communauté universelle des biens et en leur donnant les mêmes droits de garde en cas de divorce ; la loi retira en outre le pouvoir juridictionnel des mains des chefs traditionnels pour la confier aux tribunaux familiaux de l'État. D'un autre côté, la Commission des lois sud-africaine fit certaines concessions aux chefs en maintenant les pratiques de la dot (*lobolo*) et de la polygamie, tout en les encadrant de restrictions et de garanties. La dot perdit ainsi sa fonction de clause de validation du mariage et les deux parents furent également autorisés à la négocier et à la recevoir ; quant aux mariages polygames, ils furent assortis de conditions garantissant le traitement équitable des épouses. Dans les deux cas, alors que la Commission des lois anticipait le rejet par la population de pratiques jugées infamantes pour les femmes, les consultations révélèrent des positions inattendues qui rendirent leur interdiction inenvisageable, tel que le soutien populaire à l'usage de la dot ou l'absence de réelle volonté d'abolir la polygamie. Il apparut en effet que certains accordaient de la valeur à cette pratique (relativement rare) et que d'autres se méfiaient du caractère contre-productif de l'abolition pour les épouses polygames que celle-ci aurait privées de protection légale. Deveaux tire deux grands enseignements du compromis qu'illustre la loi sud-africaine sur le mariage coutumier. Le premier tient à la fonction heuristique que remplit la délibération en aidant d'abord à mieux apprécier les différentes dimensions des pratiques controversées et en adaptant ensuite la solution politique à ces découvertes :

> Les réformes qui avaient pu ne pas sembler nécessaires furent proposées et d'autres réformes furent abandonnées ou amendées en réponse à des pressions politiques. La transparence relative du processus politique permit de voir clairement où se situaient les plaintes les plus importantes. L'interdiction pour les femmes de posséder et de contracter était considérée comme l'aspect le plus odieux de la loi coutumière, et les propositions

> destinées à l'éliminer ne furent guère contestées. De façon similaire, c'est uniquement grâce à la consultation et à la délibération que la Commission des lois put découvrir quelles pratiques étaient largement valorisées et méritaient d'être préservées [1].

En dépit de sa capacité à mieux cerner les attentes des parties prenantes, la loi de 1998 n'en reste pas moins un compromis qui ne les satisfit pas toutes pleinement, qu'il s'agisse des chefs traditionnels qui auraient préféré conserver le contrôle sur les affaires familiales ou des femmes africaines militant pour l'abolition de la polygamie. Mais il n'en constitue pas moins un accord jugé équitable par les parties prenantes dans la mesure où il reflétait leur implication effective dans le processus de négociation et s'accordait à l'évolution des normes sociales. Le second enseignement du cas sud-africain porte sur le caractère non libéral de résultats comme l'autorisation de la dot et de la polygamie lesquels, même s'ils ne se conforment pas à la norme libérale de l'égalité de genre, sont malgré tout dotés d'une légitimité démocratique dans la mesure où ils proviennent d'une procédure de consultation conforme aux principes de non-domination, d'inclusion politique et de révision. Ce dernier critère garantit notamment que les pratiques autorisées continueront d'être soumises à l'examen critique et que les révisions futures du droit de la famille permettront d'en éliminer les aspects contestés.

Les fondements normatifs des compromis culturels

Au terme de l'examen des approches délibératives défendues par Song et Deveaux, leurs points communs semblent plus importants que leurs divergences. D'abord, toutes deux adoptent des méthodes extrêmement proches en mettant en évidence le gain épistémique de l'approche contextuelle pour saisir correctement les enjeux d'un conflit culturel. Ensuite, elles en tirent des conclusions normatives similaires, comme permet d'en juger la ressemblance des cas empiriques à partir desquelles elles élaborent leurs modèles : elles s'accordent d'un côté pour disqualifier l'accommodement dans le cas des règles d'appartenance sexistes chez les autochtones amérindiens et canadiens et de l'autre pour justifier l'autorisation qualifiée de la polygamie chez les Mormons et en Afrique du Sud. De telles convergences attestent à nos yeux de la complémentarité entre ces deux approches qui participent toutes deux à l'élaboration de

1. M. Deveaux, *Gender and Justice in Multicultural Liberal States*, *op. cit.*, p. 208-209.

la synthèse délibérative. Nous soutiendrons donc, pour conclure, que le délibérativisme démocratique, même s'il s'avère plus convaincant sur le plan sociologique que le délibérativisme libéral, n'invalide pas la pertinence normative de ce dernier. Car si le premier se montre plus attentif que le second à la normativité qui se dégage des pratiques sociales, il n'en reste pas moins lié à la norme politique d'égal respect, mise en avant par le second. Pour dégager ce lien, nous tâcherons de nuancer l'opposition tranchée que Devaux établit entre le compromis et le consensus dans sa conception de la délibération, afin de souligner la convergence forte qui existe entre le principe de la légitimité démocratique et l'accommodement respectueux des droits.

Nous avons montré dans la première section de ce chapitre le lien essentiel qui unit, chez ces féministes multiculturelles, le délibérativisme au contextualisme. Pour elles, l'évaluation des pratiques culturelles sexistes ne peut pas faire l'économie d'une enquête précise sur leurs origines historiques, sur les modalités concrètes de leur mise en œuvre et sur les significations qui leur sont attribuées par les acteurs sociaux. Or, Deveaux va plus loin que Song dans l'application de cette méthode, la seconde reconnaissant elle-même s'en tenir à une « approche semi-contextuelle »[1]. En attestent les arguments que la politiste canadienne développe pour défendre le registre des intérêts et de la négociation contre celui des valeurs et de la délibération morale. Ce geste critique vise à éviter les effets déformants que la conception libérale de la délibération produit sur la compréhension des contextes sociaux. Leur prise en compte exige au contraire de ne pas disqualifier les idiomes particuliers dans lesquels s'expriment les membres des minorités, en dépit de leur non-conformité aux normes de l'échange d'arguments raisonnables. En plaidant vigoureusement pour une conception élargie de l'activité démocratique, Deveaux insiste donc davantage que Song sur le besoin de rester au plus près des pratiques sociales pour en saisir la signification. Alors que l'impératif de justification qui motive le délibérativisme libéral conduit à privilégier les espaces institutionnels où des arguments sont publiquement soutenus (qu'ils s'agissent des tribunaux, des parlements, des organes du gouvernement, des associations de citoyens, des comités d'experts), le délibérativisme démocratique inclut également l'apport des pratiques au travers desquelles les traditions patriarcales sont réinvesties et réinterprétées

1. « L'approche que je développe est semi-contextuelle au sens où elle vise à fournir des principes normatifs pour traiter les conflits culturels tout en restant attentif aux particularités du contexte » (S. Song, *Justice, Gender and the Politics of Multiculturalism*, *op. cit.*, p. 42).

par les femmes. Il intègre la myriade de comportements qui, même s'ils ne se présentent pas ouvertement sous un jour politique, opèrent comme des résistances individuelles. En France, par exemple, les études sociologiques ont montré que la signification du port du *hijab* est transformée par les pratiques des musulmanes qui l'investissent comme autant de modalités de résistance individuelle aux injonctions à l'assimilation, aux dérives de la laïcité identitaire ou à l'hypersexualisation du corps des femmes, sans articuler leur comportement à des revendications collectives[1]. Dans la conception de Deveaux, de telles pratiques contribuent autant à saisir la signification du port du *hijab* que les opinions publiquement défendues par les associations de féministes musulmanes ou par les instances religieuses représentatives.

Le contextualisme fort de Deveaux prolonge ses effets dans sa conception démocratique du délibérativisme. Il la conduit en effet à articuler explicitement la normativité politique à la normativité sociale. Pour elle, le succès des compromis culturels ne tient pas seulement à un équilibre factuel du rapport de force entre groupes d'intérêts concurrents ; il s'explique également par la capacité de l'accord politique à refléter l'évolution des mœurs et à traduire dans la sphère juridico-politique l'émergence de nouvelles normes sociales. Ainsi, elle explique la réussite de l'accord sur le mariage coutumier en Afrique du Sud par l'autorité inédite que la norme de l'inclusion politique a acquise dans ce pays après l'abolition du régime d'Apartheid, en réaction à la longue pratique institutionnalisée de la discrimination raciale. Inversement, le manque d'ancrage social d'une telle norme dans les relations postcoloniales au Canada aurait entravé le processus de consultation démocratique et rendu acceptable l'exclusion des associations de femmes autochtones, le gouvernement canadien ayant pris le parti de ne pas s'ingérer dans le gouvernement des communautés autochtones.

L'accent mis par Deveaux sur la normativité sociale qui conditionne le succès des compromis culturels apporte des éléments pour comprendre en quoi sa justification de l'accommodement de la polygamie diffère de celle de Song. Pour cette dernière, c'est la norme d'égal respect qui fonde l'autorisation d'un statut matrimonial pourtant contraire à l'égalité formelle entre hommes et femmes, parce qu'elle permet de soutenir que l'accommodement constitue ici une exemption juridique raisonnable,

1. S. Tersigni, « "Prendre le foulard" : les logiques antagoniques de la revendication », *Mouvements*, vol. 5, n° 30, 2003, p. 116-122 ; N. Venel, *Musulmans et citoyens*, Paris, Puf, 2004.

dans la mesure où il protège mieux les droits des femmes mormones que l'interdiction stricte de la pratique. Pour Deveaux, en revanche, la valeur du compromis ne tient pas à sa conformité avec un principe substantiel (tel que la norme d'égal respect) mais à sa conformité avec des principes procéduraux : elle ne s'explique pas par le caractère « raisonnable » de l'exemption en tant que telle, mais parce qu'elle résulte d'une négociation sans contrainte exercée sur l'une des parties prenantes, inclusive et ouverte aux révisions, conformément aux trois principes de la légitimité démocratique. Dans cette perspective, les parties prenantes favorables à l'abolition de la polygamie peuvent juger l'exemption légitime, tout en restant convaincues du caractère déraisonnable de la pratique. Le contextualisme fort n'évalue donc pas la légitimité des politiques multiculturelles à l'aune d'un critère *a priori* de légitimité (ce qui est raisonnable) mais à l'aune d'un critère *a posteriori* de légitimité (ce qui résulte de la procédure de légitimation par la délibération démocratique). Un tel critère semble mieux à même de refléter la normativité des pratiques sociales sans réduire la conflictualité des points de vue à leur propos. Dans le cas du mariage coutumier sud-africain, même si la loi de 1998 a permis le maintien d'un régime matrimonial qui était contesté par certains membres de la communauté, elle l'a malgré tout assorti de restrictions destinées à mieux protéger les droits des femmes concernées, attestant ainsi de l'évolution des pratiques matrimoniales. Il importe ici de préciser que la conflictualité intraculturelle, mise au jour par la méthode contextuelle, ne doit pas conduire à délégitimer les pratiques incriminées. Comme le précise Deveaux :

> Plutôt que d'interpréter le changement et la contestation culturels comme la manifestation qu'une coutume manque de validité, […] nous devrions plutôt les envisager précisément comme les signes distinctifs d'une culture vivante et dynamique [1].

L'intérêt du délibérativisme démocratique consiste précisément à prendre acte du dynamisme des relations sociales au travers desquelles évoluent les cultures et à proposer un modèle politique susceptible de donner une expression à l'évolution des pratiques, en promouvant des types d'accommodements qui ne minimisent pas leur caractère contesté.

Toutefois, si le contextualisme fort de Deveaux s'avère pertinent d'un point de vue sociologique, sa portée normative tend à être obscurcie par la série d'oppositions – entre morale et politique, entre délibération et

1. M. Deveaux, *Gender and Justice in Multicultural Liberal States*, *op. cit.*, p. 226.

négociation ou entre valeurs et intérêts – qui structure son argumentation. Bien que la politiste précise que « sa conception politique de la démocratie délibérative n'exclut pas l'argumentation morale »[1], son insistance sur l'inclusion des intérêts stratégiques et ses remarques sur la valeur spécifique de la négociation suggèrent à tort l'existence d'une différence de nature entre le délibérativisme démocratique et le délibérativisme libéral. Les précisions faites par Deveaux elle-même sur la fluidité des relations qui existent entre les intérêts et les valeurs[2] indiquent pourtant que les intérêts mobilisés dans une négociation ne se valent pas tous : on peut ainsi observer le cas de personnes qui, d'abord unies sur la base d'intérêts matériels, finissent par adopter une vision du monde qui légitime leur position, comme dans le cas d'hommes qui, favorisés par des règles de propriété sexistes, en viennent à défendre ce type d'arrangement social comme le plus adapté à l'ordre naturel des choses ; on peut aussi observer le cas de personnes qui ont intérêt à adopter une stratégie commune pour faire valoir leurs convictions morales ou leurs revendications de justice. Or, ces deux cas de figure évoqués par Deveaux correspondent précisément à la position respective des élites autochones masculines et des féministes autochtones lors de la négociation de l'accord de Charlottetown. Nombre d'hommes autochtones étaient sans doute persuadés de la légitimité culturelle des règles d'appartenance sexiste et leur position dans les débats ne saurait être réduite au pur cynisme. Par ailleurs, s'il est important de rappeler les raisons stratégiques qui motivèrent l'adhésion des féministes autochtones à la Charte des libertés, leur stratégie gardait une évidente portée morale, puisqu'il s'agissait pour elles de défendre un principe de justice sexuelle – fût-il ancré dans leurs propres références cosmologiques et distinct de la norme libérale de la non-discrimination sexuelle – contre la volonté des hommes de défendre leur monopole du pouvoir et des ressources de la communauté. C'est ce principe de justice que les militantes autochtones canadiennes, à la différence des militantes sud-africaines, n'eurent pas l'opportunité de formuler, ni les moyens institutionnels de défendre publiquement.

L'accent mis sur le registre des intérêts doit donc être relativisé au regard des critères d'évaluation morale qui engendre la normativité sociale. Il importe à ce titre de replacer la norme de l'inclusion politique à laquelle Deveaux attribue le succès du compromis sud-africain dans son contexte d'émergence sociale. Cette norme reflète l'engagement spécifique

1. M. Deveaux, *Gender and Justice in Multicultural Liberal States*, *op. cit.*, p. 101.
2. *Ibid.*

de l'État sud-africain en faveur de l'État de droit et du principe de non-discrimination au sortir du régime de l'Apartheid, c'est-à-dire en faveur des principes normatifs d'un État démocratique et libéral. Or, tandis que Deveaux se montre attentive aux évolutions sociales qui modifient les pratiques minoritaires controversées, elle n'insiste guère sur la normativité sociale dont les États démocratiques et libéraux tirent leur légitimité, ni sur le processus sociologique au travers duquel leurs principes constitutionnels sont devenus des faits sociaux. Autrement dit, on peut noter une certaine asymétrie dans ses analyses en ce qu'elles insistent davantage sur l'ancrage socio-historique des traits culturels de la minorité que sur celui des traits culturels de la majorité. Or, si l'on replace le critère de la légitimité démocratique dans son contexte d'émergence, à savoir au sein d'une société en voie de libéralisation, l'écart entre ses principes normatifs et ceux du délibérativisme libéral se réduit singulièrement. Le principe de non-domination, qui exclut le recours à la coercition physique ou psychologique pour réduire certaines personnes au silence, est étroitement lié à l'idée libérale selon laquelle chaque personne doit pouvoir librement disposer de son corps et de ses opinions. Le principe d'inclusion politique est assuré quand les libertés de conscience, d'expression, de manifestation, etc. sont garanties. Quant au principe de révision, il peut être interprété comme la condition de possibilité d'une conformité croissante des accommodements culturels aux normes libérales, et en particulier avec celle de la non-discrimination sexuelle. On peut déduire de cette proximité que l'opposition établie par Deveaux entre le compromis (politique) et le consensus (moral) n'est pas aussi tranchée que son modèle ne le suggère : dans la mesure où les accommodements culturels ne sont acceptés que s'ils s'ancrent sur des normes sociales suffisamment partagées par les minoritaires et les majoritaires pour faire autorité, cela signifie bien que les compromis politiques impliquent une part, fût-elle minimale, de consensus moral. Nous en concluons que le délibérativisme politique ne diffère pas substantiellement du délibérativisme libéral d'un point de vue normatif. Son apport véritable réside à nos yeux dans le fait que le premier ne dissocie pas l'autorité des normes libérales de leur contexte socio-historique d'émergence, à la différence du second qui les envisage plus abstraitement comme des exigences établies par la raison pratique. Plutôt que d'opposer ces deux formes de délibérativisme, il importe au contraire de miser sur leur complémentarité pour affiner la justification du féminisme multiculturel. Cette complémentarité tient, d'après nous, à la conception relationnelle de la citoyenneté démocratique qui fonde ces deux approches délibératives et à l'ontologie sociale holiste qui les sous-tend, dans la continuité des analyses formulées par Iris M. Young. Pour Song et Deveaux, les revendications d'accommodements culturels ne peuvent être évaluées et devenir effectives qu'à partir d'une enquête menée en contexte, au cours de laquelle la confrontation des points de vue et des raisons permet d'élucider la nature des rapports sociaux qui conditionnent les relations entre citoyens et la façon dont il convient d'en tenir compte pour traiter ces derniers avec égal respect. C'est grâce à l'évaluation *in situ* de ces raisons qu'il devient possible de distinguer, parmi les appartenances de groupe celles qui relèvent d'identités sociales disqualifiantes, forgées par les assignations de race, de classe ou de genre, et celles qui expriment des identités collectives, fondées sur une histoire partagée et une solidarité communautaire. L'enquête délibérative a vocation à contribuer simultanément à la déconstruction des premières, en révélant les rapports de domination qu'elles instituent, et à la reconnaissance des secondes, en prenant acte de leur valeur morale pour les membres du groupe. Les femmes de cultures minoritaires se situent précisément à la jonction de ces deux types d'identification et doivent pouvoir compter sur la délibération démocratique pour les démêler.

La voie délibérative, telle que nous l'avons examinée et interprétée dans ce chapitre, offre à nos yeux la synthèse la plus convaincante entre ces deux normes que sont l'égal respect dû aux femmes et la reconnaissance de la valeur des appartenances culturelles. D'un côté, elle opère comme un révélateur puissant de l'hétérogénéité des intérêts qui sont en jeu derrière les demandes d'accommodement culturel, écartant ainsi les préjugés sur le caractère univoque et monolithique des identités qu'elles expriment. À cet égard, l'attention fine que les délibérativistes portent aux contextes politiques dans lesquels émergent les revendications minoritaires s'inscrit pleinement dans l'approche non discontinuiste des minorités que le féminisme multiculturel défend contre le féminisme libéral. L'enquête délibérative aide, en effet, à mieux saisir l'influence des rapports de force sur le tracé des frontières qui sépare la majorité des minorités, ainsi que l'imbrication des facteurs qui déterminent simultanément l'identification à un « genre » et l'identification à une « culture ». D'un autre côté, l'accent mis par les délibérativistes sur le caractère politique de la « différence » ne les conduit pas à négliger la teneur morale des identités culturelles auxquels les minoritaires se disent attachés. En ce sens, cette synthèse réalise une sorte d'équilibre entre les deux voies précédentes. Tout en systématisant la critique anti-essentialiste de la culture, elle n'aboutit pas à la conclusion pratique du multiculturalisme sans culture, car elle n'écarte pas le recours aux mesures juridiques et politiques qui donnent à un groupe minoritaire le pouvoir de préserver certaines de ses traditions. Sur ce point, les délibérativistes continuent donc de défendre une forme robuste de tolérance multiculturelle. En outre, cette synthèse s'avère mieux armée que l'accommodement transformateur pour affronter les problèmes normatifs que ce dispositif institutionnel laisse en suspens. Au lieu de s'en remettre au partage de l'autorité juridictionnelle entre l'État et les groupes réactionnaires pour les libéraliser malgré eux, elle mise principalement sur la confrontation démocratique des opinions pour dégager les conditions d'un accord interculturel favorable aux femmes.

CONCLUSION

« Le multiculturalisme nuit-il aux femmes ? » Rien n'est moins sûr. Dans ce livre, nous avons soutenu que, si la critique féministe libérale du multiculturalisme soulève des objections décisives à l'encontre de ce modèle d'intégration politique, elle ne suffit pas malgré tout à le disqualifier. Nous avons au contraire tiré parti de cette critique pour plaider en faveur d'une lecture féministe du multiculturalisme qui se joue à un double niveau. D'un côté, la controverse initiée par Susan M. Okin a mis en lumière le caractère heuristique des approches féministes pour réviser le multiculturalisme et offrir une compréhension plus juste de ses concepts et de ses fondements. De l'autre, nous avons montré comment cette révision permet de défendre la position d'un « féminisme multiculturel » ayant vocation à concilier l'égal respect dû aux femmes et l'égal respect dû aux membres des minorités ethniques.

Sur le plan conceptuel, en restituant les termes du problème à partir des objections adressées par Okin aux multiculturalistes libéraux, nous avons dégagé la thèse discontinuiste qui motive la critique féministe libérale et qui la conduit à établir une distinction forte entre le type de minorités concernées (les femmes / les minorités ethniques) et le type de « culture » en jeu (l'hégémonie culturelle des normes patriarcales / les formes de vie au sens ethno-anthropologique). D'après cette logique discontinuiste, les femmes, parce qu'elles doivent s'engager en priorité dans la déconstruction des modèles culturels qui légitiment la discrimination sexuelle et font d'elles un groupe social opprimé, n'auraient rien à gagner des politiques qui accordent aux cultures minoritaires le droit de préserver leurs traditions, généralement vectrices de schémas patriarcaux. Tout en saluant l'importance d'une telle clarification conceptuelle, nous avons malgré tout souligné les limites de cette logique discontinuiste. Nous avons d'abord montré que celle-ci conforte une lecture réductrice des théories du multiculturalisme qui méconnaît la continuité reliant les critiques de l'hégémonie culturelle (sexiste, raciste, ethnocentrique, etc.) aux philosophies normatives de la tolérance et de la reconnaissance multiculturelles. Cette continuité s'explique par leur commune adhésion à une ontologie sociale holiste, selon laquelle la subjectivité individuelle est constituée par des identités collectives, qui reste radicalement étrangère au féminisme libéral. Nous avons ensuite mobilisé les travaux des féministes postcoloniales pour souligner la convergence profonde des processus au travers desquels les minorités culturelles et les femmes se trouvent minorisées, au sens où la vision essentialisée des cultures repose sur une logique similaire à celle qui sous-tend la vision naturalisée des femmes. Bien qu'à première vue la différence ethnique relève d'une dimension culturelle là où la différence sexuelle est spontanément comprise comme un attribut naturel car biologique, la représentation essentialisée des cultures reproduit les défauts de la naturalisation du genre : de même que la naturalisation du genre assigne les femmes à leur sexe et à leur fonction procréatrice, l'essentialisation des cultures assimile leurs membres, et tout particulièrement les femmes, à des « robots culturels »[1], ce qui revient dans les deux cas à nier la liberté des femmes. En négligeant de telles convergences, le féminisme libéral reste prisonnier d'une conception dépolitisée de la différence ethnique et renforce les préjugés ethnocentriques et sécularistes qui nourrissent l'arrogance et l'intolérance des sujets occidentaux.

Sur le plan normatif, l'originalité du féminisme multiculturel tient au fait qu'il ne se contente pas de suivre les féministes postcoloniales en se fixant comme objectif de déconstruire simultanément l'identité naturalisée des femmes et l'identité essentialisée des cultures ; du rapprochement entre le « genre » et la « culture », il déduit également l'idée que la différence possède une valeur propre. Il se distingue à cet égard des approches qui font de la lutte contre le racisme et les discriminations ethno-raciales leur priorité et qui jugent les politiques multiculturelles inefficaces, voire contre-productives en la matière. Il soutient que l'intégration démocratique des minorités de type ethnique ne passe pas uniquement par la déconstruction des identités sociales discriminantes qui pèsent sur leurs membres, mais qu'elle exige aussi la reconnaissance de la valeur des identités collectives auxquelles ils sont légitimement attachés. Cette perspective philosophique invite ainsi à prendre en considération la dualité inhérente à la différence

1. L. Abu-Lughod, « Writing Against Culture », *in* Richard G. Fox (dir.), *Recapturing Anthropology : Working in the Present*, Santa Fe, School of American Research Press, 1991, p. 158.

exprimée par le couple « sexe/genre », à partir de laquelle il devient possible de revisiter le couple « culture/race ». En effet, s'il est légitime, d'un point de vue féministe, de s'attaquer aux préjugés qui motivent les comportements sexistes et de déconstruire les évidences relatives à la différence de genre, il n'est pas moins légitime de prendre acte du caractère irréductible de la différence sexuelle et de la situation spécifique qui en résulte pour les personnes de sexe féminin. Si le sexisme doit être aboli, le sexe reste une réalité incontournable qu'une réforme féministe de la société doit intégrer à tous les niveaux pour assurer une égalité de droits effective entre les hommes et les femmes. Dans une logique similaire, le féminisme multiculturel se démarque des philosophes anti-racistes en ce qu'il prétend tenir ensemble le principe de non-discrimination et le principe de reconnaissance, ce qui suppose d'œuvrer simultanément à la suppression des préjugés liés à la « race » à laquelle sont assignées les minorités ethniques et à la reconnaissance politique de leur culture. Les trois voies examinées dans la deuxième partie de ce livre constituent autant de tentatives théoriques destinées à prendre acte du fait que les femmes membres de ces minorités sont à la fois « porteuses de droit » (*rights-bearers*) et « porteuses de culture » (*culture-bearers*). Pour honorer cette double exigence et la rendre effective, chacune s'efforce de redonner à la différence ethnique son caractère politique, lié à l'inégalité des rapports de force entre groupes culturels, tout en restant attentive à l'inégalité des rapports de force au sein de ces cultures minoritaires, afin de neutraliser les oppressions croisées qui en découlent pour leurs membres féminins. L'étude comparée de ces voies nous a permis de soutenir que la synthèse la plus convaincante du féminisme et du multiculturalisme réside dans les approches délibératives qui ne dissocient pas l'évaluation des demandes d'accommodement culturel du contexte socio-politique à partir duquel la complexité des rapports culturels peut être comprise avec justesse et la valeur des identités collectives appréciée avec justice. Comme le conclut Sarah Song, « il n'est peut-être pas possible en fin de compte d'instaurer la justice entre les communautés culturelles et en leur sein, mais si nous voulons tendre vers ce but, nous devons le faire de façon délibérative, dans un esprit d'humilité interculturelle »[1].

1. S. Song, *Justice, Gender and the Politics of Multiculturalism*, *op. cit.*, p. 177.

BIBLIOGRAPHIE

ABU-LUGHOD Lila, *Veiled Sentiments. Honor and Poetry in a Bedouin Society*, Berkeley, University of California Press, 1986.

– « Writing Against Culture », *in* Richard G. Fox (dir.), *Recapturing Anthropology : Working in the Present*, Santa Fe, School of American Research Press, 1991, p. 466-479.

– *Do Muslim Women Need Saving ?*, Cambridge, Harvard University Press, 2013.

ACHIN Catherine, Bereni Laure (dir.), *Genre et science politique. Concept, objet, problèmes*, Paris, Presses de Sciences Po, 2013.

AGARWAL Bina, *A Field of One's Own : Gender and Land Rights in South Asia*, Cambridge, Cambridge University Press, 1994.

AHMAD Dohra, « Not Yet Beyond the Veil : Muslim Women in American Popular Literature », *Social Text* 27, n° 99/2, 2009, p. 105-131.

AHMED Leila, *Women and Gender in Islam : Historical Roots of a Modern Debate*, New York, Yale University Press, 1993.

AL-HIBRI Aziza Y., « Is Western Patriarchal Feminism Good for Third World/ Minority Feminism ? », *in* Susan M. Okin, *Is Multiculturalism Bad for Women ?*, Princeton, Princeton University Press, 1999, p. 41-46.

ALI Zahra, *Féminismes islamiques*, Paris, La Fabrique, 2012.

AMNESTY INTERNATIONAL, *Culture of Discrimination : A Fact Sheet on "Honor" Killings*, New York, Amnesty International, juillet 2005.

AMOS Valerie, PARMAR Pratibha, « Challenging Imperial Feminism », *Feminist Review*, n° 17, automne 1984, p. 3-19.

APPIAH Anthony K., « The Multicultural Misunderstanding », *The New York Review of Books*, vol. 44, n° 15, 9 octobre 1997.

– *The Ethics of Identity*, Princeton, Princeton University Press, 2005.

– *The Honor Code : How Moral Revolutions Happen*, New York, W. W. Norton, 2010.

– *Lines of Descent : W.E.B. du Bois and the Emergence of Identity*, Cambridge, Harvard University Press, 2014, p. 147-152.

ARNEIL Barbara, DEVEAUX Monique, DHAMOONAND Rita, EISENBERG Avigail (dir.), *Sexual Justice/Cultural Justice. Critical Perspectives in Political Theory and Practice*, Londres, Routledge, 2007.

BALINT Peter, GUÉRARD DE LATOUR Sophie (dir.), *Liberal Multiculturalism and the Fair Terms of Integration*, Basingstoke, Palgrave McMillan, 2013.

BARRY Brian, *Culture and Equality. An Egalitarian Critique of Multiculturalism*, Cambridge Mass., Harvard University Press, 2001.

BAUBOCK Rainer, « Beyond Culturalism and Statism : Liberal Responses to Diversity », Working Paper 6, *Eurosphere Working Paper Series*, 2008.

BENTOUHAMI Hourya, *Race, cultures, identités. Une approche féministe et postcoloniale*, Paris, Puf, 2015.

– « Phénoménologie politique du voile », *Philosophiques*, Société de Philosophie du Québec, vol. 44, n° 2, p. 271-284, 2017

BESSONE Magali, « (How) Can Multiculturalism Face Racial Injustices ? », *in* P. Balint, S. Guérard de Latour (dir.), *Liberal Multiculturalism and the Fair Terms of Integration*, Basingstoke, Palgrave McMillan, 2013, p. 177-193.

BESSONE Magali, CARTER Giddeon, ZUOLO Federico (dir.), *How Groups Matter*, Londres, Routledge, 2014.

BESSONE Magali, URFALINO Philippe (dir.), « Entités collectives », *Raisons politiques*, vol. 2, n° 66, 2017.

BHABHA Homi, « Liberalism's Sacred Cow », *in* Susan M. Okin, *Is Multiculturalism Bad for Women ?*, Princeton, Princeton University Press, 1999, p. 79-84.

BILGE Sirma, « Le dilemme genre/culture ou comment penser la citoyenneté des femmes minoritaires au-delà de la doxa féminisme/multiculturalisme ? », *Diversité de foi, égalité de droit. Actes du colloque des 23 au 24 mars 2006*, Conseil du Statut de la femme, p. 89-98. (Accessible en ligne http://www.csf.gouv.qc.ca/modules/fichierspublications/fichier-28-353.pdf)

BOGGIO EWANJÉ-EPÉE Félix, MAGLIANI-BELKACEM Stella, *Les féministes blanches et l'Empire*, Paris, La Fabrique, 2012.

BORGHÉE Maryam, *Voile intégral en France. Sociologie d'un paradoxe*, Paris, Michalon, 2012.

BRUBAKER Roger, « Ethnicity Without Groups », *European Journal of Sociology*, vol. 43, n° 3, 2002, p. 163-189.

CARENS Joseph, *Culture, Citizenship, and Community. A Contextual Exploration of Justice as Evenhandedness*, Oxford, Oxford University Press, 2000.

CHAKRAVARTY Uma, « Whatever Happened to the Vedic *Dasi ?* Orientalism, Nationalism and a Script for the Past », *in* K. Sangari, S. Vaid (dir.), *Recasting Women : Essays in Indian Colonial History*, Rutgers University Press, 1990, p. 27-35.

CHOQUET Sabine, *Identité nationale et multiculturalisme. Deux notions antagonistes ?*, Paris, Classiques Garnier, 2015.

COENE Gili, LONGMAN Chiara, *Féminisme et multiculturalisme. Les paradoxes du débat*, Bruxelles, Éditions Peter Lang, 2010.

COLLECTIF, *Genre et politique. Débats et perspectives*, Paris, Folio-Gallimard, 2000.

COVER Robert, « The Supreme Court 1982 Term, Forward : *Nomos* and Narrative », *Harvard Law Review*, n° 97, 1983, p. 4-68.

CROWDER George, *Theories of Multiculturalism*, Cambridge, Polity Press, 2013.

DALY Mary, *Gyn/Ecology : The Metaethics of Radical Feminism*, The Women Press Ltd, 1979.

DE LAURETIS Teresa, *Technologies of Gender : Essays on Theory, Film, and Fiction* 1, Bloomington, Indiana University Press, 1987.

DESCOMBES Vincent, « L'identité de groupe : identité sociale, identité collective », *Raisons politiques*, vol. 2, n° 66, 2017, p. 13-28.

DEVEAUX Monique, « Conflicting Equalities. Cultural Group Rights and Sex Equality », *Political Studies*, vol. 48, n° 3, 2000, p. 522-539.

– « Political Morality and Culture : What Difference Do Differences Make ? », *Social Theory and Practice*, vol. 28, n° 3, juillet 2002, p. 503-518

– « A Deliberative Approach to Conflicts of Culture », *Political Theory*, vol. 31, n° 6, 2003, p. 780-807.

– *Gender and Justice in Multicultural Liberal States*, Oxford, Oxford University Press, 2006.

DORLIN Elsa (dir.), *Black Feminism. Anthologie du féminisme africain-américain, 1975-2000*, Paris, L'Harmattan, 2008.

DORLIN Elsa, *Sur l'intersectionnalité*, Paris, Zones, 2020.

DUBET François, COUSIN Olivier, MACÉ Éric, RUI Sandrine, *Pourquoi moi ? L'expérience des discriminations*, Paris, Seuil, 2013.

DU BOIS William Edward Burghardt, *Les âmes du peuple noir*, Paris, La Découverte, 2007 [éd. originale 1969].

DUSTIN Moira, PHILLIPS Anne, « Whose Agenda is it ? Abuses of Women and Abuses of "Culture" in Britain », *Ethnicities*, vol. 8, n° 3, 2008, p. 405-424.

DWORKIN Ronald, *A Matter of Principles*, Harvard, Harvard University Press, 1985.

EISENBERG Avigael, SPINNER-HALEV Jeff (dir.), *Minorities within Minorities : Equality, Rights, and Diversity*, Cambridge, Cambridge University Press, 2005.

EISENBERG Avigael, « Diversity and Equality. Three Approaches to Cultural and Sexual Difference », *The Journal of Political Philosophy*, vol. 11, n° 1, 2003, p. 41-64.

– *Reasons of Identity. A Normative Guide to the Political and Legal Assessment of Identity Claims*, Oxford, Oxford University Press, 2009.

EPSTEIN Stephen, « Gay Politics, Ethnic Identity : The Limits of Social Consructivism », *Socialist Review*, n° 17, mai-août 1987.

FARRIS Sara R., *In the Name of Women's Rights : The Rise of Femonationalism*, Durham, Duke University Press, 2017.

FASSIN Éric, « La démocratie sexuelle et le conflit des civilisations », *Multitudes*, n° 3, 2006, p. 123-131.

FLAX Jane, « Race/Gender and the Ethics of Difference : A Reply to Okin's "Gender Inequality and Cultural Differences" », *Political Theory*, vol. 23, n° 3, 1995, p. 500-510.

FORD Richard, *Racial Culture : A Critique*, Princeton, Princeton University Press, 2005.

FRASER Nancy, *Qu'est-ce que la justice sociale ? Reconnaissance et redistribution*, Paris, La Découverte, 2011.

FRIEDMAN Marilyn, « Cultural Minorities and Women's Rights », in *Autonomy, Gender, Politics*, Oxford, Oxford University Press, 2003, p. 179-203.

GALSTON William, « Two Concepts of Liberalism », *Ethics*, vol. 105, n° 3, avril 1995, p. 516-534.

GARRAU Marie, « De la possibilité d'une phénoménologie féministe. Retour sur l'approche d'Iris Marion Young », *Revue Philosophique de Louvain*, vol. 116, n° 4, 2018, p. 517-544.

GAYATRI Spivak, « Can the Subaltern Speak ? », *in* P. Williams, L. Chrisman (dir.), *Colonial Discourse and Post-Colonial Theory. A Reader*, Columbia, Columbia University Press, 1994, p. 66-111.

GREEN Leslie « Internal Minorities and their Rights », *in* J. Baker (dir.), *Group Rights*, Toronto, Toronto University Press, 1994, p. 101-117.

GUÉRARD DE LATOUR Sophie (dir.), *Le multiculturalisme a-t-il un avenir ?*, Paris, Hermann, 2013.

– « Tolérer l'intolérable ? L'éclairage du multiculturalisme libéral sur le problème de l'"excision" », *in* M. Kouassi, J. Bindedou, T. Karamoko (dir.), *Bioéthique et excision en Afrique*, Connaissances et savoirs, 2016, p. 257-290.

– « Justice et multiculturalisme libéral. Ambiguïtés et écueil du modèle de la tolérance religieuse », *Ethique, politique et religions*, vol. 2, n° 11, 2017, p. 35-51.

GUTMANN Amy, « The Challenge of Multiculturalism in Political Ethics », *Philosophy and Public Affairs*, vol. 22, n° 3, été 1993, p. 171-204.

HABERMAS Jürgen, *De l'éthique de la discussion*, Paris, Cerf, 1992.

HACHIMI-ALAOUI Myriam, « L'intégration sous condition : valeurs non-négociables et égalité des sexes », *Canadian Journal of Women and the Law*, vol. 24, n° 1, 2012, p. 114-134.

HAJJAT Abdellali, « Port du hijab et "défaut d'assimilation". Étude d'un cas problématique pour l'acquisition de la nationalité française », *Sociologie*, Presses Universitaires de France, vol. 1, n° 4, 2010, p. 439-456.

HAMIDI Malika, *Un féminisme musulman, et pourquoi pas ?*, Paris, Éditions de l'Aube, 2020.

HÉRITIER Françoise, *Masculin/Féminin. Tome 1 : La pensée de la différence*, Paris, Odile Jacob, 2012.

– *Masculin/Féminin. Tome 2 : Dissoudre la hiérarchie*, Paris, Odile Jacob, 2012.

HERMAN BRINKS Jan, « Les Pays-Bas et la crise du multiculturalisme », *Politique étrangère*, N° 4, hiver 2014, p. 183-195.

HIRSCHMANN Nancy J., « Western Feminism, Eastern Veiling, and the Question of Free Agency », *Constellations*, vol. 5, n° 3, 1998, p. 345–368.

HIRST Paul, KHILNANI Sunil (dir.), *Reinventing Democracy*, Oxford, Blackwell, 1996.

HIRST Paul, *Associative Democracy*, Amherst, MA, University of Massachusetts Press, 1994.

HOBSBAWM Éric, RANGER Terence (dir.), *L'invention de la tradition*, Paris, Éditions Amsterdam, 2006.

JAGGAR Alison « "Saving Amina" : Global Justice for Women and Intercultural Dialogue », *Ethics and International Affairs*, vol. 19, n° 3, automne 2005, p. 55-75.

JOPPKE Christian, « The Retreat Of Multiculturalism in the Liberal State : Theory and Policy », *The British Journal of Sociology*, vol. 55, n° 2, juin 2004, p. 237-257.

KABBANI Rana, *Europe's Myths of Orient*, Bloomington, Indiana University Press, 1986.

KHADER Serene, *Decolonizing Universalism. A Transnational Feminist Ethic*, Oxford University Press, 2019.

KHOSROKHAVAR Farhad, Gaspard Françoise, *Le foulard et la république*, Paris, La Découverte, 1995.

KUKATHAS Chandran, « Are There Any Cultural Rights ? », *Political Theory*, vol. 20, n° 1, 1992, p. 105-139.

– « Liberalism and Multiculturalism : The Politics of Indifference », *Political Theory*, vol. 26, n° 5, octobre 1998, p. 686-699.

– « Is Feminism Bad for Multiculturalism ? », *Public Affairs Quaterly*, vol. 15, n° 2, 2001, p. 83-98.

– *The Liberal Archipelago. A Theory of Diversity and Freedom*, Oxford, Oxford University Press, 2003.

KUPER Adam, *Culture. The Anthropologists' Account*, Cambridge MA-Londres, Harvard University Press, 1999.

KYMLICKA Will, *Liberalism, Community and Culture*, Oxford, Clarendon Press, 1989.

– *Politics in the Vernacular. Nationalism, Multiculturalism, and Citizenship*, Oxford, Oxford University Press, 2001.

– « Liberal Complacencies », *in* Susan M. Okin, *Is Multiculturalism Bad for Women ?*, Princeton, Princeton University Press, 1999, p. 31–34.

– *La citoyenneté multiculturelle. Une théorie libérale du droit des minorités*, Paris, La Découverte, 2001.

– *Multicultural Odysseys. Navigating the New Politics of Diversity*, Oxford, Oxford University Press, 2007.

– « Tester les limites du multiculturalisme libéral ? Le cas des tribunaux religieux en droit familial », *Éthique publique*, vol. 9, n° 1, 2007, p. 27-39.

– « La critique essentialiste du multiculturalisme. Théorie, politique et *ethos* », *in* S. Guérard de Latour (dir.), *Le multiculturalisme a-t-il un avenir ?*, Paris, Hermann, 2013, p. 43-44.

– « Nationhood, Multiculturalism and the Ethics of Membership », *in* L. Orgad, R. Koopmans (dir.) *Majorities, Minorities, and the Future of Nationhood*, Cambridge, Cambridge University Press, 2023, p. 87-128.

LEMAY Marie-Pier, « Erreur de diagnostic : préferences adaptatives et impérialisme », *Philosophiques*, vol. 47, n° 1, 2020, p. 139-164.

LÉPINARD Éléonore, « From Immigrants to Muslims : Shifting Categories of the French Model of Integration », *in* A. Eisenberg, W. Kymlicka (dir.), *Identity Politics in the Public Realm. Bringing Institutions Back In*, Vancouver, University of British Columbia Press, 2011, p. 190-214.

– « Autonomy and the Crisis of the Feminist Subject. Revisiting Okin's dilemma », *Constellations*, vol. 18, n° 2, 2011, p. 205-221.

– *Feminist Trouble. Intersectional Politics in Postsecular Times*, New York, NY, Oxford University Press, 2020.

LEVY Jacob T., « Contextualism, constitutionalism and *modus videndi* approaches », *in* A. Simon, D. Owen (dir.), *Multiculturalism and Political Theory*, Cambridge, Cambridge University Press, 2007, p. 173-217.

LOCKE John, *Lettre sur la tolérance*, Paris, GF-Flammarion, 1992.

LOVETT Frank, « Cultural Accommodation and Domination », *Political Theory*, vol. 38, n° 2, p. 243-267.

LUGONES Maria, « Towards a Decolonial Feminism », *Hypathia*, vol. 25, n° 4, 2010, p. 742-759.

MACMASTER Neil, *Burnig the Veil*, Manchester University Press, 2009.

MAHONEY Martha R., « Exit : Power and the Idea of Leaving in Love, Work, and the Confirmation Hearings », *Southern California Law Review*, vol. 65, 1991, p. 1283-1319.

MAILLÉ Chantal, HAMROUNI Naïma (dir.), *Le sujet du féminisme est-il blanc ? Femmes racisées et recherche féministe*, Montréal, Éditions du remue-ménage, 2015.

MARCH James G., OLSEN P. Johan, *Rediscovering Institutions : the Organizational Basis of Politics*, New York, Free Press, 1989.

MESTIRI Soumaya, *Décoloniser le féminisme. Une approche transculturelle*, Paris, Vrin, 2016.

MILLS Charles W., « Multiculturalism as/and/or Anti-Racism », *in* A. S. Laden, D. Owen (dir.), *Multiculturalism and Political Theory*, Cambridge, Cambridge University Press, 2007, p. 89-114.

MITNICK Éric J., « Individual Vulnerability and Cultural Transformation », *Michigan Law Review*, vol. 101, n° 6, p. 1635-1660.

MODOOD Tariq, *Multicultural Politics : Racism, Ethnicity, and Muslims in Britain*, Edinburgh, Edinburgh University Press, 2005.

– « Multiculturalism and Groups », *Social and Legal Studies*, vol. 17, n° 4, 2008, p. 549-553.

MOOKHERJEE Monica, « Feminism and Multiculturalism – Putting Shachar and Okin into Question », *Journal of Moral Philosophy*, vol. 2, n° 2, p. 237-241.

MOORE Erin, *Gender, Law, and Resistance in India*, Tucson, University of Arizona Press, 1998.

MOURITSEN Per, JENSEN Kristian, LARIN Stephen J. (dir.), Dossier spécial « Theorizing the civic turn in European integration policies », *Ethnicities*, vol. 19, n° 4, 2019, p. 595-613.

NARAYAN Uma, *Dislocating cultures : Identities, Traditions and Thirld World Feminism*, Londres, Routledge, 1997.

– « Essence of Culture and a Sense of History : A Feminist Critique of Cultural Essentialism », *Hypathia*, vol. 13, n° 2, 1998, p. 86-106.

– « Undoing the "Package Picture" of Cultures », *Signs*, vol. 25, n° 4, 2000, p. 1083–1086.

– « Minds of Their Own : Choices, Autonomy, Cultural Practices and Other Women », *in* Louise M. Anthony, Charlotte E. Witt. Boulder (dir.), *A Mind of One's Own. Feminist Essays on Reason and Objectivity*, CO, Westwiew Press, 2002.

NORTON Anne, « Review Essay on Euben, Okin and Nussbaum », *Political Theory*, vol. 29, n° 5, 2001, p. 736-749.

NURIN SHAH-KAZEMI Sonia, *Untying the Knot : Muslim Women, Divorce, and the Shariah*, Londres, Nuffield Foundation, 2001.

NUSSBAUM Martha C. « A Plea for Difficulty », *in* Susan M. Okin, *Is Multiculturalism Bad for Women ?*, Princeton, Princeton University Press, 1999, p. 105-114.

NNAEMEKA Obioma, « African Women, Colonial Discourses, and Imperialist Interventions : Female Circumcision as Impetus », *in* O. Nnaemeka (dir.), *Female Circumcision and the Politics of Knowledge : African Women and Imperialist Discourses*, Westport, CT, Praeger, 2005, p. 27-46.

OKIN Susan M., « Is Multiculturalism Bad for Women ? », *Boston Review*, 1er octobre 1997.

– « Feminism, Women's Human Rights and Cultural Differences », *Hypathia*, vol. 13, n° 2, printemps 1998, p. 32-52.

– « Feminism and Multiculturalism : Some Tensions », *Ethics*, vol. 108, n° 4, juillet 1998, p. 661-684.

– *Is Multiculturalism Bad for Women ?*, J. Cohen, M. Howard, Martha C. Nussbaum (dir.), Princeton, Princeton University Press, 1999. Version française « Le multiculturalisme nuit-il aux femmes », traduction de Solange Chavel, accessible en ligne sur le site de la revue *Raison Publique*.

– « Le genre, le public et le privé », *Genre et politique. Débats et perspectives*, Paris, Folio-Gallimard, 2000, p. 345-396.

– « Mistresses of their Own Destiny, Group Rights, Gender and Realistic Rights of Exit », *Ethics*, vol. 112, n° 2, 2002, p. 205-230.

– « Multiculturalism : No Simple Question, No Simple Answer », *in* A. Eisenberg, J. Spinner-Halev (dir.), *Minorities Within Minorities*, Cambridge, Cambridge University Press, 2005.

OLSEN Laurie, *Made in America : Immigrant Students in Our Public Schools*, New York, New Press, 1997.

PAREKH Bhikhu, « The Cultural Particularity of Liberal Democracy », *Political Studies*, vol. 40, n° 1, 1992, p. 160-175.

– « Political Theory and the Multicultural Society », *Radical Philosophy*, vol. 95, n° 1, mai-juin 1999, p. 27-32.

– *Rethinking Multiculturalism. Cultural Diversity and Political Theory*, Basingstoke, Palgrave MacMillan, 2000.

PATTEN, Alan, *Equal Recognition. The Moral Foundations of Minority Rights*, Princeton-Oxford, Princeton University Press, 2014.

PAUL Gilroy, *Small Acts : Thoughts on the Politic of Black Cultures*, Londres-New York, Serpent's Tail, 1993.

PHILLIPS Anne, DUSTIN Moira, « UK Initiatives on Forced Marriage : Regulation, Dialogue and Exit », *Political Studies*, vol. 52, n° 3, 2004, p. 531-551.

PHILLIPS Anne, *The Politics of Presence : The Political Representation of Gender, Ethnicity, and Race*, Oxford, Oxford University Press, 1995.

– *Multiculturalism without Culture*, Princeton, Princeton University Press, 2007.

– *Gender and Culture*, Cambridge, Polity Press, 2010.

POLLITT Katha, « Whose Cultures ? » *in* Susan M. Okin, *Is Multiculturalism Bad for Women ?*, Princeton, Princeton University Press, 1999.

RAWLS John, « Justice as Fairness : Political, Not Metaphysical », *Philosophy and Public Affairs*, vol. 14, n° 3, 1985, p. 223-251.

– *Théorie de la justice*, Paris, Éditions du Seuil, 1987.

– *Libéralisme politique*, Paris, Presses Universitaires de France, 1995.

REITMAN Oonagh, « Multiculturalism and Feminism : Incompatibility, Compatibility, or Synonymity », *Ethnicities*, vol. 5, n° 2, 2005, p. 216-247.

RENTELN Anne, *The Cultural Defense*, New York, Oxford University Press, 2004.

SAHARSO Sawitri, VERHAAR Odile, « The Weight of Context : Headscarves in Holland », *Ethical Theory and Moral Practice*, vol. 7, n° 2, avril 2004, p. 179-195.

SAHARSO Sawitri, « Culture, Tolerance, and Gender : A Contribution from the Netherlands », *European Journal of Women's Studies*, vol. 10, n° 1, 2003, p. 7–27.

– « Feminist Ethics, Autonomy, and the Politics of Multiculturalism », *Feminist Theory*, vol. 4, n° 2, 2003, p. 199-215.

– « Sex-selective abortion Gender, culture and Dutch public policy », *Ethnicities*, vol. 5, n° 2, 2005, p. 248-281.

SANDEL Michael, *Le libéralisme et les limites de la justice*, Paris, Seuil, 1999.

SARTRE Jean-Paul, *Critique de la raison dialectique*, Paris, Gallimard, 1985.

SCOTT James C., *Weapons of the Weak : Everyday Forms of Peasant Resistance*, New Haven, Yale University Press, 1985.

SÉNAC Réjane, *Les non-frères au pays de l'égalité*, Paris, Presses de Science Po, 2017.

SCHNAPPER Dominique, *La communauté des citoyens. Sur l'idée moderne de nation*, Paris, Gallimard, 1994.

SCOTT David, « Culture in Political Theory », *Political Theory*, vol. 31, n° 1, 2003, p. 92-115.

SCOTT Joan, « Deconstructing Equality -Versus-Difference : Or, the Uses of Poststructuralist Theory for Feminism », *Feminist Studies*, vol. 14, n° 1, 1988, p. 33-50.

– *Only Paradoxes to Offer : French Feminists and the Rights of Man*, Cambridge, MA, Harvard University Press, 1996.

SHACHAR Ayelet, « On Citizenship and Multicultural Vulnerability », *Political Theory*, vol. 28, n° 1, 2000, p. 64-89.

– *Multicultural Jurisdictions. Cultural Differences and Women's Rights*, Cambridge, Cambridge University Press, 2001.

– « Feminism and Multiculturalism : Mapping the Terrain », *in* Anthrony S. Laden, D. Owen (dir.), *Multiculturalism and Political Theory*, Cambridge, Cambridge University Press, 2007, p. 115-147.

SHIBLEY HYDE Janet, « The Gender Similarities Hypothesis », *American Psychologist*, vol. 60, n° 6, 2005, p. 581-592.

SONG Sarah, « Majority Norms, Multiculturalism, and Gender Equality », *American Political Science Review* vol. 99, n° 4, 2005, p. 474-489.

– « La défense par la culture en droit américain », *Critique internationale*, n° 28, juillet-septembre 2005, p. 61-85.

– *Justice, Gender and the Politics of Multiculturalism*, Cambridge, Cambridge University Press, 2007.

SPIVAK Gayatri, « Can the Subaltern Speak ? », *in* P. Williams, L. Chrisman (dir.), *Colonial Discourse and Post-Colonial Theory. A Reader*, Columbia, Columbia University Press, 1994, p. 66-111.

TALPADE MOHANTY Chandra, « Under Western Eyes : Feminist Scholarship and Colonial Discourse », *boundary 2*, vol. 12, n° 3 – vol. 13, n° 1, 1984, p. 333-358.

TAYLOR Charles, « La politique de la reconnaissance », dans *Multiculturalisme. Différence et démocratie*, Paris, Champs-Flammarion, 1994, p. 59-60.

– « Quiproquos et malentendus : le débat communautariens-libéraux », A. Berten, P. Da Silveira, H. Pourtois (dir.), *Libéraux et communautariens*, Paris, Puf, 1997, p. 87-119.

TERSIGNI Simona, « "Prendre le foulard" : les logiques antagoniques de la revendication », *Mouvements*, vol. 5, n° 30, 2003, p. 116-122.

The Hosken Report : Genital and Sexual Mutilation of Females, Women's International Nework News, Lexington, MA, 1994.

TULLY James, *Étrange multiplicité. Le constitutionnalisme à une époque de diversité*, Bordeaux, Presses Universitaires de Bordeaux, 1999.

UNICEF, *Female Genital Mutilation/Cutting : A statistical overview and exploration of the dynamic of change*, juillet 2013.

VALADEZ Jorge, *Deliberative Democracy, Political Legitimacy and Self-Determination in Multicultural Societies*, New York, Westview Press, 2001.

VENEL Nancy, *Musulmanes françaises. Des pratiquantes voilées à l'université*, Paris, L'Harmattan, 1999.

VOLPP Leti, « (M)isidentifying Culture : Asian Women and the "Cultural Defense" », *Harvard Women's Law Journal* 17, 1994, p. 57–101.

– « Feminism versus multiculturalism », *Columbia Law Review*, n° 101, 2001, p. 1181–1218.

– « Disappearing Acts : On Gendered Violence, Pathological Cultures, and Civil Society », *Modern Language Association*, vol. 121, n° 5, 2006, p. 1631-1638.

– « Quand on rend la culture responsable de la mauvaise conduite », Numéro spécial « Sexisme, racisme, et postcolonialisme », *Nouvelles Questions Féministes*, vol. 25, n° 3, 2006, p. 14-31.

– « Framing Cultural Differences : Immigrant Women and Discourses of Tradition », *A Journal of Feminist Cultural Studies*, vol. 22, n° 1, 2011, p. 91-110.

VUILLE Joelle, KUHN André, « L'expertise culturelle : une nécessité dans une procédure pénale moderne ? », *Revue pénale suisse*, n° 137, p. 167-198, février 2020.

WEINSTOCK Daniel, « Beyong Exit Rights », *in* A. Eisenberg, J. Spinner-Halev (dir.), *Minorities within Minorities*, Cambridge, Cambridge University Press, 2005, p. 227-246.

– « Le paradoxe du multiculturalisme libéral », *in* S. Guérard de Latour (dir.), *Le multiculturalisme a-t-il un avenir ?*, Paris, Hermann, 2013, p. 77-104.

WIKAN Unni, *In Honor of Fadime : Murder and Shame*, Chicago, University of Chicago Press, 2008.

WYVEKENS Anne, Cardi Coline, « Justice et diversité culturelle. Rapport de recherche », *Mission de recherche Droit et Justice*, *Convention* n° 29.10.06.07.

– « La justice pénale face à la "diversité culturelle" : la défense culturelle en question », *Revue de droit pénal et de criminologie*, n° 11, 2017, p. 887-906

YEGENOGLU Meyda, *Colonial Fantasies : Towards a Feminist Reading of Orientalism*, Cambridge, Cambridge University Press, 1998.

YOUNG Iris M., « Politics and Group Difference : A Critique of the Ideal of Universal Citizenship », *Ethics*, vol. 99, n° 22, 1989, p. 250-274.

– *Justice and the Politics of Difference*, Princeton, Princeton University Press, 1990.

– « Gender as Seriality : Thinking about Women as a Social Collective », *Signs*, vol. 3 n° 19, printemps 1994, p. 713-738.

– *Inclusion and Democracy*, Oxford, Oxford University Press, 2000.

– *On Female Body Experience. "Throwing Like a Girl" and Other Essays*, Oxford, Oxford University Press, 2005.

– « Le genre, structure sérielle : penser les femmes comme un groupe social », *Recherches féministes*, vol. 20, n° 2, 2007, p. 7-36.

– « Structural Injustice and the Politics of Difference », *Multiculturalism and Political Theory*, Cambridge, Cambridge University Press, 2007, p. 60-88.

Remerciements

Ce livre doit beaucoup à Claude Gautier, à qui je tiens à exprimer ma profonde gratitude pour sa lecture patiente et attentive, ses conseils judicieux et le soutien qu'il m'a généreusement apporté dans les moments de flottement. Ma reconnaissance s'adresse également à Magali Bessone, Justine Lacroix, Sandra Laugier, Véronique Munoz-Dardé et Andreas Niederberger dont les commentaires m'ont apporté de précieux éclairages. Ma réflexion s'est aussi nourrie des discussions stimulantes que j'ai eu la chance d'avoir avec les participant·e·s des séminaires de recherche de Nosophi, de l'axe Genre de l'ISJPS à l'université Paris 1 et du Master de Philosophie Politique et d'Éthique à l'université Paris-Sorbonne, ainsi qu'avec les étudiant·e·s du Master « Philosophie et Société » de l'université Paris 1 et du Département de Sciences Humaines de l'Ecole Normale Supérieure de Lyon. Je remercie en outre Céline Spector et Stéphane Chauvier pour la grande qualité de leur conseil éditorial et pour leur engagement dans l'amélioration du manuscrit. Je remercie enfin Yves pour son fidèle compagnonnage dans ce travail au long cours et pour son aide sans laquelle je n'aurais pas eu le privilège de mener ce projet à bien.

TABLE DES MATIÈRES

Achevé d'imprimer en février 2025 par *La Manufacture - Imprimeur* – 52200 Langres
Imprimé en France – N° d'imprimeur : 250107 – Dépôt légal : février 2025